초·등·교·사·를·위·한

글쓰기 이론과 실제

박기용

도서출판 월인

머리말

글쓰기는 마음 쓰기이다. 인간의 사고와 인식과 관념이 모두 마음에서 일어나는 순수한 작용이고, 그 작용을 밖으로 드러내는 것이 글쓰기이다. 그래서 글은 정직하고 솔직해야 한다. 누구나 이 사실을 알고 있고 말을 하지만, 막상 글로 쓰라고 하면 쉽게 쓰지 못하는 게 또한 글쓰기이다. 그러다 보니 오늘날 사교육의 많은 비중을 차지하고 있는 것 또한 글쓰기이다. 특히 논술로 대표되는 글쓰기 교육 시장은 갈수록 성업 중이다.

필자는 오랫동안 학생들을 가르치면서 어떻게 하면 쉽게, 그리고 교육과정과 조화를 이루는 글쓰기를 할 수 있을지 고민해 왔다. 이 책에는 그 동안 생각한 내용과 선학들이 연구, 실행한 결과를 담았다. 글쓰기를 특별한 재주라고 생각하지 않고, 우리가 우리말을 익혀서 일상생활에 사용하듯이 누구나 이 책을 통하여 글을 쓸 수 있게 하려는 의도로 집필을 시작하였다.

현실적으로 글쓰기는 학생과 교사에게 가장 필요한 공부이다. 그래서 학생은 시험을 치느라, 교사는 학생을 가르치느라 걱정거리가 되었다. 필자는 이 점을 고려하여 우선 교사에게 필요한 책을 만들면 학생에게도 도움이 될 거라고 믿었다. 그래서 일반적으로 글을 쓰는 방법에 대한 이야기를 하기도 하고, 한걸음 더 나아가 학생을 가르치는 방법에 대한 이야기도 실었다.

학교교육에서 옛날부터 글쓰기를 가르쳐 왔지만 사실 그 효과는 미미하였다. 그것은 글쓰기를 제대로 가르치지 않았거나 가르치는 방법상의 오류가 있었기 때문으로 생각된다. 그래서 이 책에서는 글쓰기 방법을 익히고 글을 쓸 수 있도록 하는데 역점을 두어, 교사와 학생이 글쓰기라는 말만 들어도 느껴지는 난감함을 막고자 노력하였다.

초등교사가 이 글을 읽으면 학생들을 지도하는 데 도움이 될 것이고, 대학생이 읽으면 스스로 글쓰기 능력을 키울 수 있을 것이다. 아니 그런 커다란 기대로 이 책을 세상에 내놓는다.

여러 모로 부족한 책이나 앞으로 더 나은 성과를 위하여 한 걸음을 내디뎠다고 스스로 위로하면서 강호 제현의 질정을 기다린다. 이 책이 나오기까지 애쓰신 도서출판 월인의 박성복 사장님과 최형필 선생, 편집에 도움을 준 정미진 선생께 감사의 말씀을 드린다. 봄기운이 퍼지는 날 꽃샘추위에 떠는 꽃잎을 바라보며.

2009. 2. 28.

網鎭山 아래 竹崗書室에서 朴基龍 識

차례

제 I 부 글쓰기의 이론

제Ⅱ부 글쓰기의 실제

제 I 부 글쓰기의 이론

1. 글쓰기란 무엇인가

사람은 언어를 통하여 다른 사람과 관계를 맺고, 언어를 통하여 지식과 정보를 수용하거나 생산한다. 21세기에 와서 다양한 매체의 발달은 사회적 소통의 수단으로서 언어 사용 기능을 더욱 향상시켰으며, 특히 많은 사람에게 생각을 전달하는 수단으로서 글은 오늘날 자신의 존재를 타인에게 인식시키고 스스로 확인하는 방법이다. 언어는 입시에서 작성해야 하는 논술 평가를 통하여 사고력을 측정하는 수단으로 이용될 뿐 아니라, 회사에서 자사의 상품을 광고하는 문구를 통하여 상품을 알리고 회사의 존재를 각인시키는 중요한 수단으로 이용되고 있다. 이 점에서 언어는 자신의 존재를 스스로 확인하고 남에게 드러내는 거울이다.

이런 측면에서 1장에서는 글쓰기에 대한 포괄적인 개념, 글의 힘, 글의 구성 요소에 대하여 살펴보기로 한다.

가. 사고와 글

사람이 원시시대부터 지금까지 진화를 거듭하게 된 요인의 하나로 언어의 사용을 들 수 있다. 처음에는 몸짓이나 행동으로 의사를 표시하다가 정보가 복잡해질수록 전달에 어려움을 느끼고, 마침내 말을 사용하게 되었을 것이다. 그러나 말은 현재성이 강하여 공간적, 시간적 한계를 지니고 있었다. 사람들은 이 단점을 극복하기 위하여 기억을 보조하는 수단으로 문자를 발명하여 사용하게 되었다. 이는 오늘날 지식과 정보를 축적할 수 있는 저장장치(메모리)를 개발한 것에 견줄 수 있다. 그뿐만이 아니라 인류의 사고가 발달하면서 새롭게 창조한 생각을 기록하는 방법으로 문자를 사용하면서, 다음 세대는 축적된 지식을 바탕으로 이전 세대보다 더욱 폭 넓은 사고를 할 수 있게 되었다.

이것은 단순한 기억 보조의 기능을 넘어서서 창의적 사고를 가능하게 하는 기능으로의 확장을 의미하는 것이다. 이런 측면에서 보면 글쓰기 개념은 기억(지식 · 정보)을 저장하는 의미로서의 글씨쓰기 *writing* 의 의미뿐만 아니라 사람의 개성적이고도 창의적인 생각을 글(실용문 · 문예문)로 표현하는 작문 *composition* 의 의미도 담겨 있음을 알 수 있다. 이것이 포괄적인 글쓰기의 개념이다.

그러나 글쓰기를 사회 문화적 맥락에서 들여다보면 쉽게 그 의미를 규정할 만큼 간단한 개념이 아니다. 이미 선대의 조상들이 남겨놓은 글은 셀 수도 없을 만큼 많고, 그 모두가 그들의 사유(생각)를 정리한 것이다. 이런 문화적 환경에서 후대가 기록 또는 창작하는 글은 텍스트상호성에 의해 씨줄과 날줄처럼 관계 지어지면서 완성된다. 이런 과정을 빌렘 플루서 *Vilém Flusser* 는 메타(*meta-*)적 사유라고 규정하고(빌렘 플루서 지음 / 윤종석 옮김, 1998: 17-18), 그것의 의미는 '나중에 행해지는 사유를 질서지우기 위해 이미 먼저 사유된 사유들의 뒤로 배열해 놓으려는 노력'이라는 순방향적인 것과 '이미 사유되어진 사유들의 반대방향으로 그 사유들의 흔적을 더듬기 위해 사유를 진행시키려는 노력'이라는 역방향적인 것 두 가지가 있다고 하였다. 이것은 글을 쓰는 이가 새로운 사유를 바탕으로 이미 글쓰기와 관련되어 사유된 생각들을 질서화하고, 이렇게 사유된 생각들의 흔적을 뒤쫓고, 이런 과정을 다시 기록하는 시도로 나타난다. 이런 글쓰기를 우리는 흔히 작문(作文), 또는 글짓기라는 이름으로 지금까지 학교에서 교육하여왔다.

이 땅에 '글쓰기'란 명사가 처음 등장한 것은 1980년대 이전이었다. 이오덕(1984)은 '글짓기'라는 용어를 부정적인 의미로 해석하였다. 학교 현장에서 이루어지는 글쓰기는 학습자의 순수성을 상실한 채 교육자 자신의 출세지향주의적 목적 달성을 위해 이용되었다고 했다. 그리고 그는 학습자의 글을 교육자가 마음대로 다시 질서화시키고, 그것을 각종 대회에 출품함으로써 글짓기 교육을 '상타기 교육'으로 전락시키는 부정적인 사회 문화 맥락의 하나로 파악하였다.

그는 국어교과서에 수록된 틀에 박힌 글쓰기 지도 방법의 오류도 지적하였다.[1)] 시 학습에서 학습자의 생각이 자유롭게 펼쳐질 수 없는 내용을 되풀이하도록 하고 글자 수를 맞추는 것이 시를 지도하는 방법이라고 하여, 국어 교과서는 학습자의 개성과 창의성을 살리지 못하는 교육으로 학습자를 이끌고 있다고 비판하고(이오덕, 1993: 19), 이런 교육을 글짓기 교육이라고 규정하였다. 그래서 글짓기 방식을 벗어나 새로운 방식의 지도방법을 찾게 되었는데, 그것이 글쓰기 교육이었다.

그가 의미를 규정한 글쓰기란 "사람이 세상을 살아가면서 그때그때 자연과 사회에 부딪

---

1) 교과서에 수록된 내용은 다음과 같다. '거북이는 (　　) 뻘뻘 흘렸습니다.' '기어가는 거북이가 땀을 뻘뻘 (　　)' 당시 2-1 바른생활 교과서 70, 140쪽. * 이 내용에서 '뻘뻘'은 변하지 않고 있다. 사람의 생각을 틀로 묶는 지도방법이다. 땀을 반드시 '뻘뻘', 시냇물은 반드시 '졸졸졸', 참새는 '짹짹' 소리내는지 생각해볼 일이다.

쳐 일어나는 일을 자기의 느낌이나 생각과 함께 생생하게 '정확하고 자세하게' 글로 쓰는 것을" 의미하였다.(한국글쓰기교육연구회, 1990: 13) 즉 남의 것을 모방하지 않고 자신의 생각을 자유스럽고 솔직하게 쓰는 글이라는 질적평가가 인정될 때 그것을 글쓰기의 결과물(작품)이라고 하였던 것이다. 이 말은 매우 분명하면서도 제한적인 범위를 설정하는 개념이다. 따라서 인간이 쓸 수 있는 다양하고도 복잡한 글의 양상을 통 털어서 규정하기 위해서는 외연을 확장시키는 개념 규정을 할 필요가 있다.2)

현대 사회에서 매체를 통한 소통 방식은 국어 능력 신장을 위해서 뿐만 아니라 우리가 살아가는 지역의 언어문화를 향유하는 사회 문화적 소통으로 확대되고 있다. 즉 언어적 소통은 언어문화의 능력 내지는 언어문화 교육의 상위 개념에서 그것을 바라보아야 하고, 다양한 매체를 활용한 언어 교육 또한 사람과 사람 사이의 소통과 그 소통을 통한 문화 능력을 신장시키는 것이어야 한다(윤여탁 외, 2008: 1-2)고 할 수 있다.

따라서 위에서 언급한 내용을 바탕으로 글쓰기의 개념을 규정하면 다음과 같다.

> 사람이 세상을 살아가면서 정보를 주고받고, 상대방을 설득하며, 정서를 표현하고, 상호작용을 위하여 자기의 생각이나 느낌을 정확하게, 또는 이미 존재하는 자료를 이용하여 자세하게 글로 써서 문화 능력을 신장시키는 행위를 글쓰기라고 할 수 있다.

이 개념에 나타난 글쓰기 성격을 정리하면, '첫째로 ① 정보전달, ② 설득, ③ 정서 표현, ④ 상호작용의 기능을 한다. 둘째로 자신의 생각이나 느낌을 정확하게 표현한다. 셋째로 여러 자료를 이용하여 자세하게 표현한다. 넷째로 사람의 문화 능력을 신장시켜야 한다.' 라는 네 가지가 있음을 알 수 있다.

언어의 기능을 살펴보면 크게 어떤 지식이나 정보를 전달하기 위한 수단으로 사용되기도 하고, 남을 설득하여 자신의 생각에 동의를 구하거나 자신의 주장에 동조, 공감하도록 하는 수단으로 사용되기도 하며, 자신의 생각이나 느낌을 표현하여 다른 사람에게 감동이나 공감을 불러일으키는 수단으로 사용되기도 하고, 사회적 인간 관계에서 상호작용을 위한 수단으로 사용되기도 한다. 그때마다 글을 쓰는 사람은 자신의 생각이나 느낌을 정확하게 표현하여 상대방이 이해할 수 있도록 하여야 하며, 또는 이미 존재하고 있는 자료를 활용하여 삶에서 부딪히는 문제를 해결하도록 해야 한다. 이럴 때 비로소 글쓰기는 인간의 문화 능력을 신장시키는 교육적 목적까지 이룰 수 있을 것이다.

동양의 전통 사상에서는 언어에 대하여 여러 가지 의견이 있음을 보여준다. 유교에서는 말을 신중해야 하고,3) 말과 행동이 일치해야 한다4)고 하였다. 이는 언어 사용의 도덕성과

---

2) 한국글쓰기교육연구회의 글쓰기 개념 규정에 따르면 '패러디*parody* 작품'은 남의 작품을 모방하여 지어내는 것이므로 글쓰기의 개념에 포함되기 어렵다는 문제가 발생한다.

3) 「論語」 學而 14. 子曰, 君子, 食無求飽, 居無求安, 敏於事而愼於言, 就有道而正焉, 可謂好學也已.

책임감을 중시한 태도이다.

불교에서는 견지망월(見指忘月)적 태도를 꺼린다. 보라는 달은 보지 않고 손가락만 보고 있다는 것은 본질을 보지 못하고 본질을 가리키는 손가락만 쳐다본다는 뜻이다. 그래서 불교에서 말한 불립문자(不立文字)는 언어의 부정확성을 넘어서는 이심전심(以心傳心)의 체험에서 이루어지는 소통[5]으로 기능한다.

도교에서도 언어의 불확실, 부정확성을 지적하였다. 노자가 '도를 말로 하면 말로 된 도는 도 그 자체가 아니다. 이름을 붙이면 이름이 곧 이름의 주인은 아니다.'[6]라고 한 말은 내가 너희(제자)에게 전해주려는 무언가가 있으니까 거기에 가 닿도록 해 보아라. 그러나 내 말에 얽매여 오해는 하지 마라는 뜻이다.(장일순, 2003: 21-22) 즉 우리가 도에 대하여 이런 저런 말을 하지만 도는 그 차원에 속한 것이 아니라는 것이다.

그러므로 고도의 직관 경지에 이르지 못한 평범한 사람에게는 정확한 언어나 행동으로 자신의 마음을 보일 수밖에 없다. 갑남을녀(甲男乙女)가 글쓰기를 할 때, 정확성과 자세히 쓰기의 중요성은 여기서 드러난다.

그럼에도 불구하고 사실 인간의 사고는 무한하고, 그것을 모두 언어로 담기에는 한계가 있다. 그러므로 글쓰기를 하기 위해서는 사고와 글의 관계를 잘 알아야 한다. 사고는 언어에 반영되고, 언어는 행동을 일으킨다. 행동이 되풀이되면 그것이 한 사람의 습관을 형성하고, 나아가 패턴 *pattern* 을 이루게 되므로(박경래, 2002: 17) 말이나 글의 표현 방법에 대하여 집중적인 학습과 훈련을 통하여 올바른 습득이 이루어졌을 때, 글쓰기의 효과를 높일 수 있다.

나. 글의 권력

'말이 씨가 된다.'는 우리 속담이 있다. 말은 식물의 씨처럼 한 번 내뱉으면 그것이 자라서 현실로 나타나는 힘이 있다는 말이다. 이 말은 언령사상(言靈思想)에 의하여 언어가 마술적인 힘을 나타낸다는 말이 아니다. 입에서 한 번 떨어진 말이 형태가 없는 삶의 흐름에 미치는 영향을 고려할 때 말의 힘은 필연적으로 나타난다. 일정한 모습의 말의 형식이 유동적인 무형의 현상 앞에 제시되면 그 현상이 인간의 삶에서 일정한 형태로 작용을 하게 된다.(이규호, 1983: 159)

이 속담은 적어도 논리적으로는 '생각이 씨가 된다.'는 말에서 유추된 것이다. 또한 생

---

4) 「孟子」 盡心章句下 37. 曰, 何以是嘐嘐也, 言不顧行, 行不顧言. 則曰, 古之人, 古之人, 行何爲踽踽涼涼?

5) 불립문자나 이심전심이 언어의 가치를 전적으로 부정한 것이 아니라 일정한 수준에 도달하기 위한 방편으로 사용한다는 뜻으로, 불교에서 설법을 중시하지만 궁극적으로는 설법마저도 버려야 하는 모습에서 不卽不離의 태도를 찾아볼 수 있다.

6) 「老子」 1장. 道可道, 非常道. 名可名, 非常名.

각은 글을 통해 나타나므로 '글이 씨가 된다.'는 명제도 성립할 수 있다. '말 한 마디로 천 냥 빚을 갚는다.'는 속담 역시 말에 힘이 있다는 뜻을 지니고 있다. 이때의 힘은 두 가지 상반되는 방향으로 작용한다. 말을 긍정적으로 작용할 때는 생산적이고, 상생(相生)의 기능을 하게 되나 부정적으로 자극할 때는 파괴적이고, 상극(相剋)의 기능을 하게 된다. 긍정적 기능은 말이 상호작용을 하여 공감을 불러일으키고 나아가 빚마저 탕감하게 하는 힘을 갖고 있다는 의미일 것이다. 글도 마찬가지다. 우리는 휴대전화에 뜨는 문자를 읽고 기쁨을 느낄 수도 있고, 좋지 못한 내용의 문자를 받았을 때는 짜증이나 분노가 치미는 것을 느낄 수도 있다. 더 나아가면 인터넷에 올라오는 댓글에서 기분이 좋을 수도, 사람의 생명을 앗아갈 정도로 무시무시한 파괴력을 지닌 살상 무기가 될 수도 있다. 일상생활에서 무심코 주고받는 전자우편에서도 글을 신중하게 써야 하는 이유가 여기에 있다.

글의 힘은 개인적인 것에서 시작될 수 있으나 그것이 여론으로 확산될 때 큰 권력을 지닌다. 사회적 관심을 끌 수 있는 문제에 대하여 많은 사람이 지속적으로 글을 올릴 때, 그 글은 사회적인 힘을 갖게 된다. 그 글이 정확하고 사실에 기초하여 정당하게 행사될 때는 정권을 무너뜨리는 힘으로 작용하기도 하고, 새로운 정부를 탄생시키기도 한다. 근대사를 보면 부정에 맞서서 항거하던 정의가 신문의 기사로 말미암아 큰 힘을 이루게 되고, 마침내 4.19 의거를 통하여 불의를 물리치는 힘을 발휘하였다.

글쓰기는 자기 자신뿐만 아니라 우주에 대한 통찰을 가능하게 한다. 자신의 사유를 글로 옮김으로써 그 글은 시간과 공간을 뛰어 넘어 타인에게 정보적 상황으로 다시 제공될 수 있으며, 그 글을 읽고 수용하는 사람에게는 글쓴이의 사유가 우주적 대상들에 이르고 그 사유를 다시 글로 표현할 수 있다. 이렇게 현실로 나타난 글의 힘은 하나의 권력으로 출현한다. 말하자면 글쓰기는 권력을 지향하는 것이다.(빌렘 플루서 지음 / 윤종석 옮김, 1998: 224-229) 사람은 누구나 자신이 쓴 글을 누군가가 읽고 공감해주기를 바라며, 많은 사람들이 지지해 주기를 바란다. 이때 글의 권력이 긍정적으로 작용하면 부정한 정권에 맞서 대립하는 힘으로 표출 될 수도 있고, 부정적으로 작용하면 일제의 야욕에 휘둘리어 동족을 징용으로 내몰거나 카미가제(神風) 특공대로 보내 죽음에 이르게 하기도 한다.[7)]

이처럼 사회성을 지니는 글은 맥락에 따라 해석이 달라진다. 어떤 글이 사용되는 시간적, 공간적, 대상적 상황에 따라 의미가 달라질 수도 있고, 말하는 상대의 위치에 따라 전달하는 내용이 바뀌기도 한다.(다이안 맥도넬 지음 / 임상훈 옮김, 2002: 14-17) 예컨대 평범한 서민이 말하는 '한 장'이라는 말과 재벌이 말하는 그것은 서로 다른 액수를 의미한다. 서민에게 '한 장'이란 '만 원, 또는 십 만원'의 뜻을 지니지만 재벌에게는 '천 만원'이거나 '일 억'을 나타내는 말이 될 수도 있다. 이러한 차이는 글을 쓰는 사람의 처지나 환경에 따라 상황을 반영하는 데서 비롯되고, 그러한 처지나 환경은 사람의 이데올로기를 형성하는

7) 일제강점기 친일 작가들의 글로 말미암아 억울하게 죽은 죄 없는 영혼들을 상기할 수 있다.

데 영향을 미친다. 실제 언어생활에서는 담론이 글 쓰는 사람의 이데올로기 *ideology* 실천이라는 측면에서 언어적으로, 또는 비언어적 표현으로 표출되는 것이 특징이다.8) 프랑스의 철학자 미셸 푸코 *Michel Foucault* 는 이 말의 의미를 비유적으로 표현하였다. 하나의 사과가 있을 때, 그 사과를 인식하고자 하는 사람이 어떤 관심사에서 그 사과를 보는가에 따라서 그 사과의 존재 양태는 그 인식 주체의 관점에서 상호 관련 되어 변환된다고 하였다.(미셸 푸코 지음/이정우 옮김, 1998: 118) 즉 과수원을 구경 온 사람에게 비친 사과는 낭만 그 자체이자 장차 노년을 이 일로 소일해야겠다는 상상까지 하게 될 것이다. 그러나 사과 농사를 짓는 사람에게 있어서 사과란 땀이자 돈이다. 사과 한 알이 태풍에 떨어질 때마다 그는 가슴이 내려앉는 고통을 느끼게 될 것이다. 왜냐하면 그만한 사과를 가꾸기 위해 그가 거름을 주고, 농약을 친 1년의 고통스런 결실이기 때문이다. 한편 배고픈 사람에게 사과 한 알은 단지 먹고 싶은 본능적 욕구의 대상에 지나지 않지만, 공학도에게 그 사과는 일정한 질량을 가지고 있는 '물체'이고, 물리학자에게는 일정한 에너지를 가진 '물질'의 집합체이다. 그런가 하면 경제학자에게는 그 사과가 일정한 경로를 거쳐 생산된 일종의 '상품'에 지나지 않는다.

여기서 우리가 주목할 점은 푸코가 제시한 권력의 개념이다. 그는 권력을 전략이자 관계요, 기능으로 설정하고 있다. 권력은 넓은 의미의 사물이 아니라 사물들을 서로 관계 맺게 하는 어떤 힘의 기능이라는 것이다. 권력은 어느 한 개인에 의해서 소유되는 것이 아니라 사회적으로 행사되는 과정이다. 즉 그것이 처한 환경이나 상황 속에서 체계를 변화시키는 힘들의 운동이자 효과인 것이다.(미셸 푸코 지음/이정우 옮김, 1998: 132) 따라서 글을 쓰는 사람은 자신이 처한 입장, 환경, 상황 속에서 단순히 자신의 기억을 토해 놓는 글쓰기를 하기보다는, 그러한 환경이나 상황 속에서 체계를 변화시키는 주체적인 글쓰기를 해야 한다는 것이다.

바꾸어 말하면 모방작은 권력을 지닐 수 없으며, 어린이들에게 글쓰기를 지도할 때도 모방이 지향점이 되어서는 안 된다는 것이다. 어디까지나 자신의 입장에서 정직하게 글을 쓸 때 글에 힘이 생기고 사물들과의 관계도 새롭게 정립될 수 있다는 말이다.

다. 문장과 글

언어는 소리와 의미로 이루어져 있다. 그러나 소리와 의미 사이에는 필연적 관계로 맺어져 있는 것이 아니라 자의성(恣意性)을 가지고 있다. '어머니'라고 하거나 '엄마'라고 하거나 같은 대상을 가리키는 말이다. 외국어의 경우 미국에서 '마더 *mother*'라고 하거나 중

---

8) 언어적 표현은 말이나 글로 생각을 나타내는 것이지만 비언어적 표현은 눈빛, 행동, 몸짓, 표정, 거리 유지 등을 말한다. 그밖에도 반언어적 표현으로 억양, 강세, 침묵, 음량 등이 있다.(박기용, 2005: 173)

국에서 '무친 母親'이라고 해도 뜻은 같은 대상을 지칭한다.

말을 기호로 표시한 것이 글이다. 글의 내용은 내용을 전달하려는 사람의 생각과 의견, 감정을 담고 있으며, 글을 이루고 있는 문법 단위에 의해서 구성된다. 이들 문법 단위 중에서 가장 작은 문법 단위는 형태소이다. 하나 이상의 형태소가 모여 단어를 이루고, 하나 이상의 단어가 모여서 구나 문장을 이룬다. 문장은 하나 이상의 단어로 이루어지므로 문장을 이해하기 위해서는 문장 속에 사용된 단어를 알아야 한다.

우리말의 형태적 특징은 첨가어와 교착어이다. 첨가어(添加語, affixing language)란 어근(語根)에 파생접사나 어미가 붙어서 단어를 이룬다는 것이다. '상한 음식을 <u>먹지</u> 마라.'라는 문장에서 '먹지'의 어근은 '먹(다)'이고, '-지'는 어미이다. 또 '그릇을 <u>깨뜨리지</u> 마라.'라는 문장에서는 '깨-'가 어근이다. '-뜨리-'는 접사인데 '힘을 준다.'는 뜻이 담겨 있고, '-지'는 어미가 된다. 바꾸어 말하면 어근을 중심으로 여러 말을 첨가하여 돌려 쓸 수 있는 것이 우리 말의 특징이다.

교착어(膠着語, agglutinative language)란 어근과 접사에 의해 단어의 기능이 결정되는 언어다. '교착'이라는 말이 원래 '아교로 붙인다.'는 뜻인데, 이는 단어의 중심이 되는 형태소(形態素, 어근)에 접두사와 접미사를 비롯한 다른 형태소들이 덧붙어 단어가 구성되는 특징이 있다. 형태적 성격으로 보면 교착어는 고립어와 굴절어[9]의 중간적 성격을 띤다. 어근의 형태는 변하지 않으면서 각각 다른 의미를 가진 형태소와 병렬적으로 결합하여 하나의 구(句)와 문장을 만든다. 따라서 어근의 형태 자체가 변하는 굴절어와 어근이 절대 불변하는 고립어의 양면성을 다 가진 것이 교착어이다. 이런 언어를 사용하는 민족 언어는 터키어, 몽골어, 한국어, 일본어 등이 있다.

1) 형태소

형태소(形態素, morpheme)는 가장 작은 문법 단위로서 더 이상 작게 나눌 수 없는 의미

---

9) ○ 굴절어 : 문장 속의 문법적 기능에 따라 단어의 형태가 변화하는 언어를 말한다. 구조・형태적 언어학의 관점에서 분류하고 있는 유형인데, 단어는 곡용(曲用)・활용(活用)을 통하여 문장 안에서의 기능과 다른 단어와의 관계를 나타낸다. 단어의 구조가 어근과 접사로 이루어져 있는 점에서는 교착어와 유사하지만, 교착어와는 달리 그 구분이 분명하지 않고 추상적이며 문장 안에서의 자율성이 높다. 따라서 어순이 비교적 자유롭다. 라틴어를 비롯한 인도유럽어족과 셈(Sem)어족에 속하는 많은 언어가 굴절어로 분류되고 있다.
○ 고립어 : 낱말의 형태가 하나의 형태소(morpheme)로 이루어진 언어를 말한다. 예를 들어 고전 중국어와 베트남어를 들 수 있다. 고전 중국어보다는 좁은 범위에 그치지만, 현대 중국어도 고립어이다. 고립어는 분석어의 경향을 나타내기도 하므로 고립과 분석이라는 용어가 언어학에서는 흔히 구별 없이 쓰인다. '她是愛人.'이란 문장에서 '她', '是', '愛人'에서 접사나 조사 등의 형태소가 붙지 않아도 그 의미를 전달한다. 이것은 하나의 형태소가 변하지 않으면서 다른 형태소가 붙은 것처럼 기능하여 문장을 이루는 특징이 있다.

를 가지는 언어 단위다. 따라서 그것을 더 나누어 의미를 가지지 못하게 되면 그것은 형태소가 아니다. 예를 들어 '불(火)'을 'ㅂ'과 '울'로 나누거나 '부'와 'ㄹ'로 나누면 'ㅂ'과 'ㄹ'은 아무 의미가 없게 되므로 이들을 쪼갤 수 없다. 즉 '불'이 최소 언어단위인 형태소가 되는 것이다. 이런 관점에서 보면 '사람 · 바위 · 박 · 나무' 등은 더 이상 나눌 수 없는 형태소이다. 그러나 '손발'은 합성명사이므로 형태소가 아니다. '손'과 '발'로 나누어도 의미를 지니기 때문이다. 그러나 '손'과 '발'은 형태소가 된다. 그리고 '먹어라'도 형태소가 아니다. '먹-'은 '먹다' '먹고' '먹으니'의 '먹-'과 같은 의미를 지니고, '-어라'는 '울어라' '웃어라' '주어라'의 '-어라'와 같은 뜻을 가지고 있으므로 각각 형태소가 된다.

형태소는 홀로 문장에 사용될 수 있는 것도 있고, 다른 형태소와 결합해야만 사용될 수 있는 것도 있다. '눈' '책' '돈' 등은 전자의 예로서 자립형태소라 하고, '먹-'이나 '-어라'는 후자의 예로서 의존형태소라고 한다. '오십시요'나 '오겠지'의 '-시-'나 '-겠-'은 앞뒤에 접속부호를 두어야 한다. 우리말에서 명사, 부사에는 자립형태소가 많고, 동사나 형용사는 반드시 어간과 어미가 결합해서 문장에 사용될 수 있어서 의존형태소가 많다.

문장에서 '철수<u>가</u>' '형우<u>는</u>' '상필<u>은</u>' '수빈<u>이</u>' '달<u>을</u>' '해<u>를</u>' '구름<u>에게</u>'와 같은 말은 의미가 있는 말과 의미가 없는 말의 허실(虛實)에 따라 형태소를 구분할 수 있다. '철수, 형우, 상필, 수빈, 달, 해, 구름'은 의미가 있으므로 실질형태소이고, '-가, -는, -은, -이, -을, -를, -에게'처럼 밑줄 그은 부분은 말과 말 사이의 관계나 기능을 표시하므로 형식형태소라고 한다. '솔이 푸르다.'라는 문장에서 '솔, 푸르-'는 구체적 대상이나 동작, 상태 등의 어휘적 의미를 표시하므로 실질형태소가 되고, '-이, -다'는 실질형태소에 붙어서 기능을 표시하므로 형식형태소이다. 문법적으로 보면 체언, 수식언, 감탄사, 용언 등의 어근은 실질형태소가 되고, 조사, 어미는 형식형태소가 된다. 그밖에도 접두사나 접미사와 같은 접사도 형식형태소가 된다. 예를 들어 '개살구' '개꽃'의 '개-'는 접두사이고, '노름질' '도둑질'의 '-질'은 접미사인데 모두 의존형태소이자 형식형태소이다. 그리고 '높-'에 '-고' '-게' '-으니' '-아서'을 붙일 수가 있는데 '-고' '-게' '-으니' '-아서'는 파생접사로서 형식형태소이다.

2) 단어

앞에서 언급한 독립형태소는 일반적으로 단어가 된다. 그러나 의존형태소나 형식형태소는 모두 단어가 되는 것이 아니다. 또 복합명사인 '닭발' '꽃송이' '돌다리' 등은 둘 이상의 형태소가 모여서 단어를 이루고 있으므로 가장 작은 단위가 아니다.

단어가 되려면 다음과 같은 특성을 가지고 있어야 한다.(박경래, 2002: 51-52)

첫째로 단어는 가장 작게 쪼개어진 자립형식이다. 예를 들어 '친구와 영화를 보았다.'는 문장에서 '친구와' '영화를' '보았다'는 모두 자립 형식이지만, '나팔꽃' '눈비' 등은 '나팔'과 '꽃'으로, '눈'과 '비'로 더 쪼개질 수 있지만 복합명사로서 하나의 단어로 등록되어 있다.

둘째로 단어 속에 휴지(休止, pause)를 둘 수 없다. 어떤 말이 하나의 단어라면 그 중간에 쉬었다가 다음 글자를 발음하지 않는다는 말이다. 예를 들면 '곡마단'이란 단어를 '곡-' 하고 길게 발음하고 쉬었다가 다시 '-마단'이라고 휴지를 넣어서 발음하지 않는다. 적어도 그것이 한 단어라면 붙여서 발음을 하게 된다.

셋째로 단어 속에 휴지를 둘 수 없으므로 분리성(分離性, isolability)도 있을 수 없다. 이 말은 어떤 단어가 다른 단어 속에 끼어들 수 없다는 것이다. 가령 '개살구'라는 단어가 있을 때 이 단어 사이에 어떤 다른 단어를 끼워 넣을 수 없다는 것을 지칭한다. '개 너의 살구' '개살 너의 구'처럼 '너의'라는 말을 어디에도 넣을 수 없는 것이다. 만약 '사랑하는 사람'에 '나의'를 넣어서 '사랑하는 나의 사람'이라고 하면 말이 통하므로 이를 분리성이 있다고 하는데, 전자는 이것과는 달리 말리 되지 않으므로 분리성이 없다고 한다.

다만 형식 명사 '것, 수, 줄'(올 것이다. 줄 수 있다. 갈 줄 알았다.) 등은 쓰임이 일반명사와 비슷하여 단어로 인정하기도 한다.

이런 논의의 바탕 위에 '단어'를 분류하면 '단일어'와 '합성어'로 나누고, '합성어'는 다시 '복합어'와 '파생어'로 나눈다.

단일어는 하나의 형태소로 이루어진 단어를 의미한다. 예컨대 '머리, 다리, 손, 귀, 코, 바지, 사과, 보리, 말, 이삭' 등과 같은 명사, '온, 어느, 무슨' 등과 같은 관형사, '매우, 아주, 아식, 비로소, 정말, 너무'[10] 등과 같은 부사, '아름답다, 벌다, 잃다, 살다, 따뜻하다, 춥다, 달리다, 오다, 가다' 등과 같이 동사나 형용사에 해당하는 용언은 모두 단일어이다.

합성어는 둘 또는 그 이상의 형태소로 이루어진 단어를 말한다. 합성어에는 복합어(複合語)와 파생어(派生語)가 있다. 합성어는 단어끼리 만나서 이룬 던이다. '손빌, 발바닥, 눈귀, 비구름, 밤송이, 돌다리'같은 복합명사, '돌아보다, 자리잡다, 설익다, 검붉다, 손쉽다'처럼 구성 요소의 어느 한쪽이 접사가 아닌 합성어를 말한다. 파생어는 접사와 결합한 형태소를 말한다. '첫사랑, 첫차, 맨손, 맨주먹, 풋사랑, 풋살구, 새파랗다, 새까맣다'와 같이 접두사가 있는 말과 '먹보, 잠보, 마개, 덮개, 높이, 넓이, 자랑스럽다, 용맹스럽다, 정답다, 꽃답다'처럼 접미사와 결합한 말이 있다.

글을 쓸 때는 단어를 잘 골라 써야 한다. 단어는 그것이 주는 사전적인 의미 외에도 문장의 맥락적 의미와 함축적 의미를 가지고 있기 때문에 그 의미를 잘 살려 쓸 때 좋은 문장이 될 수 있다. 만약 '비'라는 단어를 넣어 문장을 만든다면 다음과 같은 문장을 만들 수 있다. 우선 사전에서 '비'를 찾아보면 '대기 중의 수증기가 높은 곳에서 찬 기운을 만나 엉겨 맺혀서 땅 위로 떨어지는 물방울[11])이란 뜻을 기록해 놓고 있다.

---

10) 단어를 쓸 때 그것이 사용되는 경우를 잘 살펴서 써야 한다. '정말'은 긍정적인 문맥에서, '너무'와 '아주'는 부정적인 문맥에서 사용된다. '정말 예쁘다.'는 맞는 어법이지만 '너무 예쁘다.'는 틀린 어법이다. '너무' '아주'라는 단어는 '너무 한다.' '아주 못 생겼다.' 등의 부정적인 문맥에서만 사용될 수 있는 말이기 때문이다.

○ 비가 오지 않아 마을이 가뭄을 겪고 있다.(사전적 의미)
○ 비는 세계 여성의 마음을 흔드는 가수다.(문맥적 의미)
○ 그가 떠났을 때 내 마음에는 비가 내렸다.(함축적 의미)

가뭄을 겪는 마을은 하늘에서 비가 내리지 않기 때문에 고통을 받고 있다. 이때 비는 사전에서 설명한 것과 같이 하늘에서 수증기가 맺혀 떨어지는 물방울이란 뜻이다. 두 번째 예문에서 '비'는 가수 이름이다. 그의 예명이 '비'이기 때문에 여성들에게 인기가 있다는 문장이 성립할 수 있는데, 이런 내용은 문장의 맥락으로 파악할 수 있다. 마지막 예문은 '내 마음에 내린 비'라고 하였으므로 이때의 비는 슬픔, 아픔이라는 의미를 함축적으로 느끼게 한다.

그러므로 단어의 다양한 용법을 알고 그 의미를 문장에 맞게 선택하여 사용할 때 좋은 문장을 쓸 수 있다. 이때 사용하는 단어는 전달하려는 내용을 잘 전달할 수 있어야 하며, 읽는 사람이 그 내용을 금방 파악할 수 있도록 쉬운 단어를 골라 써야 하고, 가급적이면 우리말을 사용해야 한다.

단어를 글쓰기에 사용할 때는 상위 개념의 단어와 하위 개념의 단어를 쓰게 된다. 상위 개념의 단어는 일반어라고도 하는데 설명문, 논술문, 논설문과 같은 실용문에서는 대체로 이 단어가 주로 사용된다. 예컨대 '음식'이란 단어는 '국수, 정식, 라면 자장면, 초밥, 샌드위치' 등의 단어에 대하여 상위 개념의 단어가 된다.

반대로 하위 개념의 단어는 특수어라고 하는데 구체적인 표현을 하여 뜻을 분명하게 할 때 사용하는 단어를 말한다. 앞의 예에서 '국수, 정식, 라면 자장면, 초밥, 샌드위치' 등의 단어는 '음식'이란 상위 개념의 단어에 대하여 하위 개념의 단어가 된다.[12] 예술이란 단어는 상위 개념의 단어이고 '문학, 음악, 미술, 무용, 연극' 등은 구체적인 하위 개념의 단어에 해당한다. 그러나 항상 상위, 하위 개념이 고정된 것이 아니라 사용 상황에 따라 상대적으로 구분된다는 점에 유의해야 한다. '한식'이란 단어는 '음식'이란 단어에 대해서는 하위어지만 '정식'이란 단어에 대해서는 상위어가 되기 때문이다.

그러므로 구체적인 심상을 떠올리기 위하여 글을 쓸 때는 특수어를 사용하여 표현하는 것이 효과적이다. 예를 들어 '그는 꽃을 사랑한다.'라고 하는 것 보다 '아버지는 난초꽃을 좋아하신다.'라고 하는 것이 그의 인품까지 심상에 떠올릴 수 있는 방법이 된다. 일반어 일

11) 민중 국어 사전, 민중서관, 2008.
12) 엄밀하게 말하자면 이 속에도 중간 상위어가 있다. 음식 - 한식 · 양식 · 일식 · 중식…… - 한식으로는 정식 · 국밥 · 떡국 · 국수 · 비빔밥…… 등이 있고, 양식으로는 햄버거 · 샌드위치 · 돈까스 · 스테이크 …… 등이 있으며, 일식으로는 메밀국수 · 초밥 · 우동 · 낫또 · 회초밥 · 군만두…… 등이 있고, 중식으로는 마파두부 · 고기만두 · 깐풍기 · 라조기 · 팔보채…… 등으로 분류할 수 있으므로 '한식 · 양식 · 일식 · 중식' 등은 중간 상위어라고 할 수 있다.

지라도 앞에 꾸며주는 말을 사용하면 구체적인 표현의 효과가 나타날 수 있다. '매콤하고 얼큰한 음식'이라고 하면 대체로 '매운탕'을 연상하게 된다. 그러나 가능하다면 '매콤하고 얼큰한 음식'이라고 표현하는 것보다 '매운탕'이라고 구체어를 사용하는 것이 의미 전달에 효과적이라는 것이다.

대체로 어떤 정보를 전달하거나 상대방을 설득하는 글을 쓸 때는 일반어, 추상어, 상위어를 사용하여 개념을 쉽게 이해하도록 하는 것이 효과적이다. 그러나 정서를 표현하는 글에서는 감각적인 체험을 독자에게 생생하게 전달할 필요가 있으므로 명확하고 한정된 대상을 지칭하여 심상이 떠오르도록 하고, 묘사·서사를 할 필요가 있을 때 특수어, 구체어, 하위어를 사용하여 감각적으로 느끼도록 하는 것이 효과적이다.(오양심, 2009: 123-124)

3) 문장

앞에서 형태소가 모이면 단어가 된다는 것을 보았다. 단어가 모이면 어절이 되고 어절이 모이면 문장이 된다.(고영근 외, 2008: 271) 문장(文章, sentence)은 글을 이루는 단위이다. 문장이 모여서 글을 이룰 때 문장은 글보다 작은 단위란 뜻이다. 그래서 문장을 '문법적으로 독립된 단위로서 하나의 단어, 또는 통사적으로 서로 관련 있는 단어의 집합으로 이루어지는 문법단위'라고 할 수 있다. 전통문법에서는 문장을 그 자체로 의미를 구성하는 단어의 집합으로 보고 여러 개의 절을 포함할 수 있다는 점에서 절과 구분하였다. 그러나 이런 개념 설명은 하나의 문장이 지니는 것과 같은 의미가 하나의 단어에 의해서도 표현될 수 있기 때문에 문제점을 지닌다.

이처럼 불완전한 문장의 정의 때문에 현대문법에서는 문장을 구성하거나 문장에서 나타나는 특성을 통하여 그 개념을 설명하려고 한다. 문장은 문장의 구성요소가 어떤 기능을 수행하는 발화(發話)이며, 담화 속에서 억양을 지닌다는 것이다. 담화 속에서 억양을 지닌다는 말은 하나의 단어와 문장을 구별시켜 준다. 문장의 목적은 어떤 사람이나 어떤 일에 대한 주제 *theme* 에 대하여 무엇인가를 서술한다 *predicate* 는 데 있다.

우리말의 문장은 실제 셀 수 없을 정도로 많다. 그러나 그 말의 틀은 몇 가지 기본형식을 가지고 있다.

가. 무엇이 어떠하다.	예) 햇볕이 따갑다.
나. 무엇이 어찌한다.	예) 말이 달린다.
다. 무엇이 무엇이다.	예) 아이는 어린이다.
라. 무엇이 무엇을 어찌한다.	예) 뱀이 춤을 춘다.
마. · 무엇이 무엇이 아니다.	예) 지우는 가수가 아니다.
· 무엇이 무엇이 된다.	예) 물방울이 비가 된다.

이처럼 다섯 가지 전형적인 문장을 우리는 기본 문형(基本文型)이라고 한다. 여기서 '무엇'에 해당하는 '햇볕, 말, 아이, 뱀, 지우, 물방울' 등의 체언은 그 자체로 사용될 수 없고, 조사인 '이, 는, 은, 가'가 붙어서 도움을 받아야 한다. 이처럼 체언이 조사의 도움을 받아 문장을 이루는 단위를 어절(語節)이라고 한다. 이 어절에는 '어떠하다, 어찌한다, 무엇이다, 아니다, 된다'에 해당하는 말도 포함된다.(고영근 외, 2008: 272)

이 어절이 문장 속에서 나타내는 기능을 우리는 '문장 성분'(성분)이라고 한다. '무엇이'에 해당하는 '햇볕이, 말이, 아이는, 뱀이, 지우는, 물방울이'와 같은 어절을 주어, '무엇을'에 해당하는 '춤을'은 목적어, '어떠하다, 어찌한다, 무엇이다, 아니다, 된다'에 해당하는 '따갑다, 달린다, 어린이다, 춘다, 아니다, 된다'는 어절은 서술어라고 한다. 다만 '가수가, 비가'처럼 '무엇이'에 해당하나 주어가 아니면서 기능이 특이한 어절은 '보어'로 처리한다. 여기서 주어와 목적어, 서술어, 보어는 문장에서 반드시 있어야 할 필수 성분이라고 할 수 있다. 그러나 다음 문장에 나타나는 꾸며주는 말은 반드시 있어야 할 사항은 아니다.

가. 둥근 해가 힘차게 솟았습니다.
나. 수많은 군중이 광장에서 웅성거렸습니다.
다. 이것이 내 차다.
라. 저 여학생은 공부를 열심히 한다.

위의 예문에서 밑줄 친 부분은 다음에 오는 성분의 내용을 자세하게 꾸며주는 역할을 한다. 이처럼 주성분(主成分)은 아니나 그것을 자세히 하는 기능을 가진 어절을 부속성분(附屬成分), 또는 수의적 성분(隨意的成分)이라고 한다. 명사구를 꾸며주는 '가, 나, 다, 라'의 '둥근, 수많은, 내, 저'는 관형어라고 하고, 동사나 형용사 앞에서 꾸며주는 '가, 나, 라'의 '힘차게, 광장에서, 열심히'는 부사어라고 한다.

이처럼 주성분과 부속성분을 포함한 복수적인 성분을 담고 있는 단위를 구(句)라고 한다.

가. ①둥근 해가 ②힘차게 솟았습니다.
라. ③저 여학생은 ④공부를 ⑤열심히 한다.

'가, 라' 문장에서 ①③④는 명사구, ②⑤는 동사구가 된다. 그밖에도 관형사와 부사 구는 문장 성분의 한 부분을 이룬다.

가. 나는 어제 완구점에서 아주 새 모델 로봇을 샀다.
나. 이야기를 들으니 공부 시간이 무척 빨리 가는 것 같았다.

위의 '가' 문장에서 부사 '아주'는 관형사 '새'를 꾸며주어 관형사구를 이루고, '나' 문장에서 부사 '무척'이 부사 '빨리'를 꾸며서 부사구를 이룬다. 이 문장의 예에서 보듯이 관형사구와 부사구는 조사나 어미가 없어도 성분으로 기능한다.

절은 문장 속에서 주어와 서술어를 가지고 있는 것을 일컫는다. 여기서는 절의 기능에 따라 명사절, 서술절, 관형사절, 부사절로 구분할 수 있다.

가. 방안이 밝기가 대낮과 같다. (명사절)
나. 하루살이는 수명이 짧다. (서술절)
다. 열매가 많은 과수가 서 있다. (관형사절)
라. 반찬 없이 먹기가 힘들다. (부사절)

문장 '가'는 '방안이 밝기'에서 '밝기'가 명사구이므로 명사절이 되고, '나'는 '짧다'는 용언구가 올 수 있기 때문에 서술절이라 할 수 있다. '다'는 '열매가 많은'에서 '많은'이 꾸며주는 기능을 하므로 관형사절이 되고, '라'는 '반찬 없이'에서 '없이'가 부사의 기능을 하므로 부사절이 된다.

문장의 짜임새로 보면 문장은 단문과 복문으로 나눌 수 있다. 단문(單文)은 주어가 하나 이상이더라도 서술어와 맺어지는 관계가 한 번만 성립되는 경우이고, 복문(複文)은 병렬(竝列), 등위(等位), 종속(從屬)된 두 개 이상의 절을 가지는 문장이다.

가. 배꽃은 아름답다. (단문)
나. 인생은 짧고 예술은 길다. (복문, 병렬)
다. · 철수가 학교에 가려고 철수가 집을 나섰다. (복문, 대등)
　· 철수와 영희는 어제 미국으로 떠났다. (복문, 대등)
라. 봄이 오면 꽃이 핀다. (복문, 종속)

'가'는 단문으로 주술관계가 한 번 이루어지는 홑문장이다. '나, 다, 라'는 두 번 이상 나타나는 겹문장이라 할 수 있다. '나'는 앞뒤 문장의 의미가 독립적이며, 전형적으로 이어져 병렬된 문장이다. '다'는 선행절이 후행절과 대등한 관계에서 연결되고 있으므로 대등관계로 맺어진 겹문장이다. '철수와 영희'는 하나의 명사구로서 '철수'와 '영희'가 대등하게 이어진 문장이다. 본래 이 문장은 '철수(영희)는 어제 미국으로 떠났다.'라는 두 문장으로 되어 있었다. 주어만 다르고 나머지가 같으므로 '철수와 영희'라는 명사구로 주어를 삼아서 복문이 되었다. '라'는 선행절과 후행절이 인과관계로 종속되어 있으므로 종속관계를 이룬다. 이처럼 '나, 다, 라'는 단문을 두 번 겹쳐서 문장을 확장한 형식이다.(고영근 외, 2008: 484-487)

문장을 확장하는 방법에는 문장 속에 수식어를 넣어서 확장시키는 방법이 있고, 단문을 복문으로 만들거나 연결어미를 사용하여 접속하고, 어떤 문장에 다른 문장을 포함시키는 방법이 있다.

문장의 종결형에 따른 문장의 종류는 대체로 평서문, 의문문, 명령문, 청유문, 감탄문 등 다섯 가지로 구분하나 여기에 약속문과 허락문을 더하면 일곱 가지가 된다.

가. 나는 글을 쓴다. (평서문)
나. 너는 글을 썼느냐? (의문문)
다. 너는 글을 써라. (명령문)
라. 우리 함께 글을 써 보자. (청유문)
마. 네가 글을 썼구나! (감탄문)
바. 내가 글을 쓸게. (약속문)
사. 네가 글을 써도 좋(된)다. (허락문)

'가'는 어떤 사실을 설명하는 평서문이고, '나'는 물음을 나타내는 의문문이며, '다'는 어떤 일을 시키는 명령문이고, '라'는 상대를 설득하는 청유문이며, '마'는 어떤 행위에 대하여 감동하거나 감격했을 때 사용하는 감탄문이다. '바'는 누구와 어떤 다짐이나 약속을 할 때 사용하는 약속문이고, '사'는 대화 상황에서만 사용할 수 있는 허락문이다.

이렇게 문장의 종류를 구분할 수 있어도 실제 글쓰기에서 주로 사용하는 문장 형태는 평서문이다. 그런데 평서문의 경우도 한 가지로만 나타나는 게 아니라, 일곱 가지로 표현된다.(정희모 외, 2008: 294) 이 일곱 가지를 이용하여 문장을 구성하는 것이다.

㉮ 민희는 동수를 사랑한다.
㉯ 민희는 동수를 사랑하고 동수는 민희를 사랑한다.
㉰ 동수는 민희가 문자를 보내오기를 기다린다.
㉱ 동수는 미국에 간 민희를 사랑한다.
㉲ 봄이 되면 동수는 민희를 그리워한다.
㉳ 동수는 키가 크다.
㉴ 동수가 "나는 민희를 사랑해."하고 말했다.

㉮는 서술어가 하나 나타나는 단문이고, ㉯~㉴는 '주어+서술어'가 둘 이상 나타나는 복문이다. ㉮는 '주어+목적어+서술어'로서 모든 문장의 기본형이 된다. ㉯ 문장에서 두 개의 '주어+목적어+서술어'로 이루어지는 문장을 서로 위치 바꾸어도 의미는 크게 달라지지 않는다. ㉰ 문장은 목적어 자리에 목적절이 오는 것이 특징이다. '민희가 문자를 보내오기를'

은 문장 속에서 '주어+목적어+서술어'를 이루어 목적절이 된다. ㉣는 '민희가 미국에 갔다.'라는 '주어+서술어'가 '동수는 민희를 사랑한다.'라는 '주어+목적어+서술어' 형식의 문장 속으로 들어가 '민희'라는 고유명사를 꾸며주고 있다. ㉤의 '봄이 되면'은 '주어+서술어' 형태로서 문장 안에 옮겨 다닐 수 있으며, 조건절의 형태를 띤다. ㉥에서 '동수는'은 '동수의' 뜻을 가진다. 즉 '동수의 키가 크다.'는 '동수는 키가 크다.'는 문장과 같은 의미다. ㉦ 문장에서는 "나는 민희를 사랑해."라고 하여 직접 인용을 하고 있다. 글쓰기에서 사용하는 평서문의 형태는 대개 이런 일곱 가지이다. 이 문장 형태를 약간씩 바꾸어 무궁무진하게 사용하고 있는 것이다.

우리가 문장을 쓸 때 흔히 실수하기 쉬운 것은 주어와 술어가 서로 호응되지 않는 문장을 쓰는 것이다. 그래서 문장을 쓰려고 하면 우선 주어와 술어를 생각해야 한다. '주어+서술어'의 관계에 따라서 '친구가 온다.'라는 기본형을 생각하고 거기에 관련된 내용을 덧붙이기를 연습하는 것이 바른 문장을 쓰는 방법이다. 예를 들어서 '친구가 강의실로 온다.' '친구가 강의실에서 문제를 푼다.' '친구가 밥 먹으러 가자며 다가왔다.' '(나하고 가장 가까이 지내는) 친구가 (아침을 굶고 점심) 밥을 먹으러 가자며 (팔을 흔들며) 다가왔다.'등 기본 문형 '친구가 온다.' '친구가 푼다.' '친구가 왔다.'를 생각하고 거기에 자세한 성분을 첨가하는 것이 비문(非文)을 만들지 않는 방법이 된다.

이런 문장은 담화/글의 화자와 청자의 나이, 성별, 직위에 따라 높임말과 낮춤말로 구분하여 사용한다. 높임말은 다시 '아주 높임말'과 '보통 높임말'로 나누고, 낮춤말은 다시 '아주 낮춤말'과 '보통낮춤말'로 구분한다. 다음 의문문의 예를 보자.

가. 네가 이 차의 주인이냐? (아주 낮춤)
나. 자네가 이 차의 주인인가? (보통 낮춤)
다. 당신이 이 차의 주인이오? (보통 높임)
라. 당신께서 이 차의 주인입니까? (아주 높임)

'가'에서 '너, 네'는 아주 낮춤말이므로 '-이냐?'라는 '해라체'를 쓰게 된다. '나'는 '가'보다는 약간 높이되 아직도 낮춤말로서 '자네, 그대'라는 '하게체'를 쓴다. '다'는 '당신, 그대'라는 '하오체'를 써서 상대방을 높이는 뜻을 나타낼 때 사용한다. '라'는 '당신께서, ~님께서, 그이께서'처럼 상대방을 아주 높이는 뜻을 나타낼 때 사용하는 '합쇼체'이다. 앞의 두 가지를 예삿말이라 하고, 뒤의 두 가지를 높임말이라 한다.

좋은 문장이 되기 위해서 오양심(2009: 127)에서는 정확성, 평이성, 간결성, 독창성, 개성이 있는 문장 요건을 갖추어야 한다고 했다. '정확성'은 앞에서 언급한 것처럼 문장을 정확하게 쓰는 것을 말한다. 어법과 문법을 지키면서 모호한 내용이 되지 않도록 하고, 틀린 문장을 사용하지 않아야 한다. '평이성'은 쉽고 누구나 잘 아는 단어와 어투를 구사하는 것을 말한다. 정보전달이나 설득하는 글에서도 글을 읽는 사람을 고려하여 관념어, 전문용어, 추상어를 골라 써야 한다. 아무도 알지도 못하는 글을 쓰면 그 글을 읽는 사람에게 오히려 반감을 살 수 있기 때문이다. '간결성'은 문장이 간결해야 함을 말한다. 한 문장에 두 가지 내용을 담지 말라는 뜻이다. 즉 하나의 문장에는 하나의 내용을 담는 것이 가장 간결하게 표현하는 방법이고, 문장을 둘러서 쓰기보다 간단하게 써야 한다는 것이다. '독창성'은 자신의 체험을 바탕으로 한 소재를 사용하되 해결방법은 새로운 방법을 제시하는 것을 말한다. 정보전달이나 설득하는 글쓰기에서 이미 남들이 주장한 방법일지라도 반드시 그 방법을 사용해야 해결이 된다면 그것을 내세워야 하겠지만 그렇지 않다면 자신만의 해법을 제시하는 것이 좋다. '개성적 표현'이란 글 쓰는 이의 인격이 드러나는 글이다. 즉 자기만의 문체로 표현하는 것이 중요하다는 말이다. 이때 피해야 할 것은 관용어나 상투어인데 이 말은 참신성이 떨어지기 때문이다. 그리고 앞의 논리를 부정하는 '아무튼, 어쨌든, 그건 그렇고, 어쨌거나…….' 등의 접속어를 사용하지 않아야 하며, 자신이 없는 어투, 스스로 탄식하는 표현은 불신을 가져오므로 사용에 주의하여야 한다.

4) 단락

단락은 문단이라고도 하는 데 쉽게 말하자면 글의 다발이다. 시장에 가면 채소를 파는 가게가 있다. 그곳에는 채소를 섞어 놓고 파는 것이 아니라 무는 무대로 묶고, 배추는 배추끼리 묶고, 시금치 · 파 · 부추 · 열무 · 당근 · 버섯은 각각 그것끼리 묶거나 봉지에 담아 놓고 판다. 글쓰기에서 단락이란 채소 가게에서 채소 내용별 묶음을 뜻한다. 쉽게 말해서 채소의 묶음이란 작은 소주제를 가진 글의 모음과 같다. 가령 김치를 담근다고 생각해보자. 김치를 담기 위해서는 배추도 있어야 하고, 당근 · 파 · 부추 · 고춧가루 · 젓갈 · 소금…… 등이 있어야 한다. 여기서 배추 · 당근 · 파 · 부추 · 고춧가루 · 젓갈 · 소금…… 등은 김치의 맛(주제)를 내게 하는 작은 소주제(小主題)들이다. 따라서 단락이란 전체 글의 주제를 표현하기 위하여 여러 가지 문장이 하나의 소주제 아래 모인 작은 글의 묶음 다발인 것이다.

단락은 문장과 문장의 상호 관계를 나타내고, 전체 글의 부분을 구성하여 주제를 뒷받침하는 제재로서 논의하려는 내용을 진술하는 수단이 된다. 단락의 중심내용을 우리는 소주제라 하고, 이 소주제를 포함하고 있는 문장을 중심문장 또는 소주제문이라고 한다. 단락에서 소주제문을 뒷받침하기 위하여 사용된 문장들을 뒷받침문장이라고 한다. 단락은 하나 이상의 문장이 유기적으로 결합되어 이루어진다. 이것을 그림으로 나타내면 다음과 같다.

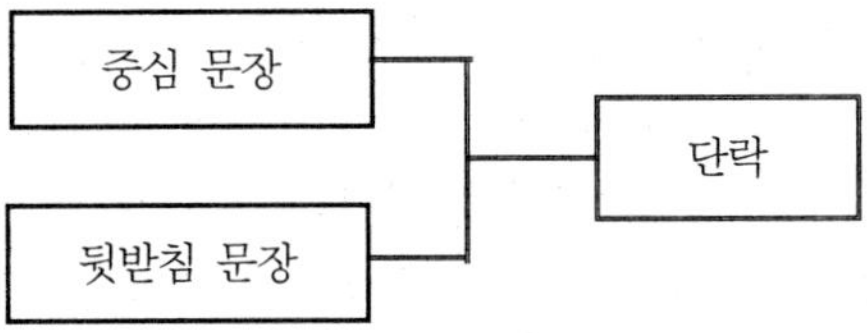

[그림 Ⅰ-1] 단락의 구조

단락은 여러 개의 뒷받침 문장과 하나의 중심문장으로 이루어진다. 가끔 한 문장으로 구성된 단락도 있을 수는 있으나 대체로 여러 문장으로 단락이 구성된다.(오양심, 2009: 129-130) 글을 구성하는 단락은 여러 소주제 단위로 묶인다. 내용상으로 보면 글 전체의 주제와 직접적으로 관련이 되는 중심 단락이 어디에 위치하느냐에 따라 글의 구성 형식을 구분하기도 한다. 중심 내용(주제)은 처음(두괄식), 끝(미괄식), 또는 중간(중괄식, 요괄식), 아니면 처음에 주제가 나오고 끝에 다시 정리된다.(양괄식) 그리고 중심단락을 뒷받침하기 위한 보조단락이 이어진다. 전체 글은 글을 쓰는 목적과 진술할 과제를 제시하는 도입 단락, 글을 구성하는 순서와 방법을 포함하여 주장을 이끌어 내거나 주장을 증명할 방법과 조건을 제시할 전제 단락, 앞에서 제시한 조건을 중심으로 내용을 전개하여 펼쳐나갈 전개 단락, 앞 단락의 내용을 자세히 설명하고 논증할 상술 단락, 전개 과정에서 주장을 입증할 예시 단락, 그리고 지금까지의 주장을 간략하게 요약하여 제시하고 주장하는 단락으로 전개된다. 이때 앞에서 논증, 예시한 내용을 특별히 강조하기 위하여 의도적으로 내용을 강조하는 강조단락으로 마무리 지어도 된다.

이러한 단락의 전개는 반드시 고정된 것이 아니고, 글의 주제를 효과적으로 살리기 위해 다양한 전개방식을 강구하여야 한다. 지금까지 사용해온 방법은 대체로 시간적, 공간적, 귀납적, 연역적 배열 방법 등 네 가지이다.(오양심, 2009: 131) 시간적 배열 방법은 사건이 일어난 시간에 따라서 배열하는 방법이다. 이런 방법은 시, 소설, 수필, 희곡이나 견학 기록문에서 많이 사용된다. 공간적 배열 방법은 관찰자가 관찰한 공간적 내용을 중심으로 사실을 기록하는 방법이다. 이런 방법은 기행문, 설명문, 관찰기록문 등에서 단락을 짓는 방법이다. 귀납적 배열 방법은 먼저 구체적인 사실을 차례대로 진술하고 맨 마지막 문단에서 그것을 모두 종합 분석하여 주제나 의견을 드러내는 방법이다. 연역적 배열 방법은 귀납적인 방법과는 반대로 주제나 주장하고 싶은 내용을 먼저 진술하고 그것을 뒷받침하는 내용 단락을 진술하는 방법이다. 이때 마지막에 다시 강조를 하면 양괄식 형태가 된다. 단 귀납적, 연역적 배열 방법은 관념적이고 추상적인 주장이나 논리를 제시할 때 주로 사용되는 방법이다. 이때는 글의 통일성을 생각하여 단락을 잘 배열하여야 한다. 앞에서 김치를 예로 들었듯이 김치 담그는 재료 단락을 배열하는 방법은 주재료인 배추를 먼저 언급하고 보조재료인 '당근 · 파 · 부추 · 고춧가루 · 젓갈 · 소금…….' 언급한다. 그 중에서 김치의 맛을 좌우하는 '고춧가루 · 젓갈 · 소금'의 양과 비율을 맞추는 것이 중요하므로 전제 단락을 삼고, '파·부추'를 어떻게 하고 '당근'을 어떻게 할 것인지에 대하여 언급해야 한다. 그리고 마지막에 담근 김치 맛이 어떤지에 대해 이야기하고 그 맛의 비결에 대한 언급을 한다면 한 편의 글이 완성된다. 글쓰기는 단락의 형식과 내용적 통일성이 중요하다. 단락간의 논리적 통일성은 중심 내용(주제)을 드러내는 데 중요한 기능을 한다. 내용상에서는 글 쓰는 사람의 논지가 일관되어야 하고, 글 쓰는 사람의 입장과 관점이 일관되어야 하며, 글을 쓰는 목적이 일관되어야 글의 주제가 명확하게 드러난다는 점에 유의해야 한다.

5) 글

글이란 여러 단락이 하나로 완결된 것으로 담화(談話)와 다른 문자언어다. 글은 형태소에서 단어, 문장에 이르기까지 문법 요소를 갖추어 이루어진다. 그러므로 좋은 글을 쓰기 위해서는 우선 이러한 문법 형태소의 의미와 용법을 정확하게 알고 적절하게 사용할 줄 알아야 한다. 정확하고 올바른 문장으로 표현될 때, 글에서 전하고자 하는 내용을 독자가 정확하게 읽고 파악할 수 있다.

우리가 글을 쓰는 목적은 분명하다. 누군가에게 정보를 전달하려고 하거나 상대방을 설득하려고 할 때, 자신의 정서를 표현하려고 하거나 사회생활에서 상호작용을 하려고 할 때 글을 쓴다. 이러한 글 쓰는 목적을 달성하기 위해서는 읽는 이가 이해하기 쉽도록 글을 써야 한다.

독자가 글을 쉽게 이해하도록 하기 위하여 단락은 제재의 논리적 일관성을 유지하도록 배열해야 한다. 단락을 구성하는 데는 단계식 구성, 포괄식 구성, 점층적 구성, 열거식 구성 방법 등이 있다.(오양심, 2009: 139-140)

단계식 구성은 전통적인 구성방법으로서 내용을 단계적으로 구성하여 독자가 알기 쉽도록 하는 방식이다. 이런 방식에는 서양에서 유래한 '처음, 가운데, 끝'이나 '서론, 본론, 결론'의 삼단 구성이 있고, 동양에서 유래한 '기(도입), 승(전개), 전(전환), 결(정리)'의 사단 구성법이 있다. 두 방식은 각각 장점을 지니고 있다. 삼단구성은 실용문에서 주로 사용하는 방법이고, 사단구성은 문예문 중에서 서정 갈래에 해당하는 시, 민요 장르에 사용하고, 서사 갈래에 해당하는 소설 장르에도 사용한다.[13]

단계적(삼단) 구성법을 그림으로 나타내면 다음과 같다.[14]

---

13) 문예문이라도 일기, 생활문 등은 글의 전개상 삼단구성으로 얼개를 잡는 것이 쓰기가 좋고, 희곡, 시나리오, 극본 등은 오단구성으로 하는 것이 특징이다.

14) 소설의 구성 방법처럼 '발단, 전개, 위기, 절정, 결말'로 전개되어도 구성 방식은 그림과 비슷하다.

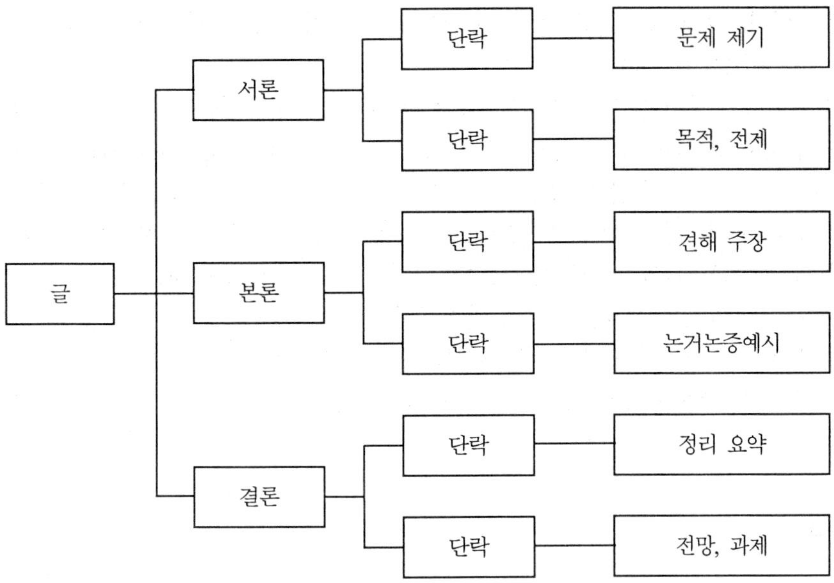

[그림 Ⅰ-2] 글과 단락의 구조

이 그림에서 단락 아래의 문장은 각각 중심 문장과 뒷받침 문장으로 구성된다. 전체 글의 삼단 구성에서 처음(서론)은 '현실적 상황 제시, 문제 제기, 글 쓰는 동기와 목적, 전제 조건' 등을 밝히는 단계이다. 가운데(본론)는 '자신의 견해 서술, 주장 전개, 논거 · 논증 · 예시, 논리적 반론 전개, 해결 방안 제시' 등을 하는 단계이다. 끝(결론)은 '본론 정리, 주제 요약, 전망 제시, 개선 촉구, 새로운 과제 제시' 등의 내용을 서술한다. 이때 분량은 본론이 가장 많고 서론 결론은 일부를 차지한다.

사단 구성에서 기(도입)는 주의를 환기하고 문제를 제기하는 부분이고, 승(전개)은 상대방의 논지를 제시하고 그 논지를 설명하며, 전(전환)은 자신의 논지를 제시함으로써 상대방의 논지를 전환시키고 논증, 예시, 논거를 통하여 논지를 입증하고, 결(정리)은 논지를 요약하여 정리하고 마무리하는 단계이다.

포괄식 구성법은 앞에서 언급한 것처럼 두괄식, 중괄식, 미괄식, 양괄식 등으로 주제에 해당하는 중심 내용을 글의 제일 앞이나 중간, 뒤, 앞과 뒤에 두고 나머지 부분에 뒷받침하는 문장을 두는 방법을 말한다.

점층적 구성 방법은 내용이 가벼운 것부터 시작하여 점점 중요한 내용과 비중이 무거운 내용으로 배열하여 서술하는 방법이다. 이것과 반대로 구성하는 방법을 점강식 구성 방법이라고 한다.

열거식 구성법은 중요하다고 생각하는 내용을 첫째, 둘째…… 등으로 순서를 정하여 글쓰는 사람이 임의대로 배열하여 구성하는 방법이다. 이 방법은 논리성이 떨어지므로 논설이나 논술에서는 예시나 주장의 방법으로 사용하는 것이 좋고, 설명문에서 나열할 내용을 제시할 때 사용할 수 있다.

이처럼 글의 구성 방법에 관심을 가지는 것은 글이 가지고 있는 힘을 충분히 발휘하도록 하기 위해서이다. 서양의 격언 중에서 '펜은 칼보다 강하다.' *The Pen is mightier than the Sword.* 란 말은 지금도 통할 수 있는 명언이다. 글이 무기보다 강한 힘을 발휘하도록 하려면 글이 논리적으로 완전해야 한다. 그리고 내용이 참된 것일 때 강한 정서적 공감을 불러일으킨다.(한국글쓰기교육연구회, 1990: 30) 글이란 읽는 이가 있을 때 글이다. 글을 통하여 다른 사람과 정서와 생각을 나누고 같이 공유하고자 한다. 만약 서로가 상대방에게 거짓된 글을 쓴다면 나중에는 결국 서로 불신하게 되어 의사소통이 불가능해짐은 물론 글에도 힘이 생기지 않는다. 그러므로 글은 논리적이면서 참된 내용을 담고 있어야 한다.

[참고문헌]

고영근·구본관, 우리말 문법론, 집문당, 2008.
다이안 맥도넬 지음/임상훈 옮김, 담론이란 무엇인가, 한울, 2002.
미셸 푸코 지음/이정우 옮김, 담론의 질서, 서강대학교출판부, 1998.
박경래, 디지털 시대의 글쓰기, 박이정, 2002.
박기용, 초등학교 국어과 교육의 구조와 이론, 월인, 2005.
빌렘 플루서 지음/윤종석 옮김, 디지털 시대의 글쓰기, 문예출판사, 1998.
오양심, 통합논술총자료집, 형민사, 2009.
윤여탁 외, 매체언어와 국어교육, 서울대학교출판부, 2008.
이규호, 말의 힘, 제일출판사, 1983.
이오덕, 삶을 가꾸는 글쓰기 교육, 한길사, 1984.
장일순, 노자 이야기, 삼인, 2003.
정희모·이재성, 글쓰기 전략, 들녘, 2008.
한국글쓰기교육연구회, 글쓰기교육의 이론과 실제Ⅰ, 온누리, 1990.

2. 글을 어떻게 분류하나

글의 종류는 많다. 그러나 예로부터 지금까지 전해져 오는 갈래의 글도 있고, 옛날에는 있었으나 지금은 사라진 갈래도 있으며, 근래 새로 생긴 갈래도 있다. 사라진 갈래로는 경기체가, 가사, 고시(古詩) 갈래가 있고, 새로 생긴 갈래는 패러디 *parody*, 삼행시(三行詩) 등이 있다. 이 장에서는 예로부터 오늘날까지 글을 구분한 기준과 종류에 따라 운의 유무, 정서의 유무, 기능에 따라 나눈 글의 구분 방법을 알아보기로 하자.

가. 운의 유무로 나눈 글

운(韻)이란 일정한 위치에서 일정한 소리가 반복적으로 나타나는 것을 말한다. 첫머리에 나타나면 두운(頭韻), 중간에 나타나면 요운(腰韻), 끝에 나타나면 각운(脚韻)이라고 한다. 운이 나타나는 것은 시가(詩歌), 운이 없는 것은 산문(散文)이라고 한다. 옛날 한시뿐만 아니라 현대시에서도 운을 지키는 시가 많다. 우선 운을 지키는 현대시를 찾아보자.

> 신이나 삼아 줄 걸 슬픈 사연의
> 올올이 아로새긴 육날 메투리
>
> (<귀촉도> 일부, 「귀촉도」, 서정주)

<귀촉도(歸蜀道)>(서정주, 1948)는 귀촉도라는 것은 한자로 돌아길 귀, 촉나라 촉, 길 도라는 뜻으로 촉나라로 돌아가는 길을 말한다. 중국 촉나라가 망했을 때 충신들이 망국을 그리워하며 죽었다. 그 무덤가에 새들이 슬피 울었는데 그 새가 두견새였다. 두견새는 소쩍새, 접동새라고도 하는데 이들의 울음소리가 귀촉, 귀촉하는 소리처럼 들린다고 한다. 이를 두고 그들의 돌아가지 못한 영혼이 새로 환생했다고 하여 불여귀(不如歸)라고도 한다.

서정주 시인이 남녀의 이별을 귀촉도에 견주어 시로 승화시킨 것이 바로 이 작품이다.

인용된 시의 윗줄에는 'ㅅ'이 자주 나타나고 있다. '신이나, 삼아, 슬픈, 사연의'에서 두운은 모두 'ㅅ'으로 구성되었다. 아랫줄에서는 'ㅇ'이 자주 나타난다. '올올이, 아로새긴, 육날' 등은 초성이 모두 'ㅇ'으로 되어있다. 이처럼 같은 소리 또는 비슷한 소리가 반복되는 것을 기본 형태로 삼는 것을 우리는 운(韻)이라고 한다.[15)]

다음 시에서는 운이 각운으로 나타나고 있다.

---

15) 운율(韻律)이라고 하면 운에다가 율격(律格)이 갖추어진 것을 말한다. 율격은 소리의 고저, 장단, 강약을 규칙적으로 반복함으로써 생겨난다. 그것은 고저율 *tonal*, 강약율 *dynamic*, 장단율 *durational* 로 세분된다. 다만 우리시에서는 음수율(音數律)을 보태고, 음보율(音步律)도 율격으로 간주한다.

섬은 날 가두고
회오리바람으로 날 가두고
원산도 앞에는 삽시도

삽시도 앞에는 녹도
파도가 날 가두고
피몽둥이 바람으로 날 가두고

(<섬에 누워> 일부, 홍희표)

이 시는 '오'로 끝나는 각운을 구사하고 있다. 이런 형태는 한시에서도 자주 볼 수 있다. 다음은 최치원(崔致遠)의 <가야산에서(題伽倻山)>라는 시이다.

狂奔疊石吼重巒　미친 듯 쏟아져 겹겹이 산을 울리니
人語難分咫尺間　곁에서도 말소리를 분간하기 어렵구나
常恐是非聲到耳　항상 세상 시비 들릴까 두렵더니
故教流水盡籠山　그래서 물소리로 하여금 온 산을 에우게 했나

(<가야산에서(題伽倻山)> 전문, 「최문창후전집(崔文昌侯全集)」, 최치원)

여기서 만(巒), 간(間), 산(山)은 종성이 모두 '안'으로 끝나는 각운이다. 일부러 시의 음악성을 살리기 위하여 같은 소리를 배열하였다. 다음은 이백(李白)의 시다.

九日龍山飮　중양절 용산[16]에서 국화주를 마시니[17]
黃花笑逐臣　노란 국화가 날 보고 웃고 있네
醉看風落帽　취하여 바라보니 모자는 바람에 날려가고
舞愛月留人　달빛만 춤추며 사람을 머물게 하네

(<중양절 용산에서 마시다(九日龍山飮)> 전문, 「전당시(全唐詩)」, 이백)

이 시에서 신(臣), 인(人) 두 곳이 같은 음으로 나타나 각운이 지켜지고 있다.

그러나 시가 외에는 일정한 자리에 같은 음이 나타나지 않는다. 편지, 일기에서 운을 찾아보기는 어렵다. 이처럼 운이 없는 글을 산문(散文, 줄글)이라고 한다. 이 점에 착안하여

---

16) 龍山 : 『太平府志』에 當塗縣 남쪽 10리에 있는데, 용처럼 꾸불꾸불하고, 시냇물을 따라 길게 드러누웠다. 그래서 용산이라고 이름했다. 晉의 大司馬 桓溫이 중양절에 신료들과 이 산에 올랐는데, 孟嘉의 모자가 바람에 날려 떨어졌다는 고사가 있다.

17) 중국 속설에는 구월 구일 중양절에 국화주를 마시면 재액을 없앤다고 한다.

일찍이 가람 이병기 선생은 글을 운문과 산문 두 종류로 구분하였다. 다음은 이병기가 분류한 글의 두 갈래 구분법이다.(이병기 외, 1987)

- 국문학
  - 시가문학(잡가 · 향가 · 시조 · 별곡 · 악장 · 가사 · 극가)
  - 산문문학(설화 · 소설 · 일기 · 내간 · 기행 · 잡문)

여기서 시가문학에 속하는 글의 종류는 대체로 운율을 지니고 있다. 그러나 산문문학에 속하는 글은 운이 없다.

나. 정서의 유무로 나눈 글

글은 글 쓴 사람의 정서가 잘 표현되어 있는 것이 있는가 하면 그것이 전혀 나타나지 않는 글이 있다. 우리는 전자를 문예문, 즉 문학작품이라고 하고, 후자를 일상생활에서 정보 소통이나 내 주장에 공감하고 상호 작용을 하기 위하여 쓰는 글, 즉 실용문이라고 한다.

문예문은 시, 소설, 수필, 희곡과 같은 글인데, 초등학교에서는 동화, 극본, 일기, 기행문, 독서 감상문, 그림책 만들기 등을 포함한다. 실용문은 설명문, 전기문, 보도문, 기록문, 안내문, 논술문, 논설문, 연설문, 광고문, 편지, 소개문, 토론문 등이 있다.

이 두 종류의 차이점은 글을 쓰는 목적과 효용에서 차이가 있다. 문예문은 글 쓰는 사람의 정서를 표현하기 위한 글로서 읽는 사람에게는 흥미와 교훈, 카타르시스 *catharsis* 를 느끼게 하는 효용을 가지고 있다. 사람은 자신의 생각과 감정을 글로 표현하려는 욕구를 가지고 있다. 글로 표현하려는 욕구 이외의 목적을 가지고 쓰라고 할 때 글쓰기를 싫어하는 학생이 생긴다. 그러나 사람은 자신의 감정을 자유롭게 표현하라고 할 때, 글을 통하여 마음속의 찌꺼기를 정화할 수 있다.

이에 비해 실용문은 일상생활에서 실용적인 목적을 달성하기 위한 글쓰기이다. 그 목적은 어떤 정보를 전달하고, 타인을 설득하며, 상호작용을 하기 위함이다. 이런 목적으로 쓰는 글은 그 목적을 달성하기에 적합한 형식의 글을 써야 하며 개인의 감정을 표현하는 문예문과 달리, 간결하고 정확한 내용을 중시한다.

다. 기능에 따라 나눈 글

교육과정에서는 글의 기능에 따라 글의 종류를 네 가지로 구분하고 있다. 이미 7차 교육과정에서는 정보 전달의 글, 설득을 위한 글, 정서 표현의 글, 사회적 상호작용의 글로 구분하여 내용 체계표에 제시한 바 있다.(교육부, 1998: 30-31, 교육과학기술부, 2008: 20-21)

원래 문자를 발명한 것은 정보나 지식을 기록하여 보전하고 다른 사람에게 전달하기 위한 목적이었다. 그것이 시간을 지나면서 멀리 있는 친구에게 글(편지)을 써서 감정을 교류하고 자신이 알고 있는 물건이나 인재를 소개하는 기능으로 사용되었다. 현대에 와서는 상대방을 내 의견에 동조하도록 설득하는 기능과 대중 앞에서 자신의 의견에 공감하도록 심리적으로 유인하는 기능으로도 사용한다. 그리고 개인이 가지고 있는 생각이나 느낌을 글로 표현하는 활동을 통하여 다른 사람과 감정적으로 소통하고 독자에게 감동을 주려는 글이 문예문, 즉 문학이다.

이 문예문은 여러 모로 실용문과 차이가 있다. 우선 문학의 본질은 다섯 가지 측면에서 실용문과 다르다. 첫째로 문학은 언어를 표현 매체로 사용하면서 그것을 예술적 수단으로 사용한다. 즉 언어 예술이라는 말이다. 말로 이루어지건 글로 이루어지건 문학은 언어로 표현되는 예술이다. 그러나 실용문은 예술이 아니다. 둘째로 문학은 글 쓰는 사람의 개인적인 특수한 체험을 바탕으로 인류의 보편적 모습과 가치를 표현한다. 셋째로 글 쓰는 사람의 사상을 직접적으로 나타내지 않고 정화시키고 함축적으로 표현한다. 즉 문학은 사상과 정서를 표현하는 글인 것이다. 넷째로 상상의 세계를 표현한다. 이 세계는 글 쓰는 사람이 허구로 만들어 낸 것이다. 이때 작가는 삶의 양상을 분석하기 보다는 총체적으로 재현하여 이해하도록 한다. 다섯째로 문학은 통합된 구조를 지닌다. 문학 속의 모든 요소들이 유기적으로 결합되어 전체를 이룬다. 작가의 정신 작용인 인식을 미적으로 형상화 하여 세상에 드러내는 것이다.

그러므로 좋은 문학이 되려면 감동성, 평이성, 쾌락성, 언어성, 개연성을 지니고 있어야 한다. 감동성이란 작품이 독자에게 감동을 줄 수 있어야 한다는 것이다. 독자에게 큰 감동을 줄 때 우리는 그 작품을 좋은 작품이라고 한다. 평이성은 난해하지 않고 누구나 이해할 수 있도록 쉽게 써야 한다는 말이다. 어려우면 내용을 이해하지 못하므로 감동이 있을 수 없는 것이다. 거기에다가 독자에게 즐거움을 주는 쾌락성이 있어야 하고, 언어가 주는 아름다움을 느낄 수 있도록 언어성이 있어야 한다. 그러나 이런 조건은 모두 개연성이라는 바탕에서 이루어져야한다. 개연성은 현실적으로 있을 법한 내용을 언어로 형상화하는 것을 말한다.

이러한 좋은 문학의 조건을 만족 시킨다면 그 문학 작품은 항구성, 보편성, 개성을 지닌다고 할 수 있다. 항구성이란 시간을 초월하여 누구나 동일한 감정을 느끼는 것을 말한다. 예컨대 <춘향전(春香傳)> <흥부전(興夫傳)>을 읽을 때의 감정이 대를 이어가면서 재미있게 읽혀지고, 어린이들이 <피터 팬(Peter Pan)>을 자꾸 보려는 것은 시간을 초월하여 읽어도 흥미를 느끼기 때문이다. 이런 것을 우리는 항구성이라고 한다.

보편성은 공간을 초월하여 누구나 동일한 감정을 느끼는 것을 말한다. 동양과 서양의 구분 없이 감동을 하는 작품인 <로미오와 줄리엣>에서 남녀의 순수한 사랑은 누구에게나 감동을 줄 수 있다. 이런 작품을 보편성을 획득한 작품이라고 한다. 이런 보편성은 부모와 자식 간의 사랑이나 형제간의 우애를 다룬 작품에서도 나타날 수 있다.

개성은 글 쓰는 사람에 의해서 개인적인 정서를 유발시키는 것을 말한다. 서로 같은 주제를 다룬 작품이라 하더라도 그것을 쓴 작가는 서로 다른 환경, 유전적·기질적 요인, 상이한 경험을 바탕으로 작품을 만들었기 때문에 작품에 나타나는 정서는 서로 다르게 나타난다. 수학적, 과학적인 문장 기술을 하면 동일한 표현이 사용되므로 글 쓴 사람의 개성이 개입되지 않는다. 그러나 문학에서 작가의 감정은 자신의 주관과 개성에 따라 표현되므로 아주 다른 분위기와 상황을 연출하게 된다. 그리고 그 작품을 수용하는 향수자(享受者) 역시 개인적 정서를 가지고 받아들이게 된다.

문학의 기능은 크게 쾌락설과 교훈설, 종합설이 있다. 쾌락설(快樂說)은 문학이 독자에게 정신적인 즐거움과 미적 쾌감을 주는 기능을 한다고 보는 입장이고, 교훈설(敎訓說)은 독자와 사회에 대하여 교훈을 주고 인생의 진실을 보여주어 삶의 의미를 깨닫게 하려는 데 그 기능이 있다는 것이다. 그러나 오늘날에는 문학이 어느 한쪽의 기능만 가지는 것이 아니라 양쪽의 기능을 다 가지고 있다는 종합설(綜合說)에 무게를 두고 있다. 종합설은 참된 문학은 고도의 정신적 쾌락을 주는 동시에 인생의 의미와 삶의 방식을 가르치는 기능을 함께 수행해야 한다는 것이다.

문학을 형상화 하는 요소는 마음에서 일어나는 감정을 절제하고 정화하여 제시되는 미적정서, 작가의 체험을 바탕으로 새로운 세계를 만들어내는 상상과 창조, 글 쓰는 사람의 인생관과 세계관이 작품 속에 반영되는 사상성, 문학의 내용과 어울리는 형태로 표현하는 작품의 예술적 형식 등 네 가지이다.

문예문에서 사용되는 언어는 실용문에서 사용되는 과학적, 사전적 전달의 기능보다도 정서적 언어, 구체적 언어, 함축적 언어의 기능을 중시한다. 정서적 언어는 언어를 통하여 독자의 감정에 호소하고 감동을 주는 언어를 말하고, 구체적 언어는 내용을 독자에게 감각적으로 전달하기 위하여 글 쓴 사람의 체험을 감각적이고도 구체적으로 표현하는 것을 말한다. 함축적 언어는 문학에서 사용되는 언어가 독자의 상상력을 자극하여 생각하며 느낄 수 있도록 하는 언어로 의미를 표현하는 것이다.

이러한 문학 언어는 논리적으로 정리되어 있고, 생략하거나 함축하여 반드시 있어야 할 말만 사용하며, 정서적인 감정을 표현하고 새로운 의미를 부여하고 해석을 시도하는 창조성을 지닌다.

문학 언어가 창조성을 지닌다는 말은 글 쓰는 사람의 체험을 작품에 반영하되 그 내용은 재구성되고 재창조되어 있다는 것을 말한다. 이것은 곧 문학의 현실이 현실을 그대로 반영하는 것이 아니라 작가에 의하여 창조된 허구적 현실임을 말하는 것이다. 실제로 존재하는 현실이 있는 그대로의 평범하고 추상적이며 산만한 것임에 비하여 문학 속의 현실은 실재를 긴밀하게 압축하여 필요한 내용만을 허구적으로 구성하여 표현하되, 그 내용이 구체적으로 드러난다는 차이가 있다.

[참고문헌]

교육과학기술부, 초등학교 교육과정해설(Ⅲ), 교육과학기술부, 2008.
교육부, 제7차 교육과정 국어과 교육 과정, 대한교과서주식회사, 1998.
서정주, 「귀촉도」, 선문사, 1948.
新華書店北京發行所, 全唐詩, 中華書局, 1992.
이병기・백철, 國文學全史, 신구문화사, 1987.
崔致遠, 崔文昌侯全集, 成大大東文化硏究院, 1991.

3. 글쓰기, 어떻게 할까

'구슬이 서 말이라도 꿰어야 보배'라는 우리나라 속담이 있다. 글쓰기가 그렇다. 여러 소재를 나열한다고 그것이 훌륭한 글이 되는 것은 아니다. 먼저 주어진 제재나 지문을 정확히 해석하고, 그것을 어떻게 표현할 것인지 구상해야 한다. 그런 다음에 논리적으로 독자에게 다가갈 수 있는 방법을 생각해 보아야 한다. 표현할 대상을 어떻게 기술할 것인지, 글쓰기에서 단락 구성을 어떻게 할 것인지, 어떤 순서로 쓸지 고려하되 서술 시 유의사항을 잘 지켜야 한다.

가. 해석과 구상

글쓰기를 할 때, 제시문(提示文)을 주는 경우와 제목(題目)만 주는 경우가 있다. 전자는 논술문을 쓸 때이고, 후자는 그밖의 실용문을 포함한 문예문을 쓸 경우이다.(이석록, 2007: 23-34) 글을 쓰기 전에 먼저 내용을 잘 살펴서 처리할 일이 있다.

○ 출제자가 요구하는 방향을 파악해야 한다

제시문을 줄 때는 출제자가 어떤 의도를 가지고 있다. 그 의도를 정확히 파악하지 못하면 서술 내용이 출제자의 의도와는 상관없는 방향으로 논의 될 수 있다. 따라서 제시문을 두어 번 읽고 왜 이 문제를 냈는지 파악하여 거기서 요구하는 논의의 방향을 지켜야 한다. 이때 제시문은 문제 해결의 열쇠이자 귀띔을 주는 것이므로 건성건성 읽어서는 안 된다. 출제자의 요구 사항이나 글쓰기의 조건을 확인하여 거기에 어긋나지 않아야 한다.

○ 문제 해결의 열쇠는 제시문에서 찾아야 한다

제시문은 문제 해결 방법의 열쇠를 담고 있다. 문제를 해결하기 위해서는 제시문에서 그 문제의 단서를 찾아야 한다. 문제의 원인이 직접 노출되지 않은 경우도 있으나 대체로 지문 속에 참고가 될 내용이 언급되어 있다. 출제자는 제시문을 논리적으로 제시하기 때문에 제시문을 잘 분석한다면 본질적인 문제의 원인을 발견하는 데 도움이 된다. 이때 제시문은 문학 작품일 수도, 통계 자료일 수도, 직접적으로 서술방식과 답안 작성조건을 제시한 것일 수도 있다.

다음 '2009년 초등 교직 논술' 예문을 보자.[18)]

---

18) 이 자료는 인터넷 한국교육과정평가원 인터넷 홈페이지 'http://www.kice.re.kr/ko/board/list.do?menu_id=10297&board_id=10160'에서 가져온 것이다.

2009학년도 공립 초등학교 교사 임용후보자 선정경쟁시험(2차) 초등학교 교직 논술 문제

문답식 수업과 강의식 수업은 흔히 활용되는 교실 수업 방식이다. 1) 문답식 수업과 강의식 수업을 비교하여 문답식 수업의 장점을 논하고, 2) 효과적인 발문 기법의 관점에서 아래의 문답식으로 진행된 초등학교 3학년 재량활동 수업 사례에 나타난 문제점 중 세 가지를 찾아서 수정하고 각각의 이유를 제시하시오. 그리고 3) 송 교사가 발문 기법 신장을 위하여 활용할 수 있는 자기장학 방안을 두 가지 제안하시오.(총 20점)

> 송 교사: 지난 시간에 우리 지역의 대표적인 문화재에 대해 공부해 보았어요. 우리 지역의 대표적인 문화재로는 무엇이 있었지요?
> 송 교사: 천마총이 있었지요. 신라 시대의 천마총이에요.
> 송 교사: (사진을 제시하며) 오늘은 여러분이 고고학자가 되었다고 생각하고 이 유물에 대해 궁금한 점을 말해 볼까요?
> 학 생 1: 언제 만들어졌을까?
> 학 생 2: 에이, 그거 내가 말하려고 했는데……
> 송 교사: 발표할 사람은 먼저 손을 드세요.
> 학 생 3: (손을 들어 호명을 받은 후) 무엇으로 만들어졌을까?
> 송 교사: 예, 좋아요. 자 그러면 이 유물이 어디에서 출토되었고, 어떤 용도로 사용되었으며, 어떤 계층의 사람들이 사용했던 것일지 말해 볼까요?
> 학 생 들: ……
> 송 교사: 왜 대답하는 사람이 없지? 좀 전에는 서로 발표하겠다고 하더니. 자, 말해 봐요.

답안 작성 시 유의사항	배점
· 어법과 원고지 작성법에 맞게 작성하시오. · 주어진 원고지(1,200자)에 맞게 서술하시오.(1,100자 이하 또는 1,200자 초과 시 감점) · 글의 체제를 논리적으로 짜임새 있게 구성하시오. · 글의 명료성, 타당성, 일관성을 고려하여 서술하시오.	**· 논술의 체계 (총 10점)** -분량 (3점) -맞춤법 및 원고지 작성법 (3점) -글의 논리적 체계성 (4점) **· 논술의 내용 (총 10점)** -두 수업 방식 비교 및 문답식 수업의 장점 (2점) -수업 사례의 세 가지 문제점 수정과 각각의 이유 (6점) -발문 기법 신장을 위한 자기 장학 방안 두 가지 (2점)

이 문제의 제시문을 잘 읽어보면, 세 가지 문제에 대하여 답을 할 것을 요구하고 있음을 알 수 있다. 첫째로 문답식 수업과 강의식 수업을 비교하여 문답식 수업의 장점을 논하고, 둘째로 효과적인 발문 기법의 관점에서 아래의 문답식으로 진행된 초등학교 3학년 재량활동 수업 사례에 나타난 문제점 중 세 가지를 찾아서 수정하고 각각 그 이유를 제시하며, 셋째로 교사의 발문 기법 신장을 위하여 활용할 수 있는 자기장학 방안을 두 가지 제안하라는 것이다. 제시문 안에 문제가 들어있으니, 그 정답과 해결방법을 내놓으라는 논술이다. 그리고 그 아래에는 답안 작성 조건 및 배점이 제시되어있다.

물론 아직 교육방법에 대하여 배우지 않은 학년으로서는 해결하기 어렵다. 그러나 교직논술이 아닌 일반적인 제시문이 나왔다면 제시문 속에서 원인과 해결방법을 찾아 서술할 수 있는 문제인 것이다.

○ 문제의 사회 문화적 상황 맥락의 관계에서 살펴야 한다

우리가 어떤 글을 쓸 때 과거나 현재와는 상관없는 아주 새로운 내용을 창작한다는 생각을 하기 쉽다. 그러나 그것은 아니다. 어떤 종류의 글이거나 조상이 물려준 전통 문화적 맥락이라는 날줄과 현재라는 상황이 지니고 있는 의미 맥락이라는 씨줄의 교차점에 놓여 있다. 그러므로 제시된 문제가 전통 문화적 맥락과 현재 상황이라는 좌표에서 어떤 위치에 있는지를 잘 살펴야 한다. 만약 교육개혁이라는 넓은 범위의 문제에 대하여 글을 써야 한다면 글을 쓰기 전에 먼저 과거부터 오늘에 이르기까지 사회 문화적 맥락에서 고려되어야 할 문제와 현재 우리 한국사회가 당면하고 있는 상황 맥락에서 검토하여야 할 문제를 각각 y축과 x축으로 설정하여 놓고, 그 문제의 위치를 생각하여야 한다는 말이다.

○ 글쓰기 구상을 해야 한다

문제 해석이 이루어졌다면, 글쓰기의 방식을 삼단계 구성으로 할지, 사단계 구성으로 할지 결정해야 한다. 각 단계마다 어떤 내용 단락을 배열할지, 읽는 사람의 입장을 고려하여 논리적으로 구성하는 것이 좋다.

주제를 제시하는 방식은 앞에서 살펴본 것처럼 두괄식(연역적), 미괄식(귀납적), 양괄식이 있다. 그 내용을 엮어내는 구상은 머릿속에서 어떤 내용을 먼저 제시하고 어떤 내용을 나중에 쓸 것인가를 설계하는 것이다. 위의 문제를 예로 든다면 머릿속으로 다음과 같은 생각을 할 수 있다.

수업은 학습목표를 도달하기 위하여 실시한다. 그렇다면 먼저 서론에서 수업의 개념을

제시하고, 교육과정의 교과 목표를 도달하기 위해서는 각각의 단위 수업이 중요함을 간략하게 언급한다. 본론에서는 수업 방법 중에서 문답식 수업과 강의식 수업의 차이점을 먼저 언급하고, 문답식 수업의 장점을 세 가지 제시한다. 이어서 송교사가 잘못 발문한 세 가지 내용을 수정하고 그 이유를 쓴다. 그리고 나라면 발문기법을 어떻게 신장시킬지에 대하여 자기장학 방안을 두 가지 소개한다. 결론에서는 지금까지 논의한 내용 중에서 중요한 부분을 정리하고 다시 강조하겠다.

메모를 하면서 설계를 해도 되고 사고구술법을 이용하여 머릿속에 떠오르는 생각을 모두 글로 메모하여 개요짜기를 하여도 된다.

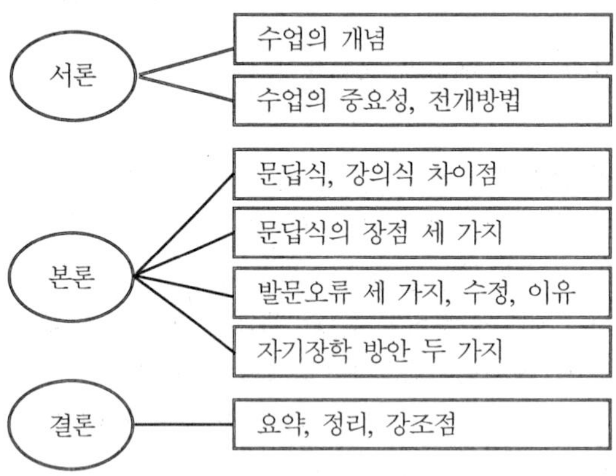

[그림 Ⅰ-3] 개요짜기의 방법

이런 개요짜기를 할 때 도움이 되는 방법이 생각 그물 만들기 *mind mapping* 이다. 생각 그물 만들기는 중심 개념에서 시작하여 관련 아이디어를 풀어나가면서 그 내용을 시각적으로 표현하는 방법이다. 아직 글을 쓰기 전에 글의 내용에 포함시킬 여러 가지 아이디어를 생성하고 완전하지 않으나 그 아이디어를 조직하는 데 유리하다. 그리고 같은 계통의 아이디어를 계열화 하면서 그려나갈 수 있기 때문에 아이디어 간의 관계를 명확하게 파악할 수 있고, 아이디어들 간의 계열이 명확해져서 개요를 작성하는 데 도움이 된다.(이재승, 2002: 290)

생각 그물은 여러 가지 형태로 만들 수 있다. 징검다리 모양, 거미줄 모양, 기차 모양, 커다란 나무에 가지를 그리고 그 가지의 계열을 따라 아이디어를 써 넣을 수도 있다. 가운데 동그라미를 그리고 방사형으로 동그라미를 그리면서 쓸 내용을 연결시켜도 된다. 생각 그물의 모양은 글을 순서대로 쓸 경우도 있으므로 어떤 글을 쓸 것인가에 따라 적절한 모양을 선택하면 된다. 다음은 방사형(放射形)의 생각 그물 만들기이다.

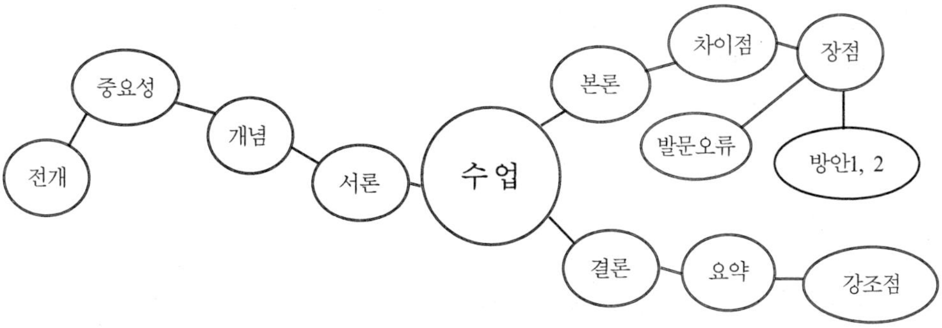

[그림 Ⅰ-4] 생각 그물 만들기의 예

생각 그물 만들기와 마인드 맵 *mind map* 은 비슷하게 사용되지만 엄밀하게는 개념상의 차이가 있다. 생각 그물 만들기는 주로 글을 쓰기 전에 다양한 아이디어를 생성하고 그것을 조직하기 위하여 사용하고, 마인드 맵은 어떤 행위가 끝난 다음에 이루어지는 것으로 주로 기억을 잘 하기 위한 방법으로 사용 된다.

그리고 브레인스토밍 *brain storming* 도 글쓰기에 활용할 필요가 있다. 브레인스토밍은 꼭 이치에 맞지 않는 엉뚱한 아이디어라도 아무 거리낌 없이 사용할 수 있기 때문에 비논리적인 주장이나 나낭하지 않은 해결책 능 모두를 수용한다. 말 그대로 머리 속에서 생각나는 대로 이것저것 모두 끄집어 내놓는 것이다.(정희모 외, 2008: 86) 이런 방식은 창의성을 계발하는 활동이나 패러디 작품 만들기, 문예문을 쓰는 활동에서 사용할 수 있고, 논리적인 흐름을 요구하는 글에서는 사용하기 어렵다.

문예문 쓰기에서는 브레인스토밍이 가능하다. 여러 생각을 마구 끄집어내놓고 그것 중에서 필요하고 적절한 내용을 하나씩 챙겨서 짜임새 있게 구성하는 것이다. 그러나 저학년 어린이에게는 브레인스토밍이 어렵다. 생각나고 쓰고 싶은 내용을 쓰도록 하는 방법이 적절하다.

그러나 문예문의 글쓰기 방법을 한 가지 방법으로 말하기는 어렵다. 각론에서 글의 갈래에 따라 적절한 방법을 모색해 보자.

나. 논리와 구성

주제를 다양한 내용으로 표현하기 위해서는 먼저 글감을 찾아야 하고, 찾아놓은 글감을 논리적으로 엮어내어 주제를 드러내는 것을 구성이라고 한다.(정희모 외, 2008: 105) 글을 논리적으로 쓰기 위해서는 논리적인 전개 방식을 알아야 한다. 논리적 전개 방법으로 대표적인 것은 연역법(演繹法)과 귀납법(歸納法)이 있다.

연역법은 이미 알고 있는 일반적인 사실이나 원리를 전제로 개별적인 특수 사실(원리)

의 결론을 도출하는 방법이다. 일반적으로 삼단논법이라고도 하는데 '대전제-소전제-결론'의 순서로 논리를 전개한다.

> 사람은 죽는다.(대전제)
> 소크라테스는 사람이다.(소전제)
> 그러므로 소크라테스는 죽는다.(결론)

결론의 소크라테스는 죽는다는 명제는 '모든 인간은 죽는다.'는 대전제에서 이끌어 낸 결론이므로 대전제의 일부이지, 새로운 지식은 될 수 없다. 그래서 만약 대전제에 오류가 있으면 결론도 오류일 수밖에 없다. 만약 모든 동물은 암수가 사랑을 나누어 번식을 한다고 하면, 자웅 동체인 동물에게는 참일 수 없는 대전제이므로 결론 역시 참임을 입증할 수 없게 된다.

귀납법은 경험이나 사실을 바탕으로 원리의 결론을 이끌어내는 논증법이다. 그 과정에는 많은 사실을 관찰하여 보편적인 결론에 도달한다.

> 소크라테스는 죽었다. 공자도 죽었다. 석가도 죽었다.
> 소크라테스, 공자, 석가는 사람이다.
> 그러므로 모든 사람은 죽는다.

이처럼 부분적인 관찰 사실로부터 얻은 결론을 일반적인 진리로 받아들이기에는 오류가 발생할 수도 있다. 왜냐하면 같은 경우라 하더라도 모든 사례를 다 조사, 관찰할 수 없기 때문이다. '기러기가 갈색이다.' 라는 명제에서, 검은 기러기가 현존한다는 사실이 밝혀진다면 이 명제는 참이 될 수 없는 것이다.

문장을 논리적으로 서술하기 위한 전개 방법은 여러 가지이다. 여기에는 열거, 문제·해결, 비교·대조, 인과 관계, 유추, 권위, 예시, 시간, 공간, 점층(점강) 등의 방법으로 글을 구성할 수 있다.

1) 열거식 구성

열거식 구성 방법은 '소주제-소주제-소주제'를 단락별로 열거하되 독자가 동의할 수 있도록 논리적 흐름을 갖추는 것이다. 이 방법은 자신의 생각을 상대방이 이해하기 쉽게, 혹은 자신의 주장이 타당하다는 것을 증명할 수 있도록 논리적으로 배열하는 방법이다. 이때 초인지적 방법으로 배열이 적절한 지 삼자적 관점에서 점검하면서 소주제 항목을 연결시키는 것이 좋다. 예문을 보자.

㉮ 태권도는 우리의 전통 무술을 바탕으로 오래 전에 생겨났다고 합니다. 옛날 사람들은 사나운 짐승들과 싸우면서 살아남기 위하여 무술을 하였습니다. 옛 사람들의 무덤 속에 있는 벽화에도 두 사람이 서로 겨루기를 하는 자세를 볼 수 있습니다. 그 모습은 태권도에서 두 사람이 겨루는 모습과 비슷합니다.

㉯ 태권도에는 독특한 동작이 있습니다. 태권도의 연속되는 동작을 품새라고 하는데, 태극이라 불리는 열여섯 가지 품새와 고려, 금강 등의 아홉 가지 품새가 따로 있습니다. 태권도의 품새는 사람들이 훌륭한 성품을 가지기 위하여 갈고 닦는 과정으로 만들어졌습니다. 이들 태권도 품새는 매우 아름답습니다. 곧고 강하게 움직이는가 하면, 부드럽게 돌아가기도 합니다. 그래서 예술이라는 말을 듣기도 합니다.

㉰ 태권도는 우리나라뿐만 아니라 세계 각국으로 널리 알려진 무술입니다. 전 세계에는 이천오백만 명이 넘는 외국인 수련생이 있다고 합니다. 서울에 본부를 두고 있는 세계 태권도 연맹에 여러 나라가 가입했습니다. 그래서 우리나라는 수천여 명의 태권도 사범을 외국에 파견했습니다. 또, 오늘날 태권도는 여러 세계 대회의 정식 경기 종목입니다. 세계 태권도 선수권 대회와 아시아 태권도 선수권 대회, 아시안 게임과 올림픽 경기의 정식 종목이 되었습니다.(교육과학기술부, 3-1 국어 읽기 실험교과서 <세계인의 태권도> 일부, 2009)

윗글 ㉮㉯㉰는 전형적으로 '소주제-소주제-소주제'로 얼기된 글이다. ㉮는 '태권도의 뿌리와 탄생'을, ㉯는 '태권도의 품새'를, ㉰는 '세계에 널리 알려진 태권도'를 각각 소주제로 하고 있다. 각 소주제(중심문장)는 작은 세부내용들을 가지고 있다. 이것을 그림으로 나타내면 다음과 같다.

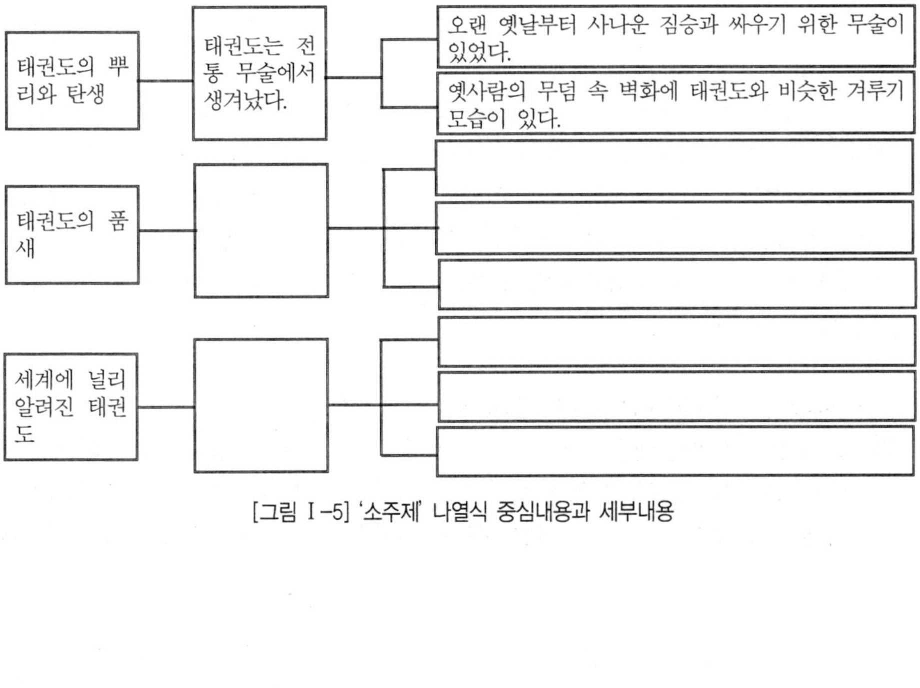

[그림 Ⅰ-5] '소주제' 나열식 중심내용과 세부내용

[그림 I-5]에서 제일 왼쪽 칸은 단락의 중심 내용이고, 중간 칸은 주제문이며, 제일 오른쪽 칸은 세부 내용을 담은 문장이다. 이 글의 구조를 보면 각 단락이 두괄식으로 연역적으로 제시되어 있으며, 그 주제문의 내용을 뒷받침하기 위한 세부내용이 여러 문장으로 나타나고 있다. 이것이 '소주제-소주제-소주제'로 본론(가운데) 부분을 전개하는 방법이다.

2) 문제해결 구성

문제해결 구성 방식은 문제점을 먼저 노출시키고 해결방법을 찾는 것이다. 자신의 생각이나 주장과 상반되는 내용을 먼저 제시한 뒤 이를 비판하고 자신의 주장을 강조하는, 말하자면 '상반된 내용(주장)-비판-자기 주장' 순으로 제시하는 방식이다. 이렇게 하는 이유는 서론(처음)에서 문제를 제기하고 글의 주제나 목적, 글의 순서를 밝히는 내용으로, 결론(끝)에서 본문 내용을 정리하고 자기 주장을 강조하는 내용으로 고정되나, 본론(가운데)은 쓰려는 글의 종류나 주제에 따라 서술 방식이 달라질 수 있어 다양한 방식으로 글을 써야 하기 때문이다. 일반적으로는 첫째 방식 '소주제-소주제-소주제'로 전개하는 방법을 많이 쓰지만, 비판할 근거가 충분하고 자신의 주장이 옳다는 확신을 할 때는 둘째 방식 '상반된 내용(주장)-비판-자기 주장'으로 글을 쓸 수 있다.

다음 예문을 보자.

> ㉮ 진리는 단지 진리라는 이유만으로 허위를 부정하는 힘을 가진다고 믿는다. 그리고 감옥과 화형을 극복하는 고유의 힘을 가진다고 믿는다.
>
> ㉯ 그러나 이는 근거 없는 감상주의적 발상이다. 진리를 향한 인간의 열정은 오류를 향한 것과 마찬가지로 그다지 강력한 것이 아니다. 법적 혹은 사회적 처벌만으로도 손쉽게 진리가 전파되는 것을 막을 수 있다.
>
> ㉰ 진리가 가지는 진정한 이점은 다음과 같다. 한 의견이 진리일 때, 그것을 한두 번 소멸시킬 수 있지만 세월이 흐르는 동안 그것을 재발견하는 사람들이 또다시 나오게 될 것이다. 또 그것이 재등장하게 되는 시기 중 일부는 유리한 환경으로 인해서 박해를 탈피하여 살아남을 수도 있을 것이다. 진리는 그것을 억압하려는 모든 기도에 대항하여 조금씩 앞으로 전진하여 왔다. 진리의 힘은 바로 거기에 있다.(정희모 외, 「글쓰기의 전략」, 113쪽 밀의 <자유론> 재인용)

이 글 ㉮㉯㉰는 '상반된 내용(주장)-비판-자기 주장'으로 전개된 글의 보기이다. ㉮에서는 글 쓰는 사람과 상반된 내용을 제시하였다. '진리가 진리라는 이유만으로 허위를 부정하는 힘이 있다고 믿는 것'은 글 쓰는 사람 자신의 생각과 상반된 것이다. 그래서 ㉯에서 '이는 근거 없는 감상주의적 발상'이라는 비판이 이어졌다. ㉰에서 진리가 가지는 이점이 있다고 주제문을 제시하고 자신의 이 주장을 뒷받침하는 세부 내용을 밝혔다. 그것은 비록 진리를 일시적으로 소멸시킬 수 있지만 세월이 지나면 다시 재발견하는 사람이 나오게 되고, 유리한 환경이라면 박해를 피하여 살아남을 수도 있으며, 진리를 억압하려는 사람의 기도에 대항하여 자유를 위해 전진하였다는 주장이 드러난다. 이것을 도해(圖解)하면 다음과 같다.

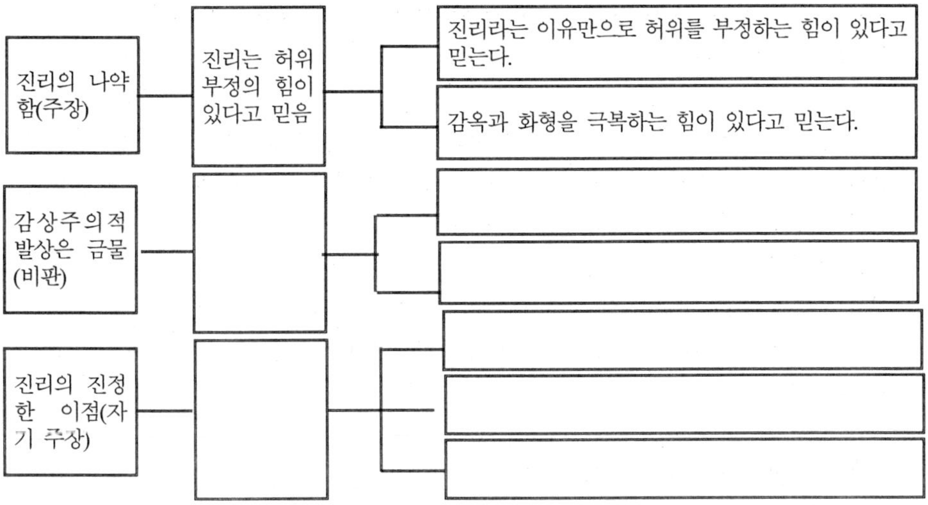

[그림 Ⅰ-6] '주장-비판-자기주장'식 중심내용과 세부내용

[그림 Ⅰ-6]에서 제일 왼쪽 칸은 단락의 중심 내용이고, 중간 칸은 주제문이며, 제일 오른쪽 칸은 세부 내용을 담은 문장이다. 이 글의 각 단락은 연역적으로 제시되어 있으나 글 전체로 보면 글 쓴 사람의 주장은 미괄식으로 귀납적 제시가 되어있다. 앞에서 남의 주장을 제시한 뒤 그것을 비판하고는 끝 부분에서 자신의 주장을 내놓고 있다. 이것이 '상반된 내용(주장)-비판-자기 주장'의 순서로 글을 전개하는 방식이다. 이때 반드시 '상반된 내용(주장)'이 나타나야 하는 것은 아니다. 그것 없이 '비판-주장' 또는 '문제-해결책'으로 전개되어도 상관없다. 오히려 '문제-해결책'으로 전개되는 방식이 일반적이다.

3) 비교 · 대조 · 대비적 구성

가) 비교

비교(比較, parallel)의 방법은 비교 대상이 동질적인 내용을 중심으로 속성을 견주어 그 성질이 같거나 비슷할 때 사용한다. 즉 두 가지 이상의 비교 대상을 두고 그 성질, 성격,

내용, 모양 등의 정도를 견주어서 어느 한 대상을 선명하게 표현하는 방법이다.(김봉군, 1992: 403-404) 예컨대 말과 글은 표현 수단이라는 점에서, 시와 수필은 정서를 표현한다는 면에서, 우리의 밥과 서양의 빵은 모두 주식이라는 점에서, 영화와 연극은 배우의 행위와 대사에 의하여 사건이 진행된다는 점에서, 집단 이기주의와 개인 이기주의는 자기 이익만을 추구한다는 점에서 공통점을 가진다.

비교의 방법으로 글을 쓸 때는 비교 대상을 먼저 서술하고, 자신이 나타내고자 하는 대상은 나중에 서술한다. 즉 '비교대상 - 대상'의 순으로 글을 전개하게 된다.

다음 글을 읽어 보자.

> ㉮ 몽골의 부흐와 우리나라의 씨름은 여러 면에서 비슷한 점이 있다. 부흐는 민속 경기로서 축제 기간에 경기를 한다. 두 선수가 1 : 1로 마주 잡고 경기를 한다. 이때 복장과 잡는 방법에 대한 규칙이 있다. 상대편의 몸이 먼저 땅에 닿도록 하는 사람이 이긴다.
>
> ㉯ 씨름도 민속 경기로서 사람들에게 인기가 많다. 경기는 주로 축제 기간에 벌어진다. 경기 방식은 1 : 1로 두 선수가 마주 잡고 경기를 한다. 이때 샅바를 하고 상대편을 어떻게 잡는가에 대한 규칙이 있다. 승패는 누가 먼저 상대편의 몸을 땅바닥에 닿도록 하는가에 달려있다.

㉮에서는 몽골의 부흐 경기 방식을 소개하였고, ㉯에서는 씨름의 경기 방식을 설명하였다. 이처럼 동질성을 중심으로 견주는 것이 비교다. 그밖에도 말과 글을 비교할 때 말은 음성기호로 자신의 생각과 느낌을 표현하는 수단이고, 글은 문자기호로 자신의 생각과 느낌을 전하는 수단이다. 그러므로 말과 글은 생각과 느낌을 전하는 수단이라는 점에서 같다고 할 수 있다. 이것은 말과 글이라는 두 대상의 동질성을 찾아낸 것이므로 비교가 된다.

나) 대조

대조(對照, contrast)의 방법은 상반되거나 서로 상대되는 내용에서 차이를 따질 때 사용한다. 즉 두 가지 이상의 서로 다른 대상을 두고 일정한 관점과 기준에 비추어 대상들의 어떤 측면을 견주어 보아 그것이 어떻게 다른지에 초점을 맞추어 서술한다.

다음 예문을 보자.

> ㉮ 우리의 민속 경기인 씨름과 일본의 스모는 여러 면에서 차이가 있다. 스모 경기는 주로 상대방을 노려보고 있다가 기회를 봐서 둥근 경기장 밖으로 밀어내야 이긴다. 그렇기 때문에 승패는 순식간에 갈리고, 주로 밀치기 기술을 사용하므로 큰 흥미를 못 느끼는 경우가

많다. 그리고 경기 방식이 스모는 엉덩이를 거의 다 내놓고 맞붙어 밀치기 때문에 보는 사람이 부끄러운 생각이 들 때도 있다.

㉯ 씨름은 여러 가지 기술을 사용하여 상대방의 몸이 먼저 바닥에 닿도록 하는 편이 이긴다. 샅바를 잡고 상대방을 들어 메치거나 상대의 힘을 역이용하여 순식간에 판세를 뒤집는 묘기는 관중을 사로잡기에 충분하다. 그리고 씨름은 짧은 바지를 입고 경기를 하기 때문에 부끄러운 느낌이 들지 않는다.(<씨름과 스모>, 아동 글쓰기 지도의 이해와 실제, 227쪽 수정 인용)

㉰ 중국의 담벽은 집보다 높은 것이 특징이다. 아무리 발돋움하여도, 그 내부를 들여다 볼 수 없다. 완전히 폐쇄적인 것이며, 외계와의 단절을 의미하는 성벽인 셈이다. 그러나 일본의 초가집에는 숫제 담이란 것이 없고, 설령 담이 있다 하더라도 내부가 환히 보이는 아주 낮은 담이다. 그것은 개방되어 있는 것과 다름이 없다. 한편, 우리 나라의 담은 중국의 담보다 낮지만, 일본의 담보다 높다. 우리 나라 돌담은 폐쇄와 개방의 중간에 위치해 있다고 하겠다. (<돌담의 의미> 일부, 이어령)

윗글 ㉮에서는 씨름과 스모는 여러 가지 다른 점이 있다고 하고, 세부 내용으로 스모의 경기의 성패를 가르는 방식, 흥미도, 옷차림에 대하여 말하고 있다. ㉯에서는 씨름의 성패 가르는 방식, 흥미도, 옷차림에 대하여 말하고 전체적으로 두 경기를 대조하고 있다. 이때 대조의 대상인 스모를 먼저 제시하고 씨름을 나중에 제시하는 방식을 취하고 있다. 다르게는 ㉮단락에서 스모와 씨름의 경기방식, 흥미도를 견주어 보고, ㉯단락에서 옷차림에 대하여 견주어 항목별로 직접 대조하는 방식도 쓸 수 있다.

㉰는 ㉮㉯ 단락과 다른 글이다. 여기서는 중국 담, 일본 담, 한국 담의 다른 점을 서로 견주고 있다. 중국 담은 폐쇄적이고, 일본 담은 개방적이며, 한국 담은 폐쇄와 개방의 중간이 있어서 서로 다른 특징이 나타난다고 하였다.

그밖에도 말과 글에 있어서 말은 음성기호를 수단으로 표현하되 시간적, 공간적 제약을 받는 특성이 있으나 글은 문자기호를 수단으로 표현하고 시간적, 공간적 제약을 받지 않으므로 말과 글은 서로 다르다고 할 수 있다. 이것은 말과 글의 차별성을 찾아낸 것이므로 대조라고 할 수 있다.

3) 대비

대비(對比, comparison)는 비교와 대조를 합쳐놓은 것으로 같은 점과 다른 점을 동시에 짚어 나가는 방식이다.

다음 예문을 읽어 보자.

> ㉮ 생각건대, 진정한 자존심이나 사이비 자존심이나 간에, 모두 자신의 삶을 보호하기 위하여 생성된 것이라는 점에서는 같다. 그러나 그 삶이 어떠한 것인가에 따라서 그 종류를 달리한다. 전자는 영원한 삶에, 후자는 그날그날의 세속적인 삶에 집착한다.
>
> ㉯ 전자는 자신의 세계에만 충실하기 때문에 진정으로 주체적이며, 후자는 자신의 대외적인 체면과 남에게 전시되는 효과에만 사로잡히기 때문에 타율적인 존재로 떨어지지 않을 수 없다. 즉, 후자의 자존심을 지닌 이는 스스로는 독립되어 있다고 생각할지 모르나 객관적으로 보면 항상 종속적인 지위에서 방황을 벗어나기 어렵다는 말이다.(「한국인의 대외적 자존심」 일부, 정재각)

윗글 ㉮㉯단락에서는 진정한 자존심과 사이비 자존심의 같은 점과 다른 점을 대비함으로써 자존심의 개념이 명확하게 드러나도록 하고 있다. 이처럼 대상의 동질성과 이질성을 분명하게 구별하는 것을 대조의 방법이라고 한다.

4) 인과적 구성

인과(因果, cause and effect)란 원인에 따른 결과이다. 세상에서 일어나는 많은 일의 결과는 그것을 발생시킨 요소, 즉 원인을 가지고 있다. 불교에서 말하는 인과 응보(因果應報) 역시 비슷한 개념으로 통한다. 자신의 현재 행위에 대한 결과가 내세의 응보로 나타나고, 전생의 행위가 현생의 업보로 나타난다고 믿는 것 역시 원인에 따른 결과가 나타난다는 논리이다.

현실적으로 사람이 사는 세상에서는 많은 사건들이 일어난다. 그것이 사회적인 것이든, 자연적인 것이든 그 사건에는 어떤 원인이 있게 마련이다. 앞의 사건이 뒤의 사건을 일으킨 원인이라고 한다면, 뒤의 사건은 앞의 사건에 대한 결과가 된다. 이처럼 두 사건 사이에 성립하는 필연적인 관계를 우리는 인과관계라고 한다.

다음 예문을 보자.

> 단비는 한별이와 달리기를 하였습니다. ㉮ 단비는 풀어진 자기 운동화 끈을 밟아서 넘어졌습니다. ㉯ 그래서 한별이가 달리기에서 이겼습니다.

이 문장에서 ㉮는 원인에 해당하는 내용을 담고 있다. 그리고 ㉯ 문장은 그 원인에 대한 결과를 드러내고 있다. 원인과 결과의 순서로 글이 전개될 때는 '그래서' '그러므로' 등의 표지어(標識語, sign word)가 쓰이고, 결과를 먼저 나타내고 원인을 뒤에 제시할 때는 '왜냐하면' '때문입니다' 등의 표지어가 사용된다.

인과적 구성은 논리적인 글쓰기를 할 때, 그리고 문예문에서 이야기를 꾸며낼 때 주로 사용한다.

다음은 문예문이다.

> ㉮ 옛날 옛적, 어느 마을에 한 젊은이가 살고 있었습니다. 젊은이는 참외 농사를 열심히 지었습니다. 여름이 되자 참외는 무럭무럭 자라 크고 맛이 좋게 익었습니다. 그러자 젊은이는 크고 맛있는 참외를 임금님께 바치고 싶었습니다.
>
> '옳지, 저 큰 참외를 임금님께 바쳐야지.'
>
> 크고 맛있는 참외를 따서 바구니에 담아 궁궐의 임금님께 바쳤습니다.
>
> ㉯ 임금님은 젊은이의 참외를 보시더니, 농부에게 칭찬을 하며 상을 내렸습니다.
>
> "여봐라. 저 젊은 농부에게 참외만한 금덩이를 주어라."
>
> 임금님은 젊은이의 정성이 갸륵하여 금으로 상을 주었습니다.
>
> ㉰ 이웃 마을에 한 젊은이가 그 소문을 들었습니다. 이웃 마을의 젊은이는 임금님께 더 큰 상을 받고 싶었습니다. 그래서 키우던 황소를 끌고 궁궐로 가서 임금님께 바쳤습니다.
>
> ㉱ 임금님은 황소를 보시더니 빙그레 웃으시며 말했습니다.
>
> "저 젊은이에게는 황소의 눈만한 감자를 주어라."
>
> 이웃 마을 젊은이는 지나친 욕심을 부리다가 황소만한 금덩이 대신 작은 감자를 한 알 받았습니다.(3-1 국어 쓰기 52쪽 수정 인용, 2005)

여기서 ㉮-㉯와 ㉰-㉱는 각각 인과관계로 연결되어 있다. ㉮㉰는 원인, ㉯㉱는 그 결과인데 글 전체로 보면 ㉮㉯가 원인이고, ㉰㉱가 결과이다. 생활문에서도 인과관계로 글쓰기를 할 수 있다.

다음 예문을 보자.

> ㉮ 형준이가 기다리던 토요일이 되었습니다. 형준이가 토요일을 좋아하는 까닭은 학교 공부가 일찍 끝나서이기도 하지만, 오후에 가족이 다 모여서 요리를 하기로 하였기 때문입니다. 형준이는 학교 공부를 마치자마자 집으로 얼른 달려갔습니다.
>
> ㉯ 누나는 벌써 와 있었고, 어머니께서는 큰 그릇에 밀가루를 붓고 계셨습니다. 형준이가 손을 씻고 있을 때 아버지께서도 들어오셨습니다.
>
> "오늘 무슨 요리를 할 거예요?"
>
> 아버지께서 어머니께 물어 보셨습니다.
>
> "오늘은 찐빵을 만들 거예요."
>
> 어머니께서 대답하셨습니다.
>
> "어머니, 집에서도 찐빵을 만들 수 있어요?"
>
> 형준이가 여쭈어 보았습니다.

"그럼, 집에서도 만들 수 있지. 옛날에는 다 집에서 만들어 먹었는걸."

어머니께서는 열심히 반죽을 하셨습니다. 누나와 형준이는 어머니께서 반죽을 하시는 모습이 재미있어 보였습니다. 그래서 반죽한 것을 잘라 달라고 하여 주무르기 시작하였습니다.

㉰ 형준이는 갑자기 장난을 하고 싶었습니다. 그래서 반죽을 둥글넓적하게 만들어 누나 얼굴을 보면서 말하였습니다.

"누나 얼굴하고 똑같다."

㉱ 형준이 말에 누나도 얼른 반죽을 한 덩이 떼어 길쭉한 반죽을 만들어 형준이를 보고 말했습니다.

"이건 형준이랑 똑같은데?"

형준이와 누나는 서로 마주 보며 크게 웃었습니다.

(<화목한 우리 가족> 3-1 국어 쓰기 54-55쪽 수정, 2005)

이 생활문에서 ㉮-㉯와 ㉯-㉰, ㉰-㉱는 서로 원인과 결과의 관계로 전개되고 있다. 글의 전체로 보면 ㉮㉰가 원인이고, ㉯㉱가 그 결과이다. ㉮단락에서 요리를 하기로 한 약속 때문에 ㉯단락에서 반죽을 하게 되었고, 그 결과 ㉰에서 형준이가 장난을 하고 싶었다. 이렇게 보면 ㉯-㉰ 또한 인과 관계로 연결되어 있음을 알 수 있다. 그래서 ㉰에서 형준이가 반죽으로 누나를 놀렸기 때문에 ㉱에서 누나도 형준이를 놀렸다. 결국 이 글은 ㉮㉯㉰㉱가 인과관계로 연결되어 있음을 볼 수 있다. 글쓰기에서 인과관계는 서사를 전개하는 과정에서 필연성을 지니게 하므로, 이를 글쓰기의 논리성이라고도 할 수 있다.

5) 시간적 구성

시간적 구성은 시간의 흐름에 따라 일어난 일이나 생각, 느낌을 전개하는 것을 말한다. 그러나 반드시 사건을 시간에 따라 순차적 구성만 하는 것이 아니고 '현재-과거-미래'로 시간 순서를 바꾸거나 '미래-현재-과거'로 역행할 수도 있다. 이런 방법은 실용문 보다는 문예문에서 주로 사용하는 방법이다.

다음 예문을 보자.

㉮ 내가 이런 곳에 왔는지 전연 알 길이 없다.

분명 경희임에 틀림없다. 겨드랑에서 체온계를 빼려는 손을 꼭 잡았다. 손가락이 차다. 경희의 손은 이렇게 냉랭한 적이 없었다. 따뜻하던 지난 날의 감촉이 포근히 되살아온다. 눈을 떴다. 그러나 아직도 머리는 안개가 서린 듯 보야니 흐리멍텅하다.

㉯ "정신이 드나 봐……."

경희의 음성이 아니다. 이렇게 싸늘하지는 않았다. 간호원이다. 새하얀 옷이 소복 같은 거리감을 가져온다. 꿈인 것 같다. 그러나 아무리 따져보아도 꿈은 아닌 성싶다. 내 숨소리가 확실히 거세게 들려온다. 틀림없이 심장이 뛰고 있다.

㉰ 총 소리가 - 그것도 다섯 방의 총 소리가 거의 같은 순간에 울리던 그 총 소리가 아직도 고막에 달라붙어 있다. B가 맞은 건지 내가 맞은 건지 분간이 안 간 대로 그 시간이 지금까지 지속되고 있다. B가 거꾸러진 건지 내가 거꾸러진 건지 그것조차 확인할 길이 없다. 승부는 났다. 그러나 내가 이겼는지 B가 이겼는지는 알 길이 없다. 귀를 만져 본다. 찢어졌던 귀바퀴를 꿰맨 상흔이 사마귀처럼 두툴하다. 그 때는 내가 졌다. 아니 계속해서 내가 지고만 있었다. 지금도 어쩌면 내가 지고 있는지도 모른다.

㉱ 곰이라는 별명을 가진 뚱뚱보 선생이었다. 좀 심술궂은 성품이다. 그것이 수업 시간에도 곧잘 나타났다. 아이들의 귀를 잡아 끄을거나 뺨을 꼬집어 당기는 것쯤은 시간마다 있는 일이었다. 추석 다음 날이었다.(<射手> 일부, 전광용. 김봉군 「문장기술론」, 286쪽에서 재인용)

이 글에서 자연적 시간의 흐름은 ㉱→㉰→㉮→㉯로 전개되고 있다. 작품에서 ㉮㉯는 현재이다. 엄밀하게 말하면 ㉮가 더 앞에 있었던 일이고, ㉯가 뒤에 있었던 일이다. ㉱는 ㉮㉯의 '귀'에 얽힌 사건과 관련하여 회상되는 단락이다. 따라서 ㉱는 아주 과거의 일이고, ㉰는 ㉱보다 뒤에 ㉮㉯의 결과를 야기 시킨 사건이다.(김봉군, 1992: 286) 문예문에서는 자연적인 시간의 흐름을 인간의 체험적인 시간의 흐름으로 재구성할 수 있다. 시간의 역행으로 사건을 부각시키는 것은 문예문의 특권이다.

6) 공간적 구성

공간적 구성은 일정한 공간을 행위의 영역으로 보고 인물의 공간적 동선을 따라 사건을 전개하는 방식이다. 다음 예문을 읽어 보자.

㉮ 우리는 천 년 전의 풍경을 보기 위하여 빨려 들어가듯이 천마총 안으로 들어갔다. 금방이라도 하늘로 날아오를 것 같은 천마를 본다는 사실이 즐거웠다. 천마총 안에는 신라 왕들이 쓰던 물건들이 진열되어 있었다. 우리는 난생 처음 보는 것들이 신기하여 눈을 가까이 대고 살펴보았다.

㉯ 그 다음으로 간 곳은 첨성대였다. 문화원에 근무하시는 아저씨께서는 우리에게 다음과 같은 이야기를 해 주셨다.

"첨성대는 옛날 신라 사람들이 천문 관측대로 만든 거야. 높이는 9.17 미터, 밑면은 지름 5.17 미터로 돌종 모양을 하고 있으며, 동양에서 가장 오래된 관측대이지. 첨성대 꼭대기에

네모난 돌은 정확하게 동서남북을 가리킨단다."
"야, 옛날 사람들은 정말 슬기로웠구나!"
동생 영이가 놀랍다는 듯이 감탄하는 말을 했다. (하략) (<내 마음을 사로잡은 경주> 일부, 4-1 국어 읽기 실험교과서 159-169쪽, 2009)

이 글은 '천마총-첨성대'로 장소에 따라 전개되고 있으며, '경주'라는 지역적 공간을 나누어 고적을 따라 이동하면서 서술되고 있다. 이런 공간적 전개법은 현장감을 느끼게 하여 자칫 따분해지기 쉬운 느낌을 부드럽게 하고 흥미를 일이키는 역할을 하게 된다.

다. 기술 방법과 글쓰기 절차

1) 기술 방법

문장을 기술하는 방법은 여러 가지이다. 그 중에 대표적으로 사용되는 방법이 서사, 설명, 묘사, 논증, 예시 등이다. 이 다섯 가지 기술 방법에 대해여 알아보자.

가) 서사

서사(敍事, description)는 일정한 기간 또는 정해진 시간 안에서 일어나는 사건이나 행동의 변화를 전개 과정대로 기록하는 방식이다. 이런 전개는 소설, 전기문, 기행문 등에서 주로 이루어진다. 흔히 보고, 듣고, 느끼고 체험한 것을 있는 그대로 쓰는 방식이라고 한다.
서사의 순서를 정하는 방법에는 전체에서 부분으로 접근하는 방법 또는 부분에서 전체로 접근하는 방법, 공간의 이동을 중심으로 관찰되는 내용을 표현하는 방법, 그리고 먼 데서 가까운 데로 또는 그 반대로 표현하는 방법이 있다. 시간적으로 일어나는 이야기의 관계 속에서 변화, 갈등하고 해결되는 내용을 쓰거나 극적 효과를 위해서 시간 순서를 바꾸어 놓을 수도 있다. 내용은 처음, 가운데, 끝의 구성이나 기승전결로 전개된다.
서사의 조건은 움직임, 시간, 의미 등 삼요소를 갖추어야 한다는 것이다.(김봉군, 1992: 175-178)
'움직임'은 정지된 모습이 아니라 움직이는 실체의 모습을 동영상처럼 보여주는 것이다. 이때 표현의 대상은 움직이는 대상이 아니라 움직임의 성격이다. '무슨 일'인가에 관심을 두지 않고 '어떻게 전개되었는가?'에 초점을 맞춘다. 그렇기 때문에 처음부터 마지막까지 사건진행이 어떻게 흘러가는가를 보여주는 것이 서사이다. 사건진행을 보여주는 방법은 과정을 설명하는 것이 아니라 과정을 보여준다는 점에서 묘사와 닮아 있다. 그러므로 서사는 인물과 사건을 가진 이야기를 보여주는 것이다.

‘시간’은 서사에서 어떤 사건을 보여주는 시점이자 단위이다. 자연적인 시간의 흐름이 아니라 서사를 나타내는 단위로서의 시간이기 때문에 시간 순서가 뒤바뀔 수도 있다. 이러한 시간 전개는 작품에 나타나는 체험의 시간이 주제를 나타내기 위하여 재편성되기 때문이다. 다음 작품을 읽어 보자.

> ㉮ 코스모스가 피면 눈시울이 뜨거워지는 소년이 있다.
>
> ㉯ 다음날도 소년은 염소를 몰고 언덕빼기로 올라갔다. G도 기다리고 있었다. 이 날 G와 소년은 교회당 뒤 아카시아 숲으로 갔다. 아카시아 잎은 염소와 양이 참 좋아했다. 아카시아 나무에 고삐를 매 놓고, G가 가지고 온 백설기를 먹었다. 아카시아 잎 사이로 보이는 파아란 하늘은 조각조각 깨어졌고, 때때로 흰구름이 행주피처럼 스쳐갔다. 풀섶에서 찌르르찌르르 풀벌레가 울었다. G는 댕댕이줄에다 아카시아 잎을 정성 드리 꿰어 소년의 목에 걸어 주었다. 뭐냐고 물어도 G는 그저 웃기만 했다. 뭔지는 몰라도 소년은 싫지 않았다.
>
> ㉰ 첫서리에 코스모스가 고개를 숙여버린 어느날, 소년은 역시 언덕빼기 잔디에 앉아 먼 산 너머로 생각을 달리고 있는데 등 뒤에서 (중략) 소년은 책을 받아들면서 G는 좀 어떠냐고 물어보았다.
>
> “G는 주께서 데리고 갔소!”(<코스모스와 소년> 일부, 오영수)

이 글은 시간의 흐름이 현재인 ㉮의 시점에서 ㉯㉰로 이동하면서 과거의 사건을 묘사하고 있다. 서사에서 시간은 이처럼 반드시 순차적으로 진행되지 않고, 사건 전개의 완결성을 위한 시간으로 재편되고 있다.

‘의미’는 서사에서 일어나는 사건이 교통사고 일지처럼 시간단위로 나열되는 것이 아니라 잘 짜여진 연결성을 통하여 드러내려고 하는 무엇이다. 이 무엇은 사건을 통하여 드러내려고 하는 주제인 것이다. 다음 글을 읽어보자.

> 눈은 펑펑 내리고 있었다. 하늘은 새의 깃털을 뿌리는 듯이 하얗게 쏟아지고 있었다. 세상은 온통 하얀 색으로 통일 되어 있었다.
>
> 버스 안에 웅크리고 있던 승객들은 저마다 기사의 눈치를 보면서 떨고 있었다.
>
> “내려서 볼 일 보고 싶은 사람은 볼 일 보세요. 제설차가 오기 전에는 고개를 넘기 어렵거든요. 시간은 한 20분 걸릴 거예요.”
>
> 사람들은 웅성거리며 버스를 내렸다.
>
> 그러나 수미는 움직이지 않았다. 딱히 볼 일을 볼 곳도 없거니와 나가서 돌아다니다가 차가 떠나면 어떻게 하나 하는 불안감이 있었기 때문이다. 차창 밖으로 계속 눈발이 부딪혔다. (필자의 구성)

이 글에서 작가가 드러내려고 하는 것은 무엇일까? 그것은 천지가 온통 단색으로 통일된 경이감보다는 낯선 환경에서 탈락하고 싶지 않은 인물의 심리를 드러내는 데 있다. 이 글에 기술된 내용들은 의미의 통일체를 갖추기 위한 일련의 사건 제시라고 할 수 있다.

나) 설명

설명(說明, explanation)은 이해시키기 위하여 대상에 대한 본질, 속성, 대상간의 인과 관계에 대한 내용이나 이유, 의의 등을 알기 쉽게 밝혀서 그것이 무엇인가를 알도록 쓰는 방식이다. 이때 글 쓰는 사람은 자세히 보여주는 방법을 택하지 않고 내용을 요약적으로 들려주거나 사실을 알려주는 방법으로 말해주는(telling) 글쓰기이다. 이 방식은 '무엇이' '무엇이다'라는 식으로 지정(指定)하여 알려주는 것이 특징이다.(김봉군, 1992: 102)

다음 문장을 읽어보자.

> 그는 고독하였다. 그는 심한 내면의 공허를 느꼈다. 그가 간직하였던 영혼의 흐느낌은 도산 자기의 것, 또한 그 당시 우리 민족이 지녔던 슬픔이라기보다는 인간의 삶이 본래적으로 지니고 있는 비애라고 할 수 있지 않을까. (중략) 이런 점에서 그는 정치인이라기보다는 한 사색인이요, 성자와도 같은 한 구도자였다.(<민중의 철인 안창호> 일부, 지명관)

이 글을 쓴 사람은 도산 안창호 선생을 사색인, 구도자로 지정하여 알리고 있다. 이런 글쓰기 방식을 설명이라고 한다.

어려운 내용이나 개념을 쉽게 알려주는 것도 설명이라고 할 수 있다. 다음 예문을 보자.

> 줄기세포란 무엇인가? 우리 몸은 약 60조 개의 세포로 구성되어 있다. 그러나 이처럼 많은 세포들은 처음부터 많았던 게 아니라 한 개의 세포가 두 개, 네 개, 여덟 개, 열여섯 개……, 즉 2배수씩 분열하면서 만들어졌다. 그 한 개의 세포는 남자의 정자와 여자의 난자가 만나서 만들어진 수정란이다. 이 수정란이 분열을 거듭해 수가 많아지면 각각의 분열된 세포들은 우리 몸을 이루는 장기(臟器)로 변하게 된다. 특히 이 세포들은 모든 장기로 변할 수 있는 능력을 가지고 있는 만능 세포로서, 이것을 '줄기 세포'라고 한다. 이 줄기세포만 있으면 뇌, 간, 심장, 폐 등 우리 몸의 어떤 장기도 만들어낼 수 있는 것이다.(<환자 맞춤형 줄기세포, 어떻게 만드는 것일까?> 일부 수정, 「여성동아」 2006년 1월호.)

이 글에서 줄기세포에 대한 개념이 무엇인지 알려주고 있다. 이런 글을 설명이라고 한다. 여기에는 어떤 장면의 자세한 관찰이나 그리듯이 보여주는 내용은 없고 추상적인 개념, 정보, 지식을 체계적으로 기술하고 있는 것이 특징이다.

다) 묘사

묘사(描寫, description)는 대상을 관찰하고 느낀 것을 감각적으로 보여주는(showing) 글쓰기 방식으로 독자도 동일한 상상적 체험을 하거나 동일한 인상을 받도록 그려낸다. 이 방식은 글을 읽는 사람이 표현 대상의 모습을 머릿속에 선명하게 연상하도록 드러내 보이는 것이 특징이다. 묘사에는 이동하는 관점에서 사건을 표현하는 묘사, 고정된 관점에서 배경을 표현하는 묘사, 형상(인물)을 표현하는 묘사, 기분이나 태도를 표현하는 묘사 등이 있다.

> ㉮ 할머니께서 헛간 깊숙이 있던 가마솥을 꺼내신 때는 새벽녘이었다.
>
> "득, 드륵, 드르륵……."
>
> 거친 쇳소리가 문을 가르고 들어왔다. 나는 얼른 자리에서 일어났다. 아무도 깊게 잠들지 않은 모양이었다. 나를 따라 누나도 잠에서 깨고, 어머니께서도 머리를 매만지며 일어나셨다. 우리가 막 문을 열 때쯤 아버지께서도 머리맡에 놓아 둔 안경을 집어 쓰며 일어나셨다. 아버지의 눈이 붉게 충혈 되어 있었다.
>
> ㉯ 밤새 방 안에는 달빛에 어린 나무 그림자가 드리웠다. 간간이 새들이 울고 개들은 목청껏 짖어 댔다. 바스락거리는 바람 소리에도 짖고 발소리에도 짖어 댔다. 뒤척이는 소리에 개가 짖을까 봐 나는 몸을 움직일 수 없었다. 꼿꼿이 천장을 향한 채 누워 있었다. 새벽이 다 될 무렵에야 개는 조용해졌다.
>
> 어젯밤 나무 그림자를 드리우던 달은 간 곳이 없고 산 건너편에서 희뿌연 빛이 번지고 있었다.(<가마솥> 일부, 오경임. 1 국어 읽기 11쪽, 2005)

윗글 ㉮는 이동하는 관점에서 사건을 표현한 묘사이고, ㉯는 고정된 관점에서 배경을 표현한 묘사이다. 이런 관점은 하나의 작품에서 두 가지 다 나타날 수도 있고, 각각 다른 작품에서 나타날 수도 있다. 다음은 고정된 관점에서 표현된 전형적인 글이다.

> 개천 건너로 질펀하게 펼쳐져 있는 들판. 양털같이 부드러운 마른 풀에 덮여 있는 그 들 한복판에 괴물 모양 기다랗게 누워 있는 회색 건물, 지붕 위로 굴뚝이 높다랗게 솟아 있고, 굴뚝 끝에서 노란 연기가 피어오르고 있다.(<조그만 일> 일부, 송원희)

이 글은 고정된 시선으로 개천 건너편의 풍경을 눈으로 보듯이 세밀하게 관찰하여 보여주고 있다. 다음 글은 '형상(인물)'을 표현하는 묘사이다.

> 검은 머리채, 좁은 이마, 반짝이는 작은 눈, 오똑하지 않은 코, 미소를 흘리다 만 작은 입, 보일듯 말듯한 작은 귀, 사태져 내려앉은 양쪽 볼, 그의 얼굴은 세모꼴 코를 중심으로 럭비

공을 세워놓은 모습이다.

관찰하는 대상의 얼굴 모양을 자세히 그리듯이 표현한 문장이다. 묘사의 전 대상을 형상화하기 위해서 보다 작은 대상에 비유하여 표현하는 방식을 사용하고 있다.

기분이나 태도를 표현하는 묘사는 '주관적 환경 묘사 기법'을 따른다. '주관적 환경 묘사 기법'이란 보이는 대로 모두 기술하는 것이 아니라 관찰자가 특정한 것과 관련된 것을 함축적으로 표현한다.

다음 문장을 보자.

㉮ 나는 언덕 위에 서서 구름을 바라보고 있었다. 구름은 유유히, 또는 빠르게 찾아 왔다. 혹은 헤엄치며 혹은 춤추며 왔다. 마치 기적처럼 또는 하느님의 입에서 나온 말이나 노래나 농담이나 위안처럼. 그리고 구름은 먼 세계를 동경하여 차갑게 휘영청 맑은 하늘을 소요하고 있었다.(<觀想> 일부, 헤르만 헤세)

㉯ 이제 저쯤 갈밭머리로 소녀가 나타나리라. 꽤 오랜 시간이 지났다고 생각됐다. 그런데도 소녀는 나타나지 않는다. 발돋움을 했다. 그러고도 상당한 시간이 지났다고 생각됐다. 저쪽 갈밭머리에 갈꽃이 한 움큼 움직였다. 소녀가 갈꽃을 안고 있었다. 그리고 이제는 천천한 걸음이었다. 유난히 맑은 가을 햇살이 소녀의 갈꽃 머리에서 반짝거렸다. 소녀 아닌 갈꽃이 들길을 걸어가는 것만 같았다. 소년은 이 갈꽃이 아주 뵈지 않게 되기까지 그대로 서 있었다. 문득 소녀가 던진 조약돌을 내려다보았다. 물기가 걷혀 있었다. 소년은 조약돌을 집어 주머니에 넣었다.(<소나기>일부, 「신문학」 5월호, 황순원, 1953)

㉮ 글의 작품 속 관찰자는 언덕 위에 서서 구름을 바라보고 있다. 그러나 사실은 언덕 위에서 보이는 것이 구름만은 아니다. 먼 산도, 강도, 집들도 보인다. 그러나 기분이나 태도를 드러내기 위하여 구름만을 선택적으로 묘사하고 있는 것이다. 이것을 '주관적 환경 묘사 기법'이라고 한다. ㉯ 글도 마찬가지다. 여러 사물이 있으나 나타내려는 사물만 집중적으로 묘사하고 있다.

다음 글은 사전에 나타난 개미귀신에 대한 묘사다.

㉮ 개미귀신은 정말 신기한 곤충이다. 우선 생긴 모습부터가 그렇다. 크기는 내 엄지손톱만하고 몸집은 뚱뚱한데, 머리는 몸에 달린 혹처럼 작다. 게다가 온몸이 털로 덮여 있는 털복숭이다. (중략)

㉯ 개미귀신은 이름만큼이나 사는 방법도 신기하다. 개미를 주로 잡아먹기 때문에 이런 이름이 붙었다고 하는데, 개미를 잡는 방법이 무척 특이하다. 이들은 모래밭에 절구 모양의

구덩이를 파고, 그 속에서 모래를 덮고 가만히 숨어서, 지나가는 개미가 구덩이에 빠지기를 기다린다. 개미는 구덩이에 빠지면 허우적거리다가 제풀에 지쳐 죽게 된다. 빠져나갈 힘이 있더라도 개미귀신의 방해로 결국 떨어져 잡아먹히게 된다. (하략) (<개미귀신> 일부, 국어 말·듣·쓰 6-1 42쪽. 2005)

이 글의 ㉮는 개미귀신의 모습을 묘사한 것이다. ㉯는 개미를 잡아먹는 방법을 묘사한 것이다. 그 모습과 잡는 방법이 눈앞에 그려지는 것이 특징이다.

그밖에도 상황묘사가 있다. 상황묘사는 인물 간에 대화를 하며, 어떤 화제에 대하여 생각을 주고받는 표현 방법으로, 장면묘사라고도 한다.

라) 논증

논증(論證, argument)은 독자에게 필자의 주장(생각)을 납득시켜 그 타당성을 인정받기 위한 글쓰기 방식이다. 그러므로 내용을 명백하게 하고 그 주장과 견주어 타당성과 정당성을 입증해야 하며, 추론과정에서도 객관성과 타당성을 갖추어야 한다. 분명하지 않은 사실이나 원칙을 놓고 그 진실의 여부를 증명하고, 그것을 독자들이 믿고 행동하도록 하기 위한 방법이다. 논증에 필요한 요소는 명세, 논거, 추론(귀납법, 연역법, 유추) 등이 있다(강경호 외, 1998: 221-223).

일반적으로 논증은 몇 가지 특징을 가지고 있다.(김봉군, 1992: 138-144) 그것은 설득, 대립, 이해, 주제, 명제, 명제의 단일성·명확성·공정성, 논거, 추론을 통하여 논리를 증명한다는 것이다.

첫째, 설득은 지적인 이해와 정서적 동조를 필요로 한다.[19] 그러나 논증에서는 전자만이 허용된다. 그러므로 감정이 표현 되는 논증은 논증이 아니다.

둘째, 대립은 논증에서 비판으로 나타난다. 주고받는 논증 과정에서 서로의 오류가 수정되고, 주장하려는 의도를 설명하여 마침내 그 대립·갈등이 해소된다.

셋째, 이해는 논증이 상대방의 이성적 이해를 위하여 동원되는 방법이다. 이해를 시키기 위해서 동원되는 방법이 합당한 논리이다. 논리는 지성적인 납득을 시키는 것이므로 그 자체에 모순이 없어야 한다.

넷째, 주제는 논증을 위해서 성립하는 것이어야 한다. 가령 무슨 경기를 누가 이겼느냐는 논증거리가 되지 않는다. 그러나 어느 선수가 더 훌륭한 선수인가는 논증거리가 될 수 있다. 이처럼 논증의 주제는 그것이 명제로 성립해야 하고, 논증거리가 될 수 있어야 한다.

다섯째, 명제는 판단의 표명으로서 신뢰의 문제가 달려있는 진술이다. 여기에는 어느 것

19) 담화에서는 둘 다 필요하나 글에서는 전자만 필요하다.

이 진실인가를 표명하는 사실명제와 어떤 것이 바람직한가에 대한 정책명제가 있다. 사실명제는 '민담은 설화이다.'처럼 사실을 나타내는 진술이고, 정책명제는 '자동차 구입 보조비를 지급해야 경제 살리기에 보탬이 된다.'라고 정책 의견을 진술하는 것이다.

여섯째, 명제의 단일성 · 명료성 · 공정성은 명제가 갖추어야 할 필수적인 조건이다. 단일성은 일관성을 의미한다. 하나의 명제를 가져야 논증을 할 수 있다. 명료성은 막연하지 않고 분명한 논리를 말한다. 공정성은 선입견이나 편견을 배제한 논증을 의미한다. 편견을 가지고 있으면 이미 판단이 내려졌으므로 논증이 필요 없는 상태가 된다.

일곱째, 논거는 근거의 확실성을 위하여 필요한 뒷받침이다. 여기에는 사실적 논거와 소견적 논거가 있다. 사실로 받아들이기 위해서 믿을 만한 근거를 바탕으로 입증하거나 검증되어야 한다. 소견적 논거는 그 방면의 노련한 경험자, 전문가, 학자의 견해를 소개함으로서 획득할 수 있는 것이다.

여덟째, 추론은 귀납추론과 연역추론이 있다. 귀납추론은 확실하고도 충분한 수의 개별적인 사례에 비추어보아 같은 종류의 다른 모든 사례도 그런 사실이 나타날 것이라는 보편적 결론에 이르는 추론 방법이다.[20] 연역추론은 일반적인 원리를 전제로 하여 특수한 여러 사실을 이끌어 내는 추론 방식이다.[21]

마) 예시

예시(例示, illustration)는 논리를 증명하기 위하여 특수한 사항을 예를 들어 보이면서 일반적인 사항을 입증하는 방식이다. 예시에는 유형, 계층, 분류 등의 방법이 있다.

먼저 유형을 나타내는 예시를 보자.

> 우리 고전문학 작품 중에서 '몽유록계작품'이 있다. 몽유록(夢遊錄)은 작가가 꿈의 형식을 빌어서 마음속에 담겨 있는 울분을 드러내거나 현실을 비판하기 위한 방식이었다. 단종복위를 모의하다가 처형된 선비들의 슬픔과 억울함을 나타낸 <원생몽유록>, 임진왜란의 비분강개를 표현한 <달천몽유록>, 병자호란의 참혹한 실상과 울분을 토로한 <강도몽유록> 등이 그것이다.(김현룡, 1976: 245)

이 글은 몽유록의 소재적 유형을 구분하여 예시하고 있다. 그것은 '단종복위사건' '임진왜란' '병자호란'이다.

이처럼 설명의 대상에 대하여 구체적인 예를 들어서 자신의 주장을 펼치는 방법을 예시라고 한다.

---

20) 앞의 귀납법을 참고하기 바람.
21) 앞의 연역법을 참고하기 바람.

> 모파상은 에밀 졸라와 같이 인간의 추악한 면을 관찰하고, 사회의 병리현상을 폭로하려고 힘썼다. 관찰이 너무 비관적이어서 작품도 몹시 어두운 느낌을 준다. <여자의 일생> <벨 아미>와 같은 장편소설, <비계덩어리> <진주목걸이>와 같은 단편소설이 여기에 속한다.(조용만, 1972: 66)

이 인용문은 모파상과 에밀 졸라의 작품성을 어둡다는 느낌으로 표현하고, 그것을 입증하기 위하여 여러 작품을 예시하고 있다.

2) 글쓰기 절차

평범한 사람일지라도 말로 의사를 소통하면서 생활하듯이 글쓰기 또한 누구나 할 수 있는 소통 방식이다. 그러나 대부분의 사람들은 '나는 글을 잘 못 써. 글쓰기에 재능이 없어.'라는 핑계를 대며 글을 쓰지 않으려고 한다. 사실 세련도와 표현력, 어휘력의 차이가 있을지언정 날 때부터 글쓰기를 못하도록 태어난 사람은 없다.

다만 글 쓰는 방법을 배워서 잘 사용하면 스스로 느끼던 불안감을 떨치고 글을 쓸 수 있게 된다.

글을 쓰기 위해서는 먼저 무슨 말을 할 것인가라는 주제를 잡아야 한다. 글을 쓰기 전에 생각한 주제일지라도 막상 쓰다가 보면 주제가 좁아지는 경우가 있다. 그러므로 범위가 넓고 분명하지 않은 주제를 우리는 가주제(假主題)라 하고, 정확하게 좁혀서 주장하고 나타내고자 하는 중심 생각을 우리는 주제(主題)라고 한다. 예를 들면 '교사의 교직관에 대하여'라고 하면 이것은 넓은 범위의 가주제가 된다. 그러나 이것을 좁혀서 '교사가 다문화 어린이에게 지녀야 할 태도'라고 구체적으로 좁혀서 명시하면 이것은 주제가 된다.

글을 쓰는 절차는 먼저 주제를 설정하고, 제재를 수집·정리하며, 개요를 작성하고, 글쓰기를 통하여 중심문장과 뒷받침문장을 서술하여 글을 완성시킨 후, 고치기를 하는 순서로 전개한다.

가) 주제 설정

글을 쓰는 사람은 자신이 쓰고 싶은 체험이나 생각을 글로 쓴다. 이런 글은 대개 자신이 감당할 수 있는 주제와 범위를 설정하게 된다. 그러나 논술처럼 요구하는 글을 쓰거나 연설문을 부탁받았을 때는 주제와 범위를 설정하기가 쉽지 않다. 이때는 우선 넓은 범위의 가주제를 설정하고, 그 주제 안에서 성립될 수 있는 작은 참주제를 여러 개 잡는다. 참주제 중에서 자료조사, 본인의 서술능력, 사회적 현실적 유용성 등을 생각하여 무리가 되지 않을 참주어를 선택한다. 이런 난관에 대비해 미리 영역별 주제목록을 설정하는 것이 도움이 된다.(박경래, 2002: 139) 교육에 관한 논술이라면 '지식정보와 교육' '교육위기와 개혁' '교사와 학생' '핵가족사회와 학생생활지도' '한국 교육의 현실과 국가적 과제' '국어과 교육과정과 교수법' '교육이론과 현장적용' 등의 가주제 목록을 설정해 놓고, 그 하위 영역으로 다양한 참주어를 만든다. 예컨대 '국어과 교육과정과 교수법'이란 가주어 아래 만들 수 있는 참주어는 '설명문 쓰기의 원리' '시 쓰기 지도' '설득하는 글쓰기' 등 여러 가지가 있을 수 있다. 이런 방법은 다른 과목에서도 마찬가지로 활용할 수 있다.

박경래(2002: 141-143)에서는 참주제를 설정했으면 주제문을 작성해야 한다고 하였다. 주제문이란 설정한 주제에 대하여 글 쓰는 사람의 생각, 비판, 태도가 드러나도록 하나의 문장으로 표현하는 것이다. 주제문의 작성은 본문을 쓸 사람에게 글의 방향을 명확하게 제시해주는 나침반 기능을 하고, 글 쓰는 사람의 의견을 지시하는 길라잡이 역할을 하기 때문에 중요하다. 가령 '설명문 쓰기의 원리'라는 참주제를 선택했다면 '설명문은 세 부분으로 구성한다.'라는 주제문을 정할 수 있다. 즉 설명문은 처음, 가운데, 끝 세 부분으로 구성하는 것이 원칙이다.

이처럼 주제문은 글의 방향, 논지의 전개, 제재의 선택이나 글의 통일성과 긴밀성을 유지하는 데 중요한 기능을 한다. 그러므로 글을 잘 쓰는 것은 주제문을 잘 설정하는 것과도 관계가 있다.

주제문을 만들 때 지켜야 할 원칙은 다음과 같다.(박경래, 2002: 141-142)

○ 주제문은 하나의 문장이어야 한다.
○ 글 쓰는 사람의 관점(의견)이 분명하게 나타나야 한다.
○ 표현이 간명, 정확, 구체적이어야 한다.
○ 주제문은 확실한 근거로 증명될 수 있어야 한다.
○ 독자의 성격과 요구에 따라 분량과 내용을 조정해야 한다.

이 다섯 가지 원칙은 주제문을 작성하는 데 반드시 지켜야 할 내용이다.

'주제문이 하나의 문장이어야 한다.'는 말은 문장에서 주어와 술어가 분명히 호응하는 문장을 말한다. 그렇다고 의문문으로 주제문을 구성하는 것은 주제의식을 약화시킨다. 의문문은 분명한 내용을 자신감 있게 드러내는 것이 아니고, 확신할 수 없는 질문을 던지는 것이므로, 그것을 주제라고 인정하기 어렵기 때문이다.

'글 쓰는 사람의 관점(의견)이 분명하게 나타나야 한다.'는 원칙은 앞에서도 말했듯이, 모호하거나 확신할 수 없는 의견을 주제문으로 삼을 수 없기 때문이다. 가령 '설명문을 사단구성으로 작성해야 할지도 모르겠다.'라고 한다면 설명문의 원리에 대한 지식이나 확신이 없이 막연하게 '이렇게 하면 될까?'하는 의문이 들기 때문에 사용할 수 없는 주제문이 되고 만다. 그래서 '설명문은 삼단 구성으로 한다.' '시 쓰기는 저학년은 쓰고 싶은 대로 쓰게 한다.' '고학년은 말을 다듬어 써야 한다.' 등의 확정적이고도 문법적으로 완전한 문장을 사용해야 한다.

'표현이 간명, 정확, 구체적이어야 한다.'는 표현은 주제문을 장황하게 작성하거나, 모호하게 쓰거나, 구체적인 내용을 기술하지 않고 비유적으로 쓰면 안 된다는 의미이다. 만약 비유적으로 문장을 작성하면 비유의 함축성 때문에 주제를 다른 내용으로 해석할 수도 있고, 글 쓴 사람의 생각과는 달리 전혀 다른 내용으로 전달될 수 있기 때문에 주의해야 한다.

'주제문은 확실한 근거로 증명되어야 한다.'는 말은 객관성을 띠는 내용이어야 한다는 말과 같다. 실용문에서 개인적인 정서에 치우쳐 감정적으로 판단하는 글을 쓴다면 그것은 주관적 성격을 띠기 때문에 증명할 수 없는 글이 되고 만다. 그러므로 실용문에서 주관적 표현을 하는 것은 금물이다. 객관적이라 하더라도 수치, 자료, 통계상으로 그것이 참임을 입증할 수 있는 내용이어야 하고, 추상적인 명제에서도 참으로 논증될 수 있는 내용을 주제문으로 써야 한다.

'독자의 성격과 요구에 따라 분량과 내용을 조정해야 한다.'는 말은 글을 쓰는 상황에 맞게 글을 써야 한다는 의미이다. 이 말은, 우리가 글을 쓸 때 자신이 쓰고 싶은 욕구를 충족시키기 위해서 쓰는 경우와 타율적으로 써야 할 상황에서 쓰는 상황은 쓰기 방법이 다르다는 뜻이다. 우리는 자율적으로 쓰고 싶을 때도 있으나 대개는 타율적인 상황에서 요구조건을 충족시키는 범위 안에서 글을 써야 할 경우가 많다. 전자는 자신이 쓰고 싶은 대로 작성하면 된다. 그러나 후자는 우선 지면 제한이 따른다. 교직논술이나 교육과정 논술에서는 글자 수나 쓰는 방법, 쓰는 내용 등에 대한 조건이 제시된다. 그 조건을 충족시키지 못하면 불리한 평가를 받을 수밖에 없다. 그러므로 글을 쓰기 전에 쓴 글을 읽을 사람이 누구인가, 요구하는 사항이 무엇인가에 따라 글의 분량과 내용을 조정하여 그 요구를 충족시켜야 한다.

이상의 논의를 바탕으로 '교육위기와 개혁'이란 가주제에 포함될 수 있는 문제를 설정해 보자. 제시된 문제는 다음과 같다.(신태식, 2008)

[교육위기와 개혁]

㉮ 가주제 : 교직문제-공교육의 인성교육 부재 원인을 제시 분석하고, 인성교육 개선 방향에 대하여 논술하시오.(문제)

㉯ 참주제 : 바람직한 인성교육의 개선 방향(해석)

㉰ 주제문 : 공교육은 입시위주의 교육에서 벗어나 학교급별로 체험, 실천 중심의 인성교육을 실현해 나가야 한다.(글쓴이의 주장)

[교사와 학생]

㉮ 가주제 : 교직문제-칭찬은 물개도 춤추게 한다는 말의 이론적 근거를 제시하고, 교실

에서 학습자에게 적용할 수 있는 효과적인 칭찬 방안이 무엇인지 논술하시오.

㉯ 참주제 : 바람직한 칭찬 교육 방안

㉰ 주제문 : 학습자의 장점을 찾아내어 칭찬을 하면 학생의 잠재능력이 계발되어 학습 효과가 높아질 것이므로 학습자의 의욕을 북돋우고, 관심을 유발할 칭찬을 해야 한다.

[핵가족사회와 학생생활지도]

㉮ 가주제 : 교직문제-청소년 비행의 원인을 가정, 학교, 사회차원으로 나누고, 학교교육에서의 지도 방안을 논술하시오.(2007 경남 교직논술 문제)

㉯ 참주제 : 비행청소년 지도방안

㉰ 주제문 : 가정의 무관심, 공교육의 부실, 사회적 지원의 미비가 청소년 비행을 야기하는 만큼 정부와 사회적 지원을 바탕으로 방과 후 교육을 강화하고, 학교-학생-학부모의 소통을 통하여 지도해야 한다.

이상의 연습을 통하여 다음 문제를 해결해 보자.

[한국 교육의 현실과 국가적 과제]

㉮ 가주제 : 교직문제-사교육이 날로 성행하는 원인과 교사, 학교, 국가차원에서 공교육 활성화 방안에 대해 논술하시오.(2004 경남 교직논술 문제)

㉯ 참주제 :

㉰ 주제문 :

이상 세 가지 '가주제'에 대한 '참주제'와 '주제문'을 연습하고, 작성해보았다. 평가자가 요구하는 답이 짧거나 길거나 간에 문제의 핵심을 파악하고, 그에 대한 정확한 분석을 바탕으로 적절한 해법을 제시하는 것이 이 글쓰기의 요점이다.

나) 제재의 수집 정리

제재란 주제를 뒷받침할 자료이다. 이 자료를 실용문에서는 제재(題材), 화재(話題), 이야깃거리라고 하고, 문예문에서는 소재(素材)라고 하며, 실용문이나 문예문에서 다 포괄하는 용어로는 '글감'이란 말을 쓴다. 글감은 글을 쓸 자료이다. 즉 주제를 표현할 수 있는 바탕이 되는 내용이란 뜻이다.

주제를 잘 드러내기 위해서는 관련 자료를 가져와서 뒷받침하는 내용을 제시해야 한다. 문예문의 경우는 글 쓰는 사람의 경험을 중심으로 쓰기 때문에 과거 경험(체험)을 되살려 내는 일이 중요하다. 그래서 조용히 당시 있었던 일을 떠올려 보고 그때 느꼈던 감정을 다시 되살려야 한다. 상황이 바뀐 시점에서 다시 옛날과 똑 같은 감정을 살리는 것은 쉽지 않다. 이때 회상하는 사람은 스스로 자신에게 '그때 어떤 기분이 들었지?' '곁에서 누가 뭐라고 했더라?' 등의 질문을 던지고, 거기에 대한 답을 꺼내야 한다. 이런 기억을 되살릴 수 있을 때 생생하게 살아있는 느낌을 표현할 수 있다.

실용문을 쓰는 경우는 대개 자료를 찾아서 정리한 내용을 글에 반영하게 된다. 찾을 수 있는 자료는 신문 기사, 통계 수치, 사건, 주제 표현에 도움이 되는 권위 있는 학설이나 주장 등을 찾아서 활용할 수 있다. 그밖에도 실제 사례와 우화, 동화, 일화 등을 예화로 삼아 의미 있는 교훈을 전달할 수도 있다. 일반적으로 사용하는 적절한 속담이나 서양 격언도 주제 표현에 도움이 되는 자료다.(박경래, 2002: 144) 자료를 수집・정리할 때, 글 쓰는 사람은 자료를 조사, 분석하여 그 결과를 어떻게 글에 반영할지 숙고(熟考)해야 한다.

세새를 사용할 때는 통일성의 원칙을 지켜야 한다. 주제와 꼭 관련 있는 자료만 사용해야 하고, 억지로 이것저것 끌어와서 나열하면 오히려 주제를 흩어놓을 수 있다.

인용하는 자료는 출처가 확실하고, 내용이 정확한 것이어야 한다. 내용이 객관적이고 어느 주장에 편향되지 않는 자료라면 더욱 가치가 있다. 만약 출처가 불분명하고 정확도가 떨어지는 자료를 사용한다면 독자나 평가자는 글에 대하여 불신감을 갖게 될 것이다.

사용된 용어도 정확해야 한다. 글 쓰는 사람은 기억의 불확실성, 용어 사용 오류, 지식 부족 등으로 용어를 잘못 사용하는 실수를 한다. 그러면 독자나 평가자는 글쓴이의 실력을 의심하게 되고, 글에 불신을 하게 되므로 정확한 용어를 사용하도록 노력해야 한다.

글 쓰는 사람은 독자나 평가자가 흥미나 관심을 보일만한 독창적이고도 새로운 내용을 쓰도록 해야 한다. 간단한 물음에 답을 해야 할 때는 다른 사람과 답이 같아도 감점되지 않는다. 그러나 창의성을 요구하는 글쓰기라면 평가자는 다른 사람과 똑 같이 써낸 글에 대하여 오히려 식상한 인상을 받아서 좋은 점수를 주지 않을 것이다. 내용에도 해학적, 기지, 친근성, 구체성을 느낄 수 있도록 해야 좋은 평가를 기대할 수 있다. 그렇게 하기 위해서는 다양한 독서 활동이 축적되어 있어야 한다. 그러므로 틈나는 대로 다양한 분야의 책을 읽어 글쓰기에 대비하는 게 좋다.

제재를 정리하는 방법은 중요한 내용, 필요한 내용을 먼저 표시하는 것이다. 색종이를 끼우거나 색 사인펜으로 표시를 하여 금방 알아보게 한다. 그 내용이 같은 것끼리 같은 색으로 표시하고, 참고사항을 색종이에 적어 글 쓸 때 참고 한다. 아주 중요하지는 않으나 잠깐 언급하고 말 정도의 부수적인 내용은 다른 색깔로 표시하고 어느 부분에서 인용할지 메모해 둔다.

다) 개요 작성

'개요짜기'는 건축으로 비유하자면 일종의 건축설계도이다. 건물을 어떻게 지을 것인가를 도면에 나타내는 것이기 때문이다. 그러므로 무엇보다도 주제를 정했다면 그것을 어떻게 나타낼 것인가를 생각하여 단락별로 구성할 제재를 정해야 한다. 그런데 실용문과 문예문은 그 구성방식에 약간 차이가 있다.

(1) 실용문

개요를 작성하는 방법은 먼저 삼단구성인지 사단구성인지를 결정하고, 어느 부분에 어떤 내용 단락을 설정할지 적는 것이다. 실용문의 경우 서론, 본론, 결론 또는 처음, 가운데, 끝으로 작성한다. 예를 들면 다음과 같다.

Ⅰ. 처음
　가. 도입하는 말
　나. 서술동기, 서술내용 안내

Ⅱ. 가운데
　가. 전개하는 내용1
　나. 전개하는 내용2
　다. 전개하는 내용3……

Ⅲ. 끝
　내용 정리, 전망, 결의

이런 형식은 설명문, 소개문, 전기문, 안내문, 연설문, 편지 등에 적용할 수 있다.

'처음'에서는 글을 시작하면서 해야 할 내용, 서술하게 된 동기, 앞으로 서술할 주된 내용 등을 밝힌다. '가운데'에서는 '처음'에서 말하고자 한 내용대로 순서에 따라 '전개하는 내용 1, 2, 3……'으로 서술한다. '끝'에서는 지금까지 언급한 내용을 정리하고, 그 전망이 어떠할지, 또는 자신의 결의, 또는 독자에 대한 결의를 촉구하는 내용을 쓴다.

문예문이라도 일기 · 생활문 · 편지 등은 삼단구성법으로 작성하며, 그밖에도 필요에 따라[22] 삼단계 전개방식을 선택하게 된다.

논설문이나 논술문의 경우는 '서론-본론-결론'의 전개방식을 사용한다. 박경래(2002: 147-149)에서는 각 단계에서 사용되는 단락의 내용을 다음과 같이 설명하고 있다.

서론은 글의 도입, 서두 부분에 해당한다. 소설로 치면 발단 부분이 된다. 이 단계에서는 화제(話題)를 제시하거나 문제(問題)를 제시한다. 그리고 글을 쓰게 된 동기나 의도를 표명하기도 한다. 서론 부분은 독자나 평가자의 관심을 유도하는 부분이므로 그들의 관심을 끌 수 있는 내용으로 구성하는 것이 좋다.

본론은 서론에서 제기된 화제나 문제를 차근차근 풀어가는 부분이다. 여기서는 서론에서 유도한 독자(평가자)의 관심을 유지하면서 몇 개의 단락으로 구성하여 주제에 적합한 설명이나 문제 해결법이 제시되어야 한다.

결론은 서론에서 제기하여 본론에서 논의되었던 화제 또는 문제의 내용을 포괄적이고도 추상적으로 정리하여[23] 마무리하는 단계이다. 이 단계에서 앞으로의 전망이나 남은 문제, 해결의 촉구 등을 할 수도 있다.

개요를 작성하는 형식은 다양하다. 그러나 만약 '가정 경제력과 대입의 상관 관계'이라는 제목으로 글을 쓴다면 대체로 다음과 같이 전개할 수 있다.

Ⅰ. 가정의 경제력과 대입 현황의 상관 관계
Ⅱ. 우리나라의 대학 상황
  1. 종합대학
  2. 단과대학
  3. 특수대학
  4. 전문대학
Ⅲ. 우리나라 가정 경제 현황
  1. 상류층
    가. 재벌
    나. 중역 이사
  2. 중산층
    가. 회사원
    나. 공무원
    다. 자영업
  3. 하층민

---

22) 희곡은 삼 막으로 구성될 때 '처음-가운데-끝'의 구성방식으로 전개된다.
23) 이때 서론과 본론의 내용이 반복되면 안 되고, 추상어나 포괄적인 말, 상위어로 표현하여 말이 중복되지 않도록 해야 한다.

가. 농업
나. 일용잡급
다. 임시직
Ⅳ. 우리나라 가정 경제 사정과 대입의 상관 관계
1. 상류층 자녀
2. 중산층 자녀
3. 하층민 자녀
Ⅴ. 결론 및 제언

이 글에서 'Ⅰ. 가정의 경제력과 대입 현황의 상관관계' 단락은 서론에 해당한다. 그리고 Ⅱ~Ⅳ까지는 본론, Ⅴ는 결론이다. 또한 '사교육 수혜와 대입 현황의 상관관계'라는 제목을 가지고 글을 이렇게 구성할 수도 있다.

Ⅰ. 가정 경제력에 따른 대입 현황
Ⅱ. 계층별 사교육 현황
1. 입시학원
2. 개인과외
3. 가족지도
4. 독학
5. 복수 사교육 수혜자
Ⅲ. 사교육에 따른 입시 현황
1. 입시학원
가. 서울 소재 일류종합대학
나. 지방 소재 국립종합대학
다. 서울 소재 사립종합대학
라. 지방 소재 사립종합대학
마. 전문, 기술대학
바. 특수, 단과 대학
2. 개인과외
가. 서울 소재 일류종합대학
나. 지방 소재 국립종합대학
다. 서울 소재 사립종합대학
라. 지방 소재 사립종합대학
마. 전문, 기술대학

바. 특수, 단과 대학
3. 가족지도
가. 서울 소재 일류종합대학
나. 지방 소재 국립종합대학
다. 서울 소재 사립종합대학
라. 지방 소재 사립종합대학
마. 전문, 기술대학
바. 특수, 단과 대학
Ⅳ. 사교육 수혜 현황과 대입 현황의 상관 관계
1. 입시학원
2. 개인과외
3. 가족지도
4. 독학
5. 복수 사교육 수혜자
Ⅴ. 결론 및 제언

위의 예에서 보듯이 비슷한 내용을 가지고도 단락의 주제를 어떻게 정하느냐에 따라 글의 내용 전개 방향이 달라지며, 이밖에도 여러 방법으로 글을 구성할 수 있다.

글을 구성할 때 사용하는 개요 기호의 제시 방법은 다음과 같다.

Ⅰ.
1.
가.
1)
가)
(1)
(가)
①
㉮
○
·

이런 기호 사용방식이 반드시 옳다는 것이 아니라 대체로 이렇게 사용한다는 것이다. 대학에 따라 상위단계에서 양괄호 (1), (가)가 먼저 나오고, 하위 단계에서 반괄호 1),

가)가 나타나는 경우도 있다. 이는 한글 어문 규정에 따르면 맞는 방법이다. 그러나 기호사용법은 어떤 소속 집단에서 사용법을 규정한 것이 우선이므로 위의 방법을 소개하였다.

(2) 문예문

문예문의 경우는 대체로 사단구성을 하게 된다. 운문으로 이루어지는 한시와 산문으로 이루어지는 소설은 주로 사단구성을 사용한다. 이런 글은 미괄식으로 전개되며, 주제문은 항상 마지막 단락, 구절에서 나타나는 경향이 있다.

○ 시가

한시는 기승전결(起承轉結)의 작시법을 따라 창작한다. 이 작시 규칙은 고금을 막론하고 지켜지는 원칙이다. 『해사(辭海)』에서는 기승전결을 두고 이렇게 설명했다. '기는 발단, 승은 전개, 전은 전환, 결은 마감이다.' 『현대한어사전(現代漢語辭典)』에서는 다음과 같이 설명하고 있다.

> '기는 허두를 떼는 것이고, 승은 윗글을 받아서 이어가는 것이며, 전은 전환시키는 것이고, 결은 전문을 끝맺는 것이다.'

이 방식으로 개요를 구성하면 다음과 같은 방식이 된다.

㉮ 기(起) - 시상의 일으킴, 문제의 제기
㉯ 승(承) - 시상을 펼침, 문제 상황을 설명
㉰ 전(轉) - 시상을 전환시킴, 문제 해결의 방법 제시
㉱ 결(結) - 시상을 마무리함, 문제를 해결하여 마무리 함

우리나라 신민요 <아리랑>에서 이러한 전개 방식을 찾아볼 수 있다. 다음 노랫말을 읽어보자.

(기) 아리랑- 아리랑- 아라-리요-
(승) 아리랑- 고개로 넘-어간다
(전) 나를 버리고 가시는 님은-
(결) 십 리도 못 가서 발병 난다

<아리랑>의 기구에서는 시상을 문득 던져 놓고 시작한다. 사람들은 아리랑에 대해서 무슨 말을 할 것인가 하는 생각을 가지게 된다. 승구에서는 던져놓은 시상을 펼쳐 보인다. 그러면 독자는 고개를 넘어가다가 무슨 일이 생길지 관심을 고조시키게 된다. 전구에서는 발전된 시상을 비약, 반전시킨다. 비로소 고개를 넘어가는 사람이 자신이 아니라 화자를 버리고 떠나는 님임을 알게 된다. 그러면 그 님이 어떤 사건을 벌일지, 또는 화자가 그 님에게 뭐라고 할지 관심이 높아지게 된다. 결구에서는 펼쳤던 시상을 모아서 하고 싶은 주제어를 내놓는다. 이 시의 주제는 님께서는 나를 떠나지 마시라는 것이다. 이것이 이 노래의 주제문이다.

비록 삼장으로 되어있지만 우리민족 고유의 시가 형식인 시조에서도 이러한 기승전결의 작시법을 찾아볼 수 있다. 다음은 퇴계 선생의 <도산십이곡> 중의 한 곡이다.

(기) 고인도 날 못 보고 나도 고인 못 뵈
(승) 고인을 못 뵈도 녀던 길 앞에 있네
(전) 녀던 길 앞에 있거던
(결) 아니 녀고 어떨꼬 (<도산십이곡> 중, 이황)

기구는 '옛사람과 나는 서로 만날 수 없나.'라는 뜻인데, 철학적으로 해석 하면 고인(古人)이 죽어서 서로 볼 수 없다는 기(氣)의 가변성을 나타낸다. 승구에서는 '비록 옛사람을 볼 수는 없지만 다니던 길은 앞에 있다.'고 함으로써 기는 변해도 고인이 다니던 길(道)의 이치(理)는 변하지 않았음을 표현하였다. 전구에서는 '다니던 길이 앞에 있으니'라는 뜻이다. 여기서 시상의 전환을 시도하고 있다. 고인에 대한 관심이 그가 다니던 길, 즉 도에 대한 관심으로 전환되고 있다. 이것은 '마음의 바른 도리가 자기 앞에 있다.'라는 의미이다. 결구의 '가지 않고 어찌 할 것인가'라는 말은 '당연히 고인을 따라서 실천하겠다.'는 의지를 표명한 말이다. 이 시의 주제는 고인이 걸어간 길을 나도 마땅히 걷겠다는 의지이다. 여기서 길은 사람이 다니는 길일 수도 있으나 옛 사람의 도를 실천하는 것이라고 하겠다.

한시에서도 이런 전개 방식이 그대로 적용된다. 네 구절로만 만들어지는 절구(絶句)에서 기승전결(起承轉結)을, 여덟 구로 만들어지는 율시에서는 수(首), 함(含), 경(頸), 미련(尾聯)이라고 부른다. 둘다 시상 전개 방식은 서로 같다. 한국과 중국의 절구 몇 편을 살펴보자.

다음은 조선 개국의 산파역을 담당했던 정도전이 김거사[24]가 사는 시골집을 찾아갔다가 그 곳의 경치를 노래한 시다.

---

24) 거사(居士) : ① 속인으로서 불교 법명을 가진 사람 ② 노는 계집을 데리고 다니며 재주를 부려 돈을 버는 사람 ③ 사당패 한 종목의 우두머리(뜬쇠) ④ 유학을 공부하는 사람으로 처사와 같은 호칭. 이 시에서는 ④의 뜻이다.

秋雲漠漠西山空　가을 구름 아득히 서산은 비었고
落葉無聲滿地紅　소리 없이 지는 잎에 온 땅이 빠알갛다
立馬溪橋問歸路　다릿가에 말 세우고 돌아갈 길 물으니
不知身在畵圖中　어느 듯 내 몸이 그림 속에 들어가 있다

(<김거사 집을 찾아갔다가(訪金居士野居)>, 정도전[25])

이 시 역시 기승전결 작시 규칙을 잘 지킨 작품이다. 특히 이 시에서는 당시(唐詩)의 회화적인 특징을 잘 나타내고 있다는 점에서 뛰어난 작품으로 일컫는다. 이런 특성은 당송팔대가의 한 사람인 중당(中唐) 때의 시인 유종원(柳宗元)[26]의 자연시에서도 나타난다. 이런 자연시를 산수시(山水詩), 회화시(繪畵詩)라고도 하는데 맹호연(孟浩然)이나 왕유(王維)의 시에 견줄 만한 작품이다.

千山鳥飛絶　온 산엔 새도 날지 않고
萬徑人踪滅　모든 길엔 인적도 끊어졌는데
孤舟簑笠翁　한 척 쪽 배엔 삿갓 쓴 늙은이
獨釣寒江雪　낚시 앞에 두고 강에는 눈만 내리네

(<강에는 눈만 내리네(江雪)>,[27] 유종원)

고려시대 인종 때 한시문학사에서 결코 빼놓을 수 없는 시인 정지상(鄭知常)과 조선후기 작가 연암 박지원의 작품에서도 이런 점을 찾을 수 있다.

雨歇長堤草色多　비 개인 긴 둑에 풀빛 짙어오고
送君南浦動悲歌　님 보낸 남포[28]에 슬픈 노래 들리네

---

25) 정도전(鄭道傳, ?~1398) : 조선 전기 학자·문신. 자는 宗之, 호는 三峰. 이성계를 추대하여 조선 개국 1등공신이 되었으나, 1차 왕자의 난 때 이방원에게 피살되었다. 유학과 시문에 능했다. <納氏歌> <靖東方曲> 등의 악장을 남기기도 했다. <납씨가>는 태조가 공민왕 때 원나라 納哈出을 격퇴시킨 무용담을 노래했고, <정동방곡>은 태조의 위화도 회군을 찬양한 내용이다.

26) 유종원(柳宗元, 773~819) : 자는 子厚, 하동인. 30세에 감찰어사가 되고, 順宗 때 정치 개혁에 가담하여 실패하고 永州 司馬로 귀양갔다가 815년 柳州 刺史가 되었다. 韓愈와 함께 고문 부흥운동에 참여했고, 불교와 노장을 수용했다. 146수의 시가 전하며, 회화적인 山水詩에 뛰어났다.

27) 이 시는 영주에 귀양 가서 원화 2년(807) 겨울 嶺南에 큰 눈이 내렸을 때, 지은 것으로 추정된다. 이 시는 자연에 은거한 노인의 고기잡이 생활을 빌어서 자신의 淸高한 마음을 드러냈으나, 고독과 정적에 둘러싸여 회화적인 시상을 펼쳐 놓고 있다. 이 어부를 <桃花源記>에 나오는 가공의 노인일 수도 있다. 기·승에서는 배경을 묘사했는데, 千山, 萬徑이라하여 아래의 孤舟, 獨釣와 대비시켜 시적 긴장감을 고조시키고 있다. 전·결에서는 物外의 고고한 경지를 드러내고 있는데, 특히 결연의 '寒江雪'에서 화룡점정의 묘미를 보여주었다. 눈이 주는 하얀 심상이 노인의 고결한 성품과 고요함 속의 禪定的인 분위기를 연출하고 있어 마치 謝靈運의 시풍을 보는 듯하다.

大洞江水何時盡　대동강 물은 언제쯤 다 마를까
別淚年年添綠波　해마다 이별의 눈물 푸른 물결에 더하는데
(<벗을 보내며(送人)>, 정지상[29])

<벗을 보내며>에서 기구에서는 시상의 시각적 배경을 제시하고, 승구에서는 청각적 분위기를 펼쳐놓았다. 전구에서는 대동강이 마르지 않음을 슬퍼하더니, 결구에서는 슬퍼하는 이유를 제시하여 독자로 하여금 벗을 그리워하는 마음에 감동의 파문을 일으키고 있다.

그러나 조선 후기에 이르러 시적 양상이 변모하기 시작한다. 우선 중국풍에서 탈피하여 우리의 모습과 우리의 생각, 언어를 중시하려 한다. 이런 태도는 숙종 때 김만중이나 후대 실학파 문인들 사이에서 많이 나타났다. 이런 변모는 연암 박지원에게서도 확인된다.

我兄顔髮曾誰似　우리 형님 얼굴 모습 누구를 닮았던가
每憶先君看我兄　아버님 생각날 땐 형님 얼굴 보았더니
今日思兄何處見　이제 형님이 생각나면 어디 가서 뵈올까
自將巾袂映溪行　스스로 두건 쓰고 시냇물에 비춰본다
(<형님을 조문하며(伯兄弔喪詩)>, 박지원, 「과정록(過庭錄)」 중, 박종채)

이 시는 자연 세계에 두었던 시각을 인간 세계로 바꾸었고, 풍월을 노래하던 태도를 생활과 삶을 노래하는 태도로 바꾸었으며, 인간의 세세한 감정을 노래하는 사실적인 표현을 통하여 신실 되고 간절한 감동을 주고 있다. 이런 점은 한국 한시의 주목할 만한 변화라 할 수 있다.

○ 산문

산문에서는 소설과 극본에서 사(오)단 전개방식을 이용하기도 한다. 알다시피 소설의 전개방식은 '발단-전개-절정-결말'로 구성된다.

㉮ 발단-사건의 시작, 사건의 단초
㉯ 전개-사건의 전개, 사건이 진행되어나감
㉰ 절정-사건의 위기, 사건이 긴장되어 최고조에 이름

28) 남포(南浦) : 대동강 하구에 있는 포구.
29) 정지상(鄭知常, ?~1135) : 고려 인종 때 문신·시인. 호는 男湖, 평양인. 正言과 司諫 등을 역임했고, 묘청의 난에 연루되어 김부식에게 피살되었다. 遺集으로 『鄭司諫集』이 있다.

㉣ 결말-사건의 위기가 해소되고 모든 사건이 해결됨

갈등을 전제로 하는 산문 문학에서는 필수적인 위기와 절정의 단계를 향하고 긴장감이 고조되다가 다시 사건의 위기가 해결되어 모든 긴장이 풀리는 구성을 취한다.

극본은 막이 어떻게 전개되느냐에 따라 구성방식이 결정된다. 여기에는 삼막구성과 오막구성이 있다.

아리스토텔레스가 말한 삼막구성은 단순히 '처음 - 가운데 - 끝'으로 이야기가 연결되는 것만을 뜻하지 않는다. 각 단계가 극적 효과를 일으킬 수 있도록 합리적이면서도 필연적으로 연결시켜야 한다. 이것을 아리스토텔레스는 "'처음'은 그것 다음에 다른 것이 오도록 하는 것이고, '끝'은 반대로 다른 것 다음에 오지만 그것 다음에 다른 것이 오지 않는 것이며, '가운데'는 필연적으로 다른 것 다음에 오고, 또 그것 다음에 다른 것이 와야 하는 것이다."라고 하였다. 즉 일정한 길이의 희곡에서 최대의 효과를 얻기 위해서는 잡다한 상황을 짜임새 있게 조립하는 구성을 해야 한다는 것이다.

'처음' 이란 발단에서 출발한 주동과 반동의 갈등과 긴장이 상승 발전해서 위기의 최고점인 '가운데' 정점, 즉 클라이막스 climax 를 형성하고, 정점에서 주동과 반동의 갈등이 하강하여 해결됨으로써 '끝' 이라는 결말에 도달하는 피라미드 pyramid 형의 구조를 이룬다.(김영구 외, 2006: 179)

그림으로 나타내면 다음과 같다.

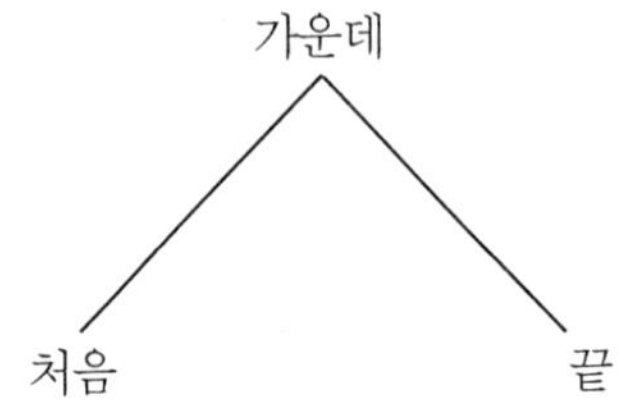

[그림 I-7] 3막 희곡의 구성도

이야기가 '처음'에서 출발하여 정점인 '가운데'를 향하여 상승했다가 갈등을 해결하고 다시 하강하여 '끝'으로 와서 모든 갈등이 해결되는 모양을 볼 수 있다. 이것이 삼막구성이다.

구스타프 프라이타크 Gustav Freytag 는 오막구성 방법을 제시했다. '발단-상승-절정-하강-대단원'으로 구성되는 이 방식은 오늘날 일반적으로 사용된다. 그는 영국 엘리자베스 시대에 창작된 여러 희곡 작품을 분석한 결과 피라미드 구조를 발견하고, 다음과 같은 그림을 그려서 설명하였다.

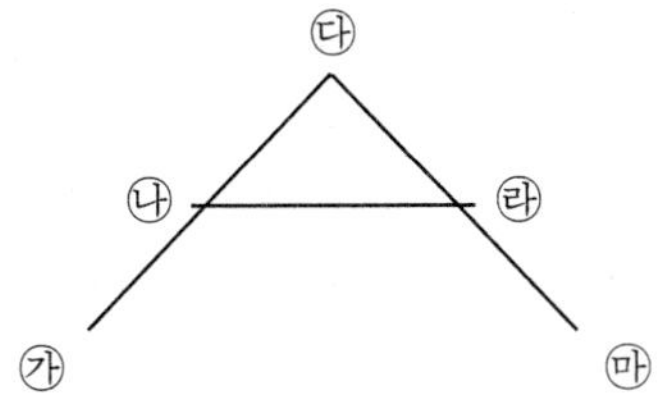

[그림 Ⅰ-8] 5막 희곡의 구성도

이 오막구성은 프라이타크가 「희곡의 기교 Technik des Dramas」에서 소개한 그림인데, 각 단계별로 설명을 하면 다음과 같다.

㉮는 '발단' *exposition* 이다. 이야기가 시작되는 1막에 해당하며, 예비적 설명이나 사건의 원인이 발생하고, 어떤 극적 행동이 일어나기 위한 준비적 사건이 일어난다. 이처럼 유발된 사건을 설명하기도 하고, 갈등의 씨앗이 나타나는 단계이다.

㉯는 '상승' *rising action* 이다. '전개'라고도 하고 '발전'이라고도 한다. 사건이 전개되는 2막에 해당한다. 행동이 상승하고, 갈등이 점점 일어나기 시작하는 단계이다.

㉰는 '절정' *climax* 이다. '정점' 또는 '클라이막스'라고 한다. 사건이 최고조로 긴장되는 3막에 해당한다. 갈등이 위기 상황으로 내달아서 두 세력 중 한 세력이 승리할 기미를 보이거나 사건이 해결될 가능성이 나타나기도 하는 단계이다.

㉱는 '하강' *falling action* 이다. 4막에 해당한다. 이 단계를 '전환' 또는 '귀착점'이라고 한다. 사건이 해결되면서 행동이 하강하는 단계이다.

㉲는 '대단원' *catastrophe* 이다. 5막에 해당한다. 이 단계를 '결말' 또는 '단락'이라고 한다. 앞의 모든 갈등이 완전히 해결되어 스토리가 종결되는 단계이다(이재선 외, 1968: 194-195).

이 5단계를 '발단-상승-절정-하강-대단원'이라고 하거나 '발단-전개-절정-전환(위기)-결말'이라고 한다. 각 단계에서 이루어져야 할 사항들은 다음과 같다.

○ 발단

발단은 희곡에서 플롯의 실마리가 제공되는 단계다. 등장할 인물과 그들의 성격이 소개되고 사건의 시간과 장소, 극적 분위기가 제시된다. 일어날 사건에서 주동인물과 반동인물의 심리상태, 심리적 갈등을 통한 대립의 원인이 간략하고 자연스럽게 제시된다. 나중에 사건이 절정으로 치닫기 위한 방향과 성격이 암시된다.

○ 상승

상승은 발단에서 소개된 인물의 성격과 사건이 점점 복잡하게 얽히고, 대립이 일어나

긴장을 고조시키는 단계다. 이런 대립은 자연스럽게 상승되어야 하고, 인물의 행동이 점차 변화 발전되면서 복잡성을 띠어야 한다. 그리고 주동세력과 반동 세력의 대립과 분규가 분명하게 드러나야 한다. 발단부분에서 깔아놓은 복선을 통하여 새로운 사건이 일어나고, 중심이야기 외에 또 다른 복선을 깔기 위한 이야기가 나타날 수 있다.

○ 절정

절정은 대립적인 두 세력의 갈등이 최고조에 이르는 단계다. 맞서는 두 세력의 대립과 그것이 어떻게 해결될 것인지 전환이 나타난다. 발단과 상승 단계에서 전개된 사건과 인과관계에 따라 대립이 격화되어야 하고, 상승 단계에서 나타난 갈등의 결과여야 한다. 즉 상승 단계에서 설정된 원인에 의하여 대립이 절정에 도달해야 한다.

○ 하강

하강은 절정 단계를 거치면서 사건이 반전되어 해결의 방향으로 나가는 단계다. 반동세력이 승리하여 비극으로 가던지, 주동 세력이 이겨서 희극으로 가야한다. 이런 흐름은 반드시 앞 단계와 인과관계에 의하여 설정된 반전이어야 한다. 우연한 것이나 자연스럽지 못한 것일 때는 효과가 떨어진다. 사건의 해결 속도는 절정에서 대단원에 이르는 사이에 숨 가쁘게 진행되어야 하며 이렇게 될 때, 관객은 카타르시스를 강하게 느낄 수 있다. 중심 이야기 외에 복선으로 깔아둔 부차적 구성을 도입함으로써 카타르시스의 효과를 더욱 높일 수 있다. 주동 인물의 운명이 전환되어 해결의 방향으로 흘러가는 속도가 하강 단계의 관건이다. 또는 다시 닥친 위기가 해결되어 결말로 향하는 단계이기도 하다.

○ 대단원

대단원은 모든 갈등이 해결되고 마무리 되는 단계이다. 지금까지 대립했던 세력들의 내·외면적 갈등과 투쟁은 모두 해결되고, 긴장과 흥미가 종결되어 막을 내리게 된다. 관객은 그 동안의 의혹이 해소되고, 카타르시스를 느끼게 된다. 이 단계에서도 논리적 인과관계에 의하여 마무리되어야 하며, 관객이 또 다른 기대를 하지 않도록 결말이 간결해야 한다. 그리고 앞의 사건 전개에서 분명치 못했던 부분에 대해서 의문이 남지 않도록 명확하게 결말을 맺어야 한다.

라) 글쓰기

앞에서 작성한 개요는 글을 써 나가는 나침반이 된다. 개요를 보면서 글을 써 나가는데, 실용문에서는 중심내용과 그것을 뒷받침하는 세부내용을 잘 써야 한다. 다음 글을 읽어보자.

> 어린이 여러분!
>
> ㉮ 놀이 기구를 이용할 때에는 놀기에 편한 옷차림을 해야 합니다. ㉯ 편한 운동화와 옷을 입고, 불필요한 물건은 몸에 지니지 않는 것이 좋겠습니다. 예를 들면, 동물을 안거나, 물건을 손에 들거나, 가방을 메고 놀이 기구를 이용하는 것은 위험합니다. 놀이 기구에 가방이 걸리거나 손에 들고 있는 것 때문에 몸의 균형을 잃어 다칠 위험이 있기 때문입니다.
>
> (<놀 때도 안전하게> 3-1 국어 읽기, 실험용교과서, 2009)

윗글은 주장하는 글이다. 여기서 ㉮ 문장은 중심내용에 해당한다. 그리고 ㉯ 문장 이하에 제시된 '편한 운동화, 편한 옷, 동물 안기, 물건 들고 있기, 가방을 메고 있기' 등은 편한 옷차림에 해당하지 않는, 중심내용을 뒷받침하는 세부 내용들이다.

설명문에서도 중심내용과 그것을 뒷받침하는 세부내용이 나온다. 다음 글을 읽어 보자.

> ㉮ 읍성은 군사적, 행정적으로 중요한 곳에 설치되었다. ㉯ 읍성은 주민의 주거 지역인 평지에 설치되어 외부의 침입으로부터 지역을 방어하는 기능을 하였다. 또, 읍성은 그 안에 지역을 다스리는 행정 기관들이 설치되어 있어서 주민들의 생활 중심지가 되기도 하였다.
>
> (<해미 읍성을 찾아서> 일부, 6-1 국어 읽기, 교육인적자원부, 2005)

이 단락에서도 ㉮ 문장은 중심내용이다. '읍성이 중요한 곳에 설치되었다.'는 말이 그것이다. 그리고 ㉯ 이하의 문장에서는 ㉮를 뒷받침하는 내용이 나타난다. 뒷받침 내용은 ① 외부의 침입으로부터 지역을 방어하고, ② 행정 기관이 있어 주민의 생활 중심지가 되는 곳에 읍성을 설치한다는 것이 그것이다.

이렇게 단락마다 주제를 드러내는 글감을 제시하여 전체 글을 완성시킨다. 이것을 초고, 또는 초벌쓰기라고 한다. 문예문 중에서도 수필, 일기, 편지 등과 같이 길게 쓰지 않는 글은 개요대로 글을 쓰고 다시 고치지 않아도 좋지만, 실용문 중에서 논문, 논설문, 논술문, 설명문, 소개문 등 길게 쓰거나 신중하게 써야 하는 글은 반드시 개요대로 초고를 쓰고 다시 고쳐쓰기를 해야 한다.(박경래, 2002: 154)

글쓰기 습관은 사람마다 다르다. 어떤 사람은 개요 작성을 할 때 간단한 어휘나 단어, 구를 쓰는 대신 문장이나 단락의 글을 작성하여 초고를 만들어 두고, 거기에 살을 붙여 완성하는 경우가 있다. 그러므로 여기서 제시하는 방법을 반드시 지키기 보다는 자신이 선호하는 방법대로 글을 쓰는 것도 좋은 글쓰기 방법이 될 수 있다.

마) 고치기

쓴 초고를 고쳐 쓰는 것을 고치기, 또는 퇴고(推敲)라고 한다. 퇴고란 글을 쓸 때 여러 번 생각하여 글을 고친다는 뜻이다. 이 말은 『상소잡기(湘素雜記)』에 나오는 말로서 당나라 때 시인 가도(賈島)와 유학자 한유(韓愈) 사이에 있었던 고사에서 비롯된 말이다. <유공가화(劉公嘉話)>조에 이런 고사가 있다.

> 가도가 처음 과거를 보러 장안에 나귀를 타고 가다가 나귀 위에서 좋은 시구절이 생각났다.
>
> '새는 못가 나무 보금자리에서 자고, 스님은 달빛 아래서 문을 두드린다.[鳥宿池邊樹, 僧敲月下門]'
>
> 처음에는 후구에 '고(敲)'자 대신 '추(推)'자를 놓았다가 다시 '고(敲)'자를 붙이는 것이 좋을 것 같아 '고(敲)'자를 놓았으나 어느 것이 좋을지 몰라 결정을 하지 못하였다. 속으로 골몰하며 '추(推)'자와 '고(敲)'자의 우열에만 열중하였다. 그러다가 가도가 탄 나귀가 경윤 한유가 행차하는 말과 맞닥뜨린 줄도 몰랐다. 경윤의 하인이 가도의 나귀 고삐를 붙잡고 한유 앞에 세웠다. 한유가 이렇게 된 까닭을 물었다. 그러자 가도는 생각하던 시어가 '추(推)'자와 '고(敲)'자 중에 어느 것이 나은지 생각하다가 이렇게 되었다고 말하였다. 한유는 말 위에서 한참 그 시 구절을 읊어 보다가 가도에게 "'고(敲)'자가 좋다."고 하여 드디어 '고(敲)'자로 결정하였다. 가도와 한유는 함께 고삐를 나란히 하여 길을 갔다. 이때부터 쓴 글을 고치는 것을 '퇴고'라고 하였다.
>
> (<사이버 백과> 중에서, 홍영문)

원래는 한 자를 어떻게 고칠 것인가 하는 수정의 문제였으나 뒷날 수정과 교정의 뜻을 아우르는 말로 퇴고라는 말이 사용되었다.

오늘날 사용하는 고치기란 완성한 초고를 다듬고 고쳐서 완성도를 더욱 높이는 것을 뜻한다. 글의 완성도를 높이는 방법이란 첫째로 통일성의 원리이다. 통일성의 원리란 불필요한 어휘나 어절, 또는 문장을 빼거나 고치는 것을 말한다. 고치거나 빼는 기준은 그것이 주제를 효과적으로 살리는 데 도움이 되는가 되지 않는가에 관한 문제이다. 둘째로 첨가의 원리이다. 글을 써 놓고 보면 단락의 흐름이 자연스럽고, 주제가 잘 드러나도록 하기 위하여 어휘, 어절, 문장, 단락을 더 넣는 작업이 필요할 때가 있다. 셋째로 효과적인 구성의 원리이다. 글에서 단락의 연결과 구성이 자연스럽고 논리적인지를 생각해 보아야 한다. 단락의 순서를 바꾸고 조정하는 것은 전체 글이 자연스럽도록 하기 위해서이다. 넷째로 내용 적절성의 원리이다. 글의 단락은 잘 짜여있으나 누군가에게 상처가 되거나 피해를 줄 수 있는 내용이 없는지, 또는 정면으로 대결을 야기하여 분란을 일으킬 소지는 없는지 살펴서 내용을 다듬어야 한다. 만약 그런 내용이 들어있다면 부드러운 표현으로, 또는 본래의 논지를 무너뜨리지 않는 범위 내에서 수정할 필요가 있다.

이상의 네 가지 원리는 글의 완성도를 높이고 소통성을 높이는 데 중요한 관점이 되므로 퇴고할 때, 반드시 참고 할 사항이다. 이것을 보면 글을 처음 완성시키는 것만큼 그것을 퇴고하는 것 역시 중요한 일임을 알게 된다. 글은 다시 읽고 고쳐서 다듬는 것만큼 좋아지게 마련이다. 필자의 경우는 그날 바로 퇴고를 하지 않고 며칠 지난 뒤에 다시 읽어보고 퇴고를 한다. 그것은 그날 감정에 휩싸여 부족한 점이 보이지 않을 가능성이 있기 때문이다. 시간이 지난 뒤라야 글이 객관적인 입장에서 보이게 되고, 그때 정확히 잘못된 부분을 찾아낼 수 있기 때문이다.

라. 서술 방식과 유의점

문장을 서술하는 방식은 다양하다. 일반적으로 사용하는 방법은 '나. 논리와 구성'에서 언급한 열거식, 문제해결식, 비교・대조・대비식, 인과식, 시간직, 공간직 구성 방법이 있다. 이 중에서 가장 널리 사용되는 방식은 문제해결식과 열거식이며, 간혹 화제식 방법을 사용하기도 한다. 그러나 어느 방식으로 서술하든 글쓰기에서 전제되어야 사항이 있다. 여기서는 글쓰기에 전제되어야 할 사항과 서술방식에 대하여 알아보자.

1) 글쓰기에 전제될 사항

글쓰기 전에 전제되어야 할 사항은 여러 가지가 있다. 그 중에서 논리성, 독창성, 체험성, 주제성이 고려될 수 있다.

이들을 각각 살펴보자.

가) 논리성

2007 개정 국어과 교육과정은 관념적이고 추상적인 지식을 암기하는 것 보다 원리를 학습하고 그것을 실제생활에 적용하여 활용하도록 하는 데 초점을 맞추고 있는 것이 특징이다. 그것은 시험을 위한 학습을 탈피하여 실제 생활에서 사용될 수 있는 지식을 다루어야 한다는 뜻에서 강조하고 있다.

글쓰기에서 논리성은 필수적인 것이다. 논리성을 갖추기 위해서는 그것이 참이어야 한다는 사실 이외에도 합리성, 타당성, 보편성을 지녀야 한다. 사회가 복잡해지고, 개성이 추구되는 오늘날 사회는 현실과 이상 사이의 괴리와 대립성을 안고 있다. 이런 상황에서 문제를 해결할 수 있는 능력은 합리적인 사고와 성찰을 바탕으로 해결 방법의 타당성과 함께 누구에게나 적용할 수 있는 보편성을 요구한다.(이석록, 2007: 41)

나) 독창성

실생활에서 우리가 부딪힐 수 있는 문제는 다양하다. 그러므로 해결 방법 역시 다양할 수밖에 없다. 그런데 대부분의 논술은 보편적인 문제를 논제로 제시하는 경우가 많다. 이처럼 보편적은 문제가 제기 되었을 때 글을 쓰는 사람의 입장에서는 인류 보편적인 해결 방법을 찾을 것이 아니라 그것이 내게는 어떤 의미이고, 어떻게 해결해야 될지 숙고해야 한다. 누구나 똑 같은 해법을 듣자고 애당초 논제를 내지는 않았을 것이기 때문이다. 그러므로 글을 쓰는 사람은 나라면 어떻게 해결할 것인가, 내가 그 입장이 되면 어떻게 할 것인가 하는 독창성에 근거하여 성찰한 내용을 글로 써야 한다. 글을 잘 쓰기 위해서는 어떤 문제에 대하여 끊임없이 생각하고 그때 떠오른 생각을 메모해 두는 것이 독창적으로 글을 쓰는 데 도움이 된다.

다) 체험성

글을 쓸 때, 여러 가지 보조 자료를 가져와서 쓸 수도 있으나 대개는 자신의 체험과 성찰을 바탕으로 글을 쓴다. 특히 개인의 사고력은 다른 무엇으로 대체할 수 있는 것이 아니다. 글을 독창적으로 쓴다는 말은 글을 잘 쓴다는 말과 상통한다. 이때 독창성은 그 생각이나 체험의 독창성을 말한다.

입시에서 논술고사를 보면 많은 학생들이 학원이나 교재에 나타나 있는 내용을 암기하여 답지에 옮겨 놓기 때문에 좋은 평가를 받지 못한다. 독창성은 어디서 오는가? 그것은 자신이 사고하고 경험한 내용을 어떻게 구성하여 반영하느냐에 달려 있다.

제시된 문장에서 평가자가 요구하는 문제를 정확히 파악하여 그것을 자신의 체험과 성찰에서 찾아 쓰는 것은 좋은 글쓰기를 할 수 있는 첫 번째 요건이다.

라) 주제성

글에 주제가 없다면 용을 아무리 멋지게 그렸어도 눈동자 없는 그림과 같다. 화룡점정(畵龍點睛)은 「수형기(水衡記)」에 나오는 고사인데 '용을 그리고 눈동자를 찍다. 어떤 일의 마지막 중요한 부분을 완성한다.'라는 뜻이다. 고사내용은 이렇다.

당나라 장승요란 사람은 스님의 부탁으로 금릉 안락사에 용을 그려놓고, 눈동자를 그리지 않았다. 그러고는 늘 말하기를 “눈동자를 그려서 넣으면 곧 날아서 갈 것이다.” 고 하였다. 그 말을 들은 사람들은 그를 미쳤다고 하였다. 그래서 그 중 한 마리에 눈동자를 그려 넣으니 잠깐 사이에 우뢰가 일고 번개가 치더니, 벽이 쪼개지면서 용 한 마리가 하늘로 올라가고, 눈동자를 그리지 않은 용은 그대로 있었다고 한다.(<화룡점정>, 「수형기(水衡記)」)

주제는 바로 이 용의 눈동자에 해당한다. 사람도 눈동자를 마음의 창이라고 한다. 그러므로 글에서 주제가 흐릿하면 잘된 글로 인정받기 어렵다. 주제를 잘 드러내기 위한 방법 중의 하나가 자신의 가치관이 드러나도록 글을 쓰는 것이다. 가령 쓴 글이 모두 비슷한 주제를 가지고 있는데 유독 한 글은 자기의 가치관이 잘 드러나도록 글을 썼다면 그 글은 분명 평가자의 눈에 잘 띌 것이다. 찬반의 문제에서 찬성이나 반대 어느 한쪽의 입장을 표명하였다고 해서 부정적인 평가를 받는 것이 아니라(이석록, 2007: 67) 글 속에 자신의 가치관과 사고가 얼마나 잘 드러나느냐에 따라 좋은 평가를 받을 수 있는 것이다.

2) 서술방식

글쓰기에서 서술방식은 많으나 여기서는 열거식, 문제해결식, 인과식 등 세 가지 방식을 중심으로 예문을 통해 살펴보고자 한다.

가) 열거식

열거식은 주제문, 또는 주제를 뒷받침하는 내용을 단락별로 열거하여 제시한다.
다음 글은 뒷받침내용이 열거식으로 나타나고 있다.

㉮ 노사민정 비상대책회의가 어제 ‘경제위기 극복을 위한 사회적 대타협 합의문’을 발표했다. 합의문은 작금의 위기 극복을 위한 경제 주체들의 고통분담과 역할을 담고 있다. 노조는 임금동결·반납 또는 절감을 실천하고, 사용자는 고용을 유지하며, 정부는 각종 정책으로 노사의 위기 극복 노력을 적극 지원한다는 것이다.

㉯ 세계적 불황을 조속히 딛고 일어서는 길은 노사가 서로 고통을 나누며, 재도약을 위해 힘을 비축하는 데서 찾을 수 있다. 바로 그 점에서 이번 대타협은 값지고 의미 있다. 이제 위기 탈출에 필요한 사회적 협력의 틀은 마련된 셈이다. 남은 일은 과감한 실천이다. 마침 산업 현장에는 스스로 상생의 고통분담에 앞장서는 사업장이 계속 늘고 있다. 이번 합의가 이런 움직임을 증폭시켜 경제 회생의 원동력이 될 것이라고 믿는다.

㉰ 우리는 이미 노사정 단합을 통해 국난을 극복한 경험이 있다. 1998년 2월 출범한 노사정위원회는 구조조정 등 90개 항의 사회협약을 만들고, 실천에 옮겨 외환위기로 추락한 국가신인도를 회복하는 데 크게 기여했다. 이번 합의는 국난 극복을 위한 고통분담 선언이라는 점에서 당시와 같지만 실천 방법에는 차이가 크다. 당시의 사회협약은 정리해고 요건을 완화해 기업 구조조정에 숨통을 터주는 데 초점이 맞춰졌다. 이번엔 잡셰어링을 통해 일자리를 지키자는 것이 골자다. 기업의 인적자산을 유지해 위기 이후 글로벌 경제 재편에 능동적으로 대처하려는 의지가 담겼다. 노사정뿐 아니라 시민단체와 종교계까지 망라됐다는 점도 고무적이다. 이들의 참여는 노사정의 합의 이행을 감시·독려하는 효과를 낼 것이다.

㉱ 다만 노동계의 한 축인 민주노총이 이번 협약에 불참한 것은 아쉽다. 노사민정위는 사회적 합의의 실천력을 높이기 위해 이들을 끌어안는 노력을 끝까지 포기하지 말아야 한다. 민주노총도 더 이상 국민의 뜻을 외면하면 안 된다. 이제라도 노사민정위에 동참해 일자리 유지를 위한 국민적 노력에 힘을 보태기 바란다. 지금은 독불장군식 강성 투쟁으로 분란을 일으킬 때가 아니다.

(<노사민정 대타협 환영…이젠 실천이다> 전문, 중앙일보 2009.2.24. 사설)

윗글에서 ㉮단락에는 주제문이 들어있고, ㉯㉰단락에는 ㉮의 주제를 뒷받침하는 내용이 있으며, ㉱단락에서는 당부하는 내용을 제시하고, 결론적으로 강조하는 내용으로 글을 마치고 있다.

㉮단락의 주제문은 "노사민정 비상대책회의가 어제 '경제위기 극복을 위한 사회적 대타협 합의문'을 발표했다."는 문장이다. 그 뒷부분은 이 주제문을 설명하는 내용이다. ㉯단락에서는 합의문 발표의 의미를 '세계적 불황을 조속히 딛고 일어서는 길은 노사가 서로 고통을 나누며, 재도약을 위해 힘을 비축하는 데서 찾을 수 있다.'는 말로 함축하고 있다. 즉 주제문을 뒷받침하는 내용을 이 단락에서 제시하고 있다. ㉰단락은 실제로 그렇게 하여 성공한 사례를 제시하여 ㉮단락의 합의가 효과적일 것임을 말하고 있다. ㉱단락에서는 합의에 동참하지 않은 일부단체에 대한 당부와 합의를 성공시키기 위하여 해야 할 일을 요약적으로 제시하여 마무리 하여 결론을 짓고 있다.

전체 단락은 나열식으로 제시되고 있다. 그러나 내용상에는 서로 이어지는 논리적 맥락을 갖추고 있어 독자를 설득하고 있다.

나) 문제해결식

문제 해결식 글쓰기는 일반적으로 '현상-원인-해결책-정리(결론)'을 제시하는 순서로 전개 된다. 문제의 현상은 반드시 서론이나 본론에 나타나고, 본론에서 그 원인을 간단히 진단하며, 그에 따른 해결책을 제시한다.

㉮ 서울 양천구청 8급 기능직 공무원 한 사람이 어떻게 26억 원에 이르는 장애인 보조금을 빼돌릴 수 있었을까. 한나라당 원희목 의원이 이런 의문을 어느 정도 풀어주었다. 원 의원은 지난주 국회에서 "복지 보조금과 관련된 횡령, 부정수급(受給), 중복수급 같은 사고가 잇따르는 것은 복잡한 복지전달시스템에서 비롯된 필연"이라고 말했다. 기초생활수급자, 장애인 등 사회취약계층을 대상으로 한 사회복지 및 보건의료서비스가 100가지에 가까워 담당 공무원조차 어떤 사업이 있는지 파악하지 못할 구조라는 것이다.

㉯ 보건복지가족부 15개 과가 각기 사업비를 전국 16개 시도에 내려 보내고, 각 시도는 다시 시군구 기초단체에 내려 보내는 식으로 집행하다 보니 일반 국민은 어디 가서 어떤 서비스를 받을 수 있는지도 알기 어렵다. 복지 행정체계가 이렇게 불투명하고 공급자 위주로 돼 있기 때문에 세금 주머니를 차고앉은 공무원들이 행세를 하는가 하면 심지어 횡령하는 사고의 개연성이 높을 수밖에 없다. 반면에 지원받아야 할 빈곤층은 대통령에게 편지라도 쓰지 않으면 도움을 받지 못하는 일이 벌어지는 것이다.

㉰ 올해 복지부 사회복지예산으로 배정된 13조4095억 원이 거의 이런 식으로 관리되고 있다면 보통 심각한 문제가 아니다. 복지부 외에 노동부의 실업급여, 국토해양부의 임대주택 지원, 중소기업청의 소상공인 지원 등 여러 부처에서 관장하는 복지서비스도 문제가 없는지 확인해 봐야 한다. 영국 등 복지행정 경험이 많은 나라처럼 다양한 복지서비스를 묶어 한곳에서 처리하는 원스톱 시스템에 대해 검토해볼직하다.

㉱ 경제위기로 새로운 빈곤층이 등장하면서 복지예산 규모는 더 늘어나고 있다. 전달체계를 근본부터 개선하지 않는 한 복지 관련 부조리를 없애기가 더 어려울 것이다. 복지 행정의 투명성을 높이고 공급자 위주로 쪼개진 서비스를 이용자 위주로 알기 쉽게 개편해야 한다. 나아가 현재 여러 곳으로 나뉜 국민연금 건강보험 고용보험 산재보험 등 4대 사회보험 관리기관도 한군데로 통합하는 방안을 논의할 필요가 있다. 국민이 복지제도에 쉽게 접근하고, 운용의 불투명성과 비효율을 줄일 수 있는 방향으로의 개혁이 절실한 상황이다.
(<담당 공무원도 잘 모르는 100가지 福祉서비스> 전문, 동아일보 2009.2.23. 사설)

윗글의 구조는 ㉮가 서론, ㉯㉰가 본론, ㉱가 결론으로 구성되어 있다. 문제 현상이 나타난 것은 ㉯단락이고, 문제의 원인이 나타난 곳은 ㉮단락이며, 해결책을 제시한 곳은 ㉰단락이다. 결론은 ㉱단락에서 이루어졌다. 그러므로 이 글은 '현상-원인-해결책'이 나타나고 있는 단락 구성이라고 할 수 있다. 비록 이 글에서는 내용의 일부가 바뀌어 나타나고 있지만 큰 무리는 없다.

일반적으로 이런 주제에서는 서론에 현상이 나타나고, 본론에서 원인과 해결책이 제시되어 결론에서 정리, 마무리로 이어진다.

㉮ 요즈음 들어 화재 소식을 자주 듣는다. 그저께도 텔레비전을 통해 화재 장면을 보았

다. 사소한 실수 때문에 발생한 화재라고 하기에는 그 피해가 너무 큰 것 같다. 모두 타 버리고 남은 것이라고는 하나도 없었다.

㉯ 화재는 여러 가지 이유로 발생한다. 아프리카 초원 지대에서 일어나는 불은 단순한 자연 현상으로서 사람의 실수와는 관계가 없다. 그러나 우리 주변에서 일어나는 대부분의 화재는 사람의 실수로 인하여 발생한다. 사람의 실수만 줄이더라도 화재로 인한 피해는 크게 줄일 수 있다.

㉰ 화재를 예방하기 위해서 우리가 할 수 있는 일을 구체적으로 살펴보자.

첫째, 집집마다 누전 차단기를 설치해야 한다. 한 콘센트에 여러 전기 기구를 연결하면 지나치게 많은 전류가 흐르게 되고, 이로 인해 화재가 발생한다. 누전 차단기는 전류가 너무 많이 흐를 때에 자동적으로 전류의 흐름을 끊어주는 장치이다.

둘째, 가스나 석유를 이용할 때에는 반드시 안전 수칙을 지켜야 한다. 예를 들어, 석유 난로를 이동하거나 연료를 보충할 때에는 반드시 불이 꺼진 상태에서 해야 한다. (중략)

㉱ 화재를 예방하는 방법은 다양하지만 위에서는 우리가 일상생활에서 실천할 수 있는 것들을 제시하였다. 모두가 불조심을 생활화하여 귀한 생명과 재산을 잃는 일이 없도록 해야 한다.

(<불조심> 일부, 국어 말·듣·쓰 6-2 98쪽. 2005)

이 글에서 ㉮㉯㉰㉱는 현상, 원인, 해결책, 정리의 순서로 글이 서술되고 있다. 마지막 단락은 해결책은 아니고 전체 글을 마무리 하는 입장에서 글을 정리하였다.

다) 인과식

인과식 서술법은 앞의 원인 때문에 뒤의 결과가 나타난다는 식의 '원인-결과-정리'의 순서로 기술되는 방법이다. 다음 글에서 인과 관계를 살펴보자.

㉮ 농협을 개혁하기 위한 농업협동조합법 개정안이 정치 바람에 휩쓸려 또다시 무산될 위기에 빠졌다. 이번 개정안은 그동안 각종 비리의 온상이 돼 온 농협을 근본적으로 개혁하기 위해 농협중앙회와 회원조합의 지배구조를 바꾸는 것을 골자로 하고 있다. 중앙회장의 권한을 제한하고 조합장도 단계적으로 비상임으로 바꿔 나가기로 했다. 또 중앙회장의 선출 방식을 단임제·간선제로 고치고, 조합 선택권을 도 단위까지 확대하는 것으로 돼 있다. 그러나 이 같은 개혁안은 농협 관계자와 조합장들의 입김에 밀려 국회 통과가 불투명해졌다.

㉯ 개혁에 반대하는 농협의 이해관계자들이 해당 상임위 국회의원들을 앞세워 조직적으

로 저지에 나섰기 때문이다. 이낙연 국회 농수산식품위 위원장은 지난주 "정부의 개혁안대로 한다고 해서 농협이 잘 될 것인지 의원들은 확신이 없다."면서 "의원들은 농협회장 선거의 간선제 전환, 조합장의 비상임화, 조합선택권 확대 등의 쟁점이 낳을 부작용을 많이 걱정하는 분위기"라고 말했다. 법안을 심의할 농수산식품위 의원들이 농협 개혁 법안의 핵심 내용에 모조리 반대하고 있다는 이야기다.

㉰ 그동안 농협을 개혁하려는 시도는 항상 국회 논의 과정에서 번번이 개악되거나 왜곡돼 온 게 사실이다. 이번에 모처럼 농민단체들까지 합의한 개혁안마저 국회 문턱을 넘지 못한다면 농협 개혁은 더 이상 기대할 수 없다. 또 농협의 지배구조에 대한 최소한의 개혁도 이루지 못한다면 앞으로 농협의 신용사업과 경제사업을 나누는 '신경분리' 방안은 꿈도 꾸기 어렵다.

㉱ 국회의원이 지역이나 이익집단의 요구에 귀 막고 외면하기는 쉽지 않으리라고 이해된다. 그러나 농협 개혁은 지엽적 표심을 뛰어넘는 시대적 과제요, 국민적 주문사항임을 유념해 주기 바란다. 농협을 비리의 온상으로 방치할 것인지, 아니면 농민을 위한 진정한 생산자조합으로 바꿀 것인지를 선택해야 할 시점이다.

(<농협 개혁, 정치 바람에 또 물 건너가나> 전문, 중앙일보 2009.2.24. 사설)

㉮단락은 '결과'다. '농협을 개혁하기 위한 농업협동조합법 개정안이 정치 바람에 휩쓸려 또다시 무산될 위기에 빠졌다.'는 주제문을 두괄식으로 제시하고, ㉯단락에서 법이 통과되지 못한 원인을 '농협의 이해관계자들이 해당 상임위 국회의원들을 앞세워 조직적으로 저지' 때문으로 보았다. ㉰단락에서 농협 개혁이 이루어지기 어렵다고 하였다. 그래서 ㉱단락에서는 국회의원의 책무가 중요하며 농협을 농민을 위한 조합으로 만들 것인지 비리의 온상으로 방치할 것인지 선택할 것을 요구하는 내용으로 마무리하고 있다. ㉰㉱는 정리에 해당한다.

3) 서술시 유의점

글을 쓰는 것은 글 쓰는 이의 생각과 정서를 효과적으로 전달하려는 방법 중의 하나다. 그러므로 그것을 성공하기 위해서는 독자의 관심과 흥미를 불러일으키는 것이 중요하다. 거기에 대하여 몇 가지 방법에 주목할 필요가 있다.

○ 서두를 쉽게 써라

글을 쓰기 위하여 컴퓨터 앞에 앉으면 '무엇부터 쓰지?'하는 생각이 든다. 글의 첫머리에 쓰는 것을 서두(書頭)라고 한다. 우리 속담에 '보기 좋은 떡이 먹기도 좋다.'는 말이 있다. 글을 읽는 독자 입장에서는 글의 제목이나 서두가 호감이 가고 흥미로우면 글을 끝까지 읽을 가능성이 높다. 그러나 처음부터 난해하거나 관심을 끌지 못할 내용을 제시하면 거들떠보기도 싫어진다. 그래서 서두를 쉽게 써야 한다.

정희모 외(2008: 195-209)에서는 서두를 시작하는 방법에 대하여 다음과 같이 언급하였다. 그 내용을 수정하여 소개하면 다음과 같다.

시사적 상황을 제시하는 것이 좋다. 우선 주제와 관련 있는 시사적인 상황이나 주제에 관한 보편적이고 일반적인 내용을 제시하면 독자의 흥미를 유발할 수 있다.

> ㉮ 서울 양천구청 8급 기능직 공무원 한 사람이 어떻게 26억 원에 이르는 장애인 보조금을 빼돌릴 수 있었을까.
>
> ㉯ 농협을 개혁하기 위한 농업협동조합법 개정안이 정치 바람에 휩쓸려 또다시 무산될 위기에 빠졌다.
>
> ㉰ 18세기 산업혁명 이후 급속도로 발전한 과학기술은 우리에게 물질적인 풍요를 안겨준 것은 사실이다.

㉮㉯는 앞의 사설인데 모두 그 시기의 시사적인 내용을 먼저 끄집어내고 있다. 그래서 독자는 첫머리만 보고도 이 글이 무엇에 대한 내용인지를 금방 짐작하고 그 분야에 관심을 가진 사람이라면 호기심을 갖게 된다.

㉰는 글의 주제와 관련된 일반적인 내용을 소개하였다. 이때 그 내용은 그런 상황의 대표적인 것을 소개해야 한다. 그리고 그 일반적인 상황을 지나치게 장황하게 써서도 안 된다.

예나 예화를 들어보이는 것도 효과적이다. 여기에는 예만 들어 보여주는 방식과 예화를 들어주는 두 가지 방식이 있다. 글의 주제와 연관 지을 수 있는 예나 예화를 간단히 소개함으로써 글의 성격과 방향을 뚜렷하게 이해할 수 있게 된다. 다음 예문을 읽어보자.(박기용, 1997: 134-135)

> ㉮ 선도설화(仙道說話)의 장소 배경은 속계(俗界)와 다른 경계를 넘어서 이상향으로 들어가는 방식으로 설정되어 있다. 도교에서는 이상향을 선계(仙界)로 표현한다. 선계로 들어가는 방법에는 구체적 장소로 들어가는 방법과 불확실 한 장소로 들어가는 방법이 있다. (<영화 웰컴투 동막골> 일부, 박기용, 2007)

㉮단락은 예화부터 제시하고 있다. 영화 <웰컴투 동막골>에서 동막골이 이상향으로 나타나 있듯이 우리나라 선도설화에서도 이상향으로 들어가는 곳이 동막골과 비슷하다는 주장을 하기 위하여 예를 들어서 보여주고 있다.

아예 처음부터 예화로 시작할 수도 있다. 이때 예화의 분량이 너무 많으면 전체 글의 균형이 무너지므로 유의해야 한다.

> 아주 옛날, 대장장이 프로미시우스가 인간을 빚으면서, 각자의 목에 두 개의 보따리를 매달아 놓았다고 한다. 보따리 하나는 다른 사람들의 결점으로 가득 채워 앞쪽에, 또 다른 보따리는 자신들의 결점으로 가득 채워 등 뒤에 달아 놓았다고 한다.
>
> 그래서 사람들은 앞에 매달린 다른 사람의 결점들을 잘도 보고 시시콜콜 이리 뒤지고 저리 꼬투리를 잡지만, 뒤에 매달린 보따리 속의 자기 결점은 전혀 볼 수 없게 되었다고 한다.(<나와 남> 일부, 장영희)

이 글은 그리스 신화에서 프로미시우스의 이야기를 가져왔다. 여기서 남의 마음을 나의 마음으로 헤아릴 때 용서가 이루어지고, 그 용서는 사랑의 완성형이라는 내용을 제시하고 있다. 마지막의 주제를 드러내기 위하여 신화를 예화로 삼은 것이다.

인용 구절을 활용할 수도 있다. 격언, 속담, 일화, 고사성어와 같은 경구를 인용하여 글의 주제를 암시할 수도 있고, 전달하고자 하는 의미를 자연스럽게 설명할 수도 있다. 그러나 인용할 때의 주의점이 있다. 그것은 주제에 적합한 경구를 찾아내는 것이다. 그것도 권위 있는 사람의 말이나 진리가 내포된 것일수록 효과가 높다. 그리고 인용한 경구는 그 뜻이 무엇인지를 정확하고도 간명하게 설명해두어야 한다. 그런데 문제는 주제에 적합한 경구를 찾아내는 일이 쉽지가 않다. 그래서 인용사전을 구입해 두거나 평소에 인용노트를 만들어서 좋은 경구가 있으면 노트에 기록해 두는 것이 좋다.(정희모 외, 2008: 200)

다음 예문을 보자.

> ㉮ 우리나라 속담에 '소 잃고 외양간 고친다.'는 말이 있다. a이 말은 어떤 사고가 일어난 뒤에 그 일을 막겠다고 부산을 떠는 일에 비유한 것이다. 이번 숭례문 화제 사건을 두고 일컫는 말이다. 그 동안 우리는 문화재를 당연히 그곳에 있는 물건으로만 생각했었다. 그러나 막상 숭례문 지붕이 무너져 내릴 때 우리 가슴도 무너져 내린 것은 그만큼 우리 내면에 깊이 자리하고 있었다는 뜻이었다. 이제 다시 숭례문 복원사업을 벌이고 있다. (중략, 필자의 글)
>
> ㉯ 고대 그리스의 철학자 플라톤이 세운 아카데미아의 정문에는 '기하학을 모르는 자는 이 문 안에 들어오지 말라.'라는 현판이 걸려 있었다고 한다. a이러한 플라톤의 생각에는 다소 과장된 면이 없지 않다. 하지만 이를 통해 플라톤은 수학을 학습함으로써 길러지는 논리적인 사고가 모든 학문의 기본이라는 점을 말하고 싶었던 것 같다.
>
> (<현실은 수학적 법칙을 따른다고 볼 수 있는가?>일부, 학생 글)

㉮는 속담을 인용한 것이고, ㉯는 플라톤의 말을 인용한 것이다. ㉮의 a 이하에는 제시

된 속담의 뜻을 설명하여 주제와 연결시킨 내용이 나타나고, ㉯의 a 이하에는 플라톤이 '기하학을 모르는 자는 이 문 안에 들어오지 말라.'라고 한 말의 의도가 무엇인지에 대한 설명이 있다.

이처럼 다음에 나타날 주제와 관련하여 경구의 의미를 해설함으로써 자연스럽게 글이 흘러갈 수 있는 길을 터주고 있어 효과적인 서술법이라고 할 수 있다.

그밖에도 효과적인 서술법은 다음과 같다.

○ 주제에 대한 개념을 제시하라

글의 서두에서 주제와 관련된 개념을 설명하면 독자는 쉽게 이해할 수 있다. 특히 교직 논술을 작성하면서 거기에 나오는 개념을 정확히 서술하여 다음에 이어질 내용들과 관련성이 뚜렷하게 나타나도록 글을 쓰면 평가자는 주제를 명료하게 파악하게 될 것이다.

다음 글을 읽어 보자.

> ㉮ 수준별 학습이란 학습자의 학습 능력과 요구에 맞도록 교사가 차별적이고도 선택적인 공부를 할 수 있도록 하는 학습 방식을 말한다. ㉯ 다양한 학생차를 인정하고 그 차이에 대하여 능동적으로 접근하여 학습결손을 최소화 하고, 학습자의 잠재력을 계발하도록 도와줌으로써 학습 효율성을 극대화 하려는 데 수준별 학습의 목적이 있다. (중략, 필자의 글)

윗글에서 ㉮는 수준별 학습에 대한 개념을 설명한 문장이다. 그리고 ㉯ 이하 문장은 ㉮ 문장의 보조 문장으로서 용어의 이해를 더 자세히 함과 아울러 수준별 학습을 하는 이유와 목적까지 덧붙여 설명하고 있다. 이렇게 개념을 명확하게 제시하면 다음 단락에 나타날 내용과 주제를 연결시키는 데 효과적이다.

○ 의미를 효과적으로 표현하라

우리는 살아가면서 우발적 일화 *happening* 을 겪게 된다. 그리고 그 일화를 통해서 뜻밖의 교훈이나 깨달음을 얻기도 한다. 다음 글을 읽어 보자.

> ㉮ 나는 내 간이 큰 줄 알았다. 7년 동안 생사를 넘나드는 오지여행을 하면서, 그리고 지금 세계 곳곳의 긴급구호 현장을 다니면서 간이 많이 커진 줄 알았다. 그게 아니었다. 얼마 전 금요일에 받은 전화 한 통에 완전히 간이 콩알만 해졌다. 사연인즉, 정기종합건강진단 결과를 전화로도 통보해 준다고 해서 전화했더니 담당의사가 면담을 해야겠다는 거였다. '일부러 보자는 걸 보니, 큰 탈이 났음이 분명해.'

㉯ 그 순간부터 나는 상상의 날개를 활짝 펴고 온갖 나쁜 시나리오를 쓰기 시작했다. 요즘 암에 걸렸다는 사람들 얘기가 유난히 많이 들리던데 그게 무슨 징조인 것 같아 불길했다. 지난주에도 후두암으로 죽은 친구 오빠 문상을 다녀왔다.

㉰ 기가 막혔다. 이럴 때마다 나오는 오래된 버릇. 혼자서 또 다른 나와 말을 주고받는다. '만약 얼마 못 산다고 하면 억울해서 어쩌지.' '억울하긴 뭐가 억울해. 여태껏 건강하고 재미있게 산 것에 감사해야지.' '억울하지. 못 다 핀 꽃 한 송이지. 하고 싶은 일이 얼마나 많은데.' '그러나 할 수 없네. 이제는 사는 날까지 하고 싶은 일을 하다 가는 수밖에.'

㉱ 그리고는 아예 수첩을 꺼내 본격적으로 계획을 세우기 시작했다. 1년 남았다면 직장을 그만두고 꼭 하고 싶었던 백두대간과 전 세계 6천m급 산들을 올라야지. (중략)

㉲ 온갖 시나리오를 썼다 지우면서 기나긴 주말을 보내고 월요일 떨리는 마음으로 병원에 갔다. 담당의사는 위산과다에 간 기능이 약하니 조심하라며, 전화로 말하면 그냥 흘려들을 것 같아서 직접 만나 당부하는 거란다. (중략)

㉳ 마음 졸이던 그 주말의 긴장이 가시지 않았는지, 어제 저녁 일기를 쓰면서 또 엉뚱한 상상을 했다. 만약 내게 남은 시간이 딱 하루라면 어떻게 할까. 오늘이 나의 마지막 날이라면, 산에 가서 아름다운 봄 산을 마음 가득 담아 올 거다. 저녁에는 일기장을 정리하고 가까운 사람들에게 그동안 즐거웠다고 전화를 할 것이다. 그러나 무엇보다도 먼저 아침 일찍 투표하러 갈 것이다. 거미줄도 모이면 사지를 묶는다고 했다. 거미줄보다 힘없는 내 한 표지만 새로운 역사와 세상을 펴는 데 그 힘을 보태는 것이 마땅하고 옳은 일이다. 우리가 그토록 소중히 여기는 아이들에게, 우리가 살았던 그런 세상을 그대로 넘겨줄 수는 없지 않은가.(<오늘이 나의 마지막 날이라면> 일부, 한비야)

윗글에서 ㉮~㉰ 단락까지는 '건강진단 검사 후에 일어나는 의심과 걱정'에 대한 자신만의 생각이 나타나 있고, ㉱는 '암에 걸렸을 때 일어날 일과 미래에 할 일'에 대하여 생각을 나타내고 있으며, ㉲는 '병원에서 의사가 전하는 검사 결과'이고, ㉳는 '건강검사로 일어난 뜻밖의 일화에 대한 의미'를 서술하고 있다.

여기서 주목할 대목은 ㉳단락이다. 해프닝으로 끝난 일이지만 그것이 글 쓴 사람에게 주는 의미는 아주 강하고 직설적으로 제시되어 말하고자 하는 주제가 효과적으로 표현되고 있다. 이처럼 글을 쓸 때는 앞에 일화를 제시하고 뒤에 그것을 직접적으로 강하게 표현하는 것이 독자에게 명확하고도 감동적인 정서를 제공한다는 사실에 유의해야 한다.

○ 참신한 화제를 선택하라

화제(話題)는 독자가 관심을 가지는 첫째 자료이다. 무엇에 대하여 말하고 있는가를 보고 눈길을 주거나 지나치게 되는 것이다. 우리의 일상생활은 화제의 연속이다. 그러나 대부분은 누구나 겪는 일로서 진부하여 화제거리로 내놓기 어려운 경우가 많다. 그러므로 우리가 겪은 것이면서도 남들이 쉽게 생각하지 못한 것이나 특별히 남다른 체험을 한 것을 글로 쓴다면 독자는 관심을 갖게 될 것이다.

그러나 참신한 화제를 찾기란 쉽지 않다. 그래서 TV나 신문 매체에서 소개하는 화제 중에서 글 쓰는 사람과 관련 있는 자료를 선택할 수도 있고, 독서를 통하여 화제를 찾을 수도 있다. 이 경우도 주제를 정하고 화제를 찾는 경우와 화제를 보고 주제를 정하는 경우가 있다.(정희모 외, 2008: 151) 후자는 글을 자유롭게 쓰는 상황일 때 가능하나 전자는 주어진 주제에 대하여 써야 하는 시험에서 사용될 수 있다. 어떤 경우에도 쓸 수 있는 다양한 화제를 확보하는 방법은 평소 TV를 보거나 신문, 잡지 등에서 읽은 내용에 대하여 열심히 메모를 하고 분류하여 두는 것이 좋다.

이상의 방법으로 글을 쓴다면 글의 시작부터 산뜻하게 출발 할 수 있을 것이다. '시작이 반이다.'라는 속담이 있듯이 서두를 쉽고 관심을 끌 수 있도록 쓴다면 그 글은 절반은 이미 성공한 것이다.

[참고문헌]

김봉군, 文章技術論, 삼영사, 1992.
김영구 외, 『문학의 이해』, 한국방송통신대학교출판부, 2006.
김현룡, 한중소설설화비교연구, 일지사, 1976.
동아일보, 2009년 2월 23일자 사설, 동아일보사, 2009.
박경래, 디지털 시대의 글쓰기, 박이정, 2002.
박기용, 『韓國 仙道說話 硏究』, 대구대학교 대학원 박사학위 논문, 1997.
박기용, 영화 웰컴투 동막골에 나타난 이상향 「우리말글교육」 8집, 우리말글교육학회, 2007.
신태식, 교직논술특강, 북타운, 2008.
신헌재 외, 초등 국어과 교수 · 학습 방법, 박이정, 2005.
이동렬, 아동 글쓰기 지도의 이해와 실제, 화연사, 2004.
이석록, 생각과 논술 2008, 조선일보사, 2007.
이재승, 글쓰기 교육의 원리와 방법, 교육과학사, 2002.
정희모 · 이재성, 글쓰기의 전략, 들녘, 2008.
조용만, 문학개론, 고대출판부, 1972.
중앙일보, 2009년 2월 24일자 사설, 중앙일보사, 2009.
홍영문, 사이버 백과 故事成語, http://www.cybergosa.net)

4. 바른 글을 쓰려면

아무리 좋은 글을 썼더라도 그 문장이 비문이거나 주술의 호응이 되지 않거나 맞춤법에 오류가 있고, 사용한 어휘가 어법에 맞지 않다면 독자나 평가자에게 충분히 좋은 인상을 주기 어렵다. 여기서는 문장, 주술 호응, 맞춤법, 표기법에 대하여 주로 관심을 두고, 좋은 글이 되기 위해서는 어떻게 해야 할지 함께 생각해 보기로 하겠다.

가. 좋은 문장과 비문

1) 좋은 문장

가) 좋은 글과 우리말

글은 마음의 생각과 정서를 표현하는 수단이다. 글 쓴 사람의 생각과 정서가 잘 나타난 글을 우리는 좋은 글이라고 말한다. 문장에서 생각과 정서가 잘 표현되고, 독자가 그것을 잘 이해할 수 있으면 그것을 좋은 문장이라고 할 수 있다.

좋은 글은 글의 종류에 따라 적절한 문장형식을 갖춘다. 문예문이거나 실용문이거나 그 글의 성격에 적합한 문장 형식으로 표현했다면, 그 글은 좋은 글의 조건을 갖추었다고 할 수 있다. 독자가 글을 쉽게 읽고 이해하도록 하기 위해서는 문법에 맞는 문장을 구사해야 하고, 사용하는 어휘가 우리의 정서에 익숙한 말이어야 한다.

우리가 사용하는 고유어 · 한자어 · 외래어 · 외국어 중에서도 고유어가 우리의 정서를 가장 잘 반영하는 말이다. 그래서 일간지 신춘문예 당선작품에는 우리말을 잘 가꾸어 사용하려고 애쓴 흔적이 역력하게 나타난다. 따라서 오늘날 매체를 통하여 만날 수 있는 외래어나 외국어는 가급적이면 우리말로 바꾸어 사용하는 것이 좋겠다. 이때 독자나 평가자가 이해하지 못하는 자기만의 말을 구사하면 오히려 역효과가 날 수 있는 만큼, 일상에서 사용해도 통하는, 널리 통용되는 말을 사용해야 한다.

나) 어법에 맞지 않는 말

어법에 맞지 않는 말은 주로 조사의 사용 규칙을 어긴 경우, 바르지 못한 문장 접속, 논리적 호응을 이루지 못하는 경우, 외국어식 어법 구사, 피동문의 과용, 어순 배열의 오류, 동어 반복, 어휘 사용의 오류, 뜻을 주의해야 할 단어를 사용한 경우 등에서 나타나므로 어법에 주의를 기울여야 한다.

(1) 조사의 사용 규칙을 어긴 경우

조사는 독립적으로 사용될 수가 없어 체언과 결합되어 사용된다. 그러나 문법적인 성격이 조사에 의해서 결정되므로 정확하게 사용해야 한다.

① '은/는'의 용법

국어의 조사 중 그 용법이 모호한 것은 보조사 '은/는'이다. 이것은 명확하게 구별하기는 어려우나 '이/가'와 구별되는 독자적인 용법을 가지고 있다. '은/는'은 구나 절에서는 사용되지 않는다. 다음 예문을 보자.

○ 원시 시대부터 인간은 끊임없는 발전을 거듭해 온 것은 우리가 인정해야 하는 사실이다. → 복문에서 주어부의 '인간은'을 '인간이'로 바꾸고, '온 것은'은 주어이므로 그대로 사용해도 무방하다.
○ 옛날 옛적에 마음씨 착한 총각은 있었습니다. → 단문에서는 주어로 '이/가'를 사용하므로 '총각은'은 '총각이'로 바꾸어야 한다.

윗글에서 '이/가'는 단문의 주어로, 복문의 주어부에 사용되는 예를 보았다.

② '에게' '에게서' '에'의 사용법

먼저 '에게'는 사람, 동물에만 사용할 수 있고, 무생물에는 쓸 수 없다. 다음 예문을 보자.

○ 정부는 독도 문제로 일본에게 강한 항의 성명을 발표하였다. → 일본은 무생물이므로 '에게'를 '에'로 고쳐야 한다.
○ 요즘 초등학교에서 버릇없는 어린이들에 인성 교육을 실시한다. → '어린이들'은 사람이므로 '에' 대신 '에게'를 사용해야 한다.
○ 농구 대잔치에서 현대는 삼성에 80대 61로 이기고 4강에 올랐다. → '삼성에'는 문법상 목적어에 해당하므로 '에'를 '을'로 고쳐야 한다.
○ 그렇다고 나에게서 불만이 전혀 없는 것은 아니다. → '있다' '없다'에 호응되는 조사는 '에게'이고 '에게서'가 아니므로, '나에게서'는 '나에게'로 고쳐야 한다.

'에게'는 생물에게 사용하고, 유무(有無)를 나타낼 때도 사용한다.

③ 조사를 잘못 생략한 경우

조사는 어법의 성격을 좌우하므로 정확하게 사용해야 한다. 그것을 생략하면 의미가 달라질 수 있기 때문이다.

○ 바이러스와 같은 미생물은 보통 현미경으로 볼 수 없다. → 여기서 그냥 '보통'이라고 하면 '대체로'의 의미가 된다. 그러나 '보통의'라고 하여 '의'라는 조사를 넣으면 특별한 현미경을 사용해야 볼 수 있다는 뜻이 된다. 그래서 '의'를 넣어야 한다.

④ 인용법의 바른 조사 사용

남의 글이나 말을 옮길 때 직접인용과 간접인용의 방법을 사용한다. 이때 조사를 잘못 사용하는 경우가 가끔 발생한다. 다음 예문을 보자.

○ 가장 괴로웠던 것은 친한 친구와 헤어져 있어야 했다라는 것이었습니다. → 여기서 '다라는'은 직접인용 조사이므로 자기 서술 형식에 맞지 않다. 그래서 간접인용 조사 '는'을 사용해야 한다. '했다는'이 바른 말이다.
○ 신기록 제조기다라는 평을 받고 있습니다. → '신기록 제조기다.'는 직접 인용이다. 따라서 '제조기라는'으로 고쳐야 한다.
○ 무슨 일을 해야겠다라고 생각해요? → 간접인용이므로 '해야겠다고'로 고쳐야 한다.
○ 큰아버지께서는 나만 보면 장래 뭐가 되겠느냐라고 묻곤 하셨다. → 간접인용이므로 '되겠느냐고'로 고쳐야 한다.
○ 사람들은, 그것은 선수들보다 관중의 책임이다라고 지적하였다. → 간접인용이므로 '책임이라고'로 고쳐야 한다.

예문에서 보듯이 직접인용조사는 '라고' '라는'이고, 간접인용조사는 '는, 고'이다. 만약 직접 인용을 하려면 "'신기록 제조기다.'라는 평을 듣고 있습니다."와 같이 사용해야 한다.

⑤ 예법에 어긋나는 말

우리는 명절, 새해 아침이나 정초에 어른에게 세배를 드리는 풍습이 있다. 이때 젊은이들이 TV에 나오는 그릇된 표현을 배워서 덕담하는 경우를 본다. 예컨대 젊은이가 어른에게 "앉으십시오."하고 명령을 하거나 억지로 앉히고 나서, "새해 복 많이 받으십시오."하고 덕담을 한다. 이런 모습은 소설이나 일기 등에서 글로 나타나기도 하는데 모두 예법에 어긋나는 말이다. 앞의 경우는 "새해 인사를 올리고 싶습니다."라고 해야 하고, 뒤의 경우는 "새해 건강하십시오."라고 하는 것이 옳다. 복을 주는 것은 신이나 조상님이 할 수 있는 일이다. 어른은 조상님을 대신하여 복을 줄 수 있으므로 젊은이에게 "새해 복 많이 받아라."라고 할 수 있는 것이다. 그런데 젊은이가 늙은이더러 복을 받으라고 하는 말은 '나는 네 어른이야.'라고 말하는 것과 다름이 없다.

또 다른 사례는 젊은이가 일하는 어른보다 일찍 자리를 뜨면서 "수고하십시오."라고 하는 말이다. '수고하라'는 말 역시 윗사람이 아랫사람에게 하는 말이다. 그런데 젊은이가 그렇게 말하면 배우지 못했거나 버릇이 나빠서 그렇다고 오해받을 수 있다. 그러므로 이럴 경우는 "죄송하지만 먼저 가겠습니다." "먼저 가서 미안합니다." "제가 볼 일이 있어서 먼저 가게 되어 미안합니다."라고 하는 것이 옳다.

(2) 바르지 못한 문장 접속

① 조응 규칙을 지키지 않은 경우

문장을 접속할 때는 조응(照應) 규칙을 지켜야 한다. 이는 접속한 두 문장의 구조가 문법적으로 대등한 관계를 이루어야 함을 뜻한다. 대등 관계가 무너지는 것은 생략하지 말아야 할 것을 생략하거나 문장을 접속시키는 두 요소가 같은 성질이 되지 못하는 경우 조응 규칙이 깨져서 비문이 될 수 있다.

- ○ 인간에게는 다른 동물과는 달리 성취 의욕, 즉 남들이 달성하기 어려운 과업을 자신이 이루었을 때 쾌감을 느끼는 특징이 있다. → 여기서 '즉' 이하는 앞의 '성취의욕'을 설명하는 말이 되어야 하는데 그것이 없다. 그러므로 '성취의욕'을 설명하는 구절을 더 넣어야 한다. 이렇게 바꾸면 된다. '즉 남들이 달성하기 어려운 과업을 자신이 이루어 보려고 하는 마음이 있고, 또 그것을 이루었을 때 쾌감을 느끼는 특징이 있다.' 이것이 바른 문장이다.
- ○ 기재 사항의 정정 또는 금융기관의 수납인 및 취급자인이 없으면 무효입니다. → '정정'을 '정정이 있거나'로 고쳐야 한다.
- ○ 그가 오락에 탐닉하는 것은 단순히 즐기기 위해서보다는 현재의 괴로움을 잠시나마 잊어 보려는 행동에 불과하다. → '잊어 보려는 행동에 불과하다'는 구절은 '즐기기 위해서'와 호응을 해야 하므로 '잊기 위해서이다'로 고치는 것이 좋겠다.

위의 예문은 문장 속의 호응이 이루어져야 비문이 되지 않음을 보여주고 있다.

② 문장 접속 시 공통되지 않은 요소를 생략한 경우

단문을 몇 개 모아 복문으로 만들 때, 공통되는 요소는 앞에 하나만 남기고 나머지는 생략할 수 있다. 만약 공통되지 않은 요소를 생략했다면 그것은 비문이 된다.

○ 사람들은 한편으로는 자연에 순응하면서, 다른 한편으로는 이용하면서 살아간다. → 앞에서 공통된 요소는 '자연에'이다. 이 요소가 뒤에도 그대로 사용되면 생략될 수 있으나 호응되는 부분이 '이용하면서'이므로 호응되지 않는다. 그래서 '자연을'을 넣어야 한다.

○ 인간은 자연을 지배하기도 하고 복종하기도 한다. → '자연을'이 공통 요소가 아니므로 '복종하기도 한다'에 호응되는 '자연에'를 '복종하기도' 앞에 넣어야 한다.

○ 합격자가 발표된 후 얼마 동안은 기쁨으로 무얼 할지도, 해야 할 일도 없었다. → '무얼 할지도' 다음에 서술어 '몰랐고'를 넣어야 자연스럽게 연결될 수 있다.

위의 예문들은 공통된 요소가 나타나지 않으므로 생략된 말을 넣어야 자연스럽게 다음 구절과 연결될 수 있다.

③ 문장 접속 시 두 절의 관계가 논리적 호응이 되지 않는 경우

문장을 접속시킬 때, 논리적으로 맞지 않는 문장을 만들 경우가 있으므로 유의해야 한다. 어미 '~고' '~며'로 이어지는 문장을 만들 때 이 점을 특히 유의해야 한다. 다음 예문을 보자.

○ 누나는 책을 좋아하고, 형은 열등생이다. → '책'과 '열등생'은 대등관계가 아니다. 따라서 '음악을 좋아한다.'와 같은 말로 바꾸어야 논리적 호응이 이루어진다.

○ 대학은 현대 교육 제도에서 최고 학부이며, 우리 대학교의 교육 목표는 총칙 1조에 다음과 같이 명시되어 있다. → 앞에서는 '대학'이라는 일반적인 사항을 말하다가 뒤에서는 구체적인 대학의 총칙을 언급함으로써 대등한 논리적 관계가 성립하지 않는다. 따라서 뒷부분에도 대학의 일반적인 사항이 언급되어야 한다.

복문에서 대등한 관계의 논리적 호응이 이루어져야 한다.

(3) 외국어식 어법 구사

오늘날에는 영어 공부를 많이 한다. 그 영향으로 우리의 어법대로 문장을 구사하지 않고 외국어법으로 문장을 쓰는 경우가 잦다. 피동형의 남발과 외국어식 서술어의 남용이 많다.

① 피동형의 남발

영어식 피동형을 많이 사용하는 것은 우리말의 어법이 아니다. 다음 예문을 보자.

- ○ 내성적인 내 성격 때문에 당해지는 손해가 여간 크지 않다. → '당하는'으로 고쳐야 한다.
- ○ 내일 아침이면 또 마음이 변해지겠구나. → '변하겠구나'로 고쳐야 한다.
- ○ 우리나라는 그동안 많은 다목적 댐들이 만들어지고, 한강뿐만 아니라 전국의 주요 홍수 통제 시스템들이 마련되어 가고 있다. → 서술어가 모두 피동형으로 나타났다. 저절로 만들어지는 것이 아니므로 앞부분은 '~을 만들고', 뒷부분은 '~을 만들고 있다.'로 고쳐야 한다.
- ○ 열차가 곧 도착됩니다. → '도착합니다'로 고쳐야 한다.
- ○ 이 책이 요즘 학생들에게 많이 읽혀지는 책이다. → '읽히는'으로 고쳐야 한다.
- ○ 구름에 가려져서 달을 볼 수가 없다. → '가려서'로 고쳐야 한다.

위에서 사용된 피동형은 우리말의 성격을 잘 인식하지 못한 채 사용된 예라고 할 수 있다.

② 외국어식 서술어의 남용

잘못된 관용구가 쓰이는 경우가 있는데, 그것은 대개 외국어식 표현이므로 사용하지 않아야 한다.

- ○ 너의 행동을 아무리 생각해도 나는 이해가 가지 않는다. → 이해는 갈 수가 없는 것이다. 영어식 표현을 관용어구처럼 사용했으므로 바르게 고쳐 써야 한다. '이해가 되지 않는다.'가 바른 표현이다.
- ○ 그는 훌륭한 사람이라는 생각이 든다. → '이라고 생각 된다'로 고쳐야 한다.
- ○ 자연 환경의 오염은 인간의 죄악에 다름 아니다. → '죄악과 다름이 없다.'로 고쳐야 한다.

○ 토요일에 지리산으로 등산갈 계획이 있다. → '계획이다'로 고쳐야 한다.

언뜻 생각하면 바른 표현 같으나 외국어식 표현을 많이 사용하고 있으므로 오류가 나타나지 않도록 유의해야 한다. 나머지 외국어식 표현은 부록을 참조하기 바란다.

(4) 중의적 문장 사용

꾸미는 말과 꾸밈을 받는 말의 거리가 멀거나 꾸밈을 받는 말이 둘이라면 뜻이 중의성을 띨 수가 있다. 이 경우 어순을 바꾸거나 반점(,)을 붙이고, 말을 첨가하여 중의성을 해결할 수 있다.

○ 사람들이 많은 도시를 다녀보면 재미있는 일이 많을 것이다. → 여기서 '사람이 많은 도시'인지, 사람들이 '여러 도시'를 다니는 것인지 명확하지 않다. 따라서 '사람들이'와 '많은' 사이에 반점(,)을 넣어야 의미가 분명해진다.
○ 내가 사랑하는 경희의 언니 서린이 → 내가 경희를 사랑하는지 서린이를 사랑하는지 명확하지 않다. 따라서 '사랑하는' 다음에 반점(,)을 넣으면 서린이를 사랑한다는 의미가 된다.
○ 끝까지 신문사에 남아 언론의 자유를 지키겠습니다. → 끝까지 남겠다는 의미인지 끝까지 자유를 지키겠다는 의미인지 분명하지 않다. 전자의 의미를 표현하려면 '신문사에 끝까지 남아 언론의 ~.'로 쓰는 것이 바르고, 후자의 의미를 표현하려면 '신문사에 남아 언론의 자유를 끝까지 지키겠습니다.'라고 하는 것이 바르다.

중의적 문장은 꾸며주는 말의 위치를 정확하게 놓음으로써, 반점을 정확하게 찍음으로써 명확한 표현을 할 수 있다.

(5) 어순 배열의 오류

어순을 바르게 배열하지 않으면 자연스러운 문장이 될 수 없다.

○ 그의 나에 대한 평가는 참으로 어떠한지 궁금하다. → 나에 대한 그의 평가는 참으로 어떠한지 궁금하다.
○ 나는 피아제의 인지론은 아동심리를 이해하는 지름길이라는 것에 공감을 하였다. → '나는, 아동심리를 이해하는 지름길이 피아제의 인지론이라는 것에 공감을 하였다.'로 고쳐야 한다.

꾸미는 말이 앞에 오도록 배열하고 꾸밈을 받는 말이 뒤에 가도록 해야 한다.

(6) 동어 반복

피할 수 없는 경우가 아니면 반복되는 말을 사용하지 않아야 한다. 단어, 구절, 조사, 어미 등의 말은 뜻이 같은 다른 말로 바꾸어 사용하거나 지시어, 접속어를 사용하여 반복 사용을 피해야 한다. 특별히 강조하려는 의도가 아니라면 조사, 어미 반복도 피해야 한다. 다음 예문을 보자.

○ 인심이 야박해서 작은 이해관계에서도 이해타산을 계산하는 세태가 슬프다. → 여기서 '이해'와 '타산, 계산'의 반복 사용이 이루어졌다. '~작은 일에서도 손익을 계산하는 세태가~'로 바꾸어야 한다.
○ 싱싱한 물고기는 물속에서 헤엄칠 때만 싱싱한 지느러미를 빛낸다. → '싱싱한'이 반복되고 있다. 뒤의 '싱싱한'을 '은빛'으로 바꾸는 것이 좋겠다.
○ 소설과 희곡은 지은이인 소설가나 극작가가 꾸며낸 이야기이다. → '지은이'를 삭제하면 자연스러운 문장이 될 수 있다.

이런 동어 반복의 오류는 고치기를 할 때 잘 살펴보고 교정을 해야 한다.

(7) 어휘 사용의 오류

문장에서 나타내려고 하는 의미에 맞는 단어를 사용해야 한다.

○ 묘령(妙齡)의 30대 여인 변사체 발견 → '묘령'이란 말은 20대 전후의 여인을 뜻하는 말이므로 30대와 상충하는 말이다. 따라서 '묘령의'를 빼야 한다.
○ 구준표가 차에서 내리자 사람들은 난리도 아니었다. → 난리도 아니라는 말은 아무 일도 없었다는 의미가 되므로 '야단법석이 났다.'나 '난리였다.'로 고쳐야 한다.
○ 노력한 만큼 성적이 많이 상승했다. → '상승'은 풍선처럼 물체가 위로 올라가는 것을 뜻하므로 '향상되었다'라고 해야 한다.
○ 기말고사를 치느라 신체가 많이 줄었다. → '신체'는 몸 전체를 말하므로 '체중'으로 바꾸어야 한다.
○ 지방질이 낮아서 로우, 단백질이 높아서 하이. → '적어서', '많아서'로 바꾸어야 한다.
○ 나는 일곱 살까지도 칠칠하게 침을 흘리고 다녔다. → '칠칠치 못하게'로 고쳐야 한다.
○ 동생은 19살의 여고 삼년생이다. → 19를 읽으면 십구라고 해야 하므로 '열아홉' 또는

'19세'라고 해야 한다.

일상생활에서 오류인지 모르고 사용하는 단어가 많으므로 유의해야 한다.

(8) 뜻을 주의해야 할 단어를 사용한 경우

뜻이 비슷하거나 단어의 형태가 비슷하여 얼른 구분하기 어려운 어휘가 있다.

○ 궁둥이 : 주저앉아서 바닥에 닿는 엉덩이의 아랫부분.
방둥이 : 길짐승의 엉덩이. 또는 사람의 엉덩이를 속되게 이르는 말.
엉덩이 : 허리와 허벅다리 사이 볼기의 윗부분을 이르는 말.
○ 늘이다 : 길이를 본디보다 길게 하다.
늘리다 : 무게, 부피, 양을 본디보다 많게 하다.
○ 들르다 : 지나는 길에 거치다.
들리다 : 물건이 위로 치켜지다. 또는 귀로 소리를 듣다.
○ 부수다 : 여러 조각이 나게 두드려 깨뜨리다.
부시다 : 그릇 따위를 깨끗이 씻다. 또는 강한 광선이나 색채가 마주 쏘아 눈이 어리어리하다.
○ 삼가다 : 몸가짐을 조심하고 지나치지 않도록 하다. '삼가하다'는 틀린 말이다. *'삼가 주십시오. 흡연을 삼갑시다.'가 바른 표현이다.
서슴다 : 언행을 자꾸 머뭇거리며 망설이다. '서슴하다'는 틀린 표현이다. *'서슴지 말고 찾아 주십시오.'가 바른 표현이다.
○ 여의다 : 죽어서 이별하다. 멀리 떠나보내다. 시집보내다.
여위다 : 몸이 수척(瘦瘠)하여지고 파리하게 되다. 가난하여 살림이 보잘것없다.
○ 졸이다 : 속을 태우다시피 조바심하다. 졸아들게 하다.
졸리다 : 남에게 조름을 당하다. 남에게 시달림을 받다. 단단히 매어지다.

그밖에도 틀리기 쉬운 단어가 많이 있으므로 눈에 띄는 대로 정확한 뜻을 찾아 익혀 두어야 한다.

우리 주변에서 흔히 사용하는 말 중에는 외국어를 사용하는 경우가 너무 많다. 방송이나 언론 매체가 가장 심하게 오염되었다. 그것은 어린이들에게 학습 되어 사회 전반에 걸쳐 언어 오염이 심각한 상태다. 이것을 극복하기 위하여 우리말을 바르게 사용하고 사랑해야 할 것이다.

2) 비문

문법에 맞는 문장이란 우리말의 기본문형에 맞는 글이라는 뜻이다. 그렇지 못한 것을 우리는 비문(非文)이라고 한다. 일상적으로 저지르기 쉬운 비문을 유형별로 살펴보자.

○ 주어가 빠진 경우

주어와 서술어는 문장을 이루는 가장 중요한 두 요소이다. 둘 중 어느 하나가 잘못 사용되거나 호응을 이루지 못하면 비문이 된다. 우리말은 주어를 쉽게 생략하는 특징이 있다. 그러나 생략하지 않아야 할 때 생략한 문장을 우리는 비문이라고 한다.(이강언 외, 2000: 846) 다음 예문을 살펴보자.

- ○ 몸이 아파서 침을 맞으러 다녔는데, 아주 잘 낫는 어머니 친구셨다. → '어머니 친구셨다'의 주어가 생략되었다.
- ○ 그러나 다행인 것은, 그의 불타는 창작 의욕이 그를 죽음에서 구해 냈으며, 인류를 위해 훌륭한 예술을 창작할 것을 결심했던 것이다. → '결심했던 것이다'에 대한 주어가 없다.
- ○ 그들이 결혼식을 마치고 신혼여행을 떠난 후, 하객들이 음식점으로 떠났을 때 시작되었다. → 무엇이 시작되었는지 '시작되었다'에 대한 주어가 없다.

이처럼 급하게 쓴 초고에서 주어와 술어가 잘 나타나지 않는 경우가 있다. 흔히 마지막 술어의 주어가 잘 나타나지 않는다.

나. 문장의 호응이 이루어지지 않은 경우

문장을 구성하는 요소가 서로 호응을 이루지 못한 문장을 비문이라고 한다. 여기서는 주술의 호응, 구조어의 호응, 높임법의 호응, 시제의 호응을 중심으로 살펴보겠다.

1) 주술 호응이 안 된 경우

주어와 술어가 제대로 배열되어 문장의 기본형을 이루도록 하는 일을 '주술의 호응'이라고 한다. 문장 쓰기에 있어서 초보자들이 가장 많이 범하는 오류가 주어와 술어 간의 호응이 이루어지지 않는 경우이다.(이강언 외, 2000: 847) 다음 예문을 살펴보자.

○ 국가의 영화 정책은 당연히, 자기 나라 영화의 보호와 진흥을 목적으로 그 방향에 따라 정책을 수행한다. → 주어가 '영화 정책은'이므로 술어가 '보호와 진흥이란 목적에 따라 정책을 실행되어야 한다.'로 바뀌어야 한다.

○ 확실한 것은 그들이 이제까지의 잘못을 반성하고 앞으로 진실한 국민으로 살아갈 것은 틀림없습니다. → '확실한 것은'이 주어이므로 '진실 된 국민으로 살아갈 것이 틀림없다는 것입니다.'로 바꾸어야 한다.

○ 무엇보다 중요한 것이 인간이 문명의 이기(利器)를 사용할 때, 그것이 인간 자신을 위하여 슬기롭게 사용되어야 한다. → 주어 '것이'는 '것은'으로, 술어 '사용되어야 한다'는 '사용되어야 할 것이다.'로 고칠 때 자연스러운 문장이 된다.

이상은 주어와 술어가 호응되지 않는 문장이다.
문장이 길어서 주어가 바뀌는 경우의 비문도 있다. 다음 예문을 살펴보자.

○ 제롬의 노력 목표는 오로지 알리사의 덕에 견줄 만한 청년이 되는 것뿐이었고, 그러기 위해서 속세의 온갖 즐거움을 내버리고 성서에서 가르치는 '좁은 문'으로 들어가는 괴로움을 따르지 않으면 안 되었다. → 반점(,)을 경계로 앞 절과 뒷 절의 주어가 바뀌고 있어서 좋지 않은 문장이 되었다. 뒷 절에 주어 '제롬은'을 명시해야 한다.

위의 예문은 앞 절의 주어가 '제롬의 노력 목표는'이고, 뒷 절의 서술어는 '따르지 않으면 안 되었다'인데, 뒷 절에 '그러기 위해서 제롬은'이라는 주어를 넣어야 한다.

2) 구조어의 호응이 안 된 경우

문장을 이루는 단어를 사물이나 개념을 나타내는 단어와 이들을 통합된 한 덩이로 엮는데 쓰이는 단어로 나눌 때, 전자를 내용어, 후자를 구조어라고 한다. 여기서 구조어란 문장과 문장, 단어와 단어 사이의 관계를 맺어주는 기능을 가진 단어로서, 조사·접속사·접속부사 등이 그것이다. 구조어에 의하여 홑문장은 겹문장으로 연장되고, 짧은 문장은 긴 문장으로 구성된다. 이 구조어 가운데는 서로 호응 관계에 있는 단어가 있다. 예컨대 '비록 ~ㄹ지라도' '~이라도' '~이지만' '~어도' '결코 ~지 않겠다' '하물며 ~랴, ㄴ가' '왜냐하면 ~때문, ~까닭이다' '아무리 ~해도' ' 만약 ~이면' '그다지 ~하지 않은' 등이 그것이다. 이런 구조어는 다음과 같이 호응을 이루지 못할 때도 있다.(이강언 외, 2000: 848-849)

○ 과연 그 사람은 영리하지 않구나! → '과연'은 긍정 서술부와 호응하므로 부정 서술부

'영리하지 않구나!'와는 호응되지 않는다. 그래서 '영리하지 않구나!'를 '영리하구나'로 고쳐야 호응이 된다.

○ 철수도 못 푸는 문제인데, 하물며 네가 풀겠다고 덤볐다. → '하물며'는 의문 서술부와 호응을 한다. 따라서 '풀겠다고 덤볐다'를 '풀겠다고 덤비다니'로 고쳐야 주술 호응이 된다.

○ 이런 무료한 시간에 그런 회상의 유혹을 물리치기란 좀체로 어려운 일이었다. → '좀체로'는 부정 서술어와 호응하므로 '쉬운 일이 아니었다'로 고쳐야 한다.

* '너무'와 '아주'는 부정 서술어와 호응을 하므로 주의해야 한다.

예1) 김태희는 너무 예쁘다. → '너무'는 부정 서술어에 호응하므로 '예쁘다'를 '못생겼다'로 바꾸거나 '너무'를 '정말, 진짜'로 바꾸어야 한다.

예2) 상사의 칭찬은 아주 좋았다. → '아주'는 부정 서술어와 호응하는 '매우, 썩', '영영, 영원히' '완전히, 전혀'와 같은 뜻이다. 예컨대 '아주 비싸다.' '아주 형편없다.' '영영 가버렸다' '영원히 가버렸다' '완전히 잊어버렸다' '전혀 딴판이다'와 같이 부정적인 의미를 지니고 있다. 따라서 이 예문은 '아주' 대신 '정말, 진짜'를 사용해야 한다.

위의 사례를 바탕으로 다음 밑줄 친 부분에 주의하여 비문을 읽고 바르게 고쳐 써 보자.

○ 비록 힘은 없으니 어떻게 모른 체 하겠는가? →

○ 현대 사회와 현대 인간을 자주 논하는 사회학자라면 소외 현상에 주목하지 않고서는 그들의 지적 작업을 난관에 봉착시킨다. →

○ 그 사람도 인간이기에 감정이 이끌리고 말았지만 이성적으로 행동해야 한다. →

○ 현대 사회 속에 살아가는 인간들의 비극적 모습과 현대 사회의 부정적 특성을 이해하려면은 소외란 개념보다 더 흔히 사용되는 개념은 없는 것 같다. →

위의 예문에서는 서술어나 구조어가 들어가는 부분의 말에 주의하여 올바른 구조어나 서술어를 사용해야 한다.

3) 높임말의 호응이 안 된 경우

우리말은 높임법이 매우 발달한 언어이다. 좋은 문장을 만들기 위해서는 높임법을 상황에 맞게 사용해야 한다.(이강언 외, 2000: 849) 다음은 높임법이 제대로 지켜지지 않은 문장이다.

○ 학생의 부모님은 진주에 있으신가? → '있으신가?'는 '계신가?'로 바꾸어야 한다.
○ 교수님께 돌 지난 손자가 계시지? → '계시지?'를 '있으시지?'로 바꾸어야 한다.

위의 '있으신가?'라는 예문에서는 '시'만 넣으면 높임말이 되는 줄 알고 사용한 말이나, '있다'의 높임말은 '계시다'이므로 바꾸어야 한다. 그리고 '계시지?'는 주어가 '손자'이므로 '손자'를 두고 '계신다'라고 말하는 것은 맞지 않으므로 '교수님께 ~가 있으시지'로 고쳐야 한다.

다음 예문의 틀린 부분을 바르게 고쳐 보자.

○ 우리 할아버지께서는 귀가 참 밝아요. →
○ 할머니께서는 이빨이 좋으시다. →

위의 예문은 주어가 할아버지라는 데 주목해야 하고, 아래 예문은 주어가 할머니라는 데 유의해야 한다.

4) 시제의 호응이 안 된 경우

우리말에서도 시제는 일치되어야 한다. 다음 예문은 시제를 일치시키지 않아서 비문이 된 경우이다.

○ 우리가 젊은 날에 경험하게 되는 이성간의 사랑은 진실로 불완전하기 그지없었던 상대를 대상으로 펼친 순수하고 아름다운 것이다. → 젊은 날이 과거이므로 '그지없었던'처럼 대과거를 사용하면 안 되고, '그지없던'으로 고쳐야 한다.
○ 그녀의 선생님에 대한 존경과 그도 선생님과 같은 사람이 되어야겠다는 생각이 싹트기 시작한다. → 선생님과 같은 사람이 되어야겠다는 생각을 한 것이 과거이므로 '싹트기 시작했다'로 고쳐야 한다.

예문에서 앞의 구나 절이 과거이면 뒤의 술어부도 과거로, 대과거면 대과거로 고쳐야 한다.

다음 예문에서 시제를 바르게 고쳐 보자.

○ 나는 요즘 소녀 시대가 순수한 마음을 잃어 가는 것 같아 슬퍼지는 때가 있었다. →

○ 새벽부터 내린 봄 시샘 눈으로 강원도 영동 산간 지방은 기막히는 설경을 이루었다.
→

위의 예문은 '요즘'이란 시제에 주목해야 하고, 아래 예문에는 '내린'이란 시제에 주목하여 일치되지 않는 부분을 고쳐야 한다.

다. 바른 말 사용과 원고지 쓰기

우리말의 특징은 읽을 때와 쓸 때 발음과 표기 방법이 서로 다르다는 것이다. 예를 들어 '밭이 넓다.'로 쓰지만 발음은 '바치 널따.'로 한다. 그래서 실제 문자 생활에서도 비슷하게 발음이 되면 같은 말인 줄 착각하는 경우가 생긴다.

1) 바른 표기

비슷하게 발음이 되는데 뜻이 전혀 다른 어휘가 있다. 그것을 어떻게 구별하고 사용하는 지 알아보자.

가) '반듯이'와 '반드시'의 구별

'신발을 <u>반듯이</u> 놓았다.'와 '이번 사업은 <u>반드시</u> 성공해야 한다.'에서 '반듯이'와 '반드시'는 뜻이 다르다. '반듯이'는 '반듯하다'에서 온 말로서 어떤 물건이 놓여진 모양이 반듯하다는 의미로 사용되고, '반드시'는 '반드하다'라는 말이 없으니 '필수적으로' '꼭' 성공해야 한다는 뜻이 된다. 어휘가 비슷하다고 해서 뜻이 같은 것은 아니므로 주의해서 사용해야 한다.

'반드시'와 비슷한 표기법으로 '설거지'가 있다.(정희모 외, 2008: 68) 이 말은 '설겆이'로 쓰이는 것이 아니라 소리 나는 대로 적혀서 '설거지'로 사용된다.

나) '안'과 '않'의 구별

이 두 어휘를 구별하는 방법은 간단하다. '안'의 본디말은 '아니'이고, '않'의 본디말은 '아니하다'이다. 다음 예문을 살펴보자.

○ 소민이가 학교에 <u>안</u> 간다. → 여기서 '안'은 부정의 뜻을 나타내는 부사 '아니'의 준말이다. 그러므로 '간다'와 사이를 띄우게 된다.

○ 소민이가 약을 먹지 않는다. → 여기서 '않'은 '아니하다'의 '하다'가 'ㅎ'으로 줄어들어 '않'이 된 것이다.

이 두 어휘가 바르게 사용되는지 알려면 '안'과 '않'이 있는 곳에 '아니'와 '아니하'를 넣어서 말이 되는지 여부를 따져보면 금방 알 수 있다.(정희모 외, 2008: 98) 품사적으로 보아서 부사 '안'은 동사나 형용사 앞에 사용될 수 있고, '않'은 보조 형용사나 보조 동사로 쓰기기 때문에 동사나 형용사 앞에 올 수 없고 뒤에 사용된다.

다) '되'와 '돼'의 구별

글을 쓸 때 '되다'가 맞는지 '돼다'가 맞는지 헛갈릴 때가 있다. 그 까닭은 소리가 비슷한데 실제 사용된 문장에서는 어떤 때는 '되'로, 어떤 때는 '돼'로 쓰이고 있기 때문에 명확한 이해가 필요하다. 우선 예문을 살펴보자.

○ 민혁이는 군인이 됐다. → '됐다'는 '되었다'로 바꾸어 쓸 수 있다.
○ 종규는 사장이 돼서 찾아왔다. → '돼서'는 '되어서'로 바꾸어 쓸 수 있다.
○ 창수는 판사가 되고서 성품이 좋아졌다. → '되고서'는 '되어고서'로 바꿀 수 없다.

여기서 '되'는 그대로 사용되는 말이고, '돼'는 '되어'의 준말로 사용됨을 알 수 있다. 따라서 두 어휘가 사용될 수 있는지는 '되어'로 바꾸어 보고 말이 자연스럽게 연결되는지 여부로 알 수 있다. 정희모 외(2008: 115)에서는 다른 방법으로 구별을 하고 있다. 그것은 '되'자리에 '하'를 넣어서 말이 되면 '되'로 쓰면 되고, '돼'자리에 '해'를 넣어서 말이 되면 '돼'로 쓰면 된다는 것이다. 예를 들어보자.

○ '됬다'와 '됐다' 중에서 어느 것이 맞을까? → '됬다' 대신 '하'를 넣어 '핬다'가 되면 말이 안 되고, '됐다' 대신 '해'를 넣어 '했다'가 되면 말이 되므로 '됐다'가 맞는 말이다.
○ '되고서'와 '돼고서' 중 어느 것이 맞을까? → '되고서' 대신 '하'를 넣어 '하고서'는 말이 되고, '돼고서' 대신 '해'를 넣어 '해고서'는 말이 안 되므로 틀린 표기임을 알 수 있다.

여기서 '되'와 '돼'의 정확한 용법을 알 수 있다.

라) '왠'과 '웬'의 구별

'왠'과 '웬'은 비슷하게 생겼으나 전혀 다르게 사용된다. '왠'은 '왠지'라고 쓰는데 이것은 '왜인지'의 준말이고, '왜 그런지'의 의미다. 그러므로 그 까닭을 설명하는 문장에 사용되므로 대개 평서문에 나타난다.

① 그를 보니 왠지 쑥스럽다.
② 왠지 오늘은 비가 올 것 같다.

그러나 '웬'은 '어떠한, 어찌 된'의 뜻을 가지며, 관형사이므로 명사를 꾸며주는 기능을 한다.

① 아침부터 웬 난리인지 모르겠다.
② 그것은 웬 돈이냐?

이 예문을 보면 '왠'은 문장의 앞이나 중간에, '웬'은 명사 앞에만 온다는 특징도 찾을 수 있다.

마) '이'와 '히'의 구별

부사어를 만드는 조사로 '이, 히, 리, 기…' 등을 붙이면 된다. 그런데 '이' '히' 중 어느 것을 사용해야 되는지 정확하게 알 수 있는 방법이 없을까? 방법이 있다. '~하다'가 붙을 수 있는 말은 '히'를 사용하면 된다. 다음 예문을 보자.

○ 나른하다 → 나른히
○ 고요하다 → 고요히
○ 분명하다 → 분명히
○ 꼼꼼하다 → 꼼꼼히
○ 축축하다 → 축축히

이 예문들은 모두 '~하다'가 올 수 있는 낱말들이다.
'~이'로 쓰이는 말은 다섯 가지 경우에 해당한다.

① 'ㅅ' 받침으로 끝나는 어간 다음에 '이'가 붙는다. → 형용사 중에서 어간이 'ㅅ'으로 끝나는 '깨끗', '뜨뜻', '번듯' 등은 '깨끗-이', '뜨뜻-이', '번듯-이'처럼 '이'가 올 수 있다.
② 'ㅂ'받침으로 끝나는 어간의 'ㅂ'이 탈락할 때 '이'가 올 수 있다. → 형용사의 어간이

'ㅂ'으로 끝나는 말 중에서 'ㅂ'이 탈락한 '가벼', '새로', '너그러' 등의 어휘는 '이'가 붙어 '가벼이' '새로이' '너그러이'가 된다.

③ 어간에 '하다'가 붙지 않는 말에 '이'가 온다. → 어간이 '같' '깊' '헛되' 등은 어미 '~하다'가 붙을 수 없는 말이다. 여기어 '이'가 올 수 있다. '더욱이' '깊이' '헛되이'가 그 예이다.

④ 부사 뒤에 '이'가 올 수 있다. → 부사 '더욱' '곰곰' '생긋' '오뚝' 등의 부사 뒤에는 접미사 '이'가 올 수 있다. '더욱이' '곰곰이' '생긋이' '오뚝이' '일찍이' 등이 그 예이다.

⑤ 같은 말이 중첩되어 만들어진 말 다음에 '이'가 온다. → 첩어로 된 명사의 어근에 붙어 부사를 만든다. '낱낱~' '다달~' '번번~' '알알~' '겹겹~' 등은 접미사 '이'와 결합할 수 있다.

여기서 발음을 해보면 ②~⑤까지는 쉽게 구분할 수 있으나 ①은 금방 구분되지 않는다. 따라서 "① 'ㅅ' 받침으로 끝나는 어간 다음에 '이'가 붙는다."는 원칙만 잘 기억해도 '~히'와 '~이'의 용법을 구분할 수 있다.

바) 사이시옷의 쓰임

세계 어느 나라 말이나 발음과 표기가 일치해야 하는 원칙이 있다. 우리말도 쓴 글을 읽어서 그대로 소리가 나야 한다. 그런데 그냥 그대로 쓰면 그 소리가 나지 않는 말이 있는데 이때 그 소리가 나도록 하기 위하여 사이시옷(ㅅ)을 넣어주는 경우가 있다. 그것은 세 가지이다.

① 두 단어가 결합되어 하나의 단어를 이루었을 때
② 그 두 단어 중에서 하나가 고유어(한자어)일 때
③ 본래 없던 된소리가 나거나 'ㄴ' 소리가 덧날 때

이 조건에 해당되면 사이시옷을 사용한다.
다음 예를 살펴보자.

○ 나루 + 배 = 나룻배 → '나루배'[나루빼]를 소리 내면 본래 없던 된소리가 나타난다. 그래서 바른 표기를 위하여 사이시옷을 넣어준 경우이다.

○ 등교(登校) + 길 = 등굣길 → '등굣길'[등교낄]은 두 단어가 합쳐져서 이루어졌고, 하나는 한자어이고, 된소리가 나는 세 원칙에 모두 부합한다. 그래서 사이시옷을 넣는다.

○ 저(箸) + 가락 = 젓가락 → '젓가락'[저까락]은 두 단어가 합쳐졌고, 하나가 한자어이며, 된소리가 나므로 사이시옷을 사용하는 것이 맞다.
○ 기와 + 장(張) = 기왓장 → '기왓장'[기와짱]은 두 단어가 합쳐졌고, 하나가 한자어이며, 된소리가 나므로 사이시옷을 넣는다.

그밖에도 고유어끼리의 결합하면서 사이시옷이 들어가는 '깻묵' '깻잎' '냇가' 등이 있다. 이것은 된소리가 나는 것이어서 위의 예처럼 사이시옷을 넣었다.

사) 준말의 사용

우리가 말을 할 때는 경제성의 원리를 적용한다. 즉 되도록 말을 적게 하면서 뜻을 다 전하려는 원리이다. 말을 적게 하려면 준말을 하게 된다.
다음 예문이 바르게 기록되었는지 살펴보자.

○ 이번엔 절대로 그냥 넘어가지 않겠다는 게 회사의 방침이다.
○ 전엔 기껏해야 인사만 하는 게 전부였다.

두 예문에서 준말로 사용된 것은 '엔'과 '게'이다. '에는' '것이'를 각각 줄여 쓴 말이다. 그런데 '엔'의 경우 말할 때는 그렇게 사용할 수 있으나 글로 쓸 때는 '에는'으로 써야 한다. 왜냐 하면 '게'는 '것'이라는 뜻을 가진 명사가 있으나 '엔'에는 뜻이 없는 조사만 있기 때문이다.(정희모 외, 2008: 287) 이처럼 뜻이 없는 말은 줄여 쓸 수가 없으므로 사용에 주의해야 한다.

2) 띄어쓰기와 문장 부호의 사용

글을 아무리 잘 쓰고, 생각이 훌륭해도 우리말의 띄어쓰기와 문장 부호 사용법에 익숙하지 않으면 외국인의 글처럼 어색하게 된다. 이 장에서는 띄어쓰기와 문장 부호 사용에 대하여 '한글 맞춤법 규정'을 인용하여 소개한다.

가) 띄어쓰기

다음은 띄어쓰기 규정이다.

제1절 조사

제41항 조사는 그 앞말에 붙여 쓴다.

꽃이 꽃마저 꽃밖에 꽃에서부터
꽃으로만 꽃이나마 꽃이다 꽃입니다
꽃처럼 어디까지나 거기도 멀리는
웃고만

앞에서 말한 바와 같이, 조사는 독립성이 없기 때문에 다른 단어 뒤에 종속적(從屬的)인 관계로 존재한다.

조사는, 그것이 결합되는 체언이 지니는 문법적 기능을 표시하므로, 그 앞의 단어에 붙여 쓰는 것이다. 조사가 둘 이상 겹쳐지거나, 조사가 어미 뒤에 붙는 경우에도 붙여 쓴다.

집에서처럼 학교에서만이라도 여기서부터입니다
어디까지입니까 나가면서까지도 들어가기는커녕
아시다시피 옵니다그려 "알았다."라고

제2절 의존명사, 단위를 나타내는 명사 및 열거하는 말 등

제42항 의존 명사는 띄어 쓴다.

아는 것이 힘이다. 나도 할 수 있다.
먹을 만큼 먹어라. 아는 이를 만났다.
네가 뜻한 바를 알겠다. 그가 떠난 지가 오래다.

의존 명사는 의미적 독립성은 없으나 다른 단어 뒤에 의존하여 명사적 기능을 담당하므로, 하나의 단어로 다루어진다. 독립성이 없기 때문에, 앞 단어에 붙여 쓰느냐 띄어 쓰느냐 하는 문제가 논의의 대상이 되었지만, 문장의 각 단어는 띄어 쓴다는 원칙에 따라 띄어 쓰는 것이다.

동일한 형태가 경우에 따라 다르게 쓰이는 예를 들어 보면 다음과 같다.

1) '들'이 '남자들, 학생들'처럼 하나의 단어에 결합하여 복수를 나타내는 경우는 접미사로 다루어 붙여 쓰지만,

• 쌀, 보리, 콩, 조, 기장 들을 오곡(五穀)이라 한다.

와 같이, 두 개 이상의 사물을 열거하는 구조에서 '그런 따위'란 뜻을 나타내는 경우는 의존 명사이므로 띄어 쓴다. 'ㅂ, ㄷ, ㄱ 등은 파열음이다.'처럼 쓰이는 '등'도 마찬가지다.

2) '뿐'이 '남자뿐이다, 셋뿐이다'처럼 체언 뒤에 붙어서 한정의 뜻을 나타내는 경우는 접미사로 다루어 붙여 쓰지만,

• 웃을 뿐이다.

와 같이, 용언의 관형사형 '-을' 뒤에서 '따름'이란 뜻을 나타내는 경우는 의존 명사이므로 띄어 쓴다.

3) '대로'가 '법대로, 약속대로'처럼 체언 뒤에 붙어서 '그와 같이'란 뜻을 나타내는 경우는 조사이므로 붙여 쓰지만,

• 아는 대로 말한다. • 약속한 대로 이행한다.

와 같이, 용언의 관형사형 뒤에서, '그와 같이'란 뜻을 나타내는 경우는 의존 명사이므로 띄어 쓴다.

4) '만큼'이 '여자도 남자만큼 일한다. 키가 전봇대만큼 크다.'처럼 체언 뒤에 붙어서 '그런 정도로'라는 뜻을 나타내는 경우는 조사이므로 붙여 쓰지만,

• 볼 만큼 보았다. • 애쓴 만큼 얻는다.

와 같이, 용언의 관형사형 뒤에서 '그런 정도로' 또는 '실컷'이란 뜻을 나타내는 경우는 의존 명사이므로 띄어 쓴다.

5) '만'이 '하나만 알고, 둘은 모른다. 이것은 그것만 못하다.'처럼 체언에 붙어서 한정 또는 비교의 뜻을 나타내는 경우는 조사이므로 붙여 쓰지만,

• 떠난 지 사흘 만에 돌아왔다. • 온 지 1년 만에 떠나갔다.

와 같이 경과한 시간을 나타내는 경우는 의존 명사이므로 띄어 쓴다.

6) '집이 큰지 작은지 모르겠다.'처럼 쓰이는 '-지'는 어미의 일부이므로 붙여 쓰지만,

• 그가 떠난 지 보름이 지났다. • 그를 만난 지 한 달이 지났다.

와 같이, 용언의 관형사형 뒤에서 경과한 시간을 나타내는 경우는 의존 명사이므로 띄어 쓴다.

7) '차(次)'가 '연수차(研修次) 도미(渡美)한다.'처럼 명사 뒤에 붙어서 '~하려고'라는 뜻을 나타내는 경우는 접미사로 다루어 붙여 쓰지만,

• 고향에 갔던 차에 선을 보았다.

와 같이, 용언의 관형사형 뒤에서 '어떤 기회에 겸해서'란 뜻을 나타내는 경우는 의존 명사이므로 띄어 쓴다.

8) '판'이 '노름판, 씨름판, 웃음판'처럼 쓰일 때는 합성어를 이루는 명사이므로 붙여 쓰지만,

• 바둑 한 판 두자. • 장기를 세 판이나 두었다.

와 같이, 수 관형사 뒤에서 승부를 겨루는 일의 수효를 나타내는 경우는 의존 명사이므로 띄어 쓴다.

제43항 단위를 나타내는 명사는 띄어 쓴다.

한 개 차 한 대 금 서 돈 소 한 마리
옷 한 벌 열 살 조기 한 손 연필 한 자루
버선 한 죽 집 한 채 신 두 켤레 북어 한 쾌

다만, 순서를 나타내는 경우나 숫자와 어울리어 쓰이는 경우에는 붙여 쓸 수 있다.

두시 삼십분 오초 제일과 삼학년 육층

1446년 10월 9일 2대대 16동 502호 제1실습실
80원 10개 7미터

단위를 나타내는 의존 명사(수량 단위 불완전 명사)는 그 앞의 수관형사와 띄어 쓴다.

나무 한 그루 고기 두 근 열 길 물 속 은 넉 냥(-쭝)
바느질 실 한 님 엽전 두 닢 금 서 돈(-쭝) 토끼 두 마리
논 두 마지기 쌀 서 말 물 한 모금 실 한 바람
장작 한 바리 열 바퀴 새끼 두 발 국수 한 사리
벼 석 섬 밥 한 술 흙 한 줌 집 세 채
밤 한 톨 김 네 톳 풀 한 포기

다만, 수관형사 뒤에 의존 명사가 붙어서 차례를 나타내는 경우나, 의존 명사가 아라비아 숫자 뒤에 붙는 경우는 붙여 쓸 수 있도록 하였다.

• 제일 편 → 제일편 • 제삼 장 → 제삼장 • 제칠 항 → 제칠항

'제-'가 생략된 경우라도, 차례를 나타내는 말일 때는 붙여 쓸 수 있다.

• (제)이십칠 대 → 이십칠대 • (제)오십팔 회 → 오십팔회
• (제)육십칠 번 → 육십칠번 • (제)구십삼 차 → 구십삼차

다음과 같은 경우에도 붙여 쓸 수 있다.

• (제)일 학년 → 일학년 • (제)구 사단 → 구사단
• (제)칠 연대 → 칠연대 • (제)삼 층 → 삼층
• (제)팔 단 → 팔단 • (제)육 급 → 육급
• (제)16 통 → 16통 • (제)274 번지 → 274번지
• 제1 연구실 → 제1연구실

또, 연월일, 시각 등도 붙여 쓸 수 있다.

• 일천구백팔십팔 년 오 월 이십 일 → 일천구백팔십팔년 오월 이십일
• 여덟 시 오십구 분 → 여덟시 오십구분

다만, 수효를 나타내는 '개년, 개월, 일(간), 시간' 등은 붙여 쓰지 않는다.

• 삼 (개)년 육 개월 이십 일(간) 체류하였다.

그러나 아라비아 숫자 뒤에 붙는 의존 명사는 모두 붙여 쓸 수 있다.

• 35원 • 70관 • 42마일 • 26그램 • 3년 6개월 20일간

제44항 수를 적을 적에는 '만(萬)' 단위로 띄어 쓴다.

십이억 삼천사백오십육만 칠천팔백구십팔 12억 3456만 7898

십진법(十進法)에 따라 띄어 쓰던 것을 '만' 단위로 개정하였다. 따라서 '만, 억, 조' 및 '경(京), 해(垓), 자(秭), 양(壤), 구(溝), 간(澗), 정(正), 재(載), 극(極), 항(恒), 하(河), 사(沙), 아(阿)' 단위로 띄어 쓰는 것이다.

십진법에 의하여 띄어 쓰면, 그것이 합리적인 방식이긴 하지만, 너무 작게 갈라 놓는 것이 되어서, 오히려 의미 파악에 지장이 있다는 의견이 많았다. 그리하여 아라비아 숫자로 금액을 표기할 때 쉼표를 치는 것처럼 세 자리 단위로 띄어서,

• 십 이억삼천사백 오십육만칠천 육백구십팔(1,234,567,698)

과 같이 띄느냐 하는 문제도 검토되었으나, '십'과 '이억', '사백'과 '오십육만'이 떨어지는 등 불합리한 형식이 되므로, '만, 억, 조, ….' 단위로 띄어쓰기로 한 것이다.

• 삼천이백사십삼조 칠천팔백육십칠억 팔천구백이십칠만 육천삼백오십사
• 3243조 7867억 8927만 6354

다만, 금액을 적을 때는 변조(變造) 등의 사고를 방지하려는 뜻에서 붙여 쓰는 게 관례로 되어 있다.

• 일금 : 삼십일만오천육백칠십팔원정.
• 돈 : 일백칠십육만오천원임.

제45항 두 말을 이어 주거나 열거할 적에 쓰이는 말들은 띄어 쓴다.

국장 겸 과장 열 내지 스물 청군 대 백군 책상, 걸상 등이 있다
이사장 및 이사들 사과, 배, 귤 등등 사과, 배 등속 부산, 광주 등지

1) '겸(兼)'은 한 가지 일 밖에 또 다른 일을 아울러 함을 뜻하는 한자어 형태소다. '국장 겸 과장' 같은 경우, 한문 구조에서는 '겸'이 뒤의 '과장'을 목적어로 취하는 타동사로 설명되는 것이지만, 국어에서는 '뽕도 딸 겸 임도 볼 겸'처럼 관형어의 수식을 받는 구조로도 사용되므로, 의존 명사로 다루어지고 있다.

- 장관 겸 부총리　　　　　　　　　　• 친구도 만날 겸 구경도 할 겸

2) '청군 대 백군'의 경우도, 한문 구조에서는 '대(對)'가 뒤의 '백군'을 목적어로 취하는 타동사로 설명되지만, 예컨대 '윗마을 대 아랫마을, 다섯 대 셋'처럼 고유어 사이에서 '상대하는', 또는 '짝이 되는, 비교되는' 같은 뜻을 나타내기도 하므로, 의존 명사로 다루어지고 있다.

- 한국 대 일본　• 남자 대 여자　• 5 대 3

그러나 '대(짝)를 이룬다.'처럼 쓰이는 경우는 자립 명사이며, 또 '대미(對美) 수출, 대일(對日) 무역'과 같이, '대'가 앞뒤 두 단어에 관계되지 않는 구조일 때는, 뒤의 형태소와 결합하여 하나의 단어를 형성하는 것으로 해석된다.

3) '내지(乃至)'는, 순서나 정도를 나타내는 데 그 중간을 줄일 때 쓰는 말이라고 풀이되고 있으나, 흔히 '혹은, 또는' 같은 뜻을 표시하므로, 접속 부사로 다루어 띄어 쓴다.

- 하나 내지 넷　• 열흘 내지 보름　• 경주 내지 포항

4) '및'은 '그밖에도 또, …와 또'처럼 풀이되는 접속 부사이므로 띄어 쓰는 것이다.

- 위원장 및 위원들　• 사과 및 배, 복숭아

5) '등(等), 등등(等等), 등속(等屬), 등지(等地)' 따위는 열거의 뜻을 표시하는 의존 명사이므로 띄어 쓴다.

- ㄴ, ㄹ, ㅁ, ㅇ 등은 울림소리다.　• 과자, 과일, 식혜 등등 먹을 것이 많다.

•사과, 배, 복숭아 등속을 사 왔다. •충주, 청주, 대전 등지로 돌아다녔다.

제46항 단음절로 된 단어가 연이어 나타날 적에는 붙여 쓸 수 있다.

그때 그곳 좀더 큰것 이말 저말 한잎 두잎

앞에서 말한 바와 같이, 글을 띄어 쓰는 것은 그 의미를 쉽게 파악할 수 있도록 하려는 데 목적이 있다. 그런데 한 음절로 이루어진 단어가 여럿 이어지는 경우,

•좀 더 큰 이 새 집

처럼 띄어 쓰면 기록하기에도 불편할 뿐 아니라, 시각적 부담을 가중시킴으로써 독서 능률이 감퇴(減退)될 염려가 있는 것이다. 그리하여

•좀더 큰 이 새집

처럼 붙여 쓸 수 있도록 한 것이다.

•이 곳 저 곳 → 이곳 저곳 •내 것 네 것 → 내것 네것
•이 집 저 집 → 이집 저집 •한 잔 술 → 한잔 술

그러나 이 허용 규정은 단음절어인 관형사와 명사, 부사와 부사가 연결되는 경우와 같이, 자연스럽게 의미적으로 한 덩이를 이룰 수 있는 구조에 적용되는 것이므로,

•훨씬 더 큰 새 집 → (×)훨씬 더큰 새집 •더 큰 이 새 책상 → (×)더큰 이새 책상

처럼, 한 개 음절로 된 단어는 무조건 붙여 쓸 수 있는 것이 아니다. 단음절어이면서 관형어나 부사인 경우라도, 관형어와 관형어, 부사와 관형어는 원칙적으로 띄어 쓰며, 또 부사와 부사가 연결되는 경우에도

더 못 간다(×더못 간다) 꽤 안 온다(×꽤안 온다) 늘 더 먹는다(×늘더 먹는다)

와 같이, 의미적 유형이 다른 단어끼리는 붙여 쓰지 않는 게 원칙이다.

제3절 보조 용언

제47항 보조 용언은 띄어 씀을 원칙으로 하되, 경우에 따라 붙여 씀도 허용한다. (ㄱ을 원칙으로 하고, ㄴ을 허용함.)

ㄱ	ㄴ
불이 꺼져 간다.	불이 꺼져간다.
내 힘으로 막아 낸다.	내 힘으로 막아낸다.
어머니를 도와 드린다.	어머니를 도와드린다.
그릇을 깨뜨려 버렸다.	그릇을 깨뜨려버렸다.
비가 올 듯하다.	비가 올듯하다.
그 일은 할 만하다.	그 일은 할만하다.
일이 될 법하다.	일이 될법하다.
비가 올 성싶다.	비가 올성싶다.
잘 아는 척한다.	잘 아는척한다.

다만, 앞 말에 조사가 붙거나 앞말이 합성 동사인 경우, 그리고 중간에 조사가 들어갈 적에는 그 뒤에 오는 보조 용언은 띄어 쓴다.

잘도 놀아만 나는구나! 책을 읽어도 보고……. 네가 덤벼들어 보아라.
강물에 떠내려가 버렸다. 그가 올 듯도 하다. 잘난 체를 한다.

여기서 말하는 보조 용언은, (1) '-아/-어' 뒤에 연결되는 보조 용언, (2) 의존 명사에 '-하다'나 '-싶다'가 붙어서 된 보조 용언을 가리킨다.

제15항 붙임 1)에서 다루어진 '늘어나다, 돌아가다, 접어들다'처럼, '-아/-어' 뒤에 다른 단어가 붙어서 된 단어의 예가 퍽 많다. 그리고 예컨대 '놀아나다, 늘어나다'에서의 '나다'와 '고난을 겪어 났다.'에서의 '나다'는 차이가 있는 것이지만, 얼른 생각하기로는 양자의 구별이 쉽게 이해되지 않는다. '-아/-어' 뒤에 딴 단어가 연결되는 형식에 있어서, 어떤 경우에는 하나의 단어로 다루어 붙여 쓰고, 어떤 경우에는 두 단어로 다루어 띄어 써야 하는지, 명확하게 분별하지 못하는 곤혹을 겪기가 쉽다. 그리하여 '-아/-어' 뒤에 붙는 보조 용언을 붙여 쓰자는 의견이 많았으나, 각 단어는 띄어 쓴다는, 일관성 있는 표기 체계를 유지하려는 뜻에서, 띄어 쓰는 것을 원칙으로 하되, 붙여 쓰는 것도 허용한 것이다.

보조용언	원칙	허용
가다(진행)	늙어 간다, 되어 간다	늙어간다, 되어간다
가지다(보유)	알아 가지고 간다	알아가지고 간다
나다(종결)	겪어 났다, 견뎌 났다	겪어났다, 견뎌났다
내다(종결)	이겨 낸다, 참아 냈다	이겨낸다, 참아냈다
놓다(보유)	열어 놓다, 적어 놓다	열어놓다, 적어놓다
대다(강세)	떠들어 댄다	떠들어댄다
두다(보유)	알아 둔다, 기억해 둔다	알아둔다, 기억해둔다
드리다(봉사)	읽어 드린다	읽어드린다
버리다(종결)	놓쳐 버렸다	놓쳐버렸다
보다(시행)	뛰어 본다, 써 본다	뛰어본다, 써본다
쌓다(강세)	울어 쌓는다	울어쌓는다
오다(진행)	참아 온다, 견뎌 온다	참아온다, 견뎌온다
지다(피동)	이루어진다, 써진다, 예뻐진다	

그러나 '-아/-어' 뒤에 '서'가 줄어진 형식에서는 뒤의 단어가 보조 용언이 아니므로, 붙여 쓰는 게 허용되지 않는다.

- (시험삼아)고기를 잡아 본다 → 잡아본다.
- 고기를 잡아(서) 본다(×잡아본다).
- (그분의) 사과를 깎아 드린다 → 깎아드린다.
- 사과를 깎아(서) 드린다(×깎아드린다).

한편, 의존 명사 '양, 척, 체, 만, 법, 듯' 등에 '-하다'나 '-싶다'가 결합하여 된 보조 용언(으로 다루어지는 것)의 경우도 앞 말에 붙여 쓸 수 있다.

보조용언	원칙	허용
양하다	학자인 양한다	학자인양한다
체하다	모르는 체한다	모르는체한다
듯싶다	올 듯싶다	올듯싶다
뻔하다	놓칠 뻔하였다	놓칠뻔하였다

다만, 의존 명사 뒤에 조사가 붙거나, 앞 단어가 합성 동사인 경우는 (보조 용언을) 붙여 쓰지 않는다. 조사가 개입되는 경우는, 두 단어(본 용언과 의존 명사) 사이의 의미적, 기능적 구분이 분명하게 드러날 뿐 아니라, 제42항 규정과도 연관되므로, 붙여 쓰지 않도록 한

것이다. 또, 본 용언이 합성어인 경우는, '덤벼들어보아라, 떠내려가버렸다'처럼 길어지는 것을 피하기 위하여 띄어 쓰도록 한 것이다.

- 아는 체를 한다(×아는체를한다).
- 값을 물어만 보고(×물어만보고).
- 밀어내 버렸다(×밀어내버렸다).
- 매달아 놓는다(×매달아놓는다).
- 비가 올 듯도 하다(×올듯도하다).
- 믿을 만은 하다(×믿을만은하다).
- 잡아매 둔다(×잡아매둔다).
- 집어넣어 둔다(×집어넣어둔다).

'물고늘어져 본다, 파고들어 본다' 같은 경우도 이에 준한다.

그런데 합성 동사 뒤에 연결되는 보조 용언을 붙여 쓰지 않도록 한 것은, 그 표기 단위가 길어짐을 피하려는 것이므로, 예컨대

- 나-가 버렸다 → 나가버렸다
- 손-대 본다 → 손대본다
- 빛-나 보인다 → 빛나보인다
- 잡-매 준다 → 잡매준다

따위처럼, 단음절로 된 어휘 형태소가 결합한 합성어 뒤에 연결되는 보조 용언을 붙여 쓸 수 있다. 그리고

- 기억해 둘 만하다
- 도와 줄 법하다
- 읽어 볼 만하다
- 되어 가는 듯하다

처럼 보조 용언이 거듭되는 경우는

- 기억해둘 만하다
- 도와줄 법하다
- 읽어볼 만하다
- 되어가는 듯하다

와 같이, 앞의 보조 용언만을 붙여 쓸 수 있다.

제4절 고유 명사 및 전문 용어

제48항 성과 이름, 성과 호 등은 붙여 쓰고, 이에 덧붙는 호칭어, 관직명 등은 띄어 쓴다.

김양수(金良洙) 서화담(徐花潭) 채영신 씨
최치원 선생 박동식 박사 충무공 이순신 장군

다만, 성과 이름, 성과 호를 분명히 구분할 필요가 있을 경우에는 띄어 쓸 수 있다.

남궁억/남궁 억　독고준/독고 준　황보지봉(皇甫芝峰)/황보 지봉

성명에 있어서, 성과 이름은 별개 단어의 성격을 지니고 있다. 곧, 성은 혈통을 표시하며, 이름은 특정한 개인에게만 부여된 식별부호(識別符號)이므로, 순수한 고유 명사의 성격을 지니는 것이다. 이렇게 볼 때, 성과 이름을 띄어 쓰는 게 합리적이긴 하지만, 한자 문화권에 속하는 나라들에서는 성명을 붙여 쓰는 것이 통례이고, 우리나라에서도 붙여 쓰는 게 관용 형식이라 할 것이다. 더구나, 우리 민족의 성은, 예외가 있긴 하지만, 거의 모두 한 글자(음절)로 되어 있어서, 보통 하나의 단어로 인식되지 않는다. 그리하여 성과 이름은 붙여 쓰기로 한 것이다. 이름과 마찬가지 성격을 지닌 호(號)나 자(字)가 성에 붙는 형식도 이에 준한다.

최학수(崔學洙)　김영애(金榮愛)　유버들(柳-)
정송강(鄭松江)('송강'은 호)　이태백(李太白)('태백'은 자)

다만, 예컨대 '남궁수, 황보영' 같은 성명의 경우, '남/궁수, 황/보영'인지 '남궁/수, 황보/영'인지 혼동될 염려가 있는 것이므로, 성과 이름을 분명하게 밝힐 필요가 있을 때에는 띄어 쓸 수 있도록 한 것이다.

한편, 성명 또는 성이나 이름 뒤에 붙는 호칭어나 관·직명(官職名) 등은 고유 명사와 별개의 단위이므로 띄어 쓴다. 호나 자 등이 성명 앞에 놓이는 경우도 띄어 쓴다.

강인구 씨　강 선생 인구 군
총장 정영수 박사　백범 김구 선생　계 계장(桂係長)
사 사장(史社長)　여 여사(呂女史)　주 주사(朱主事)

우리 한자음으로 적는 중국 인명의 경우도 본항 규정이 적용된다.

소정방(蘇定方)　이세민(李世民)　장개석(莊介石)

제49항 성명 이외의 고유 명사는 단어별로 띄어 씀을 원칙으로 하되, 단위별로 띄어 쓸 수 있다. (ㄱ을 원칙으로 하고, ㄴ을 허용함.)

ㄱ	ㄴ
대한 중학교	대한중학교
한국 대학교 사범 대학	한국대학교 사범대학

예컨대, '한국 정신 문화 연구원'처럼 단어별로 띄어 쓰면, '한국, 정신, 문화, 연구원'의 네 개 단어가 각각 지니고 있는 뜻은 분명하게 이해되지만, 그것이 하나의 대상으로 파악되지 않는 단점도 있는 것이다. 그리하여 둘 이상의 단어가 결합하여 이루어진 고유 명사는 단어별로 띄어 쓰는 것을 원칙으로 하되, 단위별로 붙여 쓸 수 있도록 한 것이다.

여기서 말하는 '단위'란, 그 고유 명사로 일컬어지는 대상물의 구성 단위를 뜻하는 것으로 설명된다. 다시 말하면, 어떤 체계를 가지는 구조물에 있어서, 각각 하나의 독립적인 지시 대상물로서 파악되는 것을 이른다. 예컨대 '서울 대학교 인문 대학 국어 국문학과'는 '서울 대학교/인문 대학/국어 국문학과'의 세 개 단위로 나누어지고, '한국 상업 은행 재동 지점 대부계'는 '한국 상업 은행/재동 지점/대부계'의 세 개 단위로 나누어진다.

(원칙) 서울 대공원 관리 사무소 관리부 동물 관리과
(허용) 서울대공원관리사업소 관리부 동물관리과
(원칙) 한국 방송 공사 경영 기획 본부 경영 평가실 경영 평가 분석부
(허용) 한국방송공사 경영기획본부 경영평가실 경영평가분석부

'부설(附設), 부속(附屬), 직속(直屬), 산하(傘下)' 따위는 고유 명사로 일컬어지는 대상물이 아니라, 그 대상물의 존재 관계(형식)를 나타내는 말이므로, 원칙적으로 앞뒤의 말과 띄어 쓴다.

• (원칙) 학술원 부설 국어 연구소 • (허용) 학술원 부설 국어연구소
• (원칙) 대통령 직속 국가 안전 보장 회의 • (허용) 대통령 직속 국가안전보장회의

다만, '부설 학교, 부설 초등 학교, 부설 중학교, 부설 고등 학교' 등은 교육학 연구나 교원 양성을 위하여 교육 대학이나 사범 대학에 부속시켜 설치한 학교를 이르므로, 하나의 단위로 다루어 붙여 쓸 수 있는 것이다.

• (원칙) 서울 대학교 사범 대학 부속 고등 학교
• (허용) 서울대학교 사범대학 부속고등학교

의학 연구나 의사 양성을 위하여 의과 대학에 부속시켜 설치한 병원의 경우도 이에 준

한다.

•(원칙) 한국 대학교 의과 대학 부속 병원 •(허용) 한국대학교 의과대학 부속병원

제50항 전문 용어는 단어별로 띄어 씀을 원칙으로 하되, 붙여 쓸 수 있다. (ㄱ을 원칙으로 하고, ㄴ을 허용함.)

ㄱ	ㄴ
만성 골수성 백혈병	만성골수성백혈병
중거리 탄도 유도탄	중거리탄도유도탄

전문 용어란, 특정의 학술 용어나 기술 용어를 말하는데, 대개 둘 이상의 단어가 결합하여 하나의 의미 단위에 대응하는 말, 곧 합성어의 성격으로 되어 있다. 따라서 붙여 쓸 만한 것이지만, 그 의미 파악이 쉽도록 하기 위하여 띄어 쓰는 것을 원칙으로 하고, 편의상 붙여 쓸 수 있도록 하였다.

ㄱ	ㄴ
만국 음성 기호	만국음성기호
모음 조화	모음조화
긴급 재정 처분	긴급재정처분
무한 책임 사원	무한책임사원
배당 준비 적립금	배당준비적립금
손해 배상 청구	손해배상청구
관상 동맥 경화증	관상동맥경화증
지구 중심설	지구중심설
탄소 동화 작용	탄소동화작용
해양성 기후	해양성기후
두 팔 들어 가슴 벌리기	두팔들어가슴벌리기
무릎 대어 돌리기	무릎대어돌리기
여름 채소 가꾸기	여름채소가꾸기
국립 진주 교육 대학교	국립진주교육대학교

다만, 명사가 용언의 관형사형으로 된 관형어의 수식을 받거나, 두 개(이상의) 체언이 접속 조사로 연결되는 구조일 때는 붙여 쓰지 않는다.

- 간단한 도면 그리기 ● 쓸모 있는 주머니 만들기
- 아름다운 노래 부르기 ● 바닷말과 물고기 기르기

두 개(이상의) 전문 용어가 접속 조사로 이어지는 경우는 전문 용어 단위로 붙여 쓸 수 있다.

- 감자찌기와 달걀삶기 ● 기구만들기와 기구다루기 ● 도면그리기와 도면읽기

나) 문장부호

다음은 '한글맞춤법 규정' 부록에 제시된 문장부호 사용에 대한 규정이다.

문장부호의 이름과 사용법은 다음과 같이 정한다.

1) 마침표(終止符)

가) 온점(.), 고리점(ｏ): 가로쓰기에는 온점, 세로쓰기에는 고리점을 쓴다.

(1) 서술, 명령, 청유 등을 나타내는 문장의 끝에 쓴다.

- 젊은이는 나라의 기둥이다.
- 황금 보기를 돌같이 하라.
- 집으로 돌아가자.

다만, 표제어나 표어에는 쓰지 않는다.

- 압록강은 흐른다(표제어) ● 꺼진 불도 다시 보자(표어)

(2) 아라비아 숫자만으로 연월일을 표시할 적에 쓴다.

- 1919. 3. 1. (1919 년 3 월 1 일)

(3) 표시 문자 다음에 쓴다.

1. 마침표 ㄱ. 물음표 가. 인명

(4) 준말을 나타내는 데 쓴다.

- 서. 1987. 3. 5. (서기)

2) 물음표(?): 의심이나 물음을 나타낸다.

가) 직접 질문할 때에 쓴다.

- 이제 가면 언제 돌아오니?
- 이름이 뭐지?

나) 반어나 수사 의문(修辭疑問)을 나타낼 때 쓴다.

- 제가 감히 거역할 리가 있습니까?
- 이게 은혜에 대한 보답이냐?
- 남북 통일이 되면 얼마나 좋을까?

다) 특정한 어구 또는 그 내용에 대하여 의심이나 빈정거림, 비웃음 등을 표시할 때, 또는 직질한 말을 쓰기 어려운 경우에 소괄호 안에 쓴다.

- 그것 참 훌륭한(?) 태도야.
- 우리 집 고양이가 가출(?)을 했어요.

붙임 1) 한 문장에서 몇 개의 선택적인 물음이 겹쳤을 때에는 맨 끝의 물음에만 쓰지만, 각각 독립된 물음인 경우에는 물음마다 쓴다.

- 너는 한국인이냐, 중국인이냐?
- 너는 언제 왔니? 어디서 왔니? 무엇하러?

붙임 2) 의문형 어미로 끝나는 문장이라도 의문의 정도가 약할 때에는 물음표 대신 온점(또는 고리점)을 쓸 수도 있다.

- 이 일을 도대체 어쩐단 말이냐.

• 아무도 그 일에 찬성하지 않을 거야. 혹 미친 사람이면 모를까.

3) 느낌표(!): 감탄이나 놀람, 부르짖음, 명령 등 강한 느낌을 나타낸다.

가) 느낌을 힘차게 나타내기 위해 감탄사나 감탄형 종결 어미 다음에 쓴다.

아, 달이 밝구나!

나) 강한 명령문 또는 청유문에 쓴다.

지금 즉시 대답해!

다) 감정을 넣어 다른 사람을 부르거나 대답할 적에 쓴다.

춘향아! 예, 도련님!

라) 물음의 말로써 놀람이나 항의의 뜻을 나타내는 경우에 쓴다.

이게 누구야! 내가 왜 나빠!

붙임 3) 감탄형 어미로 끝나는 문장이라도 감탄의 정도가 약할 때에는 느낌표 대신 온점(또는 고리점)을 쓸 수도 있다.

• 개구리가 나온 것을 보니, 봄이 오긴 왔구나.

2) 쉼표(休止符)

가) 반점(,), 모점(、) : 가로쓰기에는 반점, 세로쓰기에는 모점을 쓴다. 문장 안에서 짧은 휴지를 나타낸다.

• 빵, 빵이 인생의 전부이더냐?
• 용기, 이것이야말로 무엇과도 바꿀 수 없는 젊은이의 자산이다.

(1) 같은 자격의 어구가 열거될 때에 쓴다.

- 근면, 검소, 협동은 우리 겨레의 미덕이다.
- 충청도의 계룡산, 전라도의 내장산, 강원도의 설악산은 모두 국립 공원이다.

다만, 조사로 연결될 적에는 쓰지 않는다.

- 매화와 난초와 국화와 대나무를 사군자라고 한다.

(2) 짝을 지어 구별할 필요가 있을 때에 쓴다.

- 닭과 지네, 개와 고양이는 상극이다.

(3) 바로 다음의 말을 꾸미지 않을 때에 쓴다.

슬픈 사연을 간직한, 경주 불국사의 무영탑. 성질 급한, 철수의 누이동생이 화를 내었다.

(4) 대등하거나 종속적인 절이 이어질 때에 절 사이에 쓴다.

콩 심으면 콩 나고, 팥 심으면 팥 난다. 흰 눈이 내리니, 경치가 더욱 아름답다.

(5) 부르는 말이나 대답하는 말 뒤에 쓴다.

얘야, 이리 오너라. 예, 지금 가겠습니다.

(6) 제시어 다음에 쓴다.

- 빵, 빵이 인생의 전부이더냐?
- 용기, 이것이야말로 무엇과도 바꿀 수 없는 젊은이의 자산이다.

(7) 도치된 문장에 쓴다.

이리 오세요, 어머님. 다시 보자, 한강수야.

(8) 가벼운 감탄을 나타내는 말 뒤에 쓴다.

• 아, 깜빡 잊었구나.

(9) 문장 첫머리의 접속이나 연결을 나타내는 말 다음에 쓴다.

첫째, 몸이 튼튼해야 된다. 아무튼, 나는 집에 돌아가겠다.

다만, 일반적으로 쓰이는 접속어(그러나, 그러므로, 그리고, 그런데 등) 뒤에는 쓰지 않음을 원칙으로 한다.

• 그러나 너는 실망할 필요가 없다.

(10) 문장 중간에 끼어든 구절 앞뒤에 쓴다.

• 나는, 솔직히 말하면, 그 말이 별로 탐탁하지 않소.
• 철수는 미소를 띠고, 속으로는 화가 치밀었지만, 그들을 맞았다.

(11) 되풀이를 피하기 위하여 한 부분을 줄일 때에 쓴다.

• 여름에는 바다에서, 겨울에는 산에서 휴가를 즐겼다.

(12) 문맥상 끊어 읽어야 할 곳에 쓴다.

• 갑돌이가 울면서, 떠나는 갑순이를 배웅했다.
• 갑돌이가, 울면서 떠나는 갑순이를 배웅했다.
• 철수가, 내가 제일 좋아하는 친구이다.
• 남을 괴롭히는 사람들은, 만약 그들이 다른 사람에게 괴롭힘을 당해 본다면, 남을 괴롭히는 일이 얼마나 나쁜 일인지 깨달을 것이다.

(13) 숫자를 나열할 때에 쓴다.

1, 2, 3, 4

(14) 수의 폭이나 개략의 수를 나타낼 때에 쓴다.

5, 6 세기 6, 7 개

(15) 수의 자릿점을 나타낼 때에 쓴다.

14,314

나) 가운뎃점(·): 열거된 여러 단위가 대등하거나 밀접한 관계임을 나타낸다.

(1) 쉼표로 열거된 어구가 다시 여러 단위로 나누어질 때에 쓴다.

- 철수 · 영이, 영수 · 순이가 서로 짝이 되어 윷놀이를 하였다.
- 공주 · 논산, 천안 · 아산 · 천원 등 각 지역구에서 2 명씩 국회 의원을 뽑는다.
- 시장에 가서 사과 · 배 · 복숭아, 고추 · 마늘 · 파, 조기 · 명태 · 고등어를 샀다.

(2) 특정한 의미를 가지는 날을 나타내는 숫자에 쓴다.

3 · 1 운동 8 · 15 광복

(3) 같은 계열의 단어 사이에 쓴다.

경북 방언의 조사 · 연구 충북 · 충남 두 도를 합하여 충청도라고 한다.
동사 · 형용사를 합하여 용언이라고 한다.

다) 쌍점(:)

(1) 내포되는 종류를 들 적에 쓴다.

문장 부호: 마침표, 쉼표, 따옴표, 묶음표 등. 문방사우: 붓, 먹, 벼루, 종이.

(2) 소표제 뒤에 간단한 설명이 붙을 때에 쓴다.

일시: 1984년 10월 15일 10시. 마침표: 문장이 끝남을 나타낸다.

(3) 저자명 다음에 저서명을 적을 때에 쓴다.

정약용: 목민심서, 경세유표. 주시경: 국어 문법, 서울 박문 서관, 1910.

(4) 시(時)와 분(分), 장(章)과 절(節) 따위를 구별할 때나, 둘 이상을 대비할 때에 쓴다.

오전 10:20 (오전 10시 20분) 요한 3:16 (요한복음 3장 16절)
대비 65:60 (65 대 60)

라) 빗금(/)

(1) 대응, 대립되거나 대등한 것을 함께 보이는 단어와 구, 절 사이에 쓴다.

남궁만/남궁 만 백이십오 원/125원
착한 사람/악한 사람 맞닥뜨리다/맞닥트리다

(2) 분수를 나타낼 때에 쓰기도 한다.

3/4 분기 3/20

다) 인용부호

(1) 큰따옴표(“ ”), 겹낫표(『 』): 가로쓰기에는 큰따옴표, 세로쓰기에는 겹낫표를 쓴다. 대화, 인용, 특별 어구 따위를 나타낸다.

(가) 글 가운데서 직접 대화를 표시할 때에 쓴다.

“전기가 없었을 때는 어떻게 책을 보았을까?” “그야 등잔불을 켜고 보았겠지.”

(나) 남의 말을 인용할 경우에 쓴다.

예로부터 “민심은 천심이다.”라고 하였다. “사람은 사회적 동물이다.”라고 말한 학자가 있다.

(2) 작은따옴표(‘ ’), 낫표(「 」): 가로쓰기에는 작은따옴표, 세로쓰기에는 낫표를 쓴다.

(가) 따온 말 가운데 다시 따온 말이 들어 있을 때에 쓴다.

“여러분! 침착해야 합니다. ‘하늘이 무너져도 솟아날 구멍이 있다.’고 합니다.”

(나) 마음 속으로 한 말을 적을 때에 쓴다.

‘만약 내가 이런 모습으로 돌아간다면, 모두들 깜짝 놀라겠지.’

[붙임] 문장에서 중요한 부분을 두드러지게 하기 위해 드러냄표 대신에 쓰기도 한다.

- 지금 필요한 것은 ‘지식’이 아니라 ‘실천’입니다.
- ‘배부른 돼지’보다는 ‘배고픈 소크라테스’가 되겠다.

라) 묶음표(括弧符)

(1) 소괄호(( ))

(가) 원어, 연대, 주석, 설명 등을 넣을 적에 쓴다.

커피(coffee)는 기호 식품이다. 3 · 1 운동(1919) 당시 나는 중학생이었다.
‘무정(無情)’은 춘원(6 · 25 때 납북)의 작품이다. 니체(독일의 철학자)는 이렇게 말했다.

(나) 특히 기호 또는 기호적인 구실을 하는 문자, 단어, 구에 쓴다.

(1) 주어 (ㄱ) 명사 (라) 소리에 관한 것

(다) 빈 자리임을 나타낼 적에 쓴다.

우리 나라의 수도는 (   )이다.

(2) 중괄호({ }): 여러 단위를 동등하게 묶어서 보일 때에 쓴다.

주격 조사 {이, 가}
국가의 3 요소 {국토, 국민, 주권}

(3) 대괄호([ ])

(가) 묶음표 안의 말이 바깥 말과 음이 다를 때에 쓴다.

나이[年歲] 낱말[單語] 手足[손발]

(나) 묶음표 안에 또 묶음표가 있을 때에 쓴다.

명령에 있어서의 불확실[단호(斷乎)하지 못함]은 복종에 있어서의 불확실[모호함]을 낳는다.

마) 이음표(連結符)

(1) 줄표 (—): 이미 말한 내용을 다른 말로 부연하거나 보충함을 나타낸다.

(가) 문장 중간에 앞의 내용에 대해 부연하는 말이 끼어들 때 쓴다.

그 신동은 네 살에 — 보통 아이 같으면 천자문도 모를 나이에 — 벌써 시를 지었다.

(나) 앞의 말을 정정 또는 변명하는 말이 이어질 때 쓴다.

- 어머님께 말했다가 — 아니, 말씀드렸다가 — 꾸중만 들었다.
- 이건 내 것이니까 — 아니, 내가 처음 발견한 것이니까 — 절대로 양보할 수가 없다.

(2) 붙임표(-)

(가) 사전, 논문 등에서 합성어를 나타낼 적에, 또는 접사나 어미임을 나타낼 적에 쓴다.

겨울-나그네 불-구경 손-발
휘-날리다 슬기-롭다 -(으)ㄹ걸

(나) 외래어와 고유어 또는 한자어가 결합되는 경우에 쓴다.

나일론-실 디-장조 빛-에너지 염화-칼륨

(3) 물결표(~)

(가) '내지'라는 뜻에 쓴다.

9 월 15 일~9 월 25 일

(나) 어떤 말의 앞이나 뒤에 들어갈 말 대신 쓴다.

새마을: ~운동 ~노래 - 가(家): 음악

바) 드러냄표(顯在符)

(1) 드러냄표(˙, ˚)

'·'이나 ' ˚ '을 가로쓰기에는 글자 위에, 세로쓰기에는 글자 오른쪽에 쓴다.
문장 내용 중에서 주의가 미쳐야 할 곳이나 중요한 부분을 특별히 드러내 보일 때 쓴다.
한글의 본 이름은 훈민정음이다. (훈민정음 위에 점을 찍는 것)
중요한 것은 왜 사느냐가 아니라 어떻게 사느냐 하는 문제이다. (줄친 글자 위에 점을 찍는 것) 붙임 가로쓰기에서는 밑줄(, ~~~~)을 치기도 한다.

- 다음 보기에서 명사가 아닌 것은?

(2) 숨김표(××, ○○): 알면서도 고의로 드러내지 않음을 나타낸다.

(가) 금기어나 공공연히 쓰기 어려운 비속어의 경우, 그 글자의 수효만큼 쓴다.

- 배운 사람 입에서 어찌 ○○○란 말이 나올 수 있느냐?
- 그 말을 듣는 순간 ×××란 말이 목구멍까지 치밀었다.

(나) 비밀을 유지할 사항일 경우, 그 글자의 수효만큼 쓴다.

- 육군 ○○ 부대 ○○○명이 작전에 참가하였다.
- 그 모임의 참석자는 김×× 씨, 정×× 씨 등 5명이었다.

(3) 빠짐표(□): 글자의 자리를 비워 둠을 나타낸다.

(가) 옛 비문이나 서적 등에서 글자가 분명하지 않을 때에 그 글자의 수효만큼 쓴다.

大師爲法主□□賴之大□薦 (옛 비문)

(나) 글자가 들어가야 할 자리를 나타낼 때 쓴다.

□□이 불면 흙먼지가 날립니다.

(4) 줄임표(……)

(가) 할 말을 줄였을 때에 쓴다.

"어디 나하고 한번……." 하고 철수가 나섰다.

(나) 말이 없음을 나타낼 때에 쓴다.

"빨리 말해 !"

(다) 원고지 쓰기

우리가 글을 쓸 때 항상 원고지에 써야 하는 것은 아니다. 더욱이 컴퓨터가 널리 보급되고 나서부터는 원고지 쓰기가 잘 이루어지지 않고 있다. 그렇지만 우리가 원고지 쓰기를 익혀야 하는 까닭은 띄어쓰기나 문장부호의 사용을 정확하게 하고, 쓴 글의 분량을 알기 쉬우며, 틀린 곳을 쉽게 찾아내어 고치기 쉽고, 글을 쓰고 읽기에 편리함 때문이다.(이동렬, 2005: 29)

원고지 쓰기 규정은 따로 정해진 것이 없었다. 여기서는 7차 교육과정의 5-1학기 국어 쓰기 교과서에 원고지 쓰는 방법이 제시되어 있어 그를 따르기로 한다.

○ 제목은 둘째 줄 가운데

						고	양	이	를		부	탁	해						

제목의 양쪽에 남는 칸수가 비슷하게 제목을 쓰면 된다. 만약 양쪽으로 꼭 같이 나누어지지 않으면 어느 쪽이든지 한쪽이 한 칸 많아도 된다.

○ 소속은 다음 줄 오른쪽 끝에서 넷째 칸에서 끝나게

						고	양	이	를		부	탁	해						
				경	남		진	주	시		진	주	초	등	학	교	3	2	1

소속은 제목 바로 다음 줄 오른쪽 끝에서 넷째 칸에서 소속 학교 이름이 끝나도록 하면 된다.

○ 이름은 소속 다음 줄 오른쪽 끝에서 셋째 칸에서 끝나게

						고	양	이	를		부	탁	해						
				경	남		진	주	시		진	주	초	등	학	교	3	2	1
								3	학	년		3	반		구	준	표	2	1

이름은 성과 띄우지 않고 오른쪽 끝에서 셋째 칸에서 끝나도록 넣으면 된다. '3학년 3반' 대신 '3-3'로 간략히 쓸 수 있는데 이때는 각각 한 칸씩 사용하면 된다.

○ 본문은 이름에서 한 줄 띄우고, 첫 칸은 비운다

						고	양	이	를		부	탁	해						
				경	남		진	주	시		진	주	초	등	학	교	3	2	1
								3	학	년		3	반		구	준	표	2	1
	내	가		집	을		떠	나	면	서		고	양	이	를		맡	긴	
것	은		고	양	이	가		귀	찮	아	서	가		아	니	라	,		고

본문은 이름 적힌 줄에서 한 줄 띄우고, 글을 처음 시작하거나 단락이 바뀌는 첫 칸은 한 칸 비운다. 원칙적으로 한 칸에 한 자씩 쓰도록 되어 있으며, 모든 문장 부호도 각각 한 칸씩 차지한다.

○ 알파벳 소문자와 아라비아 숫자는 한 칸에 두 자씩, 대문자는 한 자씩

	20	10	년	은		언	론	의		자	유	가		실	제	로		사	회
전	반	에		정	착	된		해	다	.		K	B	S	나		mb	c	나

숫자와 알파벳 소문자는 한 칸에 두 자씩 쓰지만, 알파벳 대문자는 한 칸에 한 자씩 쓴다.

○ 작은따옴표나 큰따옴표를 사용할 때도 첫 칸은 한 칸 비운다.

	“	어	서		와	!	”												
	‘	저		사	람	은		왜		그	리		성	질	이		급	해	?’

마지막 문장 부호가 다음 칸으로 넘어가야 하는 상황에서 칸이 다하면 마지막 칸에 속에 표시해 준다. 이는 첫 칸을 문장 부호로 시작하는 것을 피하기 위해서이다.

였	다	.	사	람	은		빵	만	으	로		살		것	이		아	니	다.

○ 원고지 맨 끝에 비울 칸이 없으면 띄움표를 한다.

	좋	은		글	을		쓰	려	면		어	떻	게		하	는		게	√
좋	을	까	?		그	것	은		사	물	을		잘		관	찰	하	는	√

마지막 칸이 끝나서 띄울 수 없을 때는 띄움표(√)를 표시하고 다음 줄 첫 칸은 비우지 않는다.

○ 반점(,), 온점(.), 가운데점(·) 다음은 관습상 한 칸을 띄우지 않는다.

기	약	을		먹	는	데	,	2	층	에	서		고	함		소	리	가	

이 글에서 ‘~먹는데,’는 반점(,)을 수반하는데, 반점(,) 다음 칸을 비우지 않고 바로 ‘2층에서’로 연결하여 쓴다.

○ 문장 부호 중 칸의 가운데 쓰는 것과 칸의 구석에 치우치게 쓰는 것이 있다.

	!		?		“		”		‘		’		,		.	

느낌표(!)와 물음표(?)는 칸은 가운데 쓰고, 큰따옴표(“ ”)와 작은따옴표(‘ ’)는 칸의 위쪽 구석에 쓰며, 반점(,)과 온점(.) 칸의 아래쪽 왼쪽 구석에 쓴다.

한 칸을 4등분하여 문장 부호 쓰는 방법을 표시하면 다음과 같다.

!	?	,	:	—	『	』
“	”	.	”	”	「	」
‘	’	·	’	’	;	～

느낌표와 물음표, 가운데점, 쌍점(:), 줄표(—), 물결표(～), 붙임표(-)는 가운데 오지만 반점, 온점은 왼쪽 아래 구석에 온다. 큰따옴표 작은따옴표는 위쪽 왼쪽과 오른쪽에, 겹낫표와 낫표는 위쪽 오른쪽과 아래쪽 왼쪽에 쓴다.

○ 알파벳 · 로마자 대문자, 낱자 아라비아 숫자 쓰기

K	O	R	E	A		Ⅰ	Ⅱ	Ⅲ		4	·	9	

알파벳 대문자, 로마자 대문자, 특별한 날을 기념하는 낱자 아라비아 숫자는 한 칸에 한 자씩 쓴다.

○ 영문 대문자와 소문자, 영문 약자와 숫자 쓰기

K	or	ea		A	me	ri	ca		4	H		S	Q	3	R

영문 대문자는 한 칸에 한 자, 영문 소문자는 한 칸에 두 자씩 넣는다. 영문 약자와 숫자는 각각 한 칸에 한 자를 넣는다.

○ 숫자와 알파벳 소문자, 분수 쓰기

98	7	명		bo	y		1	⅔		1	과		3	분	의		2

숫자와 알파벳 소문자는 한 칸에 두 자씩 쓰되, 남는 것은 한 칸에 쓴다. 분수는 숫자로 표시할 때는 1과 ⅔를 각각 한 칸에 쓰고, 문장으로 쓸 때는 모두 한 칸씩 쓴다.

○ 연도와 큰 수 쓰기

	우	리	나	라		인	구	는		20	09	년		현	재	로	
50	,0	00	,0	00	명	이		되	었	다	.						

연도를 나타낼 때는 두 자리를 한 칸에, 큰 수는 , 까지 넣어서 두 자리로 넣어 쓴다.(오양심, 2005: 66-67)

라) 교정부호

일반적으로 사용하는 교정부호(校正符號)는 다음 표와 같다.[30)]

(1) 틀린 글자 교정 부호

부호	이 름	사용하는 경우	표시 방법	읽는 사람이 볼 때
∨	띄움표	띄어 써야 할 곳을 붙였을 때	사랑하는조국	사랑하는 조국
∀	둠 표	띄어 쓰려다가 다시 원상태로 둘 때	뛰어오른다	뛰어 오른다
∨ ‿	고침표	틀린 글자나 내용을 바꿀 때	좋아하명 (면) 적었든간에 (거나)	좋아하면 적거나
∧	부호 넣음표	밑에 찍는 문장 부호를 넣을 때	믿음소망사랑	믿음, 소망, 사랑
=	지움표	필요없는 내용을 지울 때	너무 너무 고와서	너무 고와서
⌣	넣음표	글자나 부호가 빠졌을 때	언제나 (까지)	언제까지나
ꝏ	뺌 표	필요없는 글자를 없앨 때	봄이이면	봄이면

30) 이 교정표는 인터넷 블로그 http://blog.daum.net/coreapq/45?srchid=BR1http%3A%2F%2Fblog.daum.net%2Fcoreapq%2F45에서 가져온 것임.

(2) 틀린 자리 교정 부호

부호	이름	쓰임	교정 예	고친 결과
㉢	살림표	지운 것을 다시 살릴 때	생 / 고즈넉한 고요만	고즈넉한 고요만
⌒	붙임표	붙여야 할 곳이 떨어져 있을 때	아름 다운	아름다운
	뜸 표	붙여 쓰려다가 다시 원상태로 둘 때	몇 가지	몇 가지
∽	자리 바꿈표	글자, 단어의 앞·뒤 순서를 바꿀 때	생각 좋은	좋은 생각
	오른 자리 옮김표	오른쪽으로 자리를 옮길 때 【도움】 |-ⓑ ⓐ- | ⓐ를 ⓑ의 위치로 옮긴다는 부호	아직도 남아있는 매일 따스한 밥과	아직도 남아있는 매일 따스한 밥과 반찬
	왼자리 옮김표	왼쪽으로 자리를 옮길 때	나 보기가	나 보기가 역
	부분 자리 옮김표	지시하는 부분만 자리를 옮길 때	사 랑	사 랑

(3) 틀린 줄 교정 부호

부호	이름	쓰임	교정 예	고친 결과
	줄 바꿈표	한줄로 된 것을 두 줄로 바꿀 때	떠났다. 로웰이	~ 떠났다. 로웰이 ~
	줄 이음표	두 줄로 된 것을 한 줄로 이을 때	…를 못한다. 언어란 본	…를 못한다. 언어란
	줄 비움표	줄을 비울 때 【도움】 1. 필요시 여백에 비울 줄 수를 명시함. 2. 인쇄 교정 부호는 '줄 넓힘표'임	산에는 꽃피네 꽃이 피네 갈 봄 여름 없 꽃이 피네.	산에는 꽃피네 꽃이 피네 갈 봄 여름 없 꽃이 피네.
( )	줄 붙임표	줄을 비울 필요가 없을 때	골짝물 예는 바람결처럼 세월은 덧없어 가신 지 이미	골짝물 예는 바람결처럼 세월은 덧없어 가신 지 이미
	줄 서로 바꿈표	윗줄과 아랫줄을 서로 바꿀 때	접동 아우래비 접동 접동	접동 접동 아우래비 접동

(4) 틀린 위치(부호) 및 글쓰기 지도 교정 부호

□	위치 표시표	특별히 위치를 나타내 주어야 할 때	H^2O (2)	H_2O
× =	부호 지움표	잘못 찍은 문장 부호를 지울 때	= 창작과 비평 = (‘ ’)	‘창작과 비평’
〰	톱니표	좀더 간단히 써야 할 때	지나간 수많은 / 알몸이 주미등처럼	평가하는 쪽에서 사용하는 작품 지도 부호
?〰	생각표	말이 이상하고 뜻이 잘 통하지 않을 때	함물 달려 된다	
◎〰	칭찬표	표현이나 생각이 좋아 칭찬할 때	시탐이라는 꽃삼으 / 로 험한 세상발물	
—	줄표	좀더 자세히 써야 할 때	시람이 있었다.	

이상의 교정부호를 초등학교 어린이에게 다 가르칠 필요는 없다. 다만 교사는 여러 교정부호를 알고 사용하여야 하며, 기초적으로 사용되는 부호는 어린이에게도 가르쳐야 한다. 예컨대 띄움표, 붙임표, 뺌표, 부호넣음표, 자리바꿈표, 자리 옮김표, 지움표 정도는 알도록 하는 것이 좋겠다.

라. 좋은 글을 위하여

어떤 글이 좋은 글일까? 좋은 글이 되기 위해서는 좋은 글의 조건을 갖추어야 한다. 그런데 그 조건이란 것은 좋은 글이라고 규정하는 사람에 따라 달라진다. 윤구병 선생(한국글쓰기연구회, 1998: 30-31)은 다음 몇 가지 조건을 내세웠다.

○ 있을 내용이 있고 없을 내용이 없는 글이어야 한다.
○ 있는 내용뿐만 아니라 있어야 할 내용도 있는 글이어야 한다.
○ 없는 것을 꾸미지 않아야 한다.
○ 바람직하지 못한 것을 비판하고, 바람직한 것을 제시하는 글이어야 한다.

윤구병 선생은 글 쓰는 사람이 사는 세상에서 있어야 할 것과 없어야 할 것을 구별하여 분명히 드러내야 하고, 그렇게 바람직한 것을 꾸미지 않고 정직하게 쓰되 앞으로 있어야 할 개선 내용과 방법에 대한 설계가 드러나는 글이 좋은 글이라고 하였다. 그렇게 하려면 자연히 바람직하지 못한 것에 대해서는 비판을 가하고, 대신 바람직한 대안을 내놓아야 한다. 대안이 없이 비판만 하는 글은 반대를 위한 반대에 이르기 쉽기 때문이다. 이처럼 있어야 할 내용이 있고, 없어야 할 내용이 없는 글이 아름다운 글이라고 하였다.

이동렬(2005: 27)에서는 좋은 글이 될 조건을 열 가지로 제시하고 있다. 그 내용의 일부를 수정하여 정확하게 표현하면 다음과 같다.

① 글의 내용이 독자에게 감동을 주는 글이다.
② 재미있고 꾸밈없이 쓴 글이다.
③ 자신의 체험을 잘 살려 쓴 글이다.
④ 개성 있는 문체로 쓴 글이다.
⑤ 적절한 비유를 살려 쓴 글이다.
⑥ 쉬운 표현으로 쓴 글이다.
⑦ 우리말을 잘 살려 쓴 글이다.
⑧ 간결한 글이다.
⑨ 짜임새 있게 쓴 글이다.
⑩ 문장부호, 어법, 맞춤법 등을 정확하게 사용한 글이다.

위의 좋은 글 조건 중에서 ①~③까지는 글의 내용에 대하여, ④~⑦까지는 표현 방법에 대하여, ⑧~⑨는 글의 형식에 대하여 조건을 나타냈고, ⑩은 우리말에 대한 기본적인 지식을 가지고 쓴 글이어야 한다고 했다.

이동렬의 조건이 앞의 윤구병 선생의 조건과 다른 점은 그 글의 내용이 '반드시 있어야 할 내용이어야 하고, 있을 내용도 담겨 있으며, 바람직하지 못한 것에 대하여 비판하고, 그 대안을 제시하는 글이라는 조건이 빠져 있다는 것이다. 이 점은 글의 내용을 제시하는 방식과 그 방향에 대한 것이어서 좋은 글을 쓰는 데 반드시 참고해야 할 내용이 되어야 한다.

정작 중요한 것 한 가지가 빠졌다. 위에서 말한 것처럼 꾸밈없고 재미있게 쓴 글이 좋은 글이 될 조건은 되지만 그것으로 충분하지는 않다. 정직한 글도 마찬가지다. 정직하기만 하다고 좋은 글이 될 충분한 조건을 갖추지는 못한다. 하나가 빠졌기 때문이다. 그것은 어떤 생각을 나타내고 있느냐의 문제이다. 혼자만 즐겁고 편안하고 재미있으면 그만이라는 생각을 나타낸 글은 재미있더라도 좋은 글이 되기엔 부족하다. 돈만 있으면 다 이루어진다고 믿는 생각을 표현한 글도 마찬가지다. 정작 좋은 글은 가치 있는 삶을 살아가는 이야기를 표현한 글이다. 어린이가 사람답게, 어린이답게 살아가는 참모습을 드러낸 아름다운 심성을 드러낸 글이 좋은 글이 될 수 있다.(이오덕, 1993:62-63) 함께 살아가려고 노력하고, 남을 생각하고 배려할 줄 아는 생각을 표현한 글이 아름답고 좋은 글이 된다.

[참고문헌]

국립국어원, 국어 어문 규정, http://www.korean.go.kr/08_new/index.jsp
이강언 · 김문수 · 박기용 · 한택동, 국어학습용어사전, 태학사, 2000.
이동렬, 아동 글쓰기 지도의 이해와 실제, 학연사, 2005.
이오덕, 글쓰기 어떻게 가르칠까, 보리, 1993.
정희모 · 이재성, 글쓰기 전략, 들녘, 2008.
한국글쓰기연구회, 글쓰기교육의 이론과 실제 I , 온누리, 1998.

제Ⅱ부 글쓰기의 실제

국어과 교육에서 글쓰기는 여러 학습 내용을 단계적으로 가르쳐야 완성되는 교육이다. 글쓰기 작품을 보면 앞 단계의 학습 정도를 평가할 수 있다고 해도 지나친 말이 아니다.

그래서 2007 개정 국어과 교육과정에서는 개별적 · 독립적 · 탈맥락적인 지식과 기능의 학습보다는 구체적이고 실제적인 담화와 글을 수용하고 생산하는 활동 속에서 학습자의 국어 능력이 신장된다고 보고, 교육 내용을 '실제' 범주를 중심으로 구성하고 있다. 즉, 실제 범주인 정보 전달, 설득, 사회적 상호작용, 정서 표현을 상위 범주로, 내용 요소 범주인 지식, 기능, 맥락을 하위 범주로 설정하여 교육 내용을 구성하였다.(교육과학기술부, 2008: 11)

여기서 상위 범주인 정보 전달, 설득, 사회적 상호작용, 정서 표현은 사람이 일상생활에서 사용하는 넓은 의미의 담화나 글의 종류라고 할 수 있다. 담화나 글을, 지식이나 정보를 전달하기 위한 방법으로, 다른 사람이 내 생각과 의견에 동의하도록 설득하는 방법으로, 사람이 사회생활을 하면서 상호작용하는 방법으로, 개인의 사상과 정서를 표현하는 방법으로 사용할 수 있기 때문이다.

그래서 본고에서는 글쓰기의 범주를 정보 전달, 설득, 사회적 상호작용, 정서 표현의 글쓰기로 나누어 그것의 개념, 특성, 짜임, 쓰는 방법, 주의점 등에 대하여 알아보고자 한다.

1. 정보를 전달하는 글쓰기

정보나 지식을 전달하는 글쓰기는 여러 가지이다. 사회의 여러 가지 지식, 교양, 규범에 관한 정보는 사람이 살아가는 데 필요한 내용들이다. 초등학교에서는 그중에서 설명문, 전기문, 보도문, 기록문, 안내문, 제안문 등의 정보를 전달하는 글을 다루어 장차 상급학교 학습과 사회생활에 대비하고 있다. 이 장에서는 앞의 다섯 가지 글에 대하여 알아보고자 한다.

가. 설명문

1) 개념

설명문(說明文)은 남들이 잘 알고 있지 못한 정보나 지식에 대하여 알기 쉽도록 풀이하여 쓴 글이다. 이것은 글 쓰는 사람이 잘 알고 있는 어떤 일에 대하여 풀어쓰거나 학교에서 학습한 것, 혼자 생각한 것, 독서에서 얻은 지식, 체험을 통하여 인식하게 된 것을 정리하여 요약적으로 쓰는 글이다.(이오덕, 1984: 139) 설명문을 잘 쓰면 어떤 사실이나 생각들을 서로 비교하고 분석하고 종합하는 힘을 기를 수 있다.

설명문에는 자신이 오랫동안 쌓은 체험을 설명하는 글과 새로운 지식과 경험을 설명하는 글이 있다.

체험 설명문은 평소에 잘 알고 있는 사실, 평소에 생각하고 있던 것, 신념이나 소망 등을 쓰는 것을 말한다. 예를 들면 관혼상제(冠婚喪祭)에 대하여 그 집안만이 전통적으로 지키고 있는 의례를 설명한 '홀기(笏記)', 입사시험에서 자기 자신을 소개하는 '자기소개서'가 그것이다.

지식 설명문은 남들이 잘 알지 못하는 일반적인 사항이나 사용법에 대하여 알기 쉽도록 요약적으로 풀이하여 쓴 글이다. 예를 들면 신문의 '시사 해설', '사전 사용법', '로봇 조립법', 관광지·박물관의 '안내서', 동식물의 '해설', 기계류의 '사용법', 약물의 '복용법', 여러 가지 '놀이 방법', 음식 '조리법' 등이 모두 여기에 속한다.

2) 특성

설명문은 주관적인 정서를 표현하는 글이 아니다. 단지 사실·지식·정보를 있는 그대로 설명하는 글이다. 그렇게 때문에 그 내용은 객관적이고 논리적이며, 문장은 평이성을 가지고 있다.(이동렬, 2005: 222) 독자가 설명하는 내용을 쉽게 이해할 수 있도록 써야하는 특성도 있다.

가) 객관성

있었거나 있는 사실을 객관적으로 설명해야 한다. 어떤 일을 과장하지 않고, 주관적이고 개인적인 정서, 느낌을 모두 배제해야 설명문의 조건이 갖추어진다. 다만 사실에 기초하여 정확한 정보를 전달하도록 노력해야 한다.

나) 논리성

설명문은 설명하는 내용의 개념이 정확해야 하고, 글의 구성이 체계적으로 짜여져야 한다. 설명하는 순서가 조리 있고, 설명 방법이 이치에 맞으며 과학적이어야 한다. 이처럼 내용을 논리적으로 구성을 하기 위해서는 개념을 분명하게, 내용을 체계적으로 엮어서 표현해야 한다.

다) 평이성

설명문 문장은 간결하고 분명해야 한다. 설명문 내용은 독자에게 지식이나 정보를 제공하므로, 글의 내용을 쉽게 써야 독자가 금방 이해할 수 있다. 불분명한 내용은 정보 전달에 어려움을 준다는 것을 알아야 한다.

3) 짜임

설명문에서는 설명하는 대상에 대하여 독자가 이해하기 쉽도록 짜임에 맞게 글을 구성하는 것이 효과적이다. 설명문은 대체로 다음과 같은 방법으로 개요를 짠다.

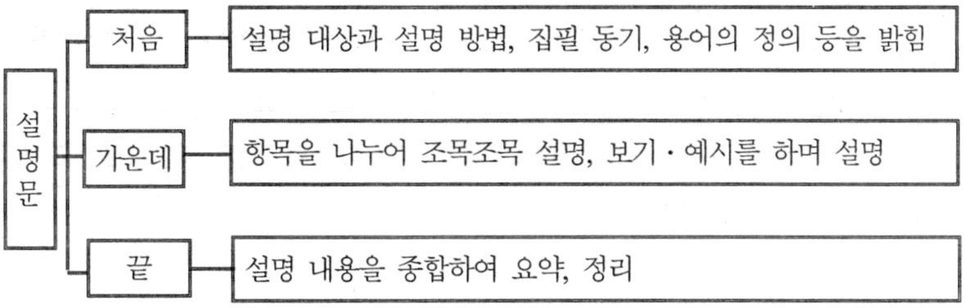

처음 부분에서는 설명하려는 대상을 밝히고, 설명하려는 대상에 대한 사실과 설명하려는 요점이 명확하게 드러나야 한다. 그리고 어떤 방법으로 설명을 하려고 하는지, 또 설명하려는 동기가 무엇인지, 특별히 사용한 용어가 있다면 그 용어의 의미는 무엇인지 등을 모두 밝혀야 한다.

가운데 부분에서는 설명하려는 사실에 대하여 개요에 따라 독자가 알기 쉽게 조목조목 설명해나가야 한다. 이때 중심 내용에 대한 세부내용이 나타나야 하고, 제시할 수 있는 근거로서 관련 자료, 통계, 사진, 도표, 비교표 등을 예시하여 이해를 돕는다.

끝 부분에서는 앞에서 설명한 내용을 종합적으로 정리하여 독자의 이해가 쉽도록 한다. 이때 끝부분의 내용이 장황하지 않도록 요약적으로 제시하는 것이 중요하다.

4) 쓰는 방법

설명문을 쓰기 위해서는 먼저 무엇에 대하여 쓸 것인지를 정해야 한다. 그리고 그 글감에 관계되는 자료를 조사하여 정리해 두어야 한다. 자료조사가 끝나면 개요를 작성한다. 수필 쓰듯이 붓 가는 대로 쓰는 것이 아니라 처음, 가운데, 끝 부분에서 각각 어떤 항목을 다룰 것인지 명확하게 설계도를 작성하여야 한다. 개요짜는 방법에 대해서는 I 부의 3장 가항에서 다루었으므로 참조하기 바란다. 개요짜기를 하였으면 차례에 따라 글을 쓰고 다듬는다. 이것을 정리하면 다음과 같다.

① 글감을 정한다.
② 글감에 관련된 자료를 조사 정리한다.
③ 개요를 짠다.
④ 차례대로 글을 쓴다.
⑤ 고친다.

설명문 쓰기는 이러한 다섯 단계를 거쳐서 이루어진다.

각 단락의 각 항목마다 중심내용이 있고, 그 중심내용을 뒷받침하는 세부내용이 나타난다. 세부내용을 나타내기 위해서는 정의, 예시, 확인, 비교, 대조, 분석, 분류, 묘사 등의 방법을 사용할 수 있다.

일반적으로 설명문을 쓸 때 많이 사용하는 방식에는 풀이하는 방법, 분석하는 방법, 비교하는 방법 등이 있다. 이 부분에 대해서는 I 부의 3장 '나'항을 참조할 수 있다.

다음 설명문의 예를 읽어보자.

㉮ '산가지놀이' 가운데 떼어 내기 놀이를 하여 봅시다. 우선 떼어 내기 놀이를 하기 위한 준비물로 산가지가 필요합니다. 성냥개비나 이쑤시개 또는 알록달록하게 만든 산가지, 나뭇가지로도 '산가지놀이'를 할 수 있습니다.

㉯ 떼어 내기 놀이는 두 사람 이상, 네 명 정도의 사람들이 방이나 마당 등 어디에서든지 할 수 있습니다. 다음 규칙을 잘 익혀서 친구들이나 가족과 함께 재미있는 떼어 내기 놀이를 하여 봅시다.

㉰ 가장 먼저 순서를 정하여야 합니다. 산가지 떼어 내기 놀이에 참여하는 사람들끼리 가위바위보를 하여 순서를 정합니다. 순서에 따라 자기 차례가 되어야 산가지를 떼어 낼 수 있습니다.

㉱ ㉠가위바위보에서 첫 번째 순서의 사람이 산가지를 모두 움켜잡고 놓을 수 있습니다. 움켜잡았던 산가지를 놓으면 산가지가 바닥에 흩어지거나 겹쳐 놓이게 됩니다. 첫 번째 놀이하는 사람은 다른 산가지를 건드리지 않고 산가지를 떼어 내기가 쉽습니다. 첫 번째 사람이 산가지를 떼어 자기 자리에 가져다 놓습니다. 이때 다른 산가지를 건드리지 않고 떼어 낼 수 있는 수만큼 여러 개를 떼어도 됩니다.

㉡두 번째 사람은 첫 번째 사람이 떼어 내고 난 다음에 산가지를 떼어 냅니다. 이때에도 다른 산가지를 건드리지 않도록 주의해야 합니다. 두 번째 사람도 다른 산가지를 건드리지 않았다면 떼어 낸 산가지를 자기 자리에 가져다 둡니다. 만약, 다른 산가지를 건드리면 산가지를 떼어 내지 못하고 그대로 둔 채, 다음 사람의 차례로 넘어갑니다.

㉢쉽게 떼어 낼 수 있는 산가지가 없을 때에 자기 차례를 맞이한 사람은 불리합니다. 산가지를 떼어 내려다가 쌓여 있는 산가지 전체를 다시 흩어 놓게 됩니다. 다른 산가지를 건드리면 산가지를 떼어 올 수 없으면서 다음 사람이 떼어 가지기 쉽도록 할 뿐입니다.

㉣쌓여 있는 산가지의 윗부분에서 떼어 내지 못하면 고개를 숙여서 찾아보아야 합니다. 아랫부분에서 다른 산가지를 움직이지 않고 뗄 수 있는 산가지를 찾기도 합니다. 이렇게 어렵게 산가지를 떼어 낼 수 있다면 이길 가능성이 많습니다. 다음 사람은 산가지를 잘 떼어 내지 못할 가능성이 높기 때문입니다.

㉤쌓인 산가지가 다 없어질 때까지 정한 순서대로 산가지를 떼어 냅니다. 처음에는 먼저 떼어 내는 사람이 잘 떼어 낼 수 있지만, 순서가 지나갈수록 앞사람이 어떻게 산가지더미를 흩어 놓았는지에 따라 떼어내기가 달라집니다.

㉮ 맨 마지막에는 우승자를 가립니다. 산가지를 가장 많이 가지고 있는 사람이 우승하게 됩니다. 우승자는 산가지를 가장 적게 가진 사람에게 벌칙을 줄 수 있습니다.

(<살살 떼어 내야 해> 전문, 실험교과서 3-1 국어 읽기, 94-97쪽)

이 글은 풀이하는 내용의 설명문이다. 이 글의 짜임은 모두 다섯 부분으로 되어있다. 부분별 짜임에 따른 내용을 나타내면 다음과 같다.

㉮ 산가지놀이와 준비물(성냥개비, 이쑤시개 등으로 산가지놀이를 할 수 있다.)
㉯ 놀이 인원과 장소(네 명이 방이나 마당에서 할 수 있다.)
㉰ 순서 정하기(가위바위보를 해서 정한다.)
㉱ 놀이 방법
　㉠ 산가지를 움켜잡고 놓는다. 산가지를 가져온다.
　㉡ 산가지를 가져오다가 건드리면 다음 사람에게 차례가 넘어간다.
　㉢ 산가지를 흩어놓으면 불리하다.
　㉣ 고개를 숙여 뗄 수 있는 산가지를 찾는다.
　㉤ 산가지가 없어질 때까지 놀이를 한다.
㉲ 승패 가리는 방법(산가지를 가장 많이 가진 사람이 이긴다. 가장 적게 가진 사람에게 벌칙을 줄 수 있다.)

㉮는 첫부분으로 산가지놀이와 준비물에 대하여 설명하고 있다. ㉯~㉱까지는 가운데부

분으로 놀이방법을 설명하고 있다. ㉲는 끝부분으로 승패를 결정하는 방법과 벌칙에 대하여 설명하고 있다. 이 글은 크게 세 부분으로 구성되어 있음을 알 수 있다.

다음 설명문을 읽어보자.

> ㉮ 굴뚝은 불을 지핀 연기가 밖으로 빠져나가도록 만든 장치이다. 우리나라의 전통적인 집은 부엌에서 피어난 연기가 방바닥 밑의 구들을 지나 집 뒤쪽으로 빠져나가도록 만들어져 있다. 그래서 어느 집이나 굴뚝은 뒤꼍 쪽에 있다. 벽난로를 사용하는 나라에서 굴뚝을 지붕 위에 두는 것과는 다르다.
>
> ㉯ 세 끼 밥을 짓는 시간이 비슷하기 때문에 집집마다 굴뚝에서 연기 오르는 시간도 정해져 있었다. 해가 지고 시장기가 드는 시간에 굴뚝에서 오르는 저녁연기는 포근한 느낌을 주었다.
>
> ㉰ 굴뚝은 연기가 빠져나가는 통로이지만 반대로 바깥 공기가 밀려들기도 한다. 그래서 바람이 심한 날은 아궁이의 불이 잘 들지 않는다. 이 때문에 불이 잘 들게 하려고 굴뚝을 처마보다 높이기도 하였다.
>
> ㉱ 대갓집에서는 굴뚝을 벽돌로 쌓고 위에다 집을 짓듯이 기와를 이어서 빗물이 들어가지 않게 하고, 옆을 틔워 연기가 나가도록 하였다. 이것을 연가라고 한다. 경복궁 같은 우리나라 궁궐의 부속 건물 굴뚝에는 예술품처럼 보이는 연가가 있다.
>
> ㉲ 이처럼 굴뚝은 우리 생활에 가까운 것이기 때문에 굴뚝에 연관된 속담도 있다.
>
> '굴뚝 막은 덕석 같다.'
>
> '굴뚝에서 빼 놓은 족제비 같다.'
>
> 이런 속담은 모두 사람이 새까맣게 생겼음을 굴뚝에 비유하여 말한 것이다.
>
> ㉳ 공기의 온도 차이를 이용하여 굴뚝으로 방을 따뜻하게 하려는 방법은 우리 조상들의 과학적인 지혜의 소산이라 할 수 있다.
>
> (<굴뚝> 전문, 실험교과서 4-1 국어 읽기, 28-29쪽. 일부 내용 첨가)

이 글은 다음과 같은 짜임으로 되어 있다.

> ㉮ 굴뚝의 정의, 서양 굴뚝과 다른 점
> ㉯ 굴뚝 연기가 주는 느낌
> ㉰ 굴뚝을 처마보다 높이는 이유
> ㉱ 연가의 예술성
> ㉲ 굴뚝 관련 속담
> ㉳ 굴뚝은 조상의 지혜

이 글에서 각 단락의 중심문장과 그것을 뒷받침하는 세부내용을 찾아보자. 그리고 글을 세 부분으로 나누어 보자.

그리고 '술'이나 '화투' 중 한 가지를 골라 그것에 대하여 설명문을 써 보자.

5) 유의점

설명문은 체험이나 자신의 생각을 바탕으로 글을 쓰는 경우가 있다. 그러나 이럴 때 서사문과 구별할 수 없는 글이 나오게 된다.(이오덕, 1984: 139) 이는 설명문과 서사문을 명확하게 구별하지 못하는 경우 빚어지는 글쓰기 오류이다. 따라서 설명문을 서사문으로 쓰면 안 된다는 점을 분명히 인식하여야 한다.

※ 서사문이란?

서사문이란 글 쓰는 사람이 '보고 듣고 생각하고 경험한 것을 솔직하고 자세하게, 남들이 잘 알 수 있도록 쓴 것'이다. 그러니까 어린이들이 쓰는 일기, 감상문, 기사문, 생활문, 편지, 수필 등이 모두 서사문에 들어간다.

이 서사문은 6하 원칙(六何原則)[1]을 지켜서 '언제, 누가, 어디서, 무엇을, 어떻게 하여, 어찌 되었으며, 왜 그렇게 하였는지'를 정직하게 자세히 밝히는 글이라고 할 수 있다. 만약 서사문이 이 6하 원칙을 자세히 밝히지 못한다면 그것은 서사문이라고 할 수 없다.(이오덕, 1984: 125)

특히 어린이들은 서사문을 쓸 때, 때와 장소를 잘 밝히지 않는다. 그 중에서도 '어디서'를 잘 쓰지 않는다. 그 까닭은 자기 자신은 알고 있는 내용이기 때문에 중요하지 않다고 생각하여 쓰지 않기 때문이다.(한국글쓰기연구회, 1998: 34) 그러므로 반드시 6하 원칙에 맞게 자신의 체험을 쓰도록 해야 한다.

※ 자기소개서

설명문 중에서도 자기 자신에 대하여 설명하는 글을 '자기소개서(自己紹介書)'라고 한다. 이 동렬(2005: 228-229)에서는 어린이용과 어른용 자기 소개서 작성 방법을 소개하고 있다.

어린이용 소개서라면 이름, 학교, 학년, 사는 지역, 식구, 친구, 자기 얼굴의 모양이나 특징, 신체 특징, 성격, 취미, 좋아하는 사람, 좋아하는 색깔과 모양, 좋아하는 나무나 꽃, 자

1) 육하원칙(六何原則)이란 '하시(何時), 하처(何處), 하인(何人), 하사(何事), 하방(何), 하유(何故)' 등의 여섯 하(何)를 사용하여 써야 하는 원칙을 말한다. 이를 쉽게 풀이하면 '언제, 어디서, 누가, 무엇을, 어떻게, 왜'가 된다.

기의 장점과 단점, 장래 희망 등을 중심으로 쓴다.

어른용 소개서라면 첫째, 자신의 성장 과정이 소개되어야 한다. 그 과정을 연대기적으로 기술하고, 초등학교에서 군대 제대할 때까지의 특기할 만한 내용이나 입사(입학)시험에 도움이 될 만한 내용을 집중적으로 부각시켜야 한다. 둘째, 입사 지원 동기를 빼먹지 않아야 한다. 왜 내가 그곳에 지원하게 되었는가를 구체적인 동기, 사례를 들어서 제시하는 것이 좋다. 막연한 동기는 목적성이 없는 사람으로 비칠 수 있기 때문에 삼가야 한다. 셋째, 장래의 희망이나 포부를 밝혀야 한다. 원하는 회사에 입사(입학)했을 때 자기 성취와 자기 계발을 위하여 무슨 계획이나 각오를 하고 있는지 구체적으로 작성하도록 한다.

이때 유의점은 글씨를 정성스럽고 깨끗이 쓸 것, 가정 환경을 솔직하게 적어서, 그것이 성장 과정에 어떤 영향을 미쳤는지 밝힐 것, 자신의 성장 과정에서 입사(입학)에 유리한 내용을 부각시킬 것, 자신의 포부와 가치관 그 동기를 분명하게 드러낼 것, 문장을 조리 있게 단락을 잡아 서술할 것 등이다.

유의점은 자기 소개서에 적지 않아도 될 약점이나 실패한 경험 등은 일부러 밝힐 필요가 없다는 것이다.

나. 전기문

1) 개념

전기문(傳記文, Biography)은 특정 인물의 남다른 경험이나 업적에 대하여 사실을 바탕으로 기록한 글이다. 실제로 살아 있던 인물의 일생이나 일생의 일부를 기록한 글로, 전기문 속의 모든 인물·장소·사건 등은 실제로 있었던 일이어야 한다. 전기문은 중심 인물의 활동과 그 동기, 활동에 관련된 다른 인물 등에 의하여 전개되므로 소설과 같이 일정한 '줄거리'를 가진다.

2) 특성

전기문은 특정 인물의 일화를 통하여 교훈을 얻으려는 문학이다. 이를 바탕으로 특성을 살펴보면 다음과 같다.

첫째, 내용은 중심 인물의 활동을 모두 소개하는 것이 아니라 작가가 초점을 맞추어 드러내려는 주제와 관련되는 것들을 선택적으로 제시한다. 전기문은 실존 인물의 이야기라는 점에서, 독자들에게 사실적인 감동과 교훈을 준다.

둘째, 전기문은 대체로 중심 인물의 일생을 사건 순서대로 기록하는 것이 특징이다. 가끔 순서를 바꾸어 긴박감을 주는 전기문도 없지는 않다.

셋째, 인물의 성격을 드러내는 일화나 사건을 소개하기도 한다. 이때 글 쓰는 사람이 일부러 과장하거나 축소하여 기록하지 않아야 한다.

넷째, 전기문은 사실을 중심으로 기록한다는 특징이 있어서 역사적 자료로 삼기도 한다.

다섯째, 전기문의 종류는 여러 가지이다. 위에서 설명한 전기문 외에도 자서전, 회고록, 평전, 열전 등 네 가지가 더 있다.

자서전(自敍傳)은 자신의 일생을 모두 기록한 일기 형식의 글이다.

회고록(回顧錄)은 중심 인물의 생애 중에서 특별히 다룰 만한 중요한 내용만을 다루는 글이다.

평전(評傳)은 중심 인물의 일생을 전기적으로 비평한 글로서, 글 쓰는 사람이 사료를 선정하고 해석하여 정리한 글이다. 평전에는 역사적, 사상적, 문학적 평전이 있다.

열전(列傳)은 사마천(司馬遷)의 「사기(史記)」에서 영향을 받은 글로서 왕조의 역사를 기록할 때 유명한 신하들의 일생이나 업적, 일화 등을 요약적으로 기록한 글이다.

3) 짜임

자서전으로 쓰는 전기문은 중심 인물이 태어나서 죽을 때까지의 일을 시간의 흐름에 따라 정리하는 글이다.

그러나 중심 인물이 훌륭한 인물일 때 전기문을 쓰는데, 이 경우 인물의 행동에 관한 일화를 중심으로 정리하여 그 성격을 부각시킨다. 이때 일화는 '출생, 유년기, 청년기, 장년기, 노년기, 인물평'에 대한 내용으로 전개한다.

4) 쓰는 방법

전기문을 쓰는 방법 역시 처음, 가운데, 끝으로 진행된다. 처음부분에서는 중심 인물의 출생과 관련한 신화, 전설, 일화, 태몽 등을 소개한다. 가운데부분에서는 성장에서 사망에 이르는 과정을 나타내는 내용을 다루고, 끝부분에서는 인물에 대하여 평을 하는 것으로 정리한다.

전기문은 글 쓰는 사람이 중심 인물의 행적을 살펴보고 그것을 평가하는 입장에서 기술해야 한다. 그러므로 작가는 어디까지나 삼자적 입장을 유지하여야 한다.

이때 서술할 전기적 요소에는 인물, 사건(일화), 배경, 인물평 등 네 가지가 있다.

인물에 대해서는 중심 인물이 출생할 때 있었던 신기한 자연현상과 전설, 나이, 재능, 성격, 학문 형성 등의 중요한 내용을 서술한다.

사건(일화)에 대해서는 중심 인물이 한 말이나 실천한 행동, 업적에서 나타나는 여러 가지 일화를 선정하여 인물의 성격을 뚜렷하게 드러나도록 기술한다.

배경은 인물이 태어나서 활동했던 시간, 공간적인 배경을 나타내는 것이다. 중심 인물이 활동하던 당시의 가정 환경, 사회적 배경, 국가적 상황 등의 내용이 나타나야 한다.

인물평은 인물의 성품과 업적에 대한 글쓴이의 느낌, 생각, 주장, 가치관, 교훈 등을 드러내는 정리단계의 글이라고 할 수 있다.

다음 전기문을 읽어보자.

㉮ 유관순은 1902년 3월 15일, 지금의 충청남도 천안시 병천면 지령 마을에서 태어났다. 유관순의 아버지는 그 마을에서 대를 이어 살아 온 선비 집안의 후손이었다. 유관순의 집은 그리 넉넉하지는 못하였지만, 늘 웃음소리가 끊이지 않는 화목한 가정이었다.

어느 날, 아버지는 유관순에게 평소 마음에 담아 두었던 이야기를 들려주었다.

"우리 나라가 일본의 침략을 받고 시달리는 것은 나라의 힘이 약한 까닭이다. 나라의 힘을 기르려면 서양 문물을 받아들이고 신학문을 배워야 한다."

아버지는 엄숙한 표정으로 말을 이었다.

"여자들도 집안일만 할 것이 아니라, 더 배워서 나라의 일꾼이 되어야 한다."

이처럼 그는 청소년을 잘 가르쳐야 빼앗긴 나라를 되찾을 수 있다고 생각하여, 유관순을 서울로 보내어 신학문을 배우게 하였다.

㉯ 1916년, 유관순은 서울 정동에 있는 이화 학당에 입학하였다. 유관순은 아버지의 가르침을 따라, 방학 동안에는 고향에 내려가 우리글을 모르는 어린이와 어른들에게 열심히 글을 가르쳤다. (중략) 1919년 3월 1일, 서울 탑골 공원에서 시작된 독립 만세 운동이 바로 그것이었다.

㉰ 그 날, 유관순도 친구들과 함께 거리로 나갔다. 태극기를 든 남녀 노소가 한 목소리로 독립 만세를 부르고 있었다. 유관순의 마음도 뜨거웠다. 유관순은 친구들과 함께 목이 터져라 독립 만세를 불렀다. (중략)

㉱ 아우내 장터에 아침이 밝았다. 새벽부터 장터에 모여든 사람들은 보통 때의 몇 곱절이나 되었다. 독립 만세를 부르려고 모인 사람들이 대부분이었다. (중략)유관순은 부모님의 시신을 두고 눈물을 흘리며 피할 수밖에 없었다.

㉲ 그러나 결국 유관순은 일본 헌병들에게 붙잡혀 끌려갔다. 일본 헌병대에서 온갖 고문을 당한 뒤에 재판을 받았다. 유관순은 재판을 받을 때에 조금도 굽히지 않고 당당하였다. 7년의 징역형이 내려지고, 유관순은 감옥에 갇혔다. 그렇지만 우리 나라가 독립을 해야 한다는 유관순의 신념은 누구도 꺾을 수 없었다.

㉳ 1920년 어느 날, 나라를 구하기 위해 죽음을 무릅쓰고 만세를 부르던 유관순은 열아홉의 꽃다운 나이에 감옥에서 숨을 거두고 말았다. 그러나 유관순의 나라 사랑하는 마음은 지금도 우리 겨레의 가슴 속에 남아 나라의 소중함을 일깨워 주고 있다.

(<유관순> 일부, 7차 교육과정 4-1 국어 읽기, 8-12쪽)

이 전기문의 ㉮는 처음 부분으로 유관순의 출생과 가계에 대한 내용, 가정의 분위기를 나타내는 내용이다. ㉯~㉲까지는 유관순이 성장하여 감옥에 갇히기까지의 내용을 담고 있어 가운데부분이라고 할 수 있다. ㉳는 유관순의 죽음과 그에 대한 평가를 내리는 부분으로 끝에 해당한다. 이 글로 본 사건의 흐름은

㉮ 1902년 유관순이 선비 집안의 후손으로 태어났다.
㉯ 1916년 이화 학당에 입학한 뒤, 고향 사람들에게 우리 글을 가르쳤다.
㉰ 1919년 3월 1일 서울 탑골 공원에서 독립 만세 운동이 벌어졌다.
㉱ 1919년 아우내 장터에서 사람들과 함께 독립 만세를 불렀다.
㉲ 1919년 일본 헌병에게 붙잡혀 감옥에 갇혔다.
㉳ 1920년 열아홉의 꽃다운 나이에 감옥에서 죽었다.

는 내용으로 전개된다. 출생에서 사망에 이르는 과정은 여섯 부분으로 나뉘고, 각 부분은 중심 인물의 일화를 중심으로 엮여있다.

5) 유의점

전기문은 사실을 바탕으로 한 문학이므로 주관적인 내용을 개입시키면 안 된다. 사건의 전개가 인물의 일화를 중심으로 하지만 일관된 하나의 사건이 아닌 성격을 드러내는 일화의 모음이라고 할 수 있다. 그리고 전기를 통하여 독자가 어떤 교훈을 얻도록 해야 한다. 단, 인물에 대한 평가는 글 쓰는 사람의 주관에 따라 내릴 수 있다.

다. 보도문

1) 개념

보도문은 기사문을 말한다. 매체를 통하여 사람들에게 새로운 소식을 알리는 글을 보도문 또는 기사문이라고 한다. 이 글은 신문이나 방송에서 뉴스를 전하는 글로서 알릴만한 가치가 있는 어떤 일을 알리는 것이다.

2) 특성

보도문은 문예문과는 다른 특성이 있다. 첫째, 6하 원칙 아래서 글을 쓴다. 이 원칙이 지켜지지 않으면 그것이 언제 있었던 일인지 알 수 없다. 둘째, 개인의 정서표현을 허용하지

않는 객관적인 글이다. 셋째, 그 사건을 해석하는 기자의 관점에 따라 전혀 다른 보도문이 될 수도 있다. 이런 점에서 보면 다양한 관점에서 해석될 여지가 있는 것이 보도문이다.

3) 짜임

보도문은 우선 표제(標題)를 내고 그 다음에 부제(副題)를 낸다. 그 아래에 기사문이 게재된다. 그리고 기사문 마지막에는 기자의 이름과 전자우편 주소를 공개하여 그 글에 대하여 책임을 지도록 하고 있다. 다음 신문의 보도문을 읽어보자.

전교조 교사 18명 중징계 추진…합법화 후 최대 규모

1999년 전교조 합법화 이후 최대 규모 징계사태 전망

서울시교육청이 지난해 교육감 선거와 관련해 검찰이 기소한 전국교직원노조 소속 교사들에 대해 무더기 중징계 방침을 정해 논란이 예상된다.

서울시교육청은 교육감 선거 과정에서 정치자금법 등을 위반한 혐의로 기소된 전교조 교사 18명에 대한 중징계 방침을 결정했다고 1일 밝혔다.

이 가운데 공립교사 13명에 대해서는 징계위원회에 중징계를 요구했고, 사립교사 5명에 대해서는 해당 사학재단에 조만간 중징계를 요구할 계획이다.

시교육청은 지난 1월 검찰이 기소사실을 통보해 온 송원재 전 서울지부장 등 5명의 중징계를 요구한 데 이어 최근 추가로 서울지부 지회장 등 13명의 중징계 방침을 정했다.

그러나 검찰이 통보한 기소대상자 중 1명은 지난해 학업성취도 평가를 거부했다는 이유로 파면된 상태여서 이번 징계 대상에서 제외됐다.

이들 전교조 교사는 작년 교육감 선거 때 공정택 현 교육감과 싸웠던 주경복 후보에게 조합원 600여 명으로부터 모금한 6억8천여만원을 지원한 혐의(정치자금법, 공직선거법, 국가공무원법 위반)로 기소됐다.

시교육청은 부교육감을 위원장으로 하는 징계위원회를 구성해 이들 교사의 징계 여부를 최종적으로 결정하게 된다.

징계위원회의 결정이 남았지만 18명의 교사가 한꺼번에 파면이나 해임과 같은 중징계를 당하면 1999년 전교조가 합법화된 이후 최대 규모의 징계사태가 될 전망이다.

시교육청은 지난해 학업성취도 평가 거부 운동에 참여한 전교조 소속 공립교사 7명을 파면, 해임한 바 있다.

또 시교육청은 지난해 국제중, 단체협약 해지, 일제고사 형태의 학업성취도 평가 등을 놓고 전교조와 마찰을 빚어왔고 이달 중 실시되는 진단평가를 두고 또다시 갈등이 예상되고 있다.

> 한편 징계권자인 공정택 교육감도 작년 선거와 관련, 정치자금법 위반 등의 혐의로 기소돼 자신에 반대했던 전교조 교사들을 중징계하는 것에 부담이 따를 전망이다.
> 전교조 엄민용 대변인은 "공 교육감에게 징계권이 있지만 무엇이 떳떳해 징계할 수 있겠느냐"며 "전교조 교사들을 처벌하려면 자신이 먼저 자리에서 물러나야 할 것"이라고 말했다. (서울=연합뉴스, 한계레 신문 2009. 3. 1)

이 기사에서는 먼저 표제를 '전교조 교사 18명 중징계 추진…합법화 후 최대 규모'로 달고, 그 아래 '1999년 전교조 합법화 이후 최대 규모 징계사태 전망'이란 부제를 달았다. 내용은 6하 원칙에 따라 '3월 1일 서울시교육청이 교육감 선거 과정에서 정치자금법 등을 위반한 혐의로 기소된 전교조 교사 18명에 대한 중징계 방침을 결정했다.'라고 보도하고 있다. 기사문에는 기소 내용과 징계 전망, 서울시 교육청 공정택 교육감의 입장 등을 제시하고 전교조 대변인의 주장도 덧붙이고 있다.

4) 쓰는 방법

기사문은 우선 기사거리가 되는 내용을 보도해야 한다. 기사거리가 되는 내용은 일상적인 평범한 내용이 아니고 특별하고 사람들의 관심을 끌만한 내용이어야 한다. 예를 들어 '아무개씨 개가 사람을 물었다.'라는 기사는 세상 사람들의 관심을 받지 못한다. 개가 사람을 물었다는 것은 옛날부터 있어왔고, 어떻게 보면 너무 당연한 사건이기 때문이다. 그러나 '아무개씨가 개를 물었다.'라고 하면 이것은 기사문으로 작성할 가치가 있는 것이다. 사람이 개를 문다는 것은 좀체 볼 수 없는 사건이자 세상 사람들의 관심을 받기에 충분한 사건이기 때문이다.

중요한 것은 표제를 어떻게 쓰느냐이다. 표제는 기사의 중심내용을 요약적으로 뽑아야 한다. 위의 기사에서는 지난 교육감 선거에서 교육공무원 신분으로 정치적 중립을 어기고 선거에 개입한 혐의로 전교조 교사 18명이 중징계를 받게 되었는데, 이는 전교조 합법화 이후 최대 규모라고 하였다. 부제도 이를 좀더 구체화 한 내용으로 기록하고 있다.

그리고 본문 내용은 '언제, 누가, 무엇을, 어떻게, 왜 그렇게 했는지'에 대하여 밝혀야 한다. 위의 기사문에서 인용하면 '서울시교육청은 교육감 선거 과정에서 정치자금법 등을 위반한 혐의로 기소된 전교조 교사 18명에 대한 중징계 방침을 결정했다고 1일 밝혔다.'는 내용이 그것이다. 이 문장은 이 기사의 핵심적인 내용을 담고 있다. 비록 어디서 그렇게 발표했는지 장소에 대한 말이 빠져있으나 그것은 서울시교육청이란 말이 중복되고, 기사를 읽으면 그 장소가 어딘지 누구나 알 수 있는 내용이므로 생략한 것으로 보인다.

5) 유의점

기사문은 사실이 생명이다. 기사를 작성하는 기자의 주관적인 해석이 더해질 수는 있으나 사실 자체를 마음대로 꾸며내면 안 된다. 기사는 항상 6하 원칙에 의해서 작성되어야 한다. 이 원칙을 지키지 않으면 부실 기사가 되고 만다. 기사 선정의 원칙은 그 기사를 작성하는 집단에게 가장 중요한 의미를 담고 있는 내용부터 정하는 것이다. 그런데 정작 중요한 것은 어떤 사건 기사를 다룰 때 어느 일방의 주장이나 발표내용만을 기사화하게 되면 그 기사문은 사실을 왜곡할 가능성이 있다.(손석춘, 2003: 99) 그렇기 때문에 반드시 사건 당사자인 양측 모두의 주장을 들어보고 객관적으로 접근할 필요가 있다.

라. 기록문

1) 개념

기록문은 어떤 내용을 뒷날 참고하기 위하여 사실과 실태를 정확하게 기록하여 남기는 글을 말한다. 이때 글 쓰는 사람의 정서나 의견이 반영되지 않도록 해야 한다. 글은 간결하게 쓰되 글의 형식에는 크게 얽매이지 않는다.

2) 특성

언뜻 보면 보고문과 비슷하나 차이가 있다. 기록문은 주로 개인 활동에 대한 내용을 객관적으로 기록하는 특성을 지닌다. 그러나 학급이나 소집단에서 관찰 활동 결과를 기록할 때는 일정한 형식을 갖춘 서식에 따라 작성해야 한다.

기록문에는 관찰기록문, 견학기록문, 조사기록문, 회의기록문 등이 있다.

3) 짜임

먼저 관찰 기록문은 식물의 자람, 곤충의 상태 등을 관찰하여 모양과 상태를 일정한 기간을 두어 자세히 관찰한 내용을 기록한 글이다. 관찰한 날짜 · 시간 · 날씨 상태 · 기온 상태 등을 먼저 기록한다. 그리고 관찰 대상의 변화 상태를, 크기 · 색깔 · 싱싱하기 · 자람 정도 등 형태별로 관찰하고, 그렇게 된 이유를 밝혀 쓴다. 그리고 어제와 비교하여 나타난 특징을 찾아 기록한다.

관찰기록문을 자유롭게 쓰는 형식은 설명문 형식과 비슷하다. 그러나 주어진 형식에 맞게 기록하는 경우는 이와 다르다.

관찰기록장

(　　)학교 (　　)학년 (　　)반 성명(　　　　　)

날짜		날씨		기온	
관찰 내용					
변화한 것					
의견					

견학기록문은 쓰는 순서가 있다. 먼저 견학한 날짜, 장소 등 6하 원칙에 따라 견학 내용이 자세하게 나타나도록 쓴다. 견학한 사람과 목적, 동기 등을 밝힌다. 견학한 순서대로 듣고, 보고, 생각하고, 알게 된 것을 기록한다. 견학을 한 후 생각이나 의견을 제시한다.

글을 쓰는 형식은 삼단구성법으로 한다.

견학기록문		
	처음	견학 날짜, 목적, 동기, 견학한 장소, 사람을 쓴다.
	가운데	순서대로 본것, 들은것, 생각한것, 알게 된것을 쓴다.
	끝	견학한 내용을 종합적으로 정리, 의견을 제시한다.

조사기록문은 공부할 주제를 한 가지 정하여 현장에 나가 조사한 내용을 기록하는 것이다. 이때 조사한 사람이 누구인지 밝혀야 한다. 조사 기간이 얼마인지도 정하고, 어떤 방법

으로 조사했는지 밝혀야 한다. 그리고 가장 중요한 것은 조사한 내용을 빠짐없이 기록하는 것이다.

전래 동요 조사 기록표

<table>
<tr><td>조사
번호</td><td>2</td><td>날짜</td><td>2009.2.14.</td><td>조사자</td><td>홍길동</td></tr>
<tr><td>구연자</td><td colspan="5">성명: 구본태 (68)세, 남 여, 장소: 신안동사무소</td></tr>
<tr><td>분위기</td><td colspan="5">화기애애한 가운데 서로 구연하려고 하는 노인이 많았다.</td></tr>
<tr><td>조사
내용</td><td colspan="5">1. 유희요
불매야 불매야
이불매가 누 불맨고
푸르라 딱딱 불매야
이 불매가 내 불매지
푸르라 딱딱 불매야
불매 숯은 오데 것고

2. 유희요
깐치는 물 깃고
두꺼비는 집 짓고</td></tr>
<tr><td>해설</td><td colspan="5">유희요 1은 대장간에서 쇠를 달굴 때 풀무질을 연상하면서 어린아기를 붙들어 세우고 몸을 좌우로 흔들며 부르는 동요이다.
유희요 2는 어린이가 모래 집을 지으면서 부르는 노래이다. 동작은 신발로 물을 길어 모래더미에 부으면서 모래를 파내고 손을 넣어 밖을 두드리면서 노래를 부른다.</td></tr>
</table>

이렇게 작성하여도 되고 설명문처럼 처음을 글로 기록하고, 가운데에서 조사한 내용을 기록하여, 끝에서 해설이나 느낌, 의견을 제시하는 방식으로 쓰면 된다.

회의기록문은 재량활동 중 자치활동을 할 때 회의 결과를 기록으로 남기는 것을 말한다. 쓰는 순서는 다음과 같다.

① 개회
② 국민의례
③ 각 부서별 한 일, 다음 계획

④ 오늘 의논할 일
⑤ 그밖에 토의할 일
⑥ 회의록 읽기
⑦ 폐회

위와 같은 순서로 회의 내용을 기록한다.

4) 쓰는 방법

관찰기록문은 관찰한 내용이 잘 드러나도록 쉽게 써야 한다. 관찰의 주목적이 변화를 살피는 것이므로 무엇을 관찰했고, 어떤 변화가 나타났는지 기록해야 한다. 관찰시 나타난 변화를 정확히 써야 한다. 정확한 기록을 위하여 사진, 그림, 그래프 등을 덧붙여 표현하면 더욱 좋은 글이 될 수 있다.

견학기록문에는 견학 날짜, 장소, 견학 간 사람이 반드시 나타난다. 그리고 견학한 곳을 순서에 따라서 기록하며, 거기서 보고 들어서 알게 된 내용까지 자세히 적는 것이 중요하다.

조사기록문에서는 조사날짜, 조사자, 조사대상자의 신상과 조사내용이 중요하게 다루어져야 한다. 조사한 내용을 기록하고 잘 모르는 어휘나 뜻이 통하지 않는 곳은 해설을 통하여 밝혀 두어야 한다.

회의기록문에서는 발언한 사람과 발언 내용이 중요하므로 그 요점을 빠뜨리지 않고 기록하도록 해야 한다.

5) 유의점

관찰기록문을 쓸 때 유의점은 주관적인 감정이나 의견이 제시되면 안 된다는 것이다.

견학기록문은 실제 견학을 하고 글을 쓰는 것이므로 우선은 메모만 하여 두었다가 집에 와서 완전하게 작성할 수 있고, 간단한 견학내용이라면 그곳에서 메모글을 바탕으로 글을 써서 완성할 수도 있다. 이때 메모는 자세해야 하며 자신이 본 것을 중점적으로 드러낼 수 있어야 한다.

조사기록문은 조사내용이 틀릴 수 있으므로 모르는 내용은 조사대상자에게 물어서 정확한 내용이 기록되도록 노력해야 한다.

마. 안내문

1) 개념

안내문은 역사 유적지나 관광지, 박물관 등지에서 그곳의 역사적 유래와 알아야 할 내용에 대하여 설명한 글이다. 처음 방문하는 사람에게는 그곳에 대한 배경 지식이 없기 때문에 안내문은 그곳을 아는 데 소중한 정보를 제공한다.

안내 하는 성격에 따라 안내문 작성 방법이 다르기 때문에 상황에 맞게 안내하는 글을 써야 한다. 예컨대 유적지에는 안내장이 없고 안내판만 있기 때문에 역사적 유래를 자세히 소개하고, 박물관, 관광지에서는 안내장으로 만들어 나누어 줄 수 있다.

2) 특성

안내문은 유적지나 관광지를 찾는 사람을 위하여 그곳에 대한 정보를 제공하는 글이다. 그래서 유적지의 경우는 그곳에 대한 명칭, 위치, 문화재 지정 번호, 역사적 사실에 대한 개요를 제공하는 것으로 충분하다. 관광지나 박물관은 위치, 개요, 찾아가는 길, 관람시간, 한 번에 입장할 수 있는 관광객 수, 입장료, 교통편, 볼거리에 대한 설명, 유래 등이 상세하게 안내되어야 한다.

3) 짜임

유적지를 안내하는 글은 일정한 규격으로 된 안내판에 기록이 되어야 하므로 길게 쓸 수 없다. 다만 명칭, 위치, 문화재 지정 번호, 역사적 개요만을 기록한다.

명칭: 거창 둔마리 고분 벽화

위치: 경남 거창군 남하면 둔마리

문화재 등록 번호: 사적 제239호

개요: 고려 고분군과 같은 4각형 둘레돌형식[護石形式]으로, 1972년에 문화재관리국에 의해 발굴되었다. 발굴 당시 무덤은 도굴되어서 일부가 파손된 상태였으며, 묻힌 사람의 인골 몇 편을 제외하고는 유물이 출토되지 않았다.

무덤 내부는 남북 2.4m, 동서 0.9m의 2개의 돌덧널[石槨]이 중앙의 벽을 공유하는 쌍덧널무덤[雙槨墳]이다.

동쪽 무덤의 벽화에는 적외선사진에 의해 남쪽에 3명, 북쪽에 2명 등의 주악무도천녀(奏樂舞蹈天女)들이 그려져 있음이 밝혀졌다. 그 중 남쪽의 천녀는 빗어 올려 얹은머리에 둥근 관을 썼고, 얼굴은 타원형의 윤곽이며, 입에는 피리를 물고 왼쪽 손은 위로 올려 과일 같은 것이 담긴 접시를 들고 있다. 상의는 어깨에 스카프 같은 것을 걸쳐서 앞으로 늘어뜨려서 불교 계통의 옷이라는 느낌을 준다. 하의는 구름에 가려서 바지인지 치마인지 확실하지 않다.

북벽에는 글자 비슷한 것이 그려져 있는데, 현재로서는 판독이 불가능하다. 서쪽 무덤의 남벽에 인물도의 흔적이 남아 있어 2명의 천녀, 1명의 남성 등 모두 3명이 보인다.
이 벽화는 얼마 남지 않은 고려시대의 것으로 불교적인 양식이 강하지만 도교적인 양식도 엿보인다는 점이 특색이다.

안내장에 인쇄하여 나누어 줄 자료에는 다음 페이지와 같이 작성할 수 있다.

명칭: 백제 무령왕릉

위치: 충남 공주시 금성동 산 5의 21

개요: 송산리 고분군은 백제 웅진 도읍기의 왕과 왕족의 무덤이 모여 있는 곳으로, 무령왕릉을 비롯한 일곱 개의 무덤이 있다. 무령왕릉은 백제의 제25대 무령왕과 그 왕비의 무덤이다. 이 왕릉은 1400여 년 동안 오랜 침묵을 지켜 오다가 1971년 7월 5일에 비로소 그 신비스러운 모습을 드러냈다.

백제 사람들은 무령왕릉 내부의 벽과 천장을 모두 벽돌로 쌓아올렸는데, 네 줄은 가로로 쌓고 한 줄은 세로로 쌓아 밋밋하고 단조로운 느낌을 피하였다. 천장은 터널 모양을 하고 있고, 연꽃 모양을 새겨 구운 벽돌은 두 장을 맞대면 한 송이 꽃 문양이 되도록 하였다.

무령왕릉에서는 1천여 점에 이르는 유물들이 발굴되었는데, 특히 불꽃이 타오르는 듯한 모양의 왕과 왕비 금 장신구가 유명하다. 또, 왕릉 내부를 밝히기 위한 등잔을 올려놓았던 복숭아 모양의 공간과 지신으로부터 땅을 구입하여 묘를 만들었다는 땅 구입 증서 등도 특징적인 것이다.

찾아가는 길(교통편): 서울(고속버스터미널) → 공주터미널 → 시내버스 1번, 25번이용 → 무령왕릉

관람시간: 오전 아홉 시~오후 여섯 시

한 번에 입장할 수 있는 관광객 수: 200명

입장료: 어른 1500원, 청소년 1000원, 어린이 700원

이 안내장에는 약도를 그리지 않았으나 실제 안내장에는 약도를 그려 넣어야 한다.

4) 쓰는 방법

안내문은 위에서 말한 순서대로 쓰면 된다. 그러나 개요는 역사적인 측면, 문화사적 측면, 미술사적 측면, 건축사적 측면에서 어떤 형태적, 미학적 특징이 있으며, 특히 문화사적으로는 어떤 의미가 있는지를 자세히 알려주는 것이 중요하다. 그것이 귀한 것일수록 관광객은 큰 기대를 가지고 오기 때문에 그 기대를 충족시킬 수 있는 내용을 요약적으로 제시

해야 한다.

5) 유의점

안내문은 객관적인 사실을 알려주는 글이다. 따라서 주관적인 정서나 의견을 드러내지 않는 것이 좋다. 있는 그대로의 내용을 제한된 지면에 빠뜨린 항목 없이 작성하여 보여주어야 한다.

안내장의 경우는 찾아오는 곳의 교통편만 안내하기보다는 그곳의 약도를 간단하게 그려서 승용차로 오는 사람의 편의를 제공하는 것이 좋다.

[참고문헌]

교육과학기술부, 초등학교 교육과정 해설(III), 교육과학기술부, 2008.
교육과학기술부, 초등학교 실험용 교과서 3-1 국어 읽기, 대한 교과서 주식 회사, 2009.
교육과학기술부, 초등학교 실험용 교과서 4-1 국어 읽기, 대한 교과서 주식 회사, 2009.
교육부, 4-1 국어 읽기, 대한 교과서 주식 회사, 2001.
박기용, 초등 국어과 구비문학의 이해와 교육, 월인, 2008.
손석춘, 신문 읽기의 혁명, 개마고원, 2003.
오양심, 글쓰기·논술 총자료집, 답게, 2005.
이동렬, 아동 글쓰기 지도의 이해와 실제, 학연사, 2005.
이오덕, 삶을 가꾸는 글쓰기 교육, 한길사, 1984.
한국글쓰기연구회, 글쓰기교육의 이론과 실제II, 온누리, 1998.

2. 설득하는 글쓰기

인간은 누구나 사회생활을 하다보면 내 의견을 다른 사람에게 주장할 때가 있다. 그러나 모든 일은 주장만 한다고 해결되는 것이 아니므로 다른 사람을 설득해야 한다. 설득은 내 주장에 다른 사람이 공감하도록 하고, 내 의견에 동조하도록 생각을 통일시키는 조정과정이다. 설득하는 문화가 정착하지 못하면 작은 일에도 다툼이 일어나고, 문제 해결은 어려워진다. 그래서 이 장에서는 내 의견을 다른 사람에게 설득하는 논술문, 논설문, 연설문, 광고문, 논문에 대해서 알아보도록 하겠다.

가. 논술문

1) 개념

논술(論述)과 논설(論說)은 쓰는 방법은 비슷하나 조건과 주제 설정 방향에 차이가 있다. 논술이란 어떤 주어진 주제나 논제에 대하여 제시문을 읽고 주어진 시간 안에 정해진 분량만큼 논리적 근거를 들어서 자신의 의견이나 주장을 합리적이고 논리적으로 펼쳐서 평가자를 설득하고 그에게 공감을 구하는 서술방식이다.

이에 비해 논설은 제시문과 정해진 시간, 정해진 분량이 없이 논설의 형식에 따라 자신의 주장이나 의견에 대한 논리적 근거로 독자를 설득하는 서술방식이다. 그 차이를 표로 나타내면 다음과 같다.

비교항목		논술	논설
조건	제시문	○	×
	제한시간	○	×
	정해진 분량	○	× ○
정해진 주제 방향		×	○
형식		○	○
논거제시 방식		분석, 해석, 논증, 예시, 비교, 대조	논증, 예시, 분석, 해석, 비교, 대조
표현 방식		서술	서술

[표 Ⅱ-1] 논술과 논설의 개념 비교표

논술문은 제시문을 읽고 주어진 시간 안에 문제를 해결해야 하므로 좋은 논술문을 작성하기 위해서는 문제 파악 능력을 바탕으로 전문 지식을 논리적으로 재구성할 수 있어야 한다. 바꾸어 말하면 실생활에서 발생하는 문제에 대하여 그것이 미칠 영향이나 효과, 문제의 인과 관계를 분석하는 일이 매우 중요하다.(신태식, 2008: 15)

2) 특성

가) 성격

논술은 주어진 제시문을 보고 문제를 해결하는 글이다. 글을 쓰는 사람이 평가자에게 자신의 논리적 사고 능력을 검증받는 과정이라고 할 수 있다. 그러므로 글 쓰는 사람은 교육과 학습을 통하여 자신의 논리적 사고력을 증진시켜야 논술을 잘 쓸 수 있다. 논술을 잘하기 위해서는 먼저 몇 가지 길러야 할 것이 있다.

○ 논제를 종합적으로 분석, 파악하는 능력이 중요하다.

논제에서 요구하는 논점이 무엇인지를 파악하기 위해서 독해력을 길러야한다. 그리고 논점에 따라 주장과 근거를 제시해야 한다. 여기서 주장은 상식적인 것이 아니라 전문 지식 수준을 바탕으로 해야 한다. 이처럼 전문 지식을 요구하는 까닭은 논술이나 논설을 통하여 상대방을 설득시키기 위한 글로 만들기 위해서이다. 만약 누구나 할 수 있는 일반적인 주장을 한다면 그보다 전문적인 체험을 한 사람에게 공감을 불러일으키기는 어려울 것이다.(신태식, 2008: 15) 그렇기 때문에 논제에 적합한 전문가들의 주장과 논거를 참고하여 논리적이면서도 체계적으로 글을 써야 한다.

○ 정보를 비판적으로 분석하고 수용하는 능력이 있어야 한다.

제시문을 잘 읽고 거기서 요구하는 취지를 파악하여 그것을 비판적으로 이해하고 수용할 때 독창적인 논술이 나올 수 있다. 이때 사용할 수 있는 비교, 대조, 분석적인 사고력을 길러야 한다. 이 능력은 신문의 사설이나 칼럼을 읽으면서 스스로 사설을 써보는 활동을 통하여 기를 수 있다. 만약 아무 생각도 하지 않고 누구나 쓸 수 있는 글을 쓴다면, 그 결과가 평범하게 처리될 것이 분명하기 때문이다.

○ 자신이 내세우려는 주장을 제시하고, 전문가가 이미 노출시킨 정보를 논거로 뒷받침하여 평가자를 설득해야 한다.

논술의 생명이 논거인 만큼 논거를 찾는 연습은 바로 논술 공부의 핵심이라 해도 지나친 말이 아니다. 여기서 논거란 자신과 반대 의견을 가진 상대방을 설득할 수 있는 논리적인 것이어야 한다. 쉽게 말해서 내 생각과 반대되는 사람이 압도적이라고 생각하고 그들을 설득할 논리나 논거가 있어야 한다. 자신의 논거가 부족할 때 전문가의 지식이나 정보를 가져와서 논술에 이용하여야 한다. 만약 이런 설득 노력 없이 자신의 주장만을 절대시 하면 그 논술은 논술이 아니다.

이때 글의 단락을 논리적으로 조직하고 체계적으로 표현하는 능력은 글의 수준을 가늠하는 근거가 된다. 그러므로 논술을 잘 쓰고자 하는 사람은 반복적으로 글쓰기 연습을 해야 한다. 이때 논술의 형식을 갖추어 쓰도록 한다면 더 좋은 결과를 얻을 수 있을 것이다.

○ 미리 관련 이론을 분석, 평가해 놓아야 한다.

임용고시를 준비하는 학생은 무엇부터 해야 할지 모르고 우왕좌왕하다가 쓴 맛을 보는 경우가 많다. 그러나 미리 관련 이론을 하나씩 검토하여 공책에 분석하고, 평가해 놓는다면 시험 날이 다가와도 크게 걱정할 일이 없을 것이다. 교직 논술을 준비하는 사람이 검토할 내용은 ① 교육과정에 나타난 지도원리, 발문 방법, 창의성 교육, 자기 주도적 학습, 독서교육과 통합논술, 수행평가, 교수·학습 방법 ② 교육학에서 좋은 수업, 동기유발 방법, 자기장학 방법, 환경과 교육 문제 ③ 교육정책 분야에서 학생 체벌 문제, 교사평가제, 평준화 교육과 대안학교 등의 교육현안 문제 ④ 교육개혁 분야에서 공교육 위기와 해결책, 사교육비 절감방법, 교실붕괴와 학교폭력, 학습부진아의 원인과 지도대책, 다문화 가정과 집단따돌림 문제, 인터넷 언어폭력과 언어 사용지도 등에 이르기까지, 교육방법, 교육원리 같은 기초적인 문제에서부터 사회에서 쟁점화 되고 있는 문제들이고, 여기에 대비하기 위하여 여러 자료를 찾아 분석하고 정리해 두어야 한다. 예를 들어 관련 전문 서적·교과서·교사용지도서를 찾아서 이론을 검토하고, 그밖의 사설·칼럼·신문기사 등을 이용해야 한다. 1학년 때부터 이렇게 정리하는 습관을 익히면 4년 뒤 자신의 논술 작성에 엄청난 도움이 될 것이다.

그러므로 문제 사태를 종합적으로 분석하고 자기의 생각을 논리적으로 표현하도록 하는 것이 논설문 쓰기의 목적이며, 학생의 논리적인 정보 생산 능력과 비판적 수용 능력, 문제해결 능력을 길러주고, 자신의 생각을 글로 설득력 있게 표현할 수 있는 능력을 길러주려는 것이 논술문 쓰기의 목적이다.

이처럼 창조적인 논술이 되기 위해서는 자신의 목소리를 분명하게 내는 글을 써야 하고, 논제에 대하여 잘 이해하고 참신한 해결 방안을 제시하며, 자기의 생각을 조리 있게 표현하여야 한다.

나) 유형

논술의 유형은 다양하다. 일반적으로 논술의 유형은 출제하는 형식에 따라서 다음과 같이 분류할 수 있다.(신태식, 2008: 16)

○ 단독과제형
○ 자료제시형
○ 완성형

또한 발생한 논점 간의 관계성에 따라서

○ 옹호논박형
○ 원인분석형
○ 결과분석형
○ 혼합형
○ 목표지향형
○ 비판형
○ 단순논증형
○ 설명형
○ 해결방식제시형
○ 비교대조형

등이 있다. 이 중 교직 논술에서 잘 나타나는 유형은 '설명형, 해결방식제시형, 원인분석 후 대안제시형, 단독과제형' 등이다. 단독과제형은 과거에 많이 출제되었던 방식인데, 어떤 논제를 주고 거기에 대하여 논술하도록 하는 방식이다. 요즘은 단독과제형보다는 개념을 설명하고 문제점을 분석하여 대안을 제시하도록 하는 방식이 자주 나오는 편이다.

논술문은 나름의 몇 가지 형식적 특징을 가지고 있다. 첫째, 제목이 없다. 논술에서는 신문사설처럼 제목을 붙이지 않는다. 둘째, 전개되는 장절의 구분 번호와 소제목을 달지 않는다. '1. 서론, 2. 본론…. '등의 번호나 장절 제목을 달지 않는다. 셋째, 참고문헌이나 논거는 본문 속에서만 표시될 뿐이지 참고문헌으로 표시되지 않는다. 넷째, 각주나 미주가 붙지 않는다. 모든 것은 본문에서 소개되고 설명될 뿐이다. 이런 형식적 차이를 알고 논술문을 써야 한다.

3) 짜임

가) 구성 요령

논술의 흐름은 글을 요약하는 순서의 반대 방향으로 진행된다. 즉 요약문에 다시 근거를 대고 논지를 살려 확장하면 논술로 돌아간다. 신헌재 외(2005)에서는 논술문의 완성과정을 '내용 생성하기 - 내용 조직하기 - 표현 하기 - 고치기'로 제시하고 있다.

(1) 내용 생성하기

이 단계에서는 우선 논제에 대한 자신의 입장을 선택해야 한다. 그리고 이 입장은 글의 서두 부분에서 표명되고, 논지의 일관성으로 글이 끝날 때까지 진술된다.

주장을 뒷받침할 논지의 생성을 위해 자료 수집이 선행되어야 한다. 자신의 체험, 독서 내용, 신문이나 잡지에서 확인한 내용 등을 참고로 하되, 그것을 액면 그대로 가져오기 보다는 자신의 입장에서 독창적으로 해석하여 제시한다. 이때 사회적 공론, 권위 있는 전문가의 견해를 참고하여 인용하는 것도 좋다.

(2) 내용 조직하기

내용을 조직하기 위해서는 일정한 사고의 순서를 거쳐야 한다. '논지 생성 - 내용 조직 - 논증하기'의 과정이 그것이다.

㉮ 논지를 생성하기: 자신의 견해를 피력하고, 상대방의 입장을 반박하는 내용을 생각해야 한다.

㉯ 내용을 조직하기: 이 과정은 도해조직자, 구조화의 방법을 이용하여 자신의 입장을 지지할 논거를 떠올려서 쓸 순서대로 개요를 적시하는 단계이다. 인지적 자원을 활용하는 방식은 직접적인 경험, 독서나 타인의 말과 같은 정보, 관련 자료로부터 논리적으로 추론하는 것이고, 자원으로부터 자료를 떠올리는 방식은 무작위적인 추출, 일정한 순서에 따른 선택, 순서의 조직 원리를 활용하는 것이며, 자료 조직의 원리는 떠올린 자료를 어떤 원리에 의해 순차화 하는 것이다. 다음은 도해조직자의 예이다.

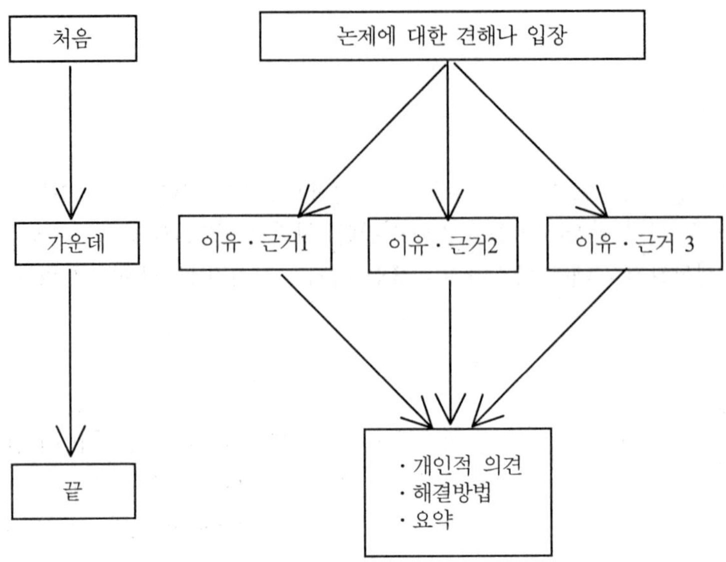

[그림 Ⅱ-2] 도해조직자의 예

그밖에도 여러 가지 도해조직자의 형태로 논술의 개요를 작성할 수 있다.

㉰ 논증할 내용 비교, 대조하기: 논증할 내용을 읽는 이가 알아보기 쉽게 제시할 방법을 강구한다. 논증에는 비교 · 대조 · 인과 논증이 있다.

비교 논증은 장점과 단점을 구체적으로 열거하여 어느 쪽에 자신의 입장을 실어주는 방법이다.

대조 논증은 전혀 성질이 다른 것을 대조하여 각각의 특성을 따져서 어느 것이 논리 전개에 유리할지 판단하여 사용하는 방식이다.

인과 논증은 A 원인이면 A' 결과가, B 원인이면 B' 결과가 나타난다는 것을 보여주어 각각의 유 · 불리를 판단하도록 하면서 자신의 견해를 강조하는 논리 전개방식이다.

(3) 표현하기

표현하기는 앞에서 짠 개요(도해조직자)에 따라 내용을 서술하는 것을 말한다. 이때는 전략을 사용할 수 있고, 간결한 표현을 한다.

㉮ 목적에 따른 전략 사용: 수사적 전략은 논증이 사실의 증명을 목적으로 하기도 하나 독자를 설득하기 위한 목적으로 사용되기도 하므로 설득적 글쓰기에서 독자의 주장, 근거, 태도를 어떻게 평가하며, 필자 자신과의 간극과 갈등을 조절하기 위하여 어떤 전략을 사용할지 생각해 보아야 한다. 대화적 전략은 필자가 대화 상대자로서의 독자를 갈등의 대상으

로 고려하는 인식적 단계, 갈등을 조절하고 해결하기 위하여 전략을 모색하는 숙고 단계, 목적 달성을 위해 구안된 전략을 구사하는 실행적 단계, 그 결과를 바탕으로 수행된 전략의 효과를 평가하고 확신을 점검하는 평가적 단계로 구분된 수사적 전략으로는 문제 상황의 심각성에 대한 공감을 유도하는 방법, 독자와의 연대의식을 강조하는 방법, 주장을 완곡하게 표현하는 방법 등을 사용할 수 있다.

㉯ 간결하게 표현하기: 같은 말을 중언부언하지 말고 문장 구성은 간명하게 한다. 두 번째 표현할 때는 같은 의미의 상위어나 다른 어휘를 사용하는 것이 좋다. 그리고 되도록이면 접속사를 남발하지 않아야 한다.

(라) 완성 후 퇴고하기

논술을 완성한 뒤에 다시 읽어보고 퇴고 한다. 주장된 논지, 문장의 구성, 사용된 전략이 적절한지 평가한다. 문장 속에 서로 상반된 주장(내용)이 없는지 확인하고, 오탈자, 맞춤법, 띄어쓰기를 확인한다.

나) 논술의 짜임

논술은 대체로 1,100~1,200자 사이의 분량으로 이루어진다. 그 중 서론은 200자 원고지 1~1.2매, 즉 200~240자 내외를 쓰고,[2] 본론은 4~3.8매, 800~760자를 쓰며, 결론은 1매 내외를 쓴다. 논지를 탄탄하게 전개하려면 서론·결론은 각각 200자 원고지 1매, 본론은 4매, 800자를 쓰는 것이 좋다. 만약 1,200~1,100자를 넘는다면 감점이 되므로 유의해야 한다.

제공하는 원고지는 가로줄이 20~25칸이다. 글을 쓸 때, 한 글자가 다음 줄로 넘어가서 문장이 끝났더라도 그 줄은 모든 글자가 있는 것으로 계산하므로 특별히 글자 수 제한을 어기지 않도록 해야 한다.

논술의 짜임은 '서론, 본론, 결론'의 삼단구성형으로 이루어진다. 각 단계별로 쓸 내용은 다음 [그림 II-3]과 같이 구성하도록 한다.

글의 구성은 다음과 같이 한다.

2) 서론을 1.5매, 즉 300자 내외로 확장하여 쓸 수 있다. 이럴 경우 본론의 내용이 줄어들게 된다. 그럴 경우 논증이나 논거가 약화될 수 있으므로 특별히 서론, 본론, 결론의 분량 안배에 유의해야 한다.

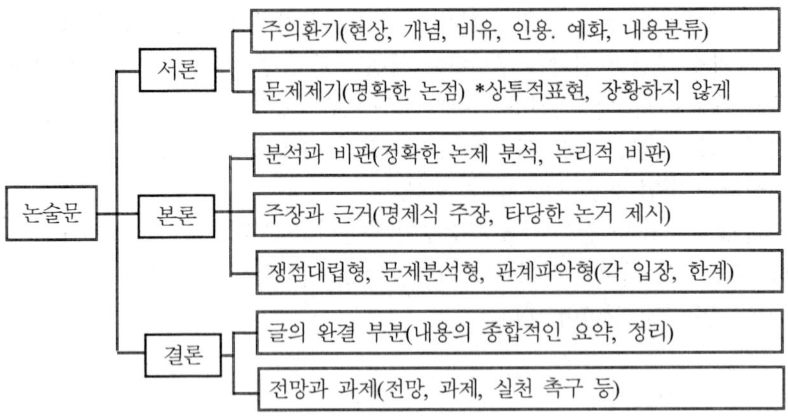

[그림 Ⅱ-3] 논술의 짜임

논술문은 대체로 위와 같은 짜임으로 구성된다. 논술의 전개에 있어 주장의 근거가 되는 자료는 글을 쓰기 전에 미리 분야별로 학습하든지 조사를 하여 정리해 두어야 한다. 각 부분별로 서술하는 내용은 다음 항목에서 설명하겠다.

그리고 다음과 같은 순서로 논술문을 작성할 수도 있다. 이런 방법은 대체로 일반적인 구성법이라 할 수 있다.

(제목)

Ⅰ. 서론

가. 문제점 확인(제기)

나. 본론 안내(글의 전개 방식 안내)

Ⅱ. 본론

가. 주장과 근거

· 주장

· 근거 1

· 근거 2

나. 주장에 대한 구체적인 실천(해결) 방안

· 실천 방안 1

· 실천 방안 2

Ⅲ. 결론(요약 및 전망, 실천 촉구)

이것은 전형적으로 일반 논술에서 진행하는 구성방식이다. 서론에서 문제를 제기하고,

그 문제를 해결하기 위하여 글의 전개 방식을 소개한다. 본론에서는 주장을 하고 그 주장에 대하여 근거를 두 가지 이상 제시한 다음, 그 주장을 실천할 문제해결방안을 두 가지 제시하는 형식으로 작성하였다. 결론은 앞에서 전개한 내용을 종합적으로 요약하고, 해결방안의 실천을 촉구하는 내용으로 마무리한다.

4) 쓰는 방법

앞의 짜임에서 언급한 내용을 바탕으로 쓸 수도 있고, 일반적인 글쓰기의 흐름을 따라 쓸 수도 있다. 그 방법의 선택은 글 쓰는 사람의 선호도에 따라 이루어진다.

대체로 논술을 쓰는 순서는 앞에서 소개한 것처럼 '내용 생성하기 - 내용 조직하기 - 표현하기 - 고치기'로 할 수도 있고, '① 구상하기, ② 개요짜기, ③ 단락별 내용 설정, ④ 쓰기, ⑤ 고치기'로 진행할 수도 있다. 후자의 예는 전자보다 구체적이어서 쓰기가 쉽다는 장점이 있다. 이를 예로 들어 설명하자면, 가장 중요한 단계는 ①②③이다. 이것을 설정하면서 각 단락별 원고 분량을 결정해야 한다.

이 과정에 따라서 쓰되, 논술의 일반적인 구성방법으로 삼단구성을 할 수 있다. 삼단구성법으로 논술을 작성할 때, 서론 · 본론 · 결론을 쓰는 방법에 대하여 알아보자.

가) 서론

(1) 주의 환기

글을 쓰면서 독자나 평가자가 자신의 글에 관심을 가지도록 할 필요가 있다. 평가자에게 자신의 글에 관심을 가지도록 하는 것은 자신의 글을 주의 깊게 읽고 평가를 제대로 내리도록 하기 위한 방법이다. 그래서 '관심 환기(關心喚起)'라고도 한다. 이것은 독자의 관심을 불러일으킨다는 뜻이다.

논술에서 주의를 환기시키는 방법은 여러 가지이다. 이 중에서 자신의 글쓰기 방식에 맞다고 생각하는 것을 선택하여 쓸 수 있다.(신태식, 2008: 22)

○ 일반적인 현상을 제시하며 시작하는 방법

이 방법은 제시된 논제와 관련되는 교육에 관한 사회 현상이나 실태를 제시하면서 시작하는 것이다. 이런 방법은 일반 논술에서도 흔히 사용되는 것이어서 독자에게 별다른 거부감을 주지 않는다.

다만 이때 제시하는 현상은 보편적인 것이어야 하는데, 그것이 실제 사회현상과 다르거나 특별한 상황에서만 나타나는 것인데도 마치 일반적인 것처럼 다루어서는 안 된다. 그러면 특수한 일부 현상을 가지고 전체가 그런 것처럼 오도하는 꼴이 되므로 설득력이 떨어진다.

이런 방식으로 시작하는 서론의 예를 살펴보자.

논제 :

> 현대사회는 지식정보화 사회이다. 개인주의적 성향이 강하고 인간성 상실의 양상까지 나타나고 있다. 이에 대한 학교교육의 극복방안에 대하여 구체적인 예를 세 가지 이상 들어보시오.

1. 서론

우리가 추구하는 사회는 인간중심의 사회다. 과학기술이 아무리 발달하더라도 그것은 우리의 삶의 질을 높이기 위한 하나의 수단에 지나지 않는 것이다. 그런데 최근에는 지식정보의 창출과 활용을 위하여 지식경쟁이 불붙으면서 학교에서도 극단적인 개인주의적 경향이 나타나고 있고, 마침내 교육의 본질적 가치와 도구적 가치의 혼돈 현상으로 인간의 존엄성을 상실하고 인간이 소외되는 현상까지 나타나고 있다. -이하 사례- (신태식, 2008: 190 내용을 일부 수정하여 재인용)

위 논술의 서론은 지식정보화 사회를 추구할수록 개인별 경쟁이 심화되고 있는 개인주의적 경향이라는 현상을 언급하고, 이로 말미암아 교육에서 추구해야 할 삶의 질 향상이 오히려 그것을 증진시켜야 할 지식정보화 체계 때문에 무너지는 인간 상실의 현상을 만들어내고 있다는 데 문제의 초점을 두고 있다. 여기서 지식정보화 사회 추구가 빚어내는 인간 존엄성의 상실과 인간소외의 문제는 대한민국 어디서나 찾아볼 수 있는 보편적 현상이라고 할 수 있다.

○ 용어의 개념을 설명하면서 시작하는 방법

이 방법은 논제에서 사용한 용어의 핵심 개념을 서론에서 간략하게 설명하여 본론에서 전개할 내용을 쉽게 이해하도록 하려는 목적으로 사용하는 것이다. 논지의 전개가 주요 개념의 설명에만 있는 것이 아니므로 간략해야 하며, 장황한 표현을 삼가도록 해야 한다. 만약 용어의 개념을 길게 설명한다면 시작부터 논점을 흐려놓아 정작 전개하고 싶은 논점에 대해서는 초점을 맞추기 어려워진다. 이 점에 유의하여 서론을 전개해야 한다.

개념을 설명하는 방식으로 서론을 시작하는 논술의 예를 보자.

논제 :	21세기형 창의적 인재의 자질, 수업현장에서 창의적 인재를 저해하는 요인, 창의적 인재를 육성하기 위한 교수학습방법을 모색하시오. 단, 논술 분량 1,000~1,200자를 지키기 바랍니다.(2007, 울산 중등)

1. 서론

창의성이란 새로운 아이디어나 자신만의 참신한 통찰을 산출하는 능력, 고정된 인습을 독창적인 방법으로 타파하는 능력, 자연스러운 변화나 일반적인 방법으로 해결되지 않는 문제를 새로운 방법으로 해결하는 능력이라고 할 수 있다.

창의적인 인간은 발명이나 기발한 아이디어를 산출하여 직접적으로 사회 발전에 기여하기도 한다, 그러나 그보다 더 중요한 것은 창의적인 능력을 통하여 불확실한 미래에 대비하고, 국가간 무한경쟁의 시대를 극복할 수 있다는 사실이다.(신태식, 2008: 267의 내용을 일부 수정하여 재인용)

윗글에서는 서론을 창의성의 개념을 설명하는 것으로 시작하고 있다. 약간 길게 느껴지지만 서론 전체가 약 200~240자로 정리되어야 한다는 사실을 염두에 두고 있다면 두 단락으로 설정하는 것이 나쁘지 않다. 앞 단락은 개념 설명에 대한 내용이고, 뒷 단락은 창의적인 인간과 창의성이 얼마나 중요한지에 대하여 말하고 있다.

○ 인용문, 의문문, 비유문 등으로 시작하는 방법

인용을 하거나 의문을 제기하거나 어떤 비유를 먼저 내놓아 독자(평가자)의 관심을 환기 시켜놓고 그와 관련된 논지를 전개한다면 참신한 논술이 될 수 있다. 그러나 논지와 직접적인 관련이 없는 내용을 제시한다면 오히려 역효과가 날 수도 있으므로 주의해야 한다. 인용문으로 서론을 시작하는 예를 보자.

논제 :	수행평가의 개념 및 장점을 설명하고, 시행상의 문제점과 성공적인 정착방안을 논술하시오.(1,100~1,200자)를 지키기 바랍니다. *01, 초등 임용, 유사문제

1. 서론

우리 속담에 '모로 가도 서울만 가면 된다.'는 말이 있다. 이는 과정이 어떻게 되었든지 목적만 달성하면 된다는 뜻이다. 그러나 실제적으로 평가는 학교교육의 방향을 결정하기 때문에, 한줄 세우기식 평가를 극복하고 전인 교육을 이루기 위하여 수행평가가 도입되었다.

> 수행평가는 교수·학습에서 실제와 연계되어 교사와 학생간의 활발한 상호작용을 유도하고 학습 과정에서 일어나는 활동과 학습 성과를 동시에 평가대상으로 삼아야 한다는 인식을 가지고 있다. 따라서 수행평가의 성공을 위해서는 극복할 난관이 많다고 하겠다.(신태식, 2008: 292의 내용을 일부 수정하여 재인용)

위의 서론은 앞 단락에서 '모로 가도 서울만 가면 된다.'는 속담을 인용하여 왜 수행평가가 도입되었는지 그 동기를 밝히고 있다. 뒷 단락에서는 수행평가가 과정과 성과를 동시에 평가하는 것이며, 그것을 극복하기 위해 난관을 극복해야 한다는 논지의 방향을 제시하고 있다.

여기서 난관이란 수행평가를 도입하여 실시할 때 발생할 수 있는 여러 가지 문제점을 말하는 것이다. 그 문제점을 극복하려면 어떤 방법이 있는지 그것을 제시하여 성공적인 정착방안이 도출되도록 한다. 이는 서론에 이어 나올 본론의 논지인 것이다.

○ 예시, 예화로 시작하는 방법

구체적인 예시나 예화를 제시하여 현장감 있는 분위기를 조성하고, 전개하려는 논지가 사실적인 느낌으로 살아나도록 하려는 목적으로 이 방법을 사용한다. 이 방법은 추상적인 문제를 다루는 논술에서 구체적인 사례를 들어 생생한 느낌을 주려할 때 사용된다. 반대로 논제가 구체적이라면 오히려 원리, 이념 등의 본질적인 내용을 언급하면서 시작할 때, 효과를 얻을 수 있다.(신태식, 2008: 23)

이 방법으로 시작하는 서론의 예를 보자.

논제 :

"물개도 칭찬하면 춤을 춘다."는 말의 이론적 근거를 제시하고, 효과적인 칭찬 방안을 논술하시오.(1,100∼1,200자) *2006, 대전 전문직

> 1. 서론
>
> "색깔을 참 잘 칠했네요." "이건 구도가 좋아요." "정성스럽게 그린 마음이 보여요." 미술시간에 선생님이 어린이의 그림을 보고 할 수 있는 칭찬이다. 이런 칭찬을 들은 학생은 미술시간이 기다려지고 그림을 자꾸 그리고 싶어질 것이다.
>
> 학생이 교사와 상호작용을 하면서 성장, 발달한다는 말은 이런 경우에 해당하는 말이다. 의미 있는 타자로서의 교사는 학생의 언행에 영향을 미치고, 교사의 기대와 긍정적인 평가는 학생의 행동을 변화시킬 수 있다. 그러나 지나친 칭찬은 오히려 악영향을 줄 수 있으므로 교사는 진실 된 마음으로 칭찬하는 모습을 보여야 한다. (신태식, 2008: 314의 내용을 일

부 수정하여 재인용)

서론의 앞 단락에서는 구체적인 칭찬 사례를 제시하고, 칭찬을 듣는 학생의 심리를 진단하고 있다. 이 진단은 앞으로 전개될 논지와 관련이 있다. 둘째 단락에서는 교사와 학생의 상호작용이 학생 행동 변화를 유도하고, 이것이 그의 삶에 긍정적인 영향을 줄 수 있다는 점에서 칭찬을 생활화해야 할 정도로 중요하다는 내용이 이어질 수 있다.

본론에서는 피그말리온 효과, 플라시보 효과, 자기충족예언 등 이론적인 내용에 대하여 언급하고, 강화 이론에 따른 자극이 원하는 행동의 경향성을 높인다는 내용으로 전개될 수 있다. 그리고 효과적인 칭찬 방법에 대하여 즉각적으로, 구체적으로, 과정을, 여러 사람 앞에서, 성취 수준에 따라 다르게 칭찬해야 한다는 몇 가지 원칙을 제시하여 결론적으로 종합하여 마무리하면 된다.

○ 내용을 분류하고 설명하면서 시작하는 방법

이 방법은 논지와 관련된 항목을 분류하면서 그 의미를 설명하는 것으로 서론을 시작하는 것이다. 이렇게 분류를 하게 되면 언급하게 될 내용이 명확하게 드러나고, 독자(평가자)는 그쪽 방향으로 논지가 전개될 것이라는 예상을 하기 때문에 몇 개의 항목을 언급할 때 효과적인 방법이 된다.

다음 서론의 예를 보자.

논제 : 인터넷 댓글이 개인의 사생활에 미치는 영향을 양방향에서 검토하고 부정적인 면의 극복 방안을 세 가지 제시하시오.(1,100～1,200자)

1. 서론

우리나라 인터넷의 보급률은 세계에서 으뜸일 정도로 높다. 그로 인해 생활을 윤택하게 하는 측면도 있으나 한 개인을 파멸에 이르게도 한다. 어려운 이웃을 위하여 딱한 사정을 소개할 때는 격려하는 댓글로 용기를 북돋우기도 하지만, 있지도 않은 악소문을 퍼뜨리는 댓글은 연예인을 자살로 몰고 가기도 하는 현실에서 무한한 언론의 자유가 생명을 앗아도 되는 지를 생각하게 한다.

윗글에서는 인터넷 댓글에 대한 긍정적인 부분과 부정적인 부분에 대하여 구분을 짓고, 거기에 따른 각각의 사례를 제시하는 것으로 서론을 시작하고 있다. 여기서 주의할 점은 이런 구분이 본론에서 전개될 논지와 어떻게 연결될지 암시 하는 단서를 나타내는 것이 좋다. 이 말은 '언론의 자유'처럼 본론과 연결되어 논지가 전개될 것임을 보여주는 단서가 서론에 제시되어야 한다는 것이다.

○ 주장을 단정적으로 제시하여 시작하는 방법

이 방법은 처음부터 자신의 주장을 단정적으로 제시하여 논지를 분명하게 밝히는 것이다. 어떤 쟁점으로 맞서고 있는 논제일 경우, 반박하려는 내용을 직접 서술하면서 시작하는 방법도 여기에 속한다. 다른 주장이나 세상의 유행하는 풍조를 비난하면서 서론을 시작할 수도 있다. 여기서 주의할 사항이 있다. 처음부터 강하게 비난하여 흑백논리에 빠지지 말아야 한다는 것이다.(신태식, 2008: 22-23) 그렇게 하기 위해서는 감정의 함정에도 빠지지 않아야 한다.

다음 예문을 보자.

논제 :

수준별 교육과정의 목적과 학교현장에서 일어날 수 있는 문제점을 검토하고 그 해결 방안을 세 가지 제시하시오.(1,100~1,200자)

1. 서론

수준별 교육과정은 학습자의 다양한 욕구를 충족시키려는 혁신적인 교육방법이다. 우리는 지금까지 획일성이라는 교육 고질병에 시달려 왔다. 이 고질병을 치료하려는 의도에서 제시된 2007 개정 교육과정은 7차 교육과정과 달리 국가가 관리하던 학습자의 수준을 학급 교사에게 돌려줌으로써 학생에 따라 맞춤형 수준별 교육을 실시하도록 하였다.

여기서 수준별 교육과정이 무엇인지를 먼저 규정하고, 7차 교육과정에서 어떤 문제가 있었으며, 그것을 보완하려는 시도가 2007 개정 교육과정에서 이루어졌다고 전제하였다. 국가가 설정한 수준을 교사가 설정하도록 함으로써 일어날 수 있는 문제점을 검토하고, 그것을 어떻게 해결할지에 대하여 세 가지로 논지를 전개하라는 내용이다.

(2) 문제 제기

서론에서 문제를 제기하는 방법은 논의의 방향을 명확하게 밝히는 것이 가장 중요하다. 이 말은 서론을 읽으면 다음 장에서 전개될 글의 방향이 무엇인지 확실하게 알 수 있도록 하라는 뜻이다. 그러기 위해서는 '어떤 점에서' '어떻기 때문에' 등의 조건이나 배경이 드러나도록 서술하는 것이 중요하고, 뒷부분에서 언급할 단서를 드러내는 것이 좋겠다.(신태

식, 2008: 25)

○ 서론에서 논의의 방향이 드러나게

서론에서 자신이 어떤 입장을 취하고 있는지, 어떤 관점에서 문제를 바라보고 있는지, 논의하려는 문제가 무엇인지 분명하게 밝혀야 한다.

○ 문제 제기의 근거와 조건이 드러나게

문제에 변수가 있는 경우, 그 문제가 성립하는 조건과 배경을 설정해 주어야 한다. 이 말은 논제에 따라 그럴 필요가 없는 경우도 있으나 문맥의 흐름과 글의 짜임에 따라 조건과 배경이 설정될 수 있다는 뜻이다. 그러나 논지를 명확하게 하기 위해서는 고려될 수 있는 조건과 배경을 드러내는 것이 좋다.

○ 상투적 표현을 사용하지 않아야

논술에서 흔히 사용하는 죽은 표현을 상투적 표현이라고 한다. '~에 대하여 알아보자.' '~을 살펴보기로 한다.' '~을 밝혀보겠다.' '~을 논하고자 한다.' 는 말은 흔히 사용하는 상투어이다. 앞의 서론 쓰는 방법에서 보았듯이 자연스럽게 문제를 제기하는 표현을 사용하는 것이 좋겠다.

오히려 과거에 사용하지 않던 말을 사용하여 참신성을 불러일으키는 것은 도움이 되리라고 본다. '~하는 현상이 나타나고 있다.' '~어떻게 대응할지 방법을 모색할 필요가 있다.' '~문제가 있다.' '~하는지 생각해 볼 일이다.' 등의 말처럼 평이하게 쓰는 것이 좋겠다.

(3) 서론 쓸 때 유의할 점

서론은 사람의 얼굴에 해당하는 글이다. 그러므로 첫눈에 그 논지를 파악하도록 쓰는 것이 중요하다. 이런 면에서 보면 서론 쓰는 것은 결코 쉬운 일이 아니다. 그러나 다음 사항만 유의한다면 그렇게 어려운 일도 아니다.

○ 우선 간명하게 써야 한다

이 말은 논지를 금방 파악할 수 있도록 하기 위하여 글을 장황하게 쓰지 않아야 된다는 말이다. 이 논술에서 다루고자 하는 문제가 무엇인지 잘 드러나도록 간명한 문체로 인상을 좋게 할 필요가 있는 부분이 서론이다.

○ 논지가 잘 드러나도록 해야 한다

서론에서부터 다루고자 하는 문제를 명확히 밝히고, 앞으로 전개될 논지가 무엇임을 평가자가 알도록 한다면 일단은 성공이다. 본론에서 다룰 문제를 베일에 가려놓고 본론에서 그것을 밝히는 것은 서론이 필요 없다는 뜻이 된다. 그러므로 문장의 낭비가 없도록 논지를 밝혀야 한다.

○ 욕심을 버려야 한다

평가자의 주의를 끄는 서론을 전개하면 좋다. 잘 하려고 욕심을 내다가 글 전체의 분위기를 잘못 끌고 가면 논술을 망치는 경우가 생긴다. 서론에서는 산뜻하게 출발하여 어떠한 근거에서 어떠한 문제를 어떻게 다루겠다, 또는 어떻게 해결하겠다 라는 내용만 간결하게 밝히는 것이 중요하다.

이 세 가지만 잘 지켜서 서론을 쓴다면 어떤 논술이라도 절반은 이미 성공한 것이다.

나) 본론

1) 본론의 중요성

본론은 서론에서 제기한 문제를 해결해나가는 핵심부분이다. 글 쓰는 사람의 의견과 주장이 드러나는 곳이고, 그것의 근거를 제시하여 설득을 하는 논술의 핵심부분이다. 그러므로 평가자가 글 쓰는 사람의 견해에 동의 하도록 구체적으로 논리를 전개하는 내용을 담아야 하므로, 글 쓰는 사람은 자신의 모든 인식 능력을 동원하여 자신의 주장과 견해가 옳다는 것을 증명하는 사고력의 발표장으로서 논술의 핵심을 표현해야 한다. 따라서 본론은 서론에서 전개한 논지가 연결되어 유감없이 펼쳐지는 부분이다.

2) 본론 쓰는 방법

논술의 성패가 걸린 부분이 본론인 만큼, 본론을 잘 쓰기 위해서 살펴보아야 할 사항이 있다. 첫째로 자기 의견이나 주장을 논리적으로 제시해야 하고, 둘째로는 주장의 근거를 잘 제시해야 하며, 셋째로는 본론을 쓰는 기법을 알아야 한다는 것이 그것이다.

(1) 주장하는 법

㉮ 주제문은 명제 형식으로

앞의 Ⅰ부 1장 '다'항에서 언급했듯이 주장하는 글은 '중심 문장 + 뒷받침 문장'으로 이루어진다. 이것은 한 단락을 이룰 때도 있고, 여러 단락을 이룰 때도 있다.(오양심, 2009: 140) 중심 문장이 두괄식이면 주제문이 제일 앞에 오고, 미괄식이면 제일 끝으로 간다. 두괄식과 미괄식의 뒷받침 문장은 주제문 다음, 또는 먼저 나와서 주제문을 유도 하는 형식을 취한다.

주제문은 대개 명제 형식으로 표현되는 것이 일반적이다. 주제문은 중심 주장을 담은 문장이므로 각 단락의 소주제문의 내용을 명확하게 밝혀주는 기능을 한다. 명제란 논리적으로 참인 내용을 문장으로 표현한 것이다.

명제를 나타내는 방법은 세 가지가 있다.(신태식, 2008: 27) 사실 명제, 가치 명제, 정책 명제 등이 그것이다. 첫째, 사실 명제란 실제로 그것이 사실인 내용, 절대적인 진리를 표현하는 것을 말한다. 예컨대 '동물은 죽는다.'는 말은 사실이자 절대적인 진리이다. 그러므로 사실 명제가 된다. 둘째, 가치 명제란 어떤 대상에 대하여 가치적인 판단을 내리는 명제를 말한다. 예컨대 '사람의 성품은 선하다.'라는 말은 맹자의 '성선설(性善說)'을 나타내는 가치 명제가 된다. 셋째, 정책 명제란 어떤 대상을 두고 정책적으로 의견을 제시하는 명제를 말하는데, 예를 들어 '사람은 선해야 한다.'는 말은 말하는 사람의 의견이 강하게 나타나 있으므로 정책 명제가 된다.

이러한 명제를 이용하여 자신의 주장을 분명하게 드러내는 것이 주장하는 방법의 핵심이다. 주장은 자신의 의견을 드러내는 것이지 객관적인 사실을 나열하는 것이 아니다.

㉯ 주장이 드러나게

위의 예문과 다음 예문을 비교하여 보자.

> 과학 기술의 발달로 생산성이 향상된 반면, 자연 및 생활환경이 파괴되었다.(<과학 기술과 환경의 관계>, 신태식, 2008: 27)

이 문장에서 주장이나 의견은 무엇인가? 없다. 사실만 열거되어 있을 뿐이다. 과학기술의 발달로 생산성이 향상된 것도 사실이고, 그것으로 인하여 생활환경이 파괴된 것도 사실이다. 이처럼 사실의 열거만 있고, 자신의 주장이 나타나지 않으면 논술문으로서의 생명이 없는 것이다. 그래서 논술문을 쓸 때는 자신의 주장이 분명하게 나타나도록 글을 써야 한다.

㉰ 근거를 제시해야

앞의 <'나쁜 댓글' 이제 그만>에서는 왜 나쁜 댓글을 게시판에 올리지 않아야 하는지 그 이유를 밝히고 있다. '그것이 다른 사람에게 상처를 줄 수 있기 때문'이라는 것은 나쁜 댓글을 달지 않아야 하는 근거가 되고 있다.

그러나 대개 실패한 논술에서는 근거가 제시되지 않고 일방적인 자기주장만을 열거하는 사례가 자주 나타난다. 만약 일방적인 주장으로 끝나는 '~해야 한다.'라는 문장이 여러 차례 나타난다면 그것만으로는 상대방을 설득하기 어렵다. 그렇게 해야 하는 이유나 근거가 '무엇인지, 왜, 어떻게'에 해당하는 내용이 충분히 나타날 때 글은 설득력을 얻는다.[3)]

그렇기 때문에 논술에서 주의할 사항은 '이렇게 하자.' '이렇게 하지 말자.'라는 내용의 단순 나열이다. 이는 자신의 사고력을 보여주지 못한다. 그 이유나 근거를 밝혀야 하는 까닭은 이유나 근거 속에 글 쓰는 사람의 사고력이 담겨 있기 때문이다. 다음 글은 주장만 나열된 예문이다.

> 위안부 문제에 있어서 지나친 반일 감정은 비판적 태도를 무너뜨릴 수 있으나, 적당한 적개심은 스스로 내적 각성을 하는 데 도움이 될 수 있음을 <u>알아야 한다</u>. 한일 관계의 재정립이 절실한 지금 우리는 <u>거듭나야 한다</u>. 국민 스스로가 내면적 각성을 굳게 하고 근면한 자세를 <u>가져야 한다</u>.(신태식, 2008: 28. 내용의 일부를 고쳐서 인용.)

이 글에서 밑줄 친 부분은 모두 '~해야 한다'는 형식으로 문장이 끝나고 있다. 이는 주장만 나열하고, 그것을 입증할 근거를 드러내는 과정을 보여주지 못하므로 논술에서 하지 말아야 할 금기를 어기고 있는 사례이다.

㉱ 감정을 드러내는 주장을 하지 않아야

논술은 감정을 표출하는 글이 아니다. 있어야 할 것은 논리와 냉철한 이성적 설득이다. 자신의 감정을 직접적으로 노출한다면 이는 동학농민운동 당시의 격문(檄文)이 되고 만다. 그런 글은 사람을 이성적, 논리적으로 판단하여 설득하는 글이 아니라 순간적 감정에 따라

---

3) 이 말은 장황하게 나열되어야 한다는 뜻이 아니라 핵심적인 근거를 제공해야 한다는 뜻이다.

충동시키는 글이다. 다음 예문을 보자.

> 인도주의적 차원에서도 통일은 반드시 이루어져야 한다. 이산가족 상봉 장면은 지켜보는 이마저도 눈시울을 붉히게 하는데 내 아버지이고 내 자식인줄 알면서도, 지척의 거리에 있는 줄 알면서도 발만 동동 굴러야 하는 우리 이산가족의 심정은 오죽하겠는가? 진심으로 이들의 아픔을 헤아릴 수 있어야 한다. (신태식, 2008: 29)

언뜻 보면 모두 옳은 말만 하였다. 그러나 밑줄 친 부분을 자세히 음미하면 글 쓰는 사람은 자신의 감정을 여러 곳에 노출하여 독자로 하여금 정서적으로 동조하도록 충동질 하고 있다. 이런 글은 논술문으로서 실패한 작품이라고 할 수 있다. 그 감정에 휩싸여 주장이 흐려졌기 때문이다. 논지를 약화시키고 감정을 강화시켰으니 글의 구분도 어려워 졌다.

(2) 근거 제시하는 법

(가) 타당한 논거를 제시해야

중심 내용을 담고 있는 명제를 뒷받침하는 자료를 논거라고 한다. 논거는 주장에 설득력을 실어 주는 힘을 가지고 있다. 논술문에서 논거를 중시하는 이유가 여기에 있다. 논거의 종류에 사실 논거, 소견 논거 두 가지가 있다.

○ 사실 논거

사실 논거는 진실을 생명으로 하는데, 객관적으로 의심할 수 없는 확실한 사실을 말하는 것이다. 일반적으로 사실에 해당하는 지식이나 정보, 통계, 사료, 체험, 목격담 등이 포함되고, 자연 법칙, 역사적 사실, 상식, 실험 결과, 일반적인 현상 등도 여기에 속한다.

사실 논거를 이용할 때는 다음 사항을 지켜야 한다.(오양심, 2008: 149)

㉮ 출처를 밝혀야 한다.
㉯ 논증과 관련된 사실만 이용한다.
㉰ 가져온 사실은 유용한 것이어야 한다.
㉱ 주어진 자료를 마음대로 변형, 왜곡 시키거나 한 부분만을 인용하여 제멋대로 해석해서는 안 된다.
㉲ 체험을 이용할 때는 독자가 공감할 수 있는 일반적인 내용이 좋다.
㉳ 목격담은 목격한 사람의 정직성 여부를 확인한 뒤, 간결하게 제시한다.

논술에 사용된 논거는 출처를 밝혀야 함에도 그것을 밝히지 못하는 경우가 많다. 출처를 밝히지 않는 것은 정직성이라는 도덕적 문제이자 표절이라는 법적 문제를 지니기 때문에 문제가 될 수 있다. 특히 논술처럼 평가를 받는 글은 출처를 밝히는 것이 신뢰성을 높일 수 있는 방법이다.

그것을 이용할 때도 본론에 관련된 일반적이고도 유용한 사실만 이용하여 간결한 내용 제시를 함으로써 논리적 인식을 줄 수 있도록 한다. 단, 가져온 자료를 함부로 변형, 왜곡시키거나 아전인수 격으로 해석하여 인용해서는 안 된다.

○ 소견 논거

소견 논거는 논점이 된 방면의 권위자, 전문가의 의견이나 주장을 근거로 삼는 방법이다. 소견 논거의 신뢰성은 그 전문가의 권위에 의존하는 것이 일반적이다. 이때도 인용한 사실과 의견의 출처를 밝혀야 한다. 다만, 소견 논거는 시대의 흐름, 사람들의 가치관에 따라 변할 수 있기 때문에 상황에 맞는 논거를 이용해야 한다.

○ 논거의 순서를 고려해야

신태식(2008: 29)에서는 논거의 순서를 고려하는 것이 좋다고 하였다. 만약 여러 개의 논거를 이용한다고 하면, 그것을 어떤 순서로 배열하느냐가 고려할 문제가 된다. 중요도에 따라, 관심도에 따라, 문제의 크기에 따라, 또는 일반적인 논의 순서인 정치, 경제, 사회, 문화의 순서에 따라 배열할 수도 있다. 이는 논제에 맞게 효과적인 방법을 선택하는 것이 좋다.

(나) 사실만 나열하는 논거는 피해야

의견을 뒷받침하는 논거가 사실의 나열로 전개된다면 그것은 논리적인 것과는 상관이 없다. 사실을 제시하더라도 글 쓰는 사람의 사고력이 드러나는 논리를 형성하도록 하는 것이 중요하다. 논술의 목적은 논증이다. 논증은 '사물의 옳고 그름을 사리에 맞도록 논술하여 증명하는 일'이다. 그러므로 논증에 유리한 사실, 그 중에서도 가장 근원적이고 대표적인 논거만 선택하여 논의를 하는 것이 좋다. 진부한 내용이거나 별 도움이 되지 않는 것은 아예 빼는 것이 효과적일 수도 있다.

(다) 특수한 논거를 일반화하지 않아야

제시한 논거가 일반적인 것이 아니라 특수한 것이라면 그것을 일반화하기에는 무리가 따른다. 이것은 상대방을 설득하기보다는 자신의 주장이 무조건 옳다는 식으로 자기 논리를 일방적으로 옹호하는 것이다. 그러니까 보편성을 지닌, 자신의 주장을 논증할 수 있는 논거를 이용하는 것이 좋다.

(라) 인용과 통계는 주의해야

속담이나 명언, 격언 등을 논술에 인용할 수 있다. 그러나 인용을 하는 내용이 논리적으로 성립할 때만 가능하다. 예를 들어 '맹자의 성선설을 미루어 볼 때, 인간의 본성은 착한 게 틀림없다.'라는 주장을 했다면 인용한 내용은 관점에 따라 성립하지 않을 수도 있는 것이기 때문에 논리가 성립하지 않는다. 어떤 유명한 사람이 말했다고 해서 무조건 진리일 수는 없기 때문이다.

통계를 논거로 사용하면 효과적일 수 있다. 다만 그 통계가 신뢰할 수 있는 것이어야 한다. 정확한 수치를 제시한다면 신뢰감을 줄 수 있으나 일반적인 내용으로 '~점심을 굶는 사람이 많다고 한다.' '~에는 이혼 가구가 늘어나고 있는 추세이다.'라는 식의 인용이라면 2%가 부족하다는 느낌을 주어 설득력이 떨어진다.

반대로 통계 숫자를 남발하면 보고서 같은 인상을 줄뿐만 아니라, 기억력을 자랑하는 인상을 주고 논리적인 글과도 거리가 있으므로 사용을 자제해야 한다.

(3) 본론 쓰는 법

(가) 중심 문장을 위주로 쓰는 법

본론은 두괄식, 미괄식, 양괄식으로 작성할 수 있다. 본론에서는 글의 내용을 본격적으로 펼치는 단계이므로, 서론에서 제시된 내용을 조리 있게 논술하여 문제점을 분석하고, 해결방법을 제시하여 결론에 도달해야 한다.(오양심, 2008: 176)

두괄식으로 본론을 쓴다면 중심 문장을 앞에 두고 그 타당성을 논증하는 방식으로 서술된다. 다음 예문을 보자.(오양심, 2008: 178)

> ㉮ 대학은 학문의 전당이다. ㉯ 대학은 본디부터 학문 연구를 목표로 출발하였다. ㉰ 희랍의 아카데미는 여러 지역에서 모여든 사람들이 배우고 연구하는 학문의 집이었다. ㉱ 오늘 이 자리에 있는 여러분은 이제 대학인이 되었다. ㉲ 희랍의 젊은이가 그랬던 것처럼 진리를 구하기 위하여 이 자리에 모인 것이다. ㉳ 대학인의 생명은 학문이다. ㉴ 학문을 연마함으로써 희랍 아카데미에서 출발한 대학인의 기본 바탕을 이룰 수 있다. ㉵ 그밖에도 인격도야, 기능 연마 등 사회인이 되기 위한 준비와 성장이 이루어져야 한다. ㉶ 그러나 이것은

> 어디까지나 2차적인 문제이고, 대학의 1차적 사명은 학문 연구에 있다. ㉶ 학문을 하지 않는 대학인은 대학 본래의 기능을 스스로 깨뜨리는 자가 될 수밖에 없는 것이다.

윗글에서 ㉮는 대전제이다. 이것을 논증하는 문장이 ㉯㉰이다. ㉱는 소전제이다. ㉲는 소전제를 부연하여 설명하는 문장이다. ㉳는 이 전체단락의 '결론 명제'이다. ㉴~㉶는 결론 명제를 뒷받침하는 논증이다.

미괄식은 결론 명제를 끝에 두는 방법이고, 양괄식은 처음과 끝에 두는 방식인 만큼 논증과 소전제는 결론 명제보다 앞에, 또는 양쪽 사이에 둘 수 있다.

(나) 유형별로 쓰는 방법

본문을 쓰는 유형은 세 가지이다. 쟁점 대립형, 문제 분석형, 관계 파악형이 그것이다. (신태식, 2008: 31)

○ 쟁점 대립형

쟁점에 대하여 반박하고 옹호하는 형식으로 이루어지므로 옹호 반박형이라고도 한다. 제시된 현상의 문제점을 비판하고, 근거를 들어 글 쓰는 사람의 주장이 타당함을 밝히는 형식으로 글이 전개된다.

자신이 택한 입장의 장점만을 말하거나, 현상에 대한 문제점만 제시하는 것은 좋은 논술이 될 수 없다. 양방의 입장을 균형 있게 다루면서 자신의 주장에 비판받을 여지에 대하여 방어하는 논리를 펼칠 필요가 있다.

현상에 대한 문제점을 정확하게 분석하여 제시해 놓으면, 자신의 논지를 전개하는 데 도움이 된다. 문제점을 하나씩 거론하면서 비판하고, 그 이유를 밝혀나가면 독자를 설득할 수 있다.

다음 예문을 읽어보자.

논제 :	지식교육과 인간교육을 비교하고, 자신의 입장에서 21세기 우리 교육이 나아가야 할 방향을 간략하게 논술하시오.(1,100~1,200자)

> 2. 본론
>
> ㉮ 지식과 지적능력을 중시하여 교육하는 것을 지식교육이라 하고, 인간을 인간답게 교육하는 철학을 인간교육이라고 한다.

㉯ 지식교육은 지식 교육을 주임무로 삼기 때문에 글을 읽고 쓰고 기억하고 해석하여 그 것을 습득하는 것으로 임무가 끝났다고 생각한다. 따라서 교육학습방법도 자연히 주입식, 암기식, 강의식 교육이 될 수밖에 없고 학생들은 수업에서 수동적이고 소극적으로 임할 수 밖에 없다. 반면에 인간을 가르치는 교육은 진선미가 조화로운 인간육성에 교육목표를 두고 있어 인간의 삶, 경험, 취미, 성향 등 학습자의 다양성과 개별성에 깊은 관심을 가지면서 학생들 스스로가 주체적이며 주도적으로 학습할 수 있도록 도움을 준다.

㉰ 이러한 두 교육양태는 교육의 결과면에서도 큰 차이를 나타낸다는데 문제가 있다. 지식 위주의 교육을 받은 학생은 나중에 공부를 싫어하여 책을 멀리하는 성향을 가지게 되고, 졸업 후에는 책과 완전히 결별하게 된다. 또한 올바른 인격이 형성되지 않아서 부조리를 저지르는 등 민주 시민으로 성장하지 못하는 결과를 가져온다. 반면 인간교육은, 교과교육에서도 인간을 생각하게 되므로 인격형성을 중시하게 되어, 올바른 인성을 바탕으로 사회생활에서 건전한 민주 시민으로 성장할 수 있게 한다.

㉱ 이러한 결과의 차이 때문에 지식을 가르치지 않아야 한다는 말은 아니다. 인간은 지적인 존재이므로 지식 전달을 교육에서 삭제할 수는 없다. 그러나 중요한 것은 교육의 근본 목적을 어디에 두고, 그것을 달성하기 위한 교수학습방법을 어떻게 선택하느냐에 따라 교육의 내용과 질이 달라질 수 있다는 것이다. 즉 인간교육의 바탕위에서 지식을 가르친다면 전인교육에 한 걸음 더 다가갈 수 있을 것이다.

㉲ 21세기는 지식정보화 시대이다. 정보화시대는 인간을 소외시키고 경쟁을 심화시키는 특징을 현재 사회적 경향에서 뚜렷이 보여주고 있다. 이런 시대일수록 창의적이며 인간성이 풍부한 사람을 필요로 하게 된다. 따라서 현실에 부합하는 교육을 하기 위해서는 지식교육만으로는 부족하며, 인간중심교육에 힘써야 한다. 이를 위해 교과교육에서도 자율성과 창의성, 개방성과 책임성, 공동체 의식과 개성, 개별성과 다양성, 협동과 봉사가 강조되는 교육이 실시되어야 한다.(신태식, 2008: 354 내용을 수정하여 인용)

이 글에서 ㉮와 ㉯는 지식교육과 인간교육의 개념과 그 차이점에 대하여 설명하고 있다. ㉰는 두 교육양태가 가져오는 결과에 대비하면서 인간교육을 할 것을 주장한다. ㉱는 지식교육과 인간교육의 관련성에 대하여 논증하고 있고, ㉲는 인간중심교육을 통하여 21세기에 대비할 것을 강조하면서 그것을 이루기 위하여 교과교육에서 해야 할 교육의 방향을 설정하고, 중심문장에 대하여 뒷받침하는 내용을 제시하였다.

여기서 논쟁점은 지식교육이냐 인간교육이냐 하는 것이다. 그런데 어느 일방만을 주장하는 것이 아니고 지식과 인간의 관계에서 상호 필요성이 있기 때문에 인간교육의 우위에서 지식교육을 해야 한다는 논지를 펼치고 있다. 이런 논지의 전개는 어느 쪽을 매도하고 전적으로 한쪽만을 옹호하는 편협한 교육관에서 벗어날 수 있다는 장점을 지니게 된다. 따라서 논술을 쓰는 사람은 자신의 주장을 분명히 하되 흑백논리에 스스로 빠지지 않도록 논리를 전개하는 것이 중요하다.

○ 문제 분석형

어떤 현상을 해석하고, 대상이 갖는 의미를 밝히는 유형의 논제이다. 이런 유형은 문제를 분석하여 그 원인을 찾아야 글쓰기의 단서가 나오고, 원인으로부터 일어난 결과와 영향에 대하여 자신의 견해를 밝힐 수 있게 된다.(신태식, 2008: 33)

이런 논제에도 쟁점이 있으나 노출되어있지 않고 대개는 감추어져 있는 경우가 많다. 글을 쓰는 사람은 쟁점을 찾아서 어떤 입장에서 그것을 인식하고 있는지 밝혀야 한다. 그래야 독자의 공감을 얻을 수 있다.

예를 들어 '전통 예절을 지키는 행위가 어린이의 창의성에 미치는 영향을 논하라.'라는 논제가 제시되었을 때, 글을 쓰는 사람이 '전통 예절을 지키기 위해서는 이러이러한 창의성을 길러야 한다.'하고 첫째, 둘째… 하는 식으로 열거해서는 안 된다. 이렇게 쓰는 방식은 논술이 아니다. 이런 논제를 만나면 우선 글 쓰는 사람은 전통 예절과 창의성이 양립하기 어려운 관계인지, 상호보완적인 관계인지, 아니면 아무 관련이 없는지에 대하여 자신의 입장을 밝혀야 한다. 그리고 자신이 본 관점에서 어떤 문제가 있을 수 있는지, 그 원인에 따른 결과나 대책은 무엇인지를 서술하는 것이 본론 쓰기에서 중요하다.

대체로 이런 문제에 맞닥뜨리면 그 답부터 내놓으려고 급하게 서둔다. 문제점을 찾고, 원인을 밝힌 상태에서 해결책을 내놓는 것은 당연한 일이다. 그러나 해결책을 내놓는 것만이 목적이 아니므로 그런 해결책이 나올 수밖에 없다는 논리적 사고과정을 보여주어서 독자가 이해하도록 해야 한다.

해결책이나 문제점, 원인 분석 등의 과정이 복잡할 수 있으나 글을 쓸 때는 장황하고 복잡한 내용이 등장해서는 안 된다. 글이 장황해지면 독자의 이해력은 그만큼 떨어질 수밖에 없기 때문에 간결하게 언급하고 참신한 해결방법을 내놓는 게 의미있다.

이렇게 쓸 수 있는 본론의 예문을 읽어보자.

논제 :

현대사회는 지식정보화 사회이다. 개인주의적 성향이 강하고 인간성 상실의 양상까지 나타나고 있다. 이에 대한 학교교육의 극복방안에 대하여 구체적인 예를 세 가지 이상 들어보시오.

2. 본론

㉮ 이런 원인은 경제적 가치를 중시함으로써 정신적 가치의 평가 절하, 물질만능주의에 의한 인간관계의 소홀화, 인터넷 의존으로 인한 대인관계 단절에서 비롯된다. 그리고 지식위주의 경쟁적 교육풍토 속에서 남을 배려할 줄 모르는 이기적이고 쾌락주의적인 인간으로

변해가고 있다. 이런 환경은 인간의 다양성과 개성을 무시하고 규격화 된 인간을 양산하게 하는 한 원인 축으로 작용한다.

㉯ 따라서 학교는 먼저 ㉠공동체 의식을 함양하는 교육에 중점을 두어야 한다. 이기적이고 자기중심적인 학생들에게 타인과 협력하여 과제를 수행하는 협력학습, 봉사활동을 경험하게 하여 협동심과 남을 배려하는 마음을 갖도록 한다. 그리고 ㉡긍정적 자아개념을 갖도록 해야 한다. 자신의 분야에서 실력을 발휘할 수 있는 인간이 타인도 배려할 수 있는 만큼 특기 적성 교육을 통해 잠재력을 계발하고 진로를 선택할 수 있도록 다양한 경험을 제공해야 한다. 끝으로 ㉢입시위주의 지식교육에서 벗어나 교육의 과정에서도 즐겁고 재미있는 수업이 되도록 교사는 자기 연찬을 해야 한다. 학교생활을 하는 가운데 전인교육이 이루어져 조화로운 심신을 발달시키고 심미적 감수성을 길러 올바른 도덕관과 건전한 정서를 갖도록 지도해야 하고, 입시 또한 다양한 방법으로 선발하는 제도가 정착되어야 할 것이다. (신태식, 2008: 353-354 내용을 일부 수정하여 재인용)

위의 본문에서 ㉮는 원인을 경제적 가치의 중시로 인한 정신 가치 평가 절하, 물질 만능주의로 인한 인간관계 소홀, 인터넷 의존으로 인한 대인관계 단절, 경쟁적 교육풍토에 의한 이기적 인간 양산과 지식위주의 평가체제에서 찾고 있다. ㉯단락에서는 이런 문제를 해결하기 위한 방안으로 ㉠의 공동체 의식 함양 교육, ㉡의 긍정적 자아개념 심어주기, ㉢의 지식교육에서 벗어나 재미있는 수업을 하기 위한 교사의 연찬을 제시하였다. ㉠~㉢의 주장하는 문장 뒤에는 그것을 뒷받침하는 논증의 문장이 나온다.

○ 관계 파악형

어떤 논제에서 두 가지 사실에 대하여 언급 되었을 때, 글 쓰는 사람은 우선 이 두 가지 대상에 대한 관계파악을 해야 한다. 가령 'A를 B의 입장에서 논하라.'고 했을 때, A와 B가 서로 어떤 관계에 놓이는 지를 파악하는 것이 문제 해결의 핵심이 될 수 있다. 그 관계가 긍정적이거나 부정적일 수 있고, 또 고정적인 관계가 아니라 다양한 관점에서 바라볼 수 있는 여지가 있는지 고려하는 것이 좋다.

만약 'A와 B의 관계에 대하여 논하라.'고 했다면 이때도 성립할 수 있는 관계를 여러 측면에서 검토하여 자신의 입장을 표명하고, 거기에 대하여 논증을 하면 된다. 비교나 대조를 통하여 논의 대상에 대한 이해를 돕는 것도 하나의 방법이 될 수 있다.(신태식, 2008: 34) 과거와 현재의 교육제도, 교육과정, 교수·학습 방법 등의 논제에서 비교·대조하는 방법으로 논술을 작성할 수 있다.

논제 :

학습자 주도적 학습과 교사 주도적 학습을 비교하고, 21세기에 필요한 학습능력 신장을 위한 교사의 역할을 논술하시오.

2. 본론

㉮ 학습자 주도적 학습이란 학습자 스스로 학습목표를 설정하고 자신의 계획 아래 자신의 과제를 수행하고 평가하는 등 학습에서 학생이 주도적인 역할을 스스로 수행하는 학습을 말한다. 반면에 교사 주도적 학습이란 교사가 중심이 되어 학습목표를 설정하고 학습자들이 그대로 따라오도록 하는 학습을 말한다. 즉, 교사가 설명하고, 시범 보이며, 학생에게 질문하여 다시 안내하는 직접 교수법 형태로 가르치는 학습을 말한다.

㉯ 교실에서 학습자의 수준은 다양하게 나타난다. 수준이 높은 학생들은 바른 학습태도가 형성되어 이미 자기 주도적 학습을 할 수 있는 능력이 갖추어져 있다. 그러나 수준이 낮은 학생들은 학습태도와 학습방법이 부족하기 때문에 스스로 학습을 수행하기가 쉽지 않다.

㉰ 이런 면에서 학습자 주도적 학습과 교사 주도적 학습은 상호보완적일 필요가 있다. 수준이 낮은 학생들이 스스로 자기 주도적 학습을 할 수 있도록, 학습방법과 학습태도를 지도할 수단으로서 교사 주도적 지도가 발휘될 필요가 있기 때문이다.

㉱ 특히 21세기 정보화 사회에서는 스스로 정보를 활용하고 가공해야 하기 때문에 누구나 ㉠자기 주도적 학습력과 창의력을 신장시켜야 한다. 이를 위해 교사는 학습자 수준에 맞는 교사 주도적 학습 방법을 개발하여 도움을 주어야 한다. 그리고 ㉡교사 스스로 정보화 능력을 갖추고, 적절한 지도방법을 연구해야 한다. CAI, 멀티미디어, 인터넷 활용 수업 등 학습자에게 도움이 되는 연찬을 통해 수업 능력을 향상시켜야 한다. 토론학습, 실험 실기학습, 역할놀이학습 등을 통하여 학습자가 능동적으로 학습에 참여하도록 ㉢다양한 교수 학습 전략을 세워야 한다. 뿐만 아니라 학습 평가도 학습자의 ㉣자기 주도적 학습 과정을 촉진하기 위한 방안을 마련하여 자연스럽게 학습 능력이 신장되도록 유도하는 것이 중요하다.(신태식, 2008: 361 내용을 수정하여 인용)

윗글 ㉮에서는 학습자 주도적 학습과 교사 주도적 학습의 개념과 차이에 대하여 서술하고 있다. ㉰는 학습자 주도적 학습과 교사 주도적 학습이 학습자의 수준이 다른 상황에서 서로 보완적인 관계를 유지하며 수준이 낮은 학습자의 자기 주도적 학습을 위해 활용되어야 한다는 의견을 제시하고 있다. ㉰주장의 근거가 ㉯이다. ㉱에서는 자기 주도적 학습을 하기 위해서 갖추어야 할 조건을 ㉠㉡㉢㉣ 네 가지로 요약하여 21세기에 학습자의 학습 능력 신장을 위한 교사의 역할을 제시하고 있다.

다) 결론

결론은 한 편의 논술을 완결 짓는 마지막 부분이다. 따라서 서론, 본론에서 제기된 주장을 요약, 강조해야 한다. 단락의 특성상 글 쓰는 사람의 논지가 가장 분명하게 드러나는 곳이 결론 부분이다. 그러므로 간결하게 정리하여 독자에게 선명한 인상을 심어주어야 한다.(신태식, 2008: 35-37)

결론은 서론에서 계획했던 문제해결을 향하여 도달할 수 있는 마지막 종점이다. 그러므로 서론에서 가겠다고 한 곳에 정확히 도착해 있어야 한다. 만약 서론과 내용이 어긋나면 그 논술은 잘못된 것이다. 그렇게 되기 위해서는 서론의 논지가 끝까지 유지되어야 한다.

결론에서는 요약과 전망을 해야 한다. 요약은 본문 내용을 압축하여 정리하는 것이고, 전망은 자신의 주장이 실현되었을 때 나타날 수 있는 현상, 자신의 의견을 따르지 않았을 때의 위험성, 자신의 논지가 적용될 수 있는 포괄적인 상황을 예측하는 내용으로 써야 한다. 이 두 가지를 좀더 자세히 알아보자.

○ 요약하는 방법

결론의 요약은 단순히 글의 분량만 줄여서는 안 된다. 거기에는 논리의 엄격성이 있어서 자신이 선택한 입장에서 결론을 내려야 한다. 즉, 지금까지 전개해온 논리의 필연적인 귀결이 되도록 하는 것이다. 만약 앞에서 명백하게 어느 한쪽 입장을 지지하고 다른 입장을 반박해오다가 결론에서 갑자기 파격적으로 양자를 다 수용하여 조화를 이루도록 하자라고 했다면 이는 앞에서 전개한 논리를 부정하여 논리의 엄격성을 지키지 못한 것이다.

결론은 요약이되 종합이다. 앞에서 전개해온 논리를 총체적으로 결산하는 차원에서 정리되어야 한다는 말이다. 그리고 단순하게 본론의 소주제문을 그대로 가져온다거나 지나치게 인위적인 느낌을 주는 결론이어서는 곤란하다. 어디까지나 본론의 표현을 그대로 사용하지 않으면서 그것을 압축하는 추상적이고도 상위적 개념어를 사용하여 나타내는 것이 결론이다.

※ 요약법

A. 문장에서 단어를 삭제하고 압축한다.

· 독립어, 접속어, 수식어 등의 군더더기를 뺀다.

예) 아, 가을이 왔구나. 얼마 있으면 겨울, 차가운 겨울이 올 것이다.
→ 가을이 오고 겨울이 올 것이다.

· 같은 말을 반복하여 표현 할 때는 하나만 남겨둔다.

연습1) 쓸 데 없이 세월을 낭비하고 헛되이 보내며
→

· 비슷한 어구를 상위 개념으로 묶는다.

연습2) 그 고장에서는 철따라 사과, 복숭아, 배, 수박, 딸기 등을 재배한다.
→

B. 단락에서 문장을 삭제하고 압축할 때

· 각 형식 단락에서 중심문장을 찾는다. 중심문장은 두괄식, 미괄식, 양괄식으로 나타나므로 뒷받침문장 안에 있는 비유, 예시, 부연, 인용, 비교, 대조의 말, 예컨대 '즉, 다시 말해, 예를 들어, 가령, 마치…….' 등이 나오는 문장 이하는 생략한다.

· 한 형식 단락에서 중심 문장이 둘 이상 있으면 단락 구성이 잘 못된 것이다. 이때는 중심 문장에 밑줄을 긋고 중심 문장을 하나씩 독립 시켜야 한다.

· 중심문장에 사용된 어휘로 그 단락을 이해할 수 없을 때는 뒷받침 문장에서 분명한 어휘를 찾는다.

연습3) 다음 주어진 문장을 줄여보시오.

현재 학교에 다니고 있는 많은 학생에게 "학교에 왜 다니세요. 교육하는 목적이 무엇일까요?"하고 물어보면 십중팔구는 출세를 위해 공부를 한다고 할 것이다. →

종교인도 정치에 참여할 수 있다. 종교인이라는 위치에서 언론이나 매스컴에서 발언하여 영향을 끼칠 수도 있다. 그러나 국가 정책에 영향을 미친다고 종교인들의 발언을 제한하거나 묵살한다면 국민의 권리를 침해하는 것이다. →

우리나라는 자본주의 국가로서 개인의 능력에 따라 모든 일이 좌우된다. 초등학교에서 고등학교까지 우리나라 학생들은 시험을 보며, 그에 따라 석차가 나온다. 그 석차로 개인의 내신 등급을 매기는데, 좋은 성적을 받으려고 서로 경쟁한다. 고3이 되면 더 좋은 대학에 들어가려고 전국 수험생들과 다투며, 사회생활을 할 때는 승진을 하려고 경쟁하고, 회사에서 쫓겨나지 않으려고 다른 사람과 경쟁한다. →

C. 긴 글 요약 순서

① 대의 파악하기(줄거리 파악하기): 앞에 써 놓은 서론과 본론의 흐름을 살펴본다.
② 논거 파악하기(문제점, 근거, 내용 단락 찾기): 주장을 뒷받침하는 근거와 단락의 중심문장에서 핵심어를 찾는다.
③ 요약하기: 논지의 흐름을 살려 각 단락의 핵심 내용을 상위어나 포괄적인 어휘로 정리한다. 자신의 견해가 잘 드러났는지를 살펴보며 2백자 원고지 한 장 분량으로 쓴다. 이때 각 단락의 중심내용을 모두 간추린 다음, 거기서 상위어나 포괄적인 어휘로 정리하여 쓸 수 있다.

D. 주의점

① 내용을 바꾸지 말고, 상위어나 포괄적 어휘로 써야 한다.
② 본론의 내용을 그대로 옮기지 말고 자신의 소리로 표현하는 것이 좋다.
③ 단락은 한 단락으로 구성한다.[4)]
④ 반드시 전망을 한다.

○ 전망하는 방법

전망은 전체적인 맥락 속에서 발전적인 의견을 제시하는 것이다. 논리의 일관성을 바탕으로 요약을 한 뒤, 거기서 한 걸음 더 나아가는 것이 전망이다. 여기서는 지금까지 다루어온 문제를 보다 더 광범위한 맥락과 조망 속에 놓고 생각해 보거나 그 문제를 보편적인 문제에 결부시켜 보는 것을 말한다. 다만 전망을 하며 앞에서 논의한 것과 상관없는 새로운 문제로 확대시키거나 직접 관련이 없는 문제를 끌어들이는 것은 '다 된 죽에 코 빠뜨리는 격'이 될 수 있다.

다음 결론의 예를 보자.

---

4) 제언(提言)을 할 경우 두 단락이 될 수도 있으나, 전망을 정리하는 글에 자연스럽게 이어서 제언할 수도 있다.

논제 :

학습자 주도적 학습과 교사 주도적 학습을 비교하고, 21세기에 필요한 학습능력 신장을 위한 교사의 역할을 논술하시오.

3. 결론

시대가 변하면 상황에 따라 교육도 바뀌어야 한다. 지식기반 사회는 급속한 지식의 증가에 자기 주도적으로 적응할 수 있는 창의력과 정보활용 능력이 중시되는 만큼 교사는 자기 주도적 학습 환경을 조성하고, 학생 중심의 수업을 개발하며, 다양한 교수 학습 전략과 평가 방법을 강구 하여야 한다. 이처럼 교사 스스로 자기 주도적 교수를 위하여 변화할 때 21세기를 주도할 유능한 인재 양성은 가능 할 것이다.(신태식, 2008: 361)

이 결론에서는 서론과 본론의 논지를 견지하면서 요약정리를 하였고, 마지막 문장에서 전망도 제시하였다. 이 결론의 잘된 점은 본론 단락을 그대로 옮겨오지 않았다는 것이다.

라) 논술의 평가

논술의 평가 방법은 내용, 논리, 표현의 삼대 영역으로 이루어지는 것이 대체적인 경향이다. 신태식(2008: 18-19)의 주장을 일부 수정하여 나타내면 다음과 같다.

○ 내용 영역

내용의 이해와 해결 방법, 그것에 대한 논증의 타당성을 주로 보게 된다.

항목	내용
문제 파악	· 문제가 요구하는 논점의 포착과 논의 · 문제 핵심과 본질에 초점을 맞춘 논의
사실 이해	· 논의 대상에 대한 포괄적이고 구체적인 이해 · 사실에 대한 구체적이고 정확한 이해
해결 능력	· 문제 성격에 맞는 해결방법 · 문제 해결에 필요한 절차
논지의 타당성	· 논술에 필요한 보편성과 창의성 · 결론 도출 과정의 타당성과 결론의 적절성

내용 영역에서는 먼저 문제가 무엇인지를 잘 파악하고, 논의 대상의 사실에 대하여 정확하게 이해하고 있는지를 보며, 논제의 성격에 맞는 해결 능력을 살피고, 논술에서 나타난 창의성과 논지의 보편성을 바탕으로 낸 결론의 적절성을 평가하게 된다.

○ 논리 영역

서술자 논리의 일관성 여부, 논거의 정확성 여부, 논증 방식의 타당성 여부를 살펴보고 평가하게 된다.

항목	내용
논지의 일관성	· 논증 주제의 일관된 서술인가 · 논증에 사용된 용어 개념의 통일성이 유지되는가
논거의 정확성	· 논제를 뒷받침할 논거가 적절한가 · 논거가 확실하고 참신한가
논증의 타당성	· 논증을 위한 추론 과정이 타당한가 · 논리적 오류나 비약은 없는가

논리 영역에서는 논증할 주제가 일관되고 있는지, 용어의 개념이 동일하게 사용되고 있는지를 먼저 보게 된다. 그리고 논거가 얼마나 적절한지, 참신한지를 살피고, 논증을 위한 추론 과정이 타당한지, 논리의 오류나 비약이 없는지 평가 한다.

○ 표현 영역

표현 영역은 필자가 논지를 어떻게 체계적으로 엮어서 조리 있게 표현하는가의 문제로서, 어휘 사용, 문자의 정확성, 글의 유기성을 주로 본다.

항목	내용
어휘의 정확성과 적절성	· 어휘의 정확성과 구어체 사용 여부 · 문맥상 의미의 적절성 여부
문자사용의 정확성과 효율성	· 어법과 표기법에 맞는 문장인가 · 의미가 분명하고 문맥에 맞는 사용인가
문단의 짜임과 전체의 유기성	· 각 문단의 짜임이 바른가 · 글 전체가 단계적으로 구성되고 유기적인가

표현 영역에서 어휘가 정확하게 사용되는지, 문맥상 의미가 적절한지를 보고, 문자사용이 정확한지, 어법에 맞게 표현되고 있는지, 문맥에 맞는 어휘인지를 따지며, 각 문단이 바

르게 짜였는지, 글 전체가 단계적이고 유기적으로 연결되고 있는지를 따져보게 된다.

임용논술에서는 평가 방식이 약간 다르다. 다음 평가 조건을 보자.

답안 작성 시 유의사항	배점
· 어법과 원고지 작성법에 맞게 작성하시오. · 주어진 원고지(1,200자)에 맞게 서술하시오.(1,100자 이하 또는 1,200자 초과 시 감점) · 글의 체제를 논리적으로 짜임새 있게 구성하시오. · 글의 명료성, 타당성, 일관성을 고려하여 서술하시오.	**· 논술의 체계 (총 10점)** -분량 (3점) -맞춤법 및 원고지 작성법 (3점) -글의 논리적 체계성 (4점) **· 논술의 내용 (총 10점)** -두 수업 방식 비교 및 문답식 수업의 장점 (2점) -수업 사례의 세 가지 문제점 수정과 각각의 이유(6점) -발문 기법 신장을 위한 자기 장학 방안 두 가지 (2점)

이 평가 조건의 배점은 '논술 체계(10점)' '논술 내용(10점)'으로 하여 20점 만점으로 하고 있다. 글의 분량이 1,100~1,200자를 모자라거나 넘으면 20점 만점에서 감점을 시킨다고 한 것은 서술조건이다. 이 내용을 분석하여 제시하면 다음과 같다.

○ **논술의 체계(10점)**
- · 원고지 분량(3점)
- · 맞춤법 및 원고지 작성법(3점)
- · 글의 논리적 체계성(4점)

○ **요구하는 논술 내용(10점)**
- · 두 방식 비교, 문답식의 장점(2점)
- · 세 가지 문제점 수정과 이유(6점)
- · 발문 기법 장학 방안 두 가지(2점)

여기서 논술 체계에 대한 배점은 해마다 비슷하나 요구하는 논술 내용과 배점은 해마다 달라지므로 그때그때 대응할 수 있도록 전문지식을 쌓고, 그것을 분석, 정리해 두는 것이 좋은 평가를 받을 수 있는 길이 된다.

5) 유의점

논술을 작성할 때의 유의점은 여러 가지이다.

우선 논술 쓰기의 생명은 합리적인 주장을 하는 것과 그 주장을 논리적으로 증명하는 데 있다. 이 과정에서 서·본·결론에 이르기까지 제시된 논지는 일관되어야 하고 처음 주장했던 방향을 그대로 유지해야 한다. 중언부언(重言復言)하지 말고, 간결하게 표현해야 한다. 내용은 상투적인 것보다 참신한 내용을 제시하는 것이 읽기에 좋다. 논술은 요구사항이 나타나 있기 때문에 글의 제목을 붙이지 않는 것이 일반적이다.

그리고 논술 작성시 유의할 사항이나 제시문에 나타난 조건을 충족시켜야 한다. 분량이나 어법, 문장부호의 사용, 제한 시간을 잘 지켜야 한다.

논술은 암기가 아니라 창작이다. 허구를 만들어내는 것이 아니라 논리적으로 평가자를 설득하여 내 생각에 동조하도록 하는 글쓰기인 만큼 억지 주장보다는 내 의견에 공감할 만한 논증을 하는 것이 중요하다.

나. 논설문

1) 개념

사회적 문제나 현상, 옳고 그름에 대하여 자신의 의견이나 주장을 논리적으로 전개하여 독자가 그 주장의 올바름에 공감하고 따르도록 하는 것을 목적으로 쓰는 글이다. 논설에 해당하는 글은 사설, 시론, 서평, 평론 등이 있다.(이동렬, 2005: 222) 논술과 다른 점은 앞의 논술문에서 밝힌 바 있다.

2) 특성

논설은 논술과 달리 매체에 발표된다는 점에서 대중성을 띤다. 그러므로 글 쓰는 사람의 생각과 주장이 분명하게 드러나야 하고, 독자가 그것을 쉽게 이해하도록 써야 한다.

글의 구성은 논술과 비슷하다. 서·본·결론으로 삼단 구성을 하는 것이 대체적인 방법이다. 주장을 증명하기 위하여 논거를 제시하고, 문제 해결방법이나 개선하여 실천할 방안도 나타낸다. 글의 내용은 대체로 현실에 당면한 사회적 문제를 다룬다.

다만 논술처럼 제한 시간이나 제시문에 따라 작성해야 하는 타율적인 요소가 없고, 글 쓰는 사람이 논설의 목적에 맞게 창의적으로 자신의 글을 구상하여 논증하면 된다. 그래서 논설은 일반적인 주장하는 글이고, 논술은 회사 입사나 상급학교 입시에서 사고력을 측정하기 위한 글쓰기이다.

3) 짜임

글은 논술의 그것과 흡사하여 삼단구성으로 전개하게 된다.(이동렬, 2005: 223)

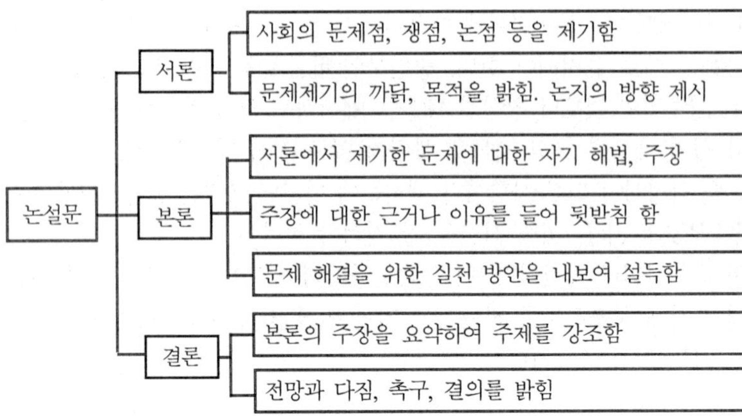

[그림 Ⅱ-4] 논설문의 짜임

논설은 논술에서 주어지는 제시문, 원고 분량 제한, 요구조건 등만 없다면 논술과 작성하는 방법이 같다.

4) 쓰는 방법

논설문을 쓰는 순서는 '글감 고르기 - 제목(주제)정하기 - 자료 조사하기 - 개요짜기 - 개요에 따라 쓰기'로 진행하게 된다.

논설문을 잘 쓰기 위해서는 우선 남의 논설을 많이 읽는 것이 좋다. 남이 쓴 논설문에는 여러 가지 내용이 조리 있게 제시되어 있어 글을 어떻게 구성할지 논지를 어떻게 전개할지 그 요령을 터득할 수 있기 때문이다.

논설문 쓰는 방법을 익히려면 '논설문의 제목을 보고 내용을 짐작'해야 한다. 대부분의 논설문은 글의 제목에 주장을 펴고자 하는 주제가 많이 들어있다. 이 제목을 보고 어떤 내용인지 생각하며 읽는 것은 이해에 도움이 된다.

글의 짜임을 생각하며 읽어야 한다. 서론, 본론, 결론을 구분하여 읽으면서 그 속의 주장 내용은 무엇이고, 그 뒷받침 내용은 무엇인지, 사실과 의견이 무엇인지 따져보면서 읽어야 자신이 논설문을 쓸 때 도움이 된다.

단락에서 주장하는 내용과 뒷받침하는 내용을 찾으며 읽어야 이유, 근거 등의 논거를 잘 제시할 수 있게 된다. 이유나 근거는 대개 주된 문장과 보조 문장으로 되어있으므로 그것을 구별하며 읽을 때 분석력이 높아진다. 여기서 한 편의 글은 여러 개의 문장으로 이루어져 있음을 알 수 있다.(이동렬, 2005: 236-237) 같은 내용을 언급하는 문장의 다발을 단락, 또는 문단이라고 한다. 단락에는 단락을 대표하는 문장(중심문장)이 있고, 그것을 보조하는 뒷받침 문장이 있다. 다음 예문에서 중심문장과 뒷받침 문장을 찾아보자.

가) ㉮자동차가 다니는 길에서 놀지 말자. ㉯자동차가 다니는 길에서 놀면 다치기 쉽다. 그리고 ㉰사고가 나지 않더라도 운전하는 사람들에게 불안감을 느끼게 해 속도를 줄이는 결과를 가져온다. 그러면 ㉱차량의 흐름이 전체적으로 느려져 교통 체증을 더욱 부채질한다.(이동렬, 2005: 2236)

나) 여기는 우리 학교 방송실 옆에 있는 분실물 보관소입니다. 우리 학교 학생들이 잃어버린 물건을 잘 찾아가는지 알아보기 위하여 이곳에 와 보았습니다.

지금 이곳에는 주인이 찾아가지 않은 물건들이 날이 갈수록 쌓이고 있습니다. 얼핏 보아도 신발주머니, 옷, 악기, 필통 등이 많이 있습니다. 이곳을 관리하고 있는 방송부 학생의 말에 따르면, 하루에도 많은 물건이 이곳으로 온다고 합니다.

우리의 소중한 물건이 함부로 버려지는 것이 참 안타깝습니다. 한국 초등학교 어린이 여러분! 우리 스스로 물건을 소중히 다루어 더 이상 잃어버린 물건이 이곳에 쌓이지 않도록 합시다.(실험용 교과서 3-1 국어 쓰기, 80쪽)

가) 글의 중심문장은 ㉮이다. 두괄식으로 구성하였다. ㉯~㉱까지는 그 이유를 제시하고 있다. 따라서 이 문장들은 뒷받침 문장임을 알 수 있다.

나) 글의 중심문장은 무엇일까? 아래에 중심문장을 적어보자.

그리고 나)에는 논설문 전개에서 중요시해야 할 것 중에서 무엇이 빠졌는지 생각하여 적어보자.

논설문의 서론을 쓸 때 첫머리는 주장(주제)을 바로 내놓을 수도 있고, 예·예화를 들어서 독자의 관심을 끌도록 하는 방법도 있다. 그밖에 결론을 서두에 제시하는 방법, 용어의 개념을 풀이하는 방법(오양심, 2005: 97), 속담·격언을 인용하여 자신의 주장을 펼치는 방법도 훌륭한 시작 방법이다.

주장을 뒷받침하는 내용을 생각하면 주장을 찾을 수 있다. 다음 연습문제에서 주장을 써 넣어 보자.

주장 : (   )
근거 : 나는 친구들과 개울가에 놀러갔다. 한참을 돌아다니다가 날지 못하고 죽어가는 백로를 한 마리 보았다. 백로 옆에는 버려진 많은 농약병이 흩어져 있었다.(이동렬, 2005: 237)

그리고 논설문의 본론에 제시된 실천 내용이 적절한지 생각해 보아야 한다. 아무리 시작이 좋더라도 부적절한 실천 내용을 제안하면 설득력을 잃게 된다.

사실과 의견을 구분할 줄 아는 것도 논설문을 쓰는 데 필요한 지식이다. 그것은 주장을 잘 하기 위한 방법이다.

다음 예문을 보자.

> ㉮ 인터넷 게시판에서 까닭 없이 다른 사람의 글에 대해 비난한 글을 가리켜 '나쁜 댓글'이라고 합니다. ㉯ 최근 어느 조사를 보면 인터넷 게시판에 댓글을 단 학생 가운데에서 열 명 중 세 명이 나쁜 댓글을 단 경험이 있다고 합니다. ㉰ 이 조사에 따르면 갈수록 나쁜 댓글의 수가 늘어나고 있습니다. ㉱ 재미삼아 올린 댓글 하나가 상대방에게는 큰 상처가 될 수도 있습니다. ㉲ 나쁜 댓글, 인터넷 게시판에서 더 이상 생겨나지 않도록 해야 합니다.
> (<'나쁜 댓글' 이제 그만> 전문, 실험용교과서 3-1 국어 쓰기, 76쪽)

○ 사실 :
○ 의견 :

위의 예문에서 ㉮~㉰까지는 사실을 나타내는 문장이라고 할 수 있다. 세 문장의 중심 내용은 "'나쁜 댓글'의 수가 늘어나고 있다."는 것이고, ㉱㉲ 문장은 의견을 나타낸 것이다. 두 문장의 중심 내용은 "'나쁜 댓글'이 더 이상 생겨나지 않도록 해야 한다."는 것이다. 그 이유는 '재미삼아 올린 댓글이 상대방에게 큰 상처가 될 수 있기 때문'이다.

다음 칼럼에서 주장과 주장을 뒷받침하는 내용을 찾아보고, 주장을 드러내기 위하여 글쓰기 기술 방법 중 어떤 방법을 이용하고 있는지 알아보자.

> 지난달 말 초·중등학교 선생님을 포함한 30여분의 한국 교육을 염려하는 사람들과 스웨덴과 핀란드를 다녀왔다. 두 나라 유치원에서부터 초·중등학교를 두루 살펴본 뒤 헬싱키 아난탈로 아트센터에서 핀란드 교육계 인사까지 참여한 뒤풀이가 있었다. 두 나라 참석자들이 번갈아 노래를 부르는 중에 우리 선생님 몇 분이 이런 노래를 합창했다. "우리 오늘 눈물로 한 알의 씨앗을 심는다/ 꿈 꿀 수 없는 저들의 가슴에, 저들의 푸른 꿈 다시 돌아오도록/ …" 그러나 선생님들은 노래를 마치지 못한 채 눈시울을 붉히고 말았다. 학생 하나하

나를 아끼고 사랑하는 자신들의 교육에 자부심을 갖는 핀란드 교육 현장과는 너무나 다른 우리의 척박한 현실이 아프게 다가왔기 때문이었을 것이다.

귀로에 선생님 몇 분과 두 나라 교육이 한국에 주는 의미를 이야기해 봤다. '작은 학교 운동'으로 남한산초등학교를 되살려낸 서길원 선생은 이제 우리도 학생들의 학습권을 교육 문제의 중심에 둬야 한다고 말했다. 스웨덴 웁살라대학에서 스웨덴과 핀란드의 교육을 연구한 안승문 전 서울시 교육위원은 "학교가 아닌 학습을 선택할 수 있게 해야 한다."고 덧붙였다. 이명박 정부가 내년부터 도입할 학교 선택제는 우리처럼 지역 · 계층간 교육격차가 현격한 상태에선 격차만 더 벌릴 위험천만한 일이라는 지적도 이어졌다.

스웨덴과 핀란드에서도 학생들은 학교를 선택할 수 있다. 그러나 국제 학생평가 프로그램(PISA · 피사)에서 거둔 성적을 분석해 보면, 핀란드에선 학교와 부모의 사회 · 경제적 지위의 차이에 따른 학생들의 학업성취도 차이가 적은 반면, 스웨덴은 그렇지 않았다. 두 나라 모두 낙후 학교에 우수교사를 배치하고 재정을 더 쓰는 등, 격차를 줄이고자 노력하는데도 이런 차이가 벌어지는 이유를 안승문씨는 "스웨덴과 달리 핀란드는 개별 학교가 유연한 교과과정과 높은 자율성을 활용해 학생들의 학습 선택권을 보장해 주기 때문"이라고 설명한다.

핀란드에선 학기마다 선생님과 학생, 그리고 학부모가 협의해 개별 학생의 학습속도와 학습내용을 결정한다. 예를 들어 고등학교의 경우, 통상 3년 과정이지만, 학습속도가 빠른 아이는 2년 반 만에, 그리고 늦은 아이는 4년 만에 마쳐도 된다. 실업계를 다니면서 인문계 수업을 들어 대학에 갈 수도 있고, 인문계를 졸업하고 다시 실업학교에 1~2년 더 다녀 취업을 하거나 기술대학에 진학할 수도 있다. 또 각 학교는 미술 · 음악 · 체육 · 정보통신 등 다양한 특성화 프로그램을 갖추고 있고, 바로 이런 프로그램이 학생들의 학교 선택의 중요한 기준이 된다. 이러니 자립형 사립고나 특수목적고가 없어도 수월성 교육이나 예능 등 특기교육이 가능하고, 늦는 아이는 늦는 아이대로 제대로 실력을 쌓아 학교 문을 나설 수 있는 것이다.

반면, 스웨덴은 공립학교에 자율성과 유연성을 확대해 주는 대신 체제 밖에 자율학교를 허용함으로써 공립학교의 변화를 자극하려는 전략을 택했다. 우리가 국제중이나 자율형 사립고를 통해 학교간 경쟁을 불러일으키겠다는 전략과 비슷하다. 그러나 자율학교에 대한 평가는 긍정적이지만은 않다. "학교간 경쟁을 되살린 것은 사실이지만 엘리트학교나 종교학교가 등장하는 등 사회의 분절을 심화시키는 문제를 낳고 있다."는 게 스웨덴 국가교육청의 황선준 재정담당관의 평가다.

그렇다면 우리가 선택할 길은 자명하다. 교육격차를 벌릴 위험이 농후한 자율형 사립고 방식의 학교 선택제는 대안이 아니다. 현정부가 지향하는 다양화 교육을 구현하기 위해서도 공립학교에 교과과정의 자율성과 유연성을 대폭 허용함으로써 아이들의 학습권을 확보해 주는 핀란드 모델이 더 바람직하다.

(<권태선칼럼>전문, 한계레 신문, 2009. 2. 1.)

주장 :

근거 :

서술기법 :

이 글을 읽고 어떤 것이 옳은 교육정책일지 생각해 보자. 만약에 필자(권태선)의 주장에 동의하지 않는다면 어떻게 하는 것이 좋을지 자신의 주장을 논설문으로 써보자.

5) 유의점

논설문을 쓸 때는 먼저 쓰는 목적을 생각해야 한다. 무엇을 위하여 논설을 써야 하는 지 생각하여 목적에 맞게 쓰는 것이 중요하다. 글을 쓸 때는 드러내려는 논지가 분명하게 나타나야하고, 그것이 합리적이어야 한다. 이때 어휘의 사용이나 글의 수준은 읽는 사람을 생각하여 결정하여야 한다. 그래야 사용하는 용어가 구체적이고 정확해야 독자가 오해하는 일이 없게 된다. 주장을 뒷받침하는 근거나 이유가 타당해야 읽는 사람이 공감되어 설득된다는 점을 유념해야한다.

다. 연설문

1) 개념

연설문(演說文)은 자신의 생각을 조리 있게 드러내어 청중을 설득하기 위하여 쓴 글이다. 연설문에는 정견 발표문, 축사, 격려사, 유세문(遊說文), 퇴임사, 조사, 주례사 등이 있다.

2) 특성

연설문에는 글 쓰는 사람의 의견을 강하게 주장하는 내용을 담을 수도 있지만 상대방을 축하하고 인사를 전하는 내용을 나타낼 수도 있다. 그래서 논술이나 논설처럼 서론, 본론, 결론으로 전개되지 않는 것이 특징이다. 대신 처음, 가운데, 끝의 순서로 전하고자 하는 내용을 쓰게 된다.

○ 연설문은 청중을 대상으로 하므로 높임말을 써야 한다.

○ 글 쓰는 사람은 자신의 의견에 공감하도록 청중의 수준에 맞추어 써야 한다.
○ 시대적 배경과 장소에 맞게 글을 써야 한다.
○ 연설문은 시간 제한이 있으므로 시간에 맞게 써야 한다.
○ 일관성과 통일성의 원리를 지키면서 써야 한다.
○ 확신과 신념이 넘치도록 써야 한다.
○ 쉽고 어감이 좋은 말을 쓰는 것이 청중의 마음을 편하게 한다.

이런 특징을 잘 알고 모임의 성격에 잘 맞는 내용을 정하여 연설문을 써야 한다.

연설문을 읽을 때는 올바른 말하기 태도를 지키는 것이 좋다. 말하는 속도는 1분에 원고지 200~300자를 읽는 속도가 적당하고, 청중이 다 잘 들을 수 있도록 목소리를 크게 하며, 발음을 분명히 하여 청중이 알아듣기 쉬워야 한다. 연사(演士)의 말하는 태도는 부드러우면서도 신념에 차 있고, 때로는 몸짓으로 자신의 의사를 표현하는 것도 효과적이다.

3) 짜임

연설문의 짜임은 삼단구성이 적당하다. 처음부분에서 말할 실마리를 일으키고, 가운데부분에서는 말 하고자 하는 내용을 표현하고, 끝부분에서는 전체를 마무리 하는 방식으로 구성된다.

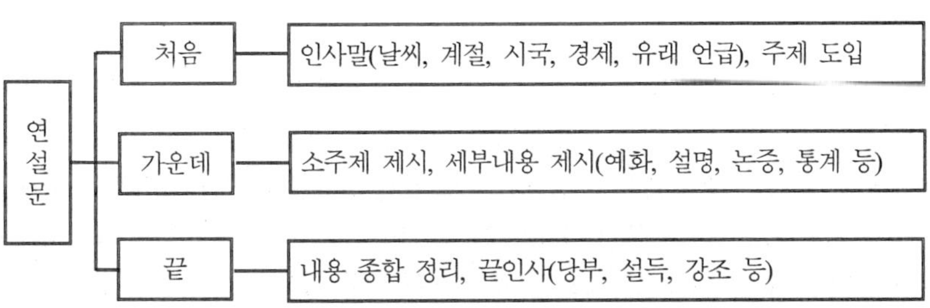

처음부분에서는 먼저 인사말로 시작한다. 인사말은 날씨나 계절의 변화, 또 사회·정치·경제 상황에 대한 언급, 특정한 날에 대한 유래, 역사 등의 내용을 포함시켜 시작할 수 있다. 중요한 것은 처음부분에서 주제에 관한 언급을 해야 한다는 사실이다.

가운데부분에서는 주제를 드러내는 소주제 별로 중심내용을 드러내고, 그에 따른 세부내용을 제시한다. 이때 소주제를 뒷받침하는 세부내용으로서 예화, 체험담, 설명, 논증, 통계자료를 제시하여 청중을 설득하도록 한다.

끝부분에서는 앞의 처음, 가운데서 드러낸 의견을 간략하게 종합 정리하여 언급하고, 끝인사를 한다. 여기서 특별히 강조할 내용을 당부하거나 호소하는 내용으로 청중을 설득하도록 해야 한다.

4) 쓰는 방법

연설문 쓰는 과정은 '주제 정하기 - 글감찾기(자료찾기) - 개요짜기 - 쓰기 - 고치기'의 순서로 진행된다. 앞에서 말한 것처럼 연설문은 삼단 구성으로 쓰는 것이 일반적인 방법이다. 다른 글과는 달리 연설문은 처음부분에서 청중에게 인사말을 하는 것이 가장 먼저이다. 그밖에 개념 설명, 취지 설명, 유래를 언급하고, 주제를 도입한다. 가운데부분에서 주제를 나타내는 소주제별로 중심내용과 세부내용으로 단락을 형성한다.

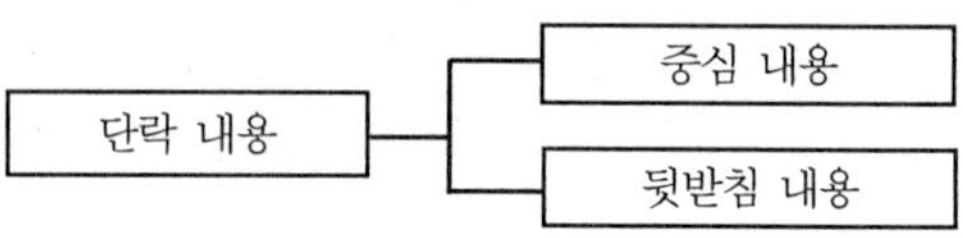

[그림 Ⅱ-5] 단락 내용 구성 방법

연설문은 많은 사람 앞에서 자신의 의견을 피력하여 청중을 설득하거나 그들의 공감을 얻는 글이다. 그러니 만큼 주장에 대한 논리적 뒷받침이 따라야 한다. 그래서 단락마다 말하고자 하는 중심 내용이 있고, 그 내용을 뒷받침하는 내용이 있어야 논거로 작용할 수 있다.

다음 연설문을 읽어보자.

> 가) ㉮ 4월 5일은 식목일입니다. 식목일은 1961년 4월 5일에 제정되었으며, 식목일을 전후한 일정 기간이 1년 중 나무심기에 가장 알맞은 기간입니다.
>
> ㉯ 1977년부터는 가을철에 육림(育林)의 날을 정하여 봄에 심은 나무를 가을에 다시 보살펴주는 나무 가꾸기 운동을 전개하고 있습니다. 우리 나라는 전국토의 67%를 산림이 차지하고 있어 예로부터 치산치수(治山治水)를 국토이용 정책의 으뜸으로 삼았으며 이는 세계 모든 국가에서도 같은 추세입니다. 세계에서 선진국치고 산에 수목이 울창하지 않는 나라는 없습니다. 국토의 효율적인 산림정책은 곧 그 나라의 문화수준과 부강을 가늠해 보는 척도입니다.
>
> ㉰ 우리 나라는 오래 전부터 꾸준히 나무 심는 운동을 전개하여 헐벗었던 산이 이제 푸른 산의 면모를 갖추게 되었지만, 지금부터는 좋은 재원으로 활용할 수 있는 경제림으로 수종을 바꿔나가는 노력이 필요한 때입니다.
>
> ㉱ 21세기의 가장 큰 과제는 환경보전입니다. 산림의 수목은 환경보전의 주체입니다. 나무는 인간에게 너무나 많은 자연 혜택을 주고 있습니다. 여름철에는 홍수의 피해를 막아주고, 바람의 피해를 막아주는 방풍벽 역할을 해 줍니다. 맑고 신선한 공기와 그늘을 마련해

주고, 나무숲 밑에서는 많은 동식물들이 삶을 살아갈 수 있는 터전을 마련해 주며, 마지막엔 자기의 몸을 바쳐서 좋은 재원의 원료가 되어 줍니다. 여러분은 이런 나무의 고마움을 알고 더욱 사랑과 정성으로 한 그루의 나무를 심고 가꾸는 마음을 가져야 합니다.

㉮ 얼마 전에 강원도 동해안 지역에 발생한 큰 산불로 많은 산림이 불에 타 엄청난 피해를 입은 일을 가슴 아프게 생각합니다. 산불로 인한 피해 지역이 본래 모습을 되찾기 위해서는 수십 년이 걸려야 한다고 합니다. 그리고 단순히 산림의 피해보다는 산림으로부터 받는 많은 혜택을 받을 수 없음은 물론, 인간은 홍수, 산사태 등의 큰 재앙을 받게 됩니다. 나무를 심는 일도 중요하지만, 등산객이나 산을 이용하는 사람들의 사소한 부주의로 인해 엄청난 피해를 입은 사실을 명심하고 또 다시 이런 불행한 일이 일어나지 않도록 산림 보호에 모두가 노력해야 할 것입니다.

㉯ 가정에서 가꾸는 화초도 가꾸는 사람의 정성을 곁들이지 않으면 결국엔 시들고 맙니다. 식목일을 전후하여 집이나 주변 공터에 한 그루의 나무를 심고 가꾸는 정성이 있어야 합니다. 나무 한 그루, 꽃 한 송이에도 우리의 사랑을 심고 정성껏 가꾸어 아름다운 자연환경 속에서 넉넉하고 따뜻한 마음으로 살아갈 수 있도록 노력해 주기를 바랍니다.

(<식목일 기념사>, 서울시국·공립학교장회, 2000)

가) 연설문은 식목일 기념사이다. 전체는 삼단구성으로 이루어졌다. ㉮가 처음, ㉯~㉮까지가 가운데, ㉯가 끝이다. 가운데부분에서 ㉯ 단락의 첫 문장은 중심문장으로 '나무를 가꾸자'는 내용이고, 그 뒷 문장은 뒷받침문장이다. ㉰는 '수종을 바꾸자'가 중심내용인데 뒷받침내용은 '좋은 재원으로 활용하기 위해서'라고 하였다. ㉱는 '환경보존을 하자'는 내용이 중심내용이고, 나무가 주는 자연적인 혜택에 대한 내용이 뒷받침내용이 나온다. ㉮의 중심내용은 산불 피해를 막자는 것이고, 그것을 뒷받침하는 것이 산불로 인한 재해를 예를 들어 설명한 내용이다. ㉯는 끝부분에 해당하는데, 나무를 정성스럽게 가꾸자는 내용으로 정리하고, 우리도 따뜻한 마음으로 살아가야 한다고 부탁하고 있다.

다음 글은 결혼 축사이다.

나) ㉮ 지금 여러분이 축복해 주시는 가운데 신랑 ○○○ 군과 신부 ○○○ 양은 평생 내 아내로 맞이할 사람, 평생 내 남편으로 맞이할 사람에 대한 첫인사 상견례를 올리고, 두 사람이 여러분 앞에 맹세하는 말씀을 주례자가 대신 낭독하고, 평생 변치 말자는 신물을 교환함으로써 두 분의 혼인이 완전히 성립되었음을 주례자가 여러분 앞에 엄숙히 선언하는 바입니다.

㉯ 여러 어른과 선배와 벗들을 모신 가운데 이제 두 분은 가장 거룩하고 가장 신중을 요하는 계약을 맺으신 것입니다. 두 분의 결혼은 가장 엄숙하고 중대하고 또한 두 분의 인생을 가장 긴밀하고 치밀하게 관련시켜 가장 깊은 영향을 주게 되는 것입니다.

㉰ 결혼이란 인간의 애정을 성화시키고 남녀로 하여금 공동생활을 행하여 서로 돕고 나를 온전히 남김없이 바치라고 마련해 주신 것입니다. 다시 말해서 자기를 희생하는 사랑이 절대로 요구되는 것입니다. 지금 두 분은 기쁨에 넘쳐 다만 행복만을 생각하고 계시겠지만, 장차는 희망과 절망, 성공과 실패, 쾌락과 고통, 기쁨과 슬픔이 반드시 섞여 일어날 것은 여기 계신 선배 여러분들의 실제 경험을 들으시면 아실 것입니다. 사실로 인간 생활에는 이런 요소가 섞여 있는 만큼 두 분께서도 이에 대비하시는 것이 현명한 일입니다. 그 유일한 방법은 모든 것을 같이 받고, 같이 견디고, 같이 참아 동고동락하는 데 있는 것입니다.

㉱ 한 몸을 이룬 이상에는 불평이 있어서는 안 되며, 배우자의 기쁨이 곧 내 기쁨이요, 불행이 곧 나의 불행인 만큼 같이 즐기고 같이 참아 받아야겠습니다. 부부의 아름다움이란 바로 여기 있는 것입니다. 이 장엄한 의무의 수행이 곧 자신을 희생시키는 것입니다. 그것은 누가 강요한 것이 아니요, 두 분의 온전한 자유의 원의(願意)에서 생겼으므로 개인적인 작은 감정과 이해를 떠나 두 분의 공동생활체인 가정의 선익(善益)을 위하여 모든 것을 희생하여야 되겠습니다. 그 결과 어떤 희생이 요구되더라도 두 분은 가정을 수호하기 위하여 용감하게 만난(萬難)을 극복하실 것입니다.

㉲ 그러나 희생이라는 것은 어려운 것이며 귀찮은 것입니다. 오직 사랑만이 그것을 쉽고 달가운 것으로 만듭니다. 그러므로 사랑이 완전하면 희생도 완전하게 됩니다. 두 분이 끝까지 부부의 사랑을 정결하고 성실하게 보존한다면 이보다 더 큰 축복은 없을 것입니다. 그러면 이 사랑으로써 오늘 두 분은 두 손과 두 마음을 합하여 나아가 도중에 낭패함이 없이, 해가 갈수록 더욱 깊고 더욱 강한 사랑으로 길러 성장시켜 나아가야 되겠습니다.

㉳ 사람이 성실하고 매사에 있어서 자기희생의 정신이 완전하면, 두 분의 장래는 보증되어 이 어지러운 세상에서도 가질 수 있는 온갖 행복을 한껏 누릴 것입니다. 그러면 또 하느님의 복이 그에 따를 것이요, 모든 선배 · 친지들도 갸륵한 가정을 위하여 온갖 우애를 기울일 것입니다.

㉴ 행복한 가정을 이루시고, 자녀 많이 가지시고, 그 자녀는 또 나라와 인류 사회에 공헌할 수 있는 자녀가 되기를 바랍니다. (<마해송의 주례사> 전문)

나) 연설문은 주례사이다. ㉮㉴가 각각 처음과 끝이고, ㉯~㉳까지가 가운데 부분에 해당한다. 글의 전체 의견은 ㉴의 행복한 가정을 이루라는 축복과 인류 사회에 공헌하라는 당부로 집약되고 있다. 처음에 해당하는 ㉮에서는 혼인이 성립했다는 선언이 중심내용이고 그것을 뒷받침하는 내용은 앞에 나와 있다. ㉯는 혼인의 의미를 설명하였고, ㉰단락은 결혼이 자기 희생을 요구하는 사랑이라는 중심 생각과 그것에 대한 뒷받침 내용이 제시되어 있다. ㉱단락에서는 희생을 하면 모든 난관을 극복할 수 있다는 주장을 위하여 여러 세부내용을 전제하고 있다. ㉲단락은 자신을 희생하는 것은 어렵다는 중심 생각과 그렇게 하면 축복이므로 더욱 사랑을 키워나가야 한다는 뒷받침내용이 나온다. ㉳단락은 자기 희생

이 완전해야 한다는 중심 생각에 대하여 그렇게 하면 장래, 희망, 우애가 보증된다는 뒷받침 내용으로 이루어져있다.

이처럼 연설문은 처음에서 인사말과 도입하는 말, 끝에서 인사말과 정리하여 강조하는 말, 가운데에서 주제를 드러내기 위한 소주제와 그것을 뒷받침 하는 말로 써야 한다.

5) 유의점

연설문을 쓸 때 유의할 사항이 있다. 연설문에 나타나는 모든 문장은 주제를 드러내기 위한 소주제이거나 뒷받침 문장이 되어야 하므로, 주제와 관련 없는 말을 써서는 안 된다. 이는 논지의 일관성을 유지해야 하는 논설과 동일하다. 연설은 주어진 시간이 있으므로 제한된 시간 안에 짜임새 있는 표현을 구사해야 한다. 시대적 배경과 관련짓는 것이 좋고, 연설할 장소와 관련된 것이면 더욱 좋다. 사전에 청중의 수준을 예측하여 수준에 맞게 쉽고 어감이 좋은 말을 사용해야 한다. 수사법과 문학적 표현은 적절히 사용하는 것이 좋고, 연설하는 사람의 확신과 신념이 드러나도록 작성해야 한다.

라. 광고문

1) 개념

광고문(廣告文)은 글자 그대로 '널리 알리는 글'이다. 전병용(1999: 13)에서는 '광고란 명시된 광고주가 특정 상품이나 아이디어, 서비스를 비대인적 대중매체를 통해 유료로 소비자들에게 알리는 마케팅 커뮤티케이션 *marketing communication* 의 한 형태'라고 하였다. 널리 알리는 글에는 '선전, 광고, PR' 세 가지가 있는데, 이들은 각각 개념상의 차이가 있다. 맹명관(1999: 17)에서는 이 세 가지를 다음과 같이 구별하고 있다.

비교항목	선전	광고	PR
성격	정치적	기업적	사회적
이념성	이념적	비이념적	사실적
태도	의도적	설득적	사회여론의 조성
추구대상	비영리적	영리적	사회적 문제점 공유
목적	사상 주입	소비자 구매욕구 해소, 만족 추구	홍보
추구내용	인간의 사고와 변화추구	경제적 이득	대중에게 알림

여기서 광고문의 태도 항목을 살펴보면 설득적이라고 하였다. 그것이 공익광고일 경우에는 설득적이기는 하지만 상품광고의 경우는 논리적 설득이 아니라 정보 전달의 성격이 더 강하다. '이러이러한 장점을 가진 신상품을 만들었으니까 사시오.'라는 말은 소비자에게 정보를 전달하여 사고 싶은 욕구가 일도록 만드는 짧은 문구이다.

광고문의 종류는 첫째, 판매를 위하여 정보를 전달하는 상품 광고, 둘째, 기업의 이미지를 좋게 하기 위한 기업 광고, 사회 공공의 이익을 추구하도록 대중을 설득하는 공익 광고 등이 있다.5)

2) 특성

광고문의 특성은 매체를 통하여 전달되며, 객관성, 주관성, 간결성을 가지고 있다는 것이다.

광고문은 객관성을 지니고 있다. 예를 들어 가스 사고 예방과 같은 공익광고의 경우 객관적인 정보를 전달하려고 노력하고, 새로 나온 상품에 대하여 정확한 정보를 제공하려고 한다.6) 그밖에도 상품을 구입하는 방법, 구입하는 장소, 상품의 가격, 결제방법 등에 대한 정보를 알려준다. 상품의 장점과 그것을 구입했을 때 얻는 혜택이 무엇인지도 밝힌다.

광고문의 주관적 특성은 소비자의 구매 심리를 자극하여 광고 상품을 사도록 충동질하는 것이다. 따라서 광고문의 디자인을 참신하게 하고 이미지가 선명하게 떠오르도록 독특한 구성을 해야 한다.

광고문은 간결성을 지닌다. 광고를 길게 하거나 핵심을 잡지 못하고 장황하게 하면 오히려 역효과가 나기 때문에 간결하면서도 주제를 명확하게 드러내는 문구를 사용한다.

광고문을 고안하는 사람은 운율적 효과를 기대하고 두운(頭韻)을 사용한다. 연속적으로 사용하는 단어나 문장에서 같은 모음이 반복되기도 한다. 이를 모운(母韻)이라고 한다. 때로는 각운(脚韻)도 사용한다.

형태론적으로는 의도적인 문법 파괴를 가져오기도 하고, 신조어를 사용하기도 하며, 혼종어를 만들어 사용하는 경우도 적지 않다. TV 광고의 경우 가장 심한 것은 외래어의 남용이다. 시청자에게 인상적인 기억을 남기려고 비표준어를 일부러 사용한다.

통사론적으로는 성분이 생략된 형식의 명사구, 동사구 등이 많이 쓰이고, 문장이나 절의 일부가 생략된 말을 사용하기도 한다.

---

5) 만약 공공질서를 지키기 위한 설득의 말이면 설득의 글이 되나, 전기・가스 사고・화재 예방을 위하여 어떻게 하라는 정보를 주는 광고라면 그것은 정보 전달의 글이 된다. 그러므로 공익광고라 하여 모두 설득의 글이라고 할 수 없다.

6) 상품 광고라고 반드시 객관성을 확보하는 것은 아니다. 경우에 따라서 객관적일 때도 있고, 그렇지 않을 때도 있다.

문장론적으로는 반복법을 사용하고, 생략법을 사용하여 미완성형 문장을 만든다.

그러나 성을 상품화 하는 광고문이나 유행어를 무분별하게 사용하는 광고문은 학교교육에서 사용하지 말도록 해야 할 것들이다.(김태성, 2002: 32-45)

3) 짜임

광고문의 짜임은 간결하면서도 함축적이다. 광고문의 형태를 보면, 우선 광고의 주제를 드러내는 표제(標題)가 제시된다. 표제란 광고문에서 가장 눈에 잘 띄게 배치되는 짧고 간결하며, 큰 활자체로 제시되는 문구이다. 표제를 통하여 독자는 흥미를 가지게 된다.

표제 다음에 배열되는 문구가 본문이다. 본문은 광고 내용에 대한 구체적인 정보를 보여준다.

대체로 광고문의 표제는 지면의 상단, 또는 중앙에 큰 글씨로 나타내고, 특별히 강조할 내용은 눈에 잘 띄는 빨강, 초록, 파랑 등의 색깔로 강조한다.

광고문에 담길 내용은 진실성, 창의성, 과학성 세 가지를 요구한다. 이 세 가지가 잘 갖추어졌을 때 좋은 광고라고 한다.

○ 광고의 진실성

광고의 생명은 진실성 여부에 달려있다. 허위, 과장 광고는 대중을 상대로 한 기만행위이므로 허용되지 않는다. 광고하는 일은, 판매만이 목적이 아니라 상품에 대한 올바른 정보, 기업에 대한 정확한 정보를 전달, 공공의 이익을 위하여 많은 사람들을 설득하거나 정보를 전하는 것인 만큼, 독자(청중)들이 현명한 구매와 건전한 생활을 할 수 있도록 미리 돕는 행위라 할 수 있다.

○ 광고의 창의성

광고는 전달해야 할 내용이나 설득해야 할 대상을 상대로 있는 사실, 또는 있어야 할 사실을 창의적으로 표현하여 효과적으로 전달하는 것이 중요하다. 독자는 일상생활에서 많은 정보 전달과 설득의 글을 읽는다. 정보량의 증가는 독자의 관심을 떨어뜨리는 역효과가 일어나기도 한다. 따라서 식상한 독자들에게 참신한 발상으로 다가가는 광고는 효과가 높을 수밖에 없다.

창의성이 높은 광고는 상품의 창조성과 생산 기업 활동의 창의성에서 기원하는 것이고, 대중을 설득하여 행동의 변화나 의식의 변화를 유도하므로 광고의 목적을 달성하는 데 유리하다. 창의성이 높은 광고는 독선적이기 보다는 있는 사실을 그대로 표현함으로써 정보를 전달하거나 대중을 설득한다. 따라서 광고문을 작성하는 사람은 이 점을 잘 생각하여야 한다.

○ 광고의 과학성

과학이란 이론과 실험결과가 일치하고, 모순이 없으면서도 객관적인 의미와 존재성을 가져야 한다. 그렇지 않은 것은 주관적, 편파적, 국부적이고, 타당성이 부족하여 과학으로서 가치가 없다. 광고가 과학성을 가진다는 말은 객관적 자료에 의하여 정보를 검토한 뒤, 제시된 광고를 통하여 설득하는 목적을 효율적으로 달성할 수 있어야 한다는 것이다.
정보화 시대, 디지털 시대에 알맞은 광고활동으로 환경변화에 긴밀하게 대응하는 지혜를 발휘하여 객관적이고도 설득적인 광고를 좋은 광고라고 한다.[7)]

이로써 광고문은 진실성, 창의성, 과학성이라는 삼대 성격을 잘 종합하고, 새로운 생명력을 창조하여 독자(청중)에게 다가갈 때 그 효과가 극대화 되어 세계인의 이목을 사로잡을 수 있을 것이다.

4) 쓰는 방법

광고문을 작성하기 위해서는 자신이 전달하려는 제품의 정보나 설득하려는 내용에 대한 연구를 한 뒤에, 광고를 할 대상, 매체, 유행의 흐름에 대하여 검토해야 한다. 이 두 가지 사항을 기초로 광고문을 작성하되 내용이 참신하고 독특하도록 해야 하고, 독자의 흥미를 끌 수 있도록 내용을 작성해야 한다.
광고문을 만들기 전에 세 가지 광고문 작성의 기법을 이해해야 한다. 광고문이 짧은 문구를 통하여 상대방에게 정보를 전달하거나 설득을 해야 하는 만큼, 내용을 정확하게 전달하여 그것을 머리에 강하게 인식시켜야 한다. 그래서 '반복의 원리, 변형의 원리, 인상적 언어 사용의 원리'를 흔히 사용한다.

○ 반복의 원리

광고문을 작성할 때는 표제를 제일 앞, 또는 제일 뒤에 놓는다. 그리고 나타내려고 하는 모음, 단어, 문장을 반복하여 제시한다. 다음 예문을 읽어보자.

---

7) 한국 광고 학회의 '광고신조'의 내용을 참고하여 작성한 것이다.

○ 김치가 식탁을 떠났습니다. 김치의 화려한 변신. 김치 버거!(두운)
○ 아락실, 장 마사지로 하루 한 번. 아락실!(모운)
○ 유쾌, 상쾌, 통쾌. 메가패스!(각운)
○ 부끄러우세요? 부끄러우세요? 질서는 바로 당신의 얼굴입니다.(공익광고)

운(韻)이 배치되는 위치에 따라 두운, 모운, 각운의 광고문으로 나눌 수 있으나 공통된 원리는 반복의 원리이다.

질문을 두 번 반복하고 공중 질서를 어긴 사람의 화면을 보여주면, 시청자는 그 사람이 저지른 질서 위반 행위를 보고 그 사람의 과거 위반 행위를 떠올리게 될 것이고, 거기다가 이런 질서 위반이 바로 당신의 얼굴이라고 함으로써 앞으로 그렇게 하지 말아야지 하는 반성이 일어나게 된다.

반복의 원리는 인식, 확인이자 운율의 재생으로 인한 즐거움의 생성이다. 어린이 동요에서 반복하는 말을 자주 사용하는 것은 거기서 말의 재미를 느끼기 위한 목적이 있다. 따라서 광고문에서 반복을 하는 것은 주제문에 대한 확고한 인식, 그리고 그 내용에 대한 재확인과 말의 즐거움을 동시에 추구하려는 목적이다.

○ 변형의 원리

광고문을 만들 때 변형의 원리를 사용한다. 변형의 방법은 주어나 문장의 절을 생략하는 경우도 있고, 신조어를 사용하여 시대 언어 변화에 맞추기도 하며, 우리말을 외국어처럼 느끼도록 표기하기도 한다.

가) 생략

광고문에서 주어와 서술어, 목적어를 생략하는 경우가 많다. 다음 예문은 둘다 또는 하나가 생략된 예이다.

○ 과속 난폭 운전은 이제 그만.(주어, 서술어 생략)
○ 읽으면 행복합니다.(주어, 목적어 생략)
○ 쉬운 일은 아닙니다. 그러나 할 수 있습니다.(주어, 목적어 생략)

생략되는 부분은 영상으로 나타나므로 시청자가 광고문을 이해하는 데는 전혀 지장이 없다.

나) 신조어

오늘날 청소년들이 많이 사용하는 유행어는 통신언어이다. 통신언어는 인터넷 보급으로 인한 경제적 표현을 목적으로 발생한 것으로 단어나 문장을 소리 나는 대로 적는 신조어가 가장 많이 사용되고 있다.(박기용, 2009) 다음 예문을 보자.

○ 추카, 추카. 너도 추카, 나도 추카, 크라운 베이커리!('추카'는 '축하'의 신조어)
○ 누비라(우리말 '누비다'의 변형)
○ 머니머니 해도('뭐니'를 money로 변형)
○ e-편한 세상('이'를 'e'로 변형)

위의 예문에 나타나는 신조어는 일상에서 사용하는 언어이면서도 신세대 감각에 맞춘 느낌을 준다. 이것은 청중에게 광고하려는 대상을 명확하게 인식시키려는 목적과 친근감을 느끼게 하려는 의도로 변형을 시도한 것이다.

다) 인상적 언어 사용의 원리

인상적인 언어를 광고문에서는 의도적으로 사용한다. 그것은 청중이 쉽게 기억하도록 하기 위한 목적과 광고 대상의 분위기에 친근하게 다가가기 위한 목적으로 시도된다.

○ 아반떼(앞으로, 스페인어)
○ 매니큐어 쥬쥬(장남감, 영실업)
○ 양파링('양파+링')

광고문에 인상적인 언어를 사용함으로써 대상에게 친근감을 주어 광고 목적을 달성하려는 의도가 보인다. 그러므로 위의 세 가지 광고문 작성 원리를 적용하여 작성했을 때 효율성을 높일 수 있음을 볼 수 있다.

5) 유의점

광고문에서 가장 유의할 점은 주제가 분명하게 드러나야 한다는 점이다. 재미있는 광고이긴 한데 그것이 무엇을 말하려고 하는지 모르도록 구성되어 있다면 잘못 만든 광고이다.

그래서 표제에 분명하게 자신이 나타내고자 하는 정보를 나타내고, 설득하려는 주제가 표현되어야 한다. 독자는 광고에서 객관적인 사실을 알고 싶어 하므로 있는 사실을 그대로 보여주는 것이 중요하다. 따라서 광고문을 작성하는 사람은 간결하고도 정확한 내용을 제시해야 한다. 독자가 알고 싶어 하는 내용을 조사하여 그것을 소개해야 신뢰를 높일 수 있다. 광고 내용 중에 불분명하거나 독자 입장에서 자칫 오해할 수 있는 과장, 허위적인 내용이 들어가지 않도록 해야 한다.

마. 논문

1) 개념

논문(論文, *paper, thesis*)이란 어떤 문제에 대하여 학술적으로 체계적인 연구를 한 글을 말한다. 연구는 일이나 사물에 대하여 조사하고 생각하여 진리를 알아내는 행위로서 연구한 결과를 다른 사람이 이용할 수 있도록 공적으로 허용하는 행위를 논문이라 할 수 있다. 논문에는 석사나 박사와 같이 학위를 받기 위한 학위논문, 각종 학술지나 학술대회에 발표하는 학술논문, 연구 결과를 출판하기 위한 논문 등이 있다. 대학에서 졸업을 위하여 쓰는 논문 역시 학위논문에 들어간다.

2) 특징

가) 성격

논문은 삼단구성으로 이루어지는 글이다. 서론에서는 논지(論旨)가 드러나야 하는데 새롭게 알고자 하는 내용이나 이미 연구된 성과를 정리하는 내용, 또는 가설을 설정하여 명제를 증명하는 방식으로 전개한다. 본론에서는 논지를 증명하기 위한 실험, 조사, 비교, 논증이 이루어져서 논지가 참임을 드러내야 한다. 결론에서는 서론과 본론에서 논의된 내용을 요약 정리하면서 알게 되고 증명된 내용을 제시한다. 연구 결과 미진한 부분이나 제안하고 싶은 내용을 밝히기도 한다.

나) 연구의 목적과 조건

박도순(2005)과 김기홍(1987), 성태제(2004)에서는 교육연구와 논문작성 방식에 대하여 소개하고 있다. 교육연구 논문이라면 네 가지 내용에 대하여 기술하게 된다. 첫째, 교육 현상에 대한 기술이다. 이 연구는 교육현상에 대하여 6하 원칙에 따라 가능한 객관적으로 진술하는 방식을 택한다. 이때 진술은 나열식, 유목화 분류, 서열화, 상호관계성 파악, 공통성의 정도나 크기를 파악하는 방식으로 한다. 둘째, 교육 현상에 대하여 설명한다. 이 연구는 교육 현상의 원인이나 이유[8]를 밝히는 것이다. 셋째, 교육현상에 대한 예측을 한다. 미래에 일어날 교육현상에 대하여 가능한 한 정확하게 예측하는 연구를 교육연구라고 한다. 예컨대 '2009년 이후 교사 수요 예측에 관한 연구'가 이런 종류다. 넷째, 교육현상에 대한 통제이다. 어떤 교육현상이 나타나도록 필요한 조건을 조작하여 그 현상이 발생하도록 할지 여부를 통제해야 한다.

그런데 이러한 교육연구를 하려고 할 때는 조건이 선행해야 한다. 교육현상에 대한 호기심, 문제의식이 발동해야 하고, 공적(公的)인 탐구활동이 되어야 한다. 그리고 연구를 진행하는 전문적인 규칙과 절차가 있어야 한다. 그러기 위해서는 치밀한 사전 준비, 세심한 관찰, 자세한 기술, 체계적인 보고가 이루어져야 한다.

다) 연구자료

교육연구를 하기 위한 자료로는 연구 1차 자료인 원자료가 필요하다. 이는 직접 관찰하거나 목격한 사람이 기술한 자료로서 연구를 직접 수행한 사람이 연구에 대하여 기술한 논문 · 저서 · 작품을 말한다. 그리고 2차 자료인 보조자료가 필요하다. 이것은 직접 관찰하거나 목격하지 않은 사람이 기술한 자료로서 3자가 1차 자료를 재조직, 재구성, 비평한 것으로 번역서 · 발췌인용 · 복원 유적 · 모조 복제품 등이 해당된다.

라) 연구 변인

교육현상을 연구하기 위해서는 두 가지 유형의 변인이 있음을 알아야 한다. 이는 연구결과에 영향을 미칠 수 있는 변수가 된다. 하나는 양적변인과 질적변인이다. 양적변인은 셀 수 있거나 측정할 수 있는 변인으로서 시험점수나 도달 정도가 되고, 질적변인은 질적으로 나타낼 수 있는 변인으로서 태도나 솜씨, 능력 등이 된다. 또 다른 하나는 독립변인과 종속변인이다. 독립변인은 원인에 해당하는 변인으로 결과에 직접적으로 영향을 주는 변인이고, 종속변인은 결과에 해당하는 변인으로 영향을 받는 변인이다. 만약 실험 연구라면 독립변인을 실험변인 또는 처치변인이라고 한다.

다음 예를 보자.

---

8) 원인(原因)과 이유(理由)는 다르다. 영어로는 '원인'을 cause라고 하고, '이유'를 reason이라고 한다. '원인'은 사물이나 상태가 변화되거나 사건이 일어나게 한 근본으로서 타의적이며 수동적인 상황에서 객체적으로 당한 일의 시작적인 것을 이르는 말이고, '이유'는 어떤 결과에 이른 까닭이나 근거로서 자발적이며 능동적인 상황에서 주체적으로 벌인 일의 결과적인 것을 말한다. 예를 들어 '네가 그 아이를 때린 이유가 무엇이냐?'는 질문은 맞으나 '네가 그 아이를 때린 원인이 뭐냐?'라고 묻는 것은 바르지 못한 어법이다. 원인은 '그 자동차 사고가 일어난 원인은 무엇이냐?'처럼 말할 때 맞는 말이 된다.

㉮ 상호 관계적 말하기가 ㉯ 상호작용적 말하기 능력에 미치는 영향

㉮의 밑줄 친 부분은 연구에서 투입되는 원인에 해당하는 독립변인이 되고, ㉯의 밑줄 친 부분은 연구에서 원인에 대한 결과로 나타나는 곳이므로 ㉮에 대하여 종속적이다. 그래서 종속변인이 된다. 그러나 일반적으로 조사연구나 분석연구에서는 독립변인과 종속변인이 나타나지 않는 경우가 많다. 이런 경우 제목이 달라진다.

<제망매가>에 나타난 죽음의 미학 연구
마천면 설화구연자의 설화전승 태도에 대한 연구

이런 연구 제목은 단지 연구하려는 대상에 대한 언급만으로 이루어진다.

마) 교육연구의 유형

(1) 양적연구와 질적연구

양적연구는 연구결과를 양적변화로 측정하려는 연구이고, 질적연구는 연구결과를 질적으로 측정하려는 연구이다. 전자는 연구결과가 통계로 제시될 수 있으나 후자는 관찰결과 분석으로 제시될 수 있다.

양적연구에는 조사연구, 실험연구, 관찰연구 등이 있고, 질적연구에는 문화기록적연구, 역사연구 등이 있다. 다음은 양적연구와 질적연구의 특징을 비교한 것이다.

영역		양적연구	질적연구
철학적 입장	존재론	· 객관적 실재의 존재 인정(실재론) · 진리의 절대성(절대주의)	· 실재란 사회적으로 구성된 것(유명론) · 진리의 상대성(상대주의)
	인식론	· 실증주의적 방법 · 객관적 지식 중시 · 분석적, 기계론적 사고	· 반실증주의적 방법 · 주관적 지식 중시 · 통합적, 유기체적 사고
	방법론	· 현상과 거리 유지(가치중립적) · 인과관계, 규칙성 중시 · 기술, 예측, 통제의 방법 사용	· 현상과 상호작용(가치개입적) · 현상들 간의 상호관련성 중시 · 해석, 이해, 의미 규명의 방법 사용
연구목적		· 일반적인 원리, 법칙 발견	· 특정 현상에 대한 이해
연구대상		· 주로 집단을 대상 · 무선표집, 확률표집을 사용	· 주로 개인 또는 소수의 대상 · 전문가 판단에 의한 선택 방법
연구방법		· 실험, 유사실험, 설문조사 사용	· 참여관찰, 심층면담, 문헌분석 사용

	·객관성과 일관성 중시 ·측정의 계량화 중시(다양한 도구나 기구를 사용)	·연구자의 전문적 판단 중시 ·전문 연구자가 중요한 연구도구가 됨
자료분석	·양적 자료를 분석 ·기술통계법이나 추리통계법을 활용함	·질적 자료 분석 ·통계적인 기법을 활용하지 않거나 기술통계기법을 활용함
결과활용	·인과관계, 상관관계를 파악하여 결론을 냄 ·결과의 일반화에 관심을 둠	·특정 현상에 대한 이해에 대하여 결론을 냄 ·해석과 의미의 차이를 이해하려함

조사연구는 질문지법,[9] 면접법[10]으로 조사를 하게 된다. 그리고 연구 시간에 따라 횡단적 연구, 종단적연구가 있다. 횡단적 연구는 같은 기간에 모집단으로부터 추출된 표본의 현상을 일정기간을 정하여 두고 연구하는 방법이고, 종단적연구는 연구대상의 특성이 시간에 따라 어떻게 변하는지 지속적으로 연구하는 방법이다.[11] 종단적연구에는 경향성 연구, 동류집단 분석, 패널연구 등이 있다. 동류집단 분석은 모집단은 고정되고 매년 표본을 추출하여 변화하는 경향을 분석하는 방법이고, 패널연구는 동일 대상이 어떻게 변하는지 지속적으로 연구하거나 변화의 원인을 분석하는 연구이다.

조사연구를 할 때는 질문지를 작성해야 하는데, 이때 제목, 소속, 인사말, 자기소개, 연구목적, 소요시간, 목적이외 다른 곳에 사용하지 않을 것임을 약속하는 말, 답변 시 유의사항, 회수 기일, 감사의 말, 연구자 신분과 이름 등을 밝혀야 한다.

설문지에는 이런 내용을 담아야 한다.

설 문 지

진주교육대학교

안녕하십니까?

이 설문을 조사를 하는 저는 ○○교육과 교사 홍길동입니다.

이 연구는 우리 대학교 학생들의 언어생활을 알아보기 위한 목적으로 조사하는 것입니다. 이 설문지에 답을 하는 데 약 10여분이 소요 됩니다. 본 연구목적에만 이 조사 자료를 사용할 것입니다. 답변을 할 때 유의할 점은 답변자 여러분이 일상생활에서 사용하는 언어 그대로를

9) 질문지법은 질문지 전달방식에 따라 우편, 직접전달, 간접전달 방식이 있다.

10) 면접법은 직접면접과 간접면접이 있다. 직접면접에는 연구자와 대상자가 1:1로 만나서 면접하는 방법과 연구자와 다수 대상이 면접하는 집단면접이 있다. 간접면접에는 전화로 대화하는 전화면접이 있다.

11) 이 방법은 경향성 연구 방법이기도 하다.

솔직하게 적어 주셔야 한다는 점입니다. 이 설문지는 다음 주까지 회수할 것이며, 회수 기일을 지켜주시면 연구에 큰 도움이 되겠습니다. 끝까지 읽어주셔서 감사드립니다. 2009년 월 일 홍길동 드림

반드시 이 예문을 인용할 필요는 없으나 대체로 이런 양식으로 설문지 안내말을 구성하며 이 안내문 아래에 조사하려는 주제별로 항목을 제시하여 설문하면 된다.

(2) 실험연구

실험연구는 문제의 원인과 결과를 밝히려는 순수연구이다. 이 방법은 처지, 자극, 환경조건을 의도적으로 조작 혹은 통제하여 연구대상이나 물체에 어떤 변화가 있는지 분석하여 인과관계를 밝히려 하는 것이다. 이 방법에서는 독립변수의 조작과 종속변수에 영향을 주는 어떤 통제가 연구의 질을 좌우한다. 여기서 독립변수를 '처치변수'라 하고, 그밖의 종속변수에 영향을 주는 변수를 '매개변수'라고 한다. 조사 연구를 하는 대상 집단을 '실험집단' 또는 '연구집단'이라 하고, 이들과 비교하는 대상이 되는 집단을 '통제집단' 또는 '비교집단'이라 한다.

(3) 관찰연구

관찰대상이 다수이고 관찬 내용이 양적으로 분석되면 양적연구가 되고, 관찰대상이 소수이고 관찰내용이 관찰기록과 분석에 따라 이루어지면 질적연구라고 한다. 이 연구방법은 자연상태에서 통제를 하지 않고 관찰을 하여 관찰 내용·시기·방법에 대한 규명 없이 자연스럽게 관찰하는 자연관찰과 처지와 자극을 주어 통제를 하고 관찰을 하여 점검표를 체크하면서 조직적으로 관찰하는 조직적 관찰로 구분될 수 있다.

기록내용은 시간단위로 기록하고,[12] 기록방법은 일화를 기록하며, 동일성·비논리성·유사정 등을 체크하는 점검표, 평정지, 오디오·비디오·컴퓨터 등의 자료를 사용한다.

그밖의 연구로는 문헌연구, 비교연구 등이 있다. 문헌연구는 서지학적 연구나 연구사의 사적 검토를 위하여 문헌을 분석하는 연구이다. 선행연구를 검토, 분석하는 연구도 문헌연구라고 할 수 있다. 비교연구는 문화현상을 비교하는 연구인데, 겨레와 겨레, 지역과 지역, 국가와 국가, A집단과 B집단 간의 비교, A작가 작품과 B작가 작품의 비교 등이 주가 된다.

12) 이때는 행위 지속 시간, 행위빈도, 행동유형, 계속적 관찰, 시간표집 행위 등을 기록한다.

바) 통계방법

교육연구에서 연구대상에 대한 현상을 표시하는 방법이다. 기술통계와 추리통계가 있다. 기술통계는 교육현상을 기술하거나 설명하는 데 필요한 정보를 보다 효율적으로 요약하는 방법이고, 추리통계는 현상을 예측하거나 통제하기 위하여 확률적인 법칙을 찾는 방법이다.

3) 짜임

교육현장에서 일어나는 현상에 대하여 연구한 현장연구의 기술방법과 실험연구나 조사연구의 기술방법이 서로 다르다.

먼저 현장연구 순서를 살펴보자.(박기용, 1987)

제목: 향토 효자비의 교재화를 통한 경로효친 사상 내면화 방안

Ⅰ. 서론
1. 연구의 필요성
2. 연구의 목적
3. 실태분석
4. 연구문제
5. 연구 범위
6. 용어의 정의

Ⅱ. 이론적 배경
1. 경로효친 지도방법의 고찰
2. 경로효친 교육의 의의
3. 향토 효자비 사료 활용의 의의
4. 경로효친 극화학습 과정안
5. 선행연구 고찰

Ⅲ. 실행목표
1. 실행목표 1
2. 실행목표 2
3. 실행목표 3

Ⅳ. 연구의 실제
1. 연구의 대상

2. 연구 기간
3. 도구 및 자료 처리 방법
4. 연구의 절차 및 방법

Ⅴ. 연구의 실행
1. 향토 효자비의 교재화
2. 경로효친 향토 사료의 극화학습 과정안 구안
3. 극화학습 활동 전개

Ⅵ. 연구결과
1. 경로효친 의식 변화
2. 경로효친 태도 변화
3. 경로효친 학습의 흥미도 변화
4. 향토에 대한 자부심 변화

Ⅶ. 요약 및 결론
1. 요약 및 결론
2. 제언

부록
1. 경로효친 지도실태 설문지
2. 경로효친 학습실태 설문지
3. 경로효친 실천의식 및 실천실태 설문지
4. 효행비문

참고문헌

현장연구 논문에서는 다른 학술논문과 달리 절차가 세밀하고 장과 절의 항목이 자세하게 나타난다. 그러나 모든 현장연구 논문은 대체로 위와 같은 절차로 전개된다.

다음은 실험연구의 연구절차인데, 학위논문을 쓸 때 주로 사용하는 방식이다. 다만 일반 학술논문의 경우는 서론에서 1, 2, 3을 구분하지 않고 그 내용을 포괄적으로 서술하는 경향이 많다.

제목: 사고구술법 프로그램 활용이 어린이 글쓰기 능력 신장에 미치는 효과

Ⅰ. 시작하며
1. 연구의 필요성 및 목적
2. 선행연구 검토

3. 연구 방법 및 자료
II. 이론적 배경
1. 교육과정의 글쓰기
2. 사고구술법의 원리
3. 교과서의 지도 단원
III. 지도 프로그램 구안
1. 사고구술법 활용 방법 검토
2. 사고구술법 활용 프로그램
3. 지도안 구안과 프로그램 적용
IV. 적용 결과 분석
1. 적용 결과
2. 검증
3. 분석
V. 마치며

[참고문헌]
Abstract
부록

연구논문을 쓰기 위해서는 먼저 연구 주제를 잘 선정해야 한다. 자신의 삶에서 의미 있는 주제인지, 독창성이나 창의성이 있는 주제인지, 연구이론과 방법을 검토했는지 생각해 보아야 한다. 그런 다음, 기존 연구를 새로운 상황에 적용하는 연구, 기존의 연구 주제에 새로운 방법으로 접근하는 연구, 기존 연구의 후속연구로 제안한 것을 연구하는 접근법이 있다. 그러나 역시 주제가 중요하다.

주제를 선정하는 몇 가지 기준이 있다.

○ 기존 연구와 주제가 중복되지 않은가
○ 주제가 기존연구와 중복되더라도 새로운 방법을 적용하고 있는가
○ 연구할 가치가 충분히 있는가
○ 연구자의 흥미나 지적 호기심을 충족시킬 수 있는가
○ 연구자의 능력으로 수행할 수 있는가
○ 연구를 위해 필요한 자료, 도구, 시설을 이용할 수 있는가
○ 연구를 위해 행정적 협력, 지원을 얻을 수 있는가
○ 연구를 위한 시간과 자금, 노력이 충분한가

○ 연구 기간 내에 완성할 수 있는가

등을 생각해 보아야 한다. 처음 연구 논문에 착수하는 사람이라면 기존의 연구 논문 체제를 가져와서 거기에 맞는 주제로 바꾸어서 그 순서, 절차대로 따라가며 실행에 옮기는 것도 좋은 방법이고, 연구 방법만 바꾸어서 연구하는 것도 의미 있는 방법이다. 이때 방법을 달리할 때 나타나는 결과가 기존의 방법보다 효과적이거나 의미 있게 다룰 때 연구는 더욱 빛날 수 있다.

4) 쓰는 방법

논문을 쓰는 방법은 간단하지 않다. 직접 말로 설명하기 어려울 때는 예를 보여줌으로써 파악하도록 하는 방법이 있다.

다음은 필자(2007)가 '대학논문집'에 게재했던 논문의 서론 부분이다.

교가 노랫말의 표현양식과 사상

-경남 거창군 · 김해시 · 진주시의 초등학교 교가를 중심으로-

Ⅰ. 시작하며

우리나라 고전시가는 대개 부르기 위한 노랫말[13]로서 만들어지고 전승되었다. 그 대표적인 노랫말이 민요 · 향가 · 고려가요 · 경기체가 · 시조 등이고, 조선후기에 등장한 잡가도 그렇다. 가사나 시조처럼 부르기 위한 노랫말이 읽기 위한 장르로 바뀐 것은 조선후기 산문화 경향이 나타나면서였다. 개화기 이후에는 신문과 잡지 같은 인쇄매체가 발달하면서 읽는 글말 장르로 빠르게 변화되었다.(최미정, 1995: 82)

이런 변화 속에서 부르기 위한 노랫말로 사용된 것이 창가 가사였고, 이후에 신식 학교교육이 활성화되면서 교가가 작곡되어 노랫말이 나타나게 되었다. 교가는 애국가와 마찬가지로 의식요에 속한다. 이 노래 속에는 학생들이 지향해야 할 도달점과 갖추어야 할 인지적, 정의적 내용이 담겨 있다. 이런 의미에서 교가는 성장기 학생들이 자신의 미래를 설계하는 데 영향을 줄 수 있으며, 가치관을 형성하는 데 기여를 할 수 있다.

학생이 교가를 부르면서 가져야 할 지향점, 즉 목표의식 내지 주제를 교가가 분명하게 제시해야 한다는 점에서 교가 노랫말을 제시하는 내용적, 구조적 양식이 존재할 것으로 생각된다. 그리고 노랫말의 어휘를 살펴봄으로써 노랫말이 내포하고 있는 사상적 지향점을

---

13) 여기서 사용하는 노랫말의 의미는 歌詞의 의미와 동일하게 사용된다.

찾을 수 있다. 또 그 사상을 드러내는 표현방식과 修辭方式이 무엇인지를 알아봄으로써 교가 노랫말을 보다 정확히 이해할 수 있을 것이다.

다른 노랫말이 그렇듯이 교가의 노랫말 역시 처음부터 악곡과 결합되어 작사·작곡이 이루어진 것도 있고, 이미 존재하는 시에 곡을 붙여서 만들어진 것도 있으며, 악곡을 먼저 만들고 가사를 나중에 만든 것도 있다. 이 중에서 처음부터 결합된 작사·작곡에는 노랫말과 악곡의 호흡과 느낌이 잘 살아날 수 있으나 시에 곡을 붙이거나 곡에 가사를 붙인 노래는 호흡이나 리듬, 느낌이 합치되지 않는 경우도 나타날 수 있다.

본고는 문학 연구로서 노랫말의 내용적, 구조적 표현방식과 수사방식, 그리고 그 노랫말 속에 담겨 있는 사상이 무엇인지를 파악하는 것이 연구 목적이다. 그리고 지면이 허용하는 한도에서 음악적 측면에서 교가의 악곡과 가사가 불일치하는 부분은 없는 지 그밖의 문제점이 없는지를 살펴보고자 한다. 이렇게 하는 것은 문학과 음악을 통합적으로 이해하는데 유용한 연구방법이라 생각했기 때문이고, 이미 최미정(1995)이나 정병욱(1979), 김명호(1982)에서 연구된 선례가 있기 때문이다.

지금까지 유행가의 노랫말에 대한 연구는 있었으나[14] 교가 노랫말에 대한 연구는 찾을 수 없었다. 그만큼 연구의 어려움을 느낄 수밖에 없다. 앞에서 제시한 연구목적을 도달점으로 삼아 경상남도교육청 산하 20개 시·군 교육청 중에서 거창군·김해시·진주시 3개 교육청을 표집하고, 산하에 소속된 초등학교 중에서 학교 홈페이지에 교가가 소개된 82개교의 교가[15]를 수집하여 연구 대상으로 삼는다. 연구는 노랫말을 위주로 하고, 악곡의 리듬과 노랫말의 어울림까지 살펴보는 범위로 한다.

다음은 본론에 해당하는 장의 제목이 나타나고, 그 아래 각 절이 나타난다. 앞 논문의 내용을 필요한 부분만 인용하면 다음과 같다.

II. 노랫말의 표현 방식

우리나라에서 갑오경장 이전에 세워진 초등학교로는 교동초등학교(1895)가 최초인데,[16] 최초의 사립 초등학교는 인천의 내리교회 선교사 존스목사의 부인 존스여사가 1982년 세운 영화학당으로 알려져 있다.[17] 여학생을 처음 가르쳤는데, 점점 학생수가 늘어나서 1902년

14) 유행가 노랫말에 대한 연구로는 서우석(1980, 1984), 이상희(1984), 이상직(1985), 최미정(1995), 김광해 외(1999), 장유정(2005a, 2005b, 2006a, 2006b)의 연구 성과가 있었고, 학위논문으로는 유화웅(1976), 박미정(1991), 곽수용(1997), 장유정(2004) 등 다수가 있다.

15) 거창군교육청 소속의 초등학교 12곡, 김해시교육청 35곡, 진주시교육청 35곡을 수집하였다.

16) 동문학(1883), 광혜원(1885), 육영공원(1886), 연무공원(1887) 등은 官學으로 초등학교가 아니며, 주로 서양인들이 건립한 학교다.

17) 현재는 영화초등학교이다.

미국인 사업가의 도움으로 신식 학교를 짓고 영화초등학교를 개설하였다.[18] 경남에서는 교동초등학교에 이어 설립한 진주 중안초등학교가 가장 오래되었다. 당시 교가는 지금 찾아볼 수 없으며, 있다고 하더라도 지금의 교가와 다를 것이다. 특히 1900년대 초에 공립보통학교로 전환되고, 식민지학교로 바뀌면서 일제식 교가로 불러졌을 것이므로 우리 노래로서의 의미가 없다. 현재 전하는 대부분의 교가는 해방 후에 다시 지어진 노래이다.[19] 따라서 교가로 만들기 위하여 가사를 먼저 쓰거나 작곡을 먼저 하여 붙인 노랫말이 대부분이다.

여기에서 문학적으로 검토할 수 있는 것은 노랫말의 표현방식과 수사법, 그리고 노랫말의 형식적 특성, 노랫말의 구조를 분석하는 일이다.

1. 표현과 수사

일찍이 플라톤(Platon, 427-347 B.C.)이 사람의 정신을 감각의 지배로부터 자유롭게 할 수 있다고 하면서 음악은 인간의 윤리적 덕성에 지대한 영향을 미치는 힘이 있다고 역설했다. 그는 인간의 육체와 정신의 균형과 조화를 위하여 체육과 음악교육을 중시하였는데, 음악에서 협화음과 불협화음은 물리적 진동수에 따라서 아름다운 느낌은 물론 불안한 느낌도 느낄 수 있다고 함으로써(이효순, 1997: 245-246) 악곡의 중요성을 강조하였다. 이 생각은 17세기 라이프니츠(Gottfried Wihelmleibniz), 18세기 라모(J. P. Rameau), 타르티니(Tartini)로 이어져 인간의 감능문제를 감성이론으로 체계화하는 계기가 되었다.

그러나 20세기에 들어와서 시쇼어(Seashore)는 음의 지각은 물적 대상인 소리가 심적 대상인 음악으로 변환된다는 物心二元論을 출현시켰다. 특히 머셀(James Mursell)은 시쇼어의 음향학적 한계를 인식하고 청취자의 귀에 들어온 공기의 진동과 그것을 느낀 감상은 전혀 다른 내용이라고 역설하였다. 즉 음악을 들려주더라도 청취자는 그 중 일부만을 선택하여 듣기 때문에 음악적 심성을 연구하는 데 있어서는 음향학이나 물리학적 접근으로는 불가능하다는 점을 밝혀낸 것이다. 머셀과 같은 인지 심리학자들은 음악을 시각적 인지처럼 전체를 한 덩어리로 인지하는 것이 어렵기 때문이라고 하였는데, 피아제(piaget) 이론에서는 이처럼 인지하지 못하는 것은 어린이들의 각 연령에 나타나는 인지단계에 따라 적응 내지는 조절의 과정을 겪게 되므로 나타나는 현상(이효순, 1997:247)이라고 설명하였다. 이들의 이론을 따져보면 결과적으로 성장하는 어린이에게 음악은 심신 발달을 위한 자극이 되고, 성격형성에 지대한 영향을 끼치게 될 뿐만 아니라 대인관계, 자기표현, 감정의 조절, 그 사회와 문화적 맥락을 체험하는 기초가 될 수 있다는 결론이 나온다.(이효순, 1997:258)

교가에서 노랫말의 표현 양식은 그것을 부르고 듣는 이에게 사상과 정서를 효과적으로

---

18) 인천광역시 인터넷신문 http://blog.daum.net/incheon_enews/3197028에 소개되어 있다.
19) 역사적 연구는 다른 지면을 빌어서 다시 논해야 할 부분이다.

전달하는 방법의 일부이다. 위의 측면에서 보면 교가 노랫말 역시 악곡처럼 어린이에게는 중요한 관계·표현·조절·맥락을 체험하는 계기가 되므로 초등학교 교가에 나타난 노랫말을 분석하는 것은 어린이에게 유용한 경험 제공의 차원에서 중요한 정보를 얻을 수 있는 방법론적 접근이 될 수 있다.

가. 표현 방식

표현방식은 노랫말과 악곡의 특징으로 나누어 살펴볼 수 있다. 노랫말이 어떤 표현방식을 선호하고 있는지, 악곡의 박자·조성·종지부·느낌, 그리고 악곡과 노랫말과의 어울림은 어떤지를 분석한다.

1) 노랫말

조사한 바에 의하면 교가의 노랫말은 여섯 줄이 가장 많고 그 다음이 넉 줄, 다섯 줄, 일곱 줄 순이다.[20] 즉 세 도막 형식의 악곡이 가장 많고, 그 다음이 두 도막 형식, 작은 세 도막 형식의 순으로 많다는 것이다. 이는 한 도막 형식 단위로 표현의 단위를 설정하기에 용이하다는 것을 나타낸다. 다음은 여섯 줄 노랫말의 예이다.

① 경운산 푸른 정기 꿈을 키우고
광활한 김해 평야 마음을 연다
펼쳐라 드높은 우리의 기상
빛나는 슬기로 자라나리라
(후렴)여기는 우리들 배움의 터전
세계로 뻗어나갈 경운 어린이 (김해 <경운초등학교 교가> 1절)

② 푸르른 남강 따라 기름진 들말
희망의 꿈을 심는 배움의 텃밭에서
착하고 슬기로운 신진 어린이
새천년 꿈을 안고 밝게 자란다
(후렴)그 이름 빛내자 우리 신진교
그 이름 빛내자 우리우리 신진교 (진주 <신진초등학교 교가> 1절)

20) 여든 두 곡 중에서 여섯 줄 노래는 서른 네 곡, 넉 줄 노래는 스물 아홉 곡, 다섯 줄 노래는 열일곱 곡, 일곱 줄 노래는 두 곡이다.

인용한 ①과 ②의 노랫말은 내용을 표현하는 방식이 세 단계로 되어있다. 첫단계에 해당하는 처음 두 줄은 그 학교가 위치한 자연환경이나 지리적 관련성을 나타내고 있다. ①에서 '경운산 푸른 정기 꿈을 키우고/광활한 김해 평야 마음을 연다' 나 ②의 '푸르른 남강따라 기름진 들말/희망의 꿈을 심는 배움의 텃밭에서'는 모두 그 학교가 위치한 자연과 지리적 관련성을 나타내는 장소 화소를 표현하고 있다. '경운산, 들말, 지리산, 두류산, 천왕봉, 가야산, 기백산, 백두산, 태백산, 소백산맥, 신어산, 분성산, 보배산, 방어산, 불모산, 팔판산, 장유산, 선문산, 선학산, 월아산, 낙동강, 남강, 영천강, 신어천, 대청천, 반성천, 진양호, 나불천, 위수, 영호수, 갈천, 가천……' 등이 모두 그 학교가 위치한 장소를 나타내는 화소이다.

Ⅱ장에 이어서 Ⅲ장에서는 노랫말에 얽힌 사상에 대한 분석이 나타난다.

Ⅲ. 노랫말에 나타난 사상

앞에서는 노랫말의 형식적인 표현이나 구성 양식, 구조 등 주로 외형적 질서에 대하여 살펴보았다. 이 장에서는 노랫말에 담긴 사상을 중심으로 논의하고자 한다.

1. 풍수사상

노랫말의 첫 부분, 즉 장소를 나타내는 내용에는 풍수사상이 나타난다. 이는 사람이 집터를 잡고 살면서 자연의 기운에 영향을 받는다는 形局論에서 기인한 것으로 앞으로는 물이 흐르고, 뒤로는 산을 등진 背山臨水形을 떠올리게 된다.

이런 형국론은 원시시대부터 기원한 類物신앙으로 존재한 것인데, 만물에 차이가 나는 것은 그것이 지니고 있는 氣의 차이 때문이고, 기의 象이 形으로 나타나기 때문에 산의 형세가 物의 元氣를 알 수 있다는 논리로 발전하여 사람의 길흉에 영향을 미치는 것으로 인식하게 된 것이다.(최창조, 1995: 180) 사실 이런 사상은 오늘날 미신으로 취급받고 있으나 사람이 살 집터를 고르는 데 있어 자연의 피해가 적고 인간이 가장 살기에 적합한 장소를 고르는 것은 과학적인 사고라고 할 수 있다. 다만 俗信으로는 그 곳에 집터나 묘터를 잡으면 복을 받는다는 發福思想 때문에 비판을 받는 것이지 그 자체가 해가 될 것은 없다고 생각된다. 큰물이 져도 학교가 피해를 입지 않는 땅이라면 그 곳은 복지라고 할 수 있는 것이고, 어린이들이 생명의 위협을 받지 않는 곳은 길지라고 할 수 있기 때문이다.

그러나 교가 노랫말에는 山水의 정기를 받아서 훌륭하게 될 것이라는 믿음을 표출하는 것은 속신이 가깝다고 생각된다. 다음 노랫말의 일부를 살펴보자.

① 장유산 정기 받아 우뚝 선 배움터

온 누리 축복이 감돌아드네 (김해 <능동초등학교 교가> 1절 일부)

② 지리산 맑은 정기 남강에 흘러
억만년 슬기모아 터전 이루니 (진주 <용우초등학교 교가> 1절 일부)

③ 경운산 높은 봉은 우리의 기상
선지못 맑은 물은 우리의 정기 (김해 <주동초등학교 교가> 1절 일부)

④ 위수의 맑은 물은 수승대를 감돌고
기백산 높이 솟아 우리들의 기상일세 (거창 <위천초등학교 교가> 1절 일부)

⑤ 월아산 솔바람에 몸을 다듬고
푸르른 남가람에 마음을 씻어 (진주 <진성초등학교 교가> 1절 일부)

⑥ 비봉산 고운 뫼로 원장 두르고
남강의 맑은 물은 거울이로다 (진주 <배영초등학교 교가> 1절 일부)

위의 노랫말 중에서 ①과 ②는 산의 정기를 직접 받거나 강물에 흐른다고 하였다. 그런 곳에 자리 잡은 학교는 산의 기가 맺힌 穴자리에 해당한다. 이런 명당에 자리 잡았으므로, 그곳에서 자라는 어린이는 잘 될 거라는 피그말리온 효과를 기대하고 있다.

노랫말 ③과 ④는 기상과 정기를 동일시하고 있음을 볼 수 있다. ③에서 경운산 높은 봉우리가 어린이들의 기상이고, 선지못의 물이 어린이들의 정기라고 했는데, ④에서는 기백산이 높이 솟아있어서 어린이들의 기상이 된다고 하였다. 즉 넓거나 높이 솟았거나 산수의 형세에 따라 정기와 기상이 된다는 것은 형세에 따라 원기에 영향을 미친다는 풍수학에서 나오는 말이다.

⑤와 ⑥은 기상이나 정기라는 어휘가 나타나지 않아 풍수와 무관한 것 같으나 사실은 형국론에 입각한 배산임수의 형국을 나타내는 풍수사상에서 온 말이다. 단지 거기에 기상이나 정기라는 말을 빼고 몸과 마음, 원장과 거울로 대치하였을 뿐이다. 즉 월아산과 남가람은 인간의 심신에 영향을 주는 존재이고, 비봉산과 남강은 울타리처럼 둘러있고 거울처럼 맑게 흐른다고 함으로써 배산임수를 나타내고 있다.

그리고 이어서 결론이 나타난다. 그 전문을 소개하면 다음과 같다.

Ⅳ. 마치며

본고는 초등학교 교가 노랫말에 나타난 표현양식과 그 사상이 무엇인지를 알아보려는 연구로서, 경상남도 거창군 · 김해시 · 진주시에 소재한 초등학교 82개교의 교가를 수집하여 조사, 분석하였다.

노랫말은 '장소 - 주체 - 미래지향점'을 제시하는 방식으로 표현되었으며, 세 가지 화소

중에서 어느 한 화소가 생략되기도 하고, 위치가 바뀌기도 한다.

교가의 느낌은 엄숙하거나 씩씩한 행진곡풍의 노래가 주를 이루고 있다. 노랫말의 서술 방식은 과거 · 현재 · 미래 순으로 서술하고 있으며, 순서가 바뀌거나 어느 한 시제의 내용이 나타나지 않는 곡도 있다. 그리고 문장 형식은 수식어가 있는 명사절이 가장 많고, 평서문, 청유문, 감탄문, 명령문의 빈도순으로 나타난다.

수사법은 주로 은유와 상징 · 직유와 같은 비유법과 도치 · 영탄 · 반복 등과 같은 강조법을 사용하고 있으며, 이는 미래에 어린이들이 담당할 역할이 중요하며, 어린이들에게 거는 어른들의 기대를 문학적으로 표현한 것이라고 할 수 있다.

노랫말의 구조를 분석한 결과, 교가 노랫말의 구조는 노랫말의 줄 수에 상관없이 '제시 - 응축 - 확산'형이 기본적이고, 여기서 모티펨의 순서가 바뀌거나 일부가 생략되기도 한다.

교가 노랫말에는 풍수 · 윤리 · 명분 · 대동사상이 나타나고 있다. 이런 사상의 표출은 어린이가 좋은 환경에서, 개인적 사회적 윤리관이 뚜렷한 인간으로 성장하여 자아를 확립하는 학문을 닦고, 학교와 나라를 빛낼 인물로 자라기를 기원하기 때문이다. 그리고 차별성 없는 사회를 만들기 위하여 공동의 목표를 설정하고, 그것을 달성하기 위하여 서로 돕자는 덕목을 제시하고 있다.

다만 교가 중에는 어린이들이 좋아하지 않을 곡도 있어서, 어린이가 즐겁고 신나게 부를 수 있는 동요풍의 노래도 많이 생겼으면 좋겠다는 바람을 갖게 된다. 그리고 우리말의 호흡 · 강세와 악곡의 리듬 · 가락이 일치하지 않아 부르기가 어색한 교가도 있고, 조표나 기보법이 틀리거나 어린이의 발성한계를 넘어간 곡도 있으며, 호흡 없이 계속 불러야 할 곡도 있어 개작을 하거나 수정할 필요성이 제기된다고 하겠다.

결론이 제시되고 나면 참고문헌과 영문초록, 부록이 나타난다.

그러나 교육연구 논문이라면 앞에서 제시한 실험연구의 절차대로 나타난다. 그 예를 여기서 모두 들기는 지면상 한계가 있으므로 도서관 학위논문실에 가서 이미 발표된 학위논문을 참고하는 것이 좋을 것이다. 그리고 통계의 검증방법 역시 자세한 내용은 별도로 공부할 필요가 있다.

5) 유의점

논문을 쓰는 데 있어서 유의할 점은 몇 가지가 있다. 먼저 그 논지가 잘 드러나는 문장이 있어야 한다. 다음 문장을 한 번만 읽어 여러분의 독해력을 파악해 보자.(김기홍, 1987: 11-12)

일 층에서 일곱 명이 승강기에 탔다. 다음 층에서 네 명이 내리고 그 다음 설 때는 두 명이 내리고 여섯 명이 탔다. 그리고 다음 층에서 일곱 명이 내리고 두 명이 탔다.

다 읽은 사람은 답해 보자. 승강기는 모두 몇 번 섰는가? 독자는 이 질문에 당황스러울 것이다. 여러분은 사람이 몇 명 남았는지 열심히 계산했을 것이다. 그런데 질문은 전혀 다른 것이었다. 왜 이런 일이 일어났는가? 그것은 이 문제를 내기 전에 어떤 문제를 낸다는 전제를 하지 않았기 때문이다. 이처럼 글의 서론에서 독자에게 글의 요점을 밝혀야 한다. 이는 비록 논문이 아닌 다른 글에서도 마찬가지다. 그것을 우리는 논지(論旨)라고 한다. 이 글에서 어떤 글을 쓰려고 하는지 요점, 즉 논지를 알고 읽으면 독서의 효과가 크다. 특히 설득하는 글에서 논지를 미리 밝히는 것은 매우 중요한 설득 요소가 된다.

둘째로 논리를 비약하지 않아야 한다. 논리는 자연스럽고도 타당한 것이어야 한다. 그러니까 자신만의 생각으로 억지 논거를 가져와서 그것이 맞다고 우기면 안 된다는 말이다.

셋째로 다른 사람의 의견이나 견해에 귀 기울여야 한다. 내 주장만 하면 안 되고 이미 먼저 연구한 논문을 읽어보고 그 연구를 이어서 다음 연구는 어떻게 되었으며 거기서는 무엇이라고 말하고 있는지 참고해 가며 자신의 의견을 제시해야 한다.

넷째로 주장을 위한 명확한 증거나 자료를 제시하고, 비교하여 입증하는 일이 중요하다. 그럴 것이라는 추측만 가지고 자신의 주장을 펼치는 것은 독단에 빠지기 쉬우므로 분명한 논거를 제시해야 한다.

다섯째로 문장은 간결하여야 한다. 사적인 감정을 드러내는 단어를 사용해서는 안 되고, 객관적인 입장에서 서술해야 한다.

여섯째로 항상 의문과 호기심을 가지고 이러면 어떻게 될까, 이것은 왜 그럴까라는 사고를 한다면 자신만의 독창적인 논문을 작성할 수 있을 것이다.

[참고문헌]

김기홍 편저, 논문작성 이렇게 하라, 성광문화사, 1987.

김태성, 텔레비전 광고 텍스트를 활용한 말하기 교육 연구, 진주교대 교육대학원 석사학위논문, 2002.

맹명관, 초보자와 함께 하는 광고노트, 더난, 1999.

박기용, 진주 교대 학생들의 통신언어 사용 의식연구『학생생활연구』????집, 진주교대 학생생활연구소, 2009.

박기용, 교가 노랫말의 표현양식과 사상『대학논문집』49집, 진주교육대학교, 2007.

박기용, 향토효자비 활용을 통한 경로효친 사상 내면화 방안, 대한교육연합회, 1987.

박도순, 교육연구방법론, 문음사, 2005.

서울시국 · 공립학교장회, 훈화교육, 도서출판정인각, 2000.
성태제, 교육연구방법의 이해, 학지사, 2004.
신태식, 교직논술특강, 북타운, 2008.
신헌재 외, 초등 국어과 교수 · 학습 방법, 박이정, 2005.
오양심, 글쓰기 · 논술 총자료집, 답게, 2005.
오양심, 통합논술 총자료집, 형민사, 2009.
이동렬, 아동 글쓰기 지도의 이해와 실제, 학연사, 2005.
이석록, 생각과 논술, 조선일보사, 2007.
전병용, 디지털 시대의 광고와 언어, 글로벌, 1999.
한효석, 너무나도 쉬운 논술, 한겨레신문사, 2007.

3. 사회적 상호작용의 글쓰기

사회적 상호작용의 글은 사람이 사회생활을 하면서 다른 사람과의 관계를 맺고, 유지하고, 증진시키는 상호작용의 효과를 증진시킬 수 있는 글을 말한다. 서로 친교의 감정을 나누고 우호를 증진시킬 수 있는 글로는 편지, 문자, 전자우편 등이 가장 흔하고, 초대장이나 초청장도 있다.

가. 편지

1) 개념

편지(便紙)는 전하고 싶은 내용을 글로 써서 주고받음으로써 사회적 상호작용의 수단으로 이용되는 글쓰기이다. 담화에서 전화 대화에 대응되는 소통방식이라고 할 수 있다. 편지를 쓰는 경우는 옛날에는 멀리 떨어져 있어 만나기 힘든 사람에게 썼지만 오늘날에는 가까이 있어도 시간이 없거나 다른 여러 사정 때문에 직접 만나서 하는 대화보다 편지로 연락하는 경우가 많다.

이동렬(2005: 193)에서는 편지의 용도를 다음과 같이 다섯 가지로 소개하고 있다.

○ 먼 거리를 직접 찾아가거나 전화를 할 수 없을 때 편지를 쓴다.
○ 직접 만나거나 전화로 얘기하기가 거북할 때 쓴다.
○ 사람의 마음을 이어 정을 두텁게 하려고 쓴다.
○ 남을 생각하는 마음을 가꾸기 위하여 쓴다.
○ 생활의 보람을 느끼기 위하여 쓴다.

편지는 글로 자신의 마음을 전하는 수단이다. 그러므로 그 역사는 고대로 거슬러 올라가고, 문자를 발명한 이후 오늘날 까지 누구나 즐겨 사용하는 통신수단이기도 하다.

편지를 쓰는 목적은 여러 가지이다. 상호작용을 위해서 쓰는 편지가 있고, 실생활의 필요에 의해서 쓰는 편지가 있다.[21]

편지의 종류는 많다. 편지를 쓰고 전달하는 방식의 차이에 따라 우편을 이용한 편지, 전자 매체를 이용한 편지로 나눌 수 있다. 우편을 이용한 상호작용 편지는 문안편지, 축하편지, 위문편지, 조문편지, 감사편지, 사과편지, 초대편지, 안부편지 등이 있고, 우편을 이용한

---

21) 실생활의 필요에 따라서 쓰는 편지에는 정보를 전달하는 편지도 포함된다. 상업 목적의 편지, 안내장, 자신의 입장을 밝히는 편지 등은 모두 거기에 속한다.

정보전달의 편지는 안내편지, 소개편지, 추천편지, 부탁편지, 주문편지, 문의편지 등이 있다.(이동렬, 2005: 194) 전자 매체를 이용한 편지는 휴대전화기를 이용한 '문자'가 있고, 컴퓨터를 이용한 '전자우편'이 있다. 이들 매체 편지는 시간과 경비가 우편과는 비교할 수 없을 정도로 적게 들기 때문에, 오늘날에는 거의 모든 사람들이 매체 편지를 선호하는 편이다.

2) 특성

편지글은 다른 글과는 구별되는 특성을 가지고 있다.(이동렬, 2005: 193) 그것은 첫째, 받는 사람이 대체로 정해져 있으므로 그에 따른 예의를 갖추어야 한다. 둘째, 직접 만나거나 전화로 얘기하기가 거북할 때 소통하는 수단으로 사용된다. 셋째, 사회적 상호작용을 통하여 사람과 친해지는 수단이기도 하다. 넷째, 쓰는 격식이 있으므로 그에 맞게 써야 한다. 다섯째, 편지를 쓰는 목적이 분명하게 나타나야 한다. 여섯째, 받는 사람이 누구냐에 따라서 말투를 달리해야 한다. 일곱째, 사회적 상호작용의 편지 중에는 정서표현의 편지도 포함되고, 실생활에 필요한 편지는 정보를 전달하기 위한 편지가 많다.

3) 짜임

편지글의 짜임은 일곱 부분으로 나뉜다. 그 순서를 보면 다음과 같다.

① 받는 사람 부르는 말: 받는 사람의 이름이나 호칭을 부른다.(받는 사람의 이름, 또는 호칭을 제시한다.)

② 첫인사: 받는 이의 안부를 묻는 문안의 내용을 적는다.(계절과 관련된 건강, 하는 일과 관련된 성공 여부, 안부와 관련된 자신의 심정을 적는다.)

③ 쓰는 이의 인사: 편지를 쓰는 사람 자신의 안부나 근황, 하고 있는 일 등을 적는다.(상대방이 궁금해 할 내용, 전에 있었던 일의 결과, 가족 또는 이웃의 안부를 쓴다.)

④ 하고 싶은 말: 이 부분에서 편지를 쓰는 목적이 나타나야 한다.(자신이 상대방에게 하고자 하는 말을 문학적 표현으로 또는 간명하고 알아보기 쉽게 써야 한다.)

⑤ 끝인사: 편지를 마치면서 상대방에게 진심이 묻어나는 인사말과 축복으로 끝맺음을 한다. (너무 장황하게 하지 않아야 한다.)

⑥ 날짜: 끝인사 다음에 줄 바꾸어 편지 쓴 날짜를 밝힌다.

⑦ 보내는 사람: 편지 쓴 사람의 이름과 '올림, 드림, 씀, 보냄' 등의 말을 쓴다.('올림'은 자기보다 훨씬 높은 사람에게, '드림'은 자신과 나이, 위치가 같거나 약간 높은 사람에게, '씀'은 자신과 같은 연배나 약간 낮은 사람에게, '보냄'은 아랫사람에게 붙이는 말이다.)

※ 추신 : 본문에서 빠뜨린 내용을 추가하여 쓴다.

이런 순서로 쓰는 것을 편지의 정형(定型)이라고 한다면 순서를 바꾸어서 쓰는 것을 변형(變形)이라고 할 수 있다. 예컨대 ②와 ①을 바꾸어서 쓸 수도 있고, ③이 가장 먼저 나올 수도 있다. 그러므로 받는 사람과의 친분, 위치를 고려하여 창의적으로 쓸 수 있는 것이 편지이다.

4) 쓰는 방법

앞에서 언급한 일곱 단계의 내용을 중심으로 글을 서술하는데, 상대방의 신분, 위치, 글 쓰는 사람하고 관계 등을 고려하여 문체를 선택해야 한다. 편지글을 크게 나눈다면 사단구성이라고 할 수 있다. 앞의 글쓰기 차례를 예로 들어보면 다음과 같다.

편지글	구성	내용
	서두	① 부르는 말, ② 첫인사, ③ 쓰는 이 인사
	사연	④ 하고 싶은 말, 용건, 편지 쓴 목적
	결미	⑤ 끝 인사, ⑥ 날짜, ⑦ 보내는 사람
	부기	본문에서 빠뜨린 내용을 추가로 기록함

편지 쓰기의 사단구성은 문예문에서 기, 승, 전, 결로 연결되는 사단 구성과는 차이가 있으며, '부기(추신, 追伸)'이 없다면 삼단구성으로 전개되는 방식이다.

위의 구성방법에 따라 다음 예문을 읽으면서 편지 쓰는 방법을 알아보자.

① 받는 사람 부르는 말
- 기원아, 보아라.
- 외할머님,
- 존경하는 선생님께,
- 보고 싶은 누나께

② 첫인사
- 봄바람에 냇가의 수양버들이 한들한들 머리를 날리고 있는 이때, 부모님 그 동안 잘 계셨습니까?

· 창밖에 벚꽃 이파리가 눈처럼 내리고 있습니다. 누님은 아름다운 봄날에 무얼 생각하십니까?

③ 쓰는 이의 인사

· 저는 외할머님의 염려 덕분에 이곳 진주에서 몸 건강히 잘 있습니다.

· 제가 부모님을 떠난 6개월 동안 철없는 행동을 많이 하였다는 걸 알았습니다. 그 날을 스스로 반성하면서 자신을 새롭게 가꾸기 위하여 노력하고, 건강도 아무 문제없이 지내고 있습니다.

④ 하고 싶은 말

· 막상 대학생활을 시작하니까 정해진 고등학교와는 달라 신경 쓰이는 일이 하나 둘이 아닙니다. 고등학교 때는 정해진 시간표대로 배우면 되지만, 대학에서는 스스로 자신의 시간표를 작성해서 수업을 들어야 하니까 좋은 점도 있고, 빠지는 시간을 기다렸다가 다시 들어가는 불편함도 있습니다. 한편으로는 동아리 활동이나 새로운 학문을 배우는 공부가 예전과는 달라 이제 하나의 전문직업인 학습이 시작된 것 같아 뿌듯하기도 합니다. 이처럼 잘 지낼 수 있는 것은 모두 부모님의 보살핌 덕분입니다. 열심히 공부하여 뒷날 부모님을 편안히 모실 생각에 부푼 꿈을 가지고 하루하루 생활하고 있으니, 너무 염려 하지 마십시오.

· 선생님께서 예쁜 공주님을 낳으셨다는 말을 듣고 너무 반가웠습니다. 아기의 웃는 모습을 보며 환하게 기뻐하시는 선생님의 모습이 눈에 선하게 떠오릅니다.
선생님께서 저희 담임이셨을 때 실과 시간에 뜨개질을 가르쳐 주셨지요. 저는 그 때 배운 솜씨로 아이의 양말을 짜고 있습니다. 양말이 완성이 되면 그것을 가지고 선생님 댁을 방문하고 싶어요. 선생님, 괜찮겠지요? 벌써부터 그 날이 기다려집니다. 혹시 좋은 날이 있으면 연락 주십시오.

⑤ 끝인사

· 그럼 양말을 아기 발에 신기는 그날 뵙겠습니다. 내내 건강하시기를 기원합니다.

· 이번 여름 방학 때 집으로 가겠습니다. 그 동안 고된 농사일에 건강에 주의하시고 편안히 계시기를 기원합니다.

⑥ 날짜

· 2012. 4. 15.

· 이천 십삼년 사월 보름에

⑦ 보내는 사람

· 부모님께서 염려하시는 아들 ○○ 올림

· 할머니를 보고 싶어 하는 손자 ○○ 올림

※ 추신 : 방학 전이라도 시간이 나면 연락드리고 집에 가겠습니다.

이상의 편지 형식은 반드시 그렇게 진행되어야 하는 것은 아니다. 글 쓰는 사람이 독창적으로 편지 문형을 만들어 쓸 수도 있으나 여기에 소개한 것은 일반적으로 사용하는 형식이다. 그러니까 굳이 이 형식에 맞추어 글을 쓰지 않아도 사람에게 감동을 주는 편지가 될 수 있다.

아래의 편지는 조선시대 병술년(1518)에 경북 안동시 정하동의 고성 이씨 응태(1556-1586)의 아내 원이엄마가 쓴 <사부곡(思夫曲)>이다.[22)]

1998년 묘지를 이장하던 중에 발견된 이 편지는 미투리와 함께 나왔는데, 31세의 남편이 병 낫기를 바라는 마음에서 간절한 정성으로 병구완을 하면서 자신의 머리카락을 잘라 삼과 섞어서 미투리를 짰으나, 1886년 6월 1일 끝내 남편이 세상을 떠나자 저승 갈 때 신을 미투리와 함께 편지를 넣은 것으로 보인다. 아내는 남편에 대한 사랑을 다 적지 못하자 편지 모서리에 마음을 적었으며, 그래도 다 적지 못하자 편지의 처음으로 돌아와 종이를 가득 채웠다. 편지는 조선 중기 고어체로 썼고, 이를 현대역한 내용은 다음과 같다.

원이 아버지께!
당신 언제나 나에게,
"둘이 머리 희어 지도록 살다가 함께 죽자."
고 하셨지요.
그런데 어찌 나를 두고 당신 먼저 가십니까?
나와 어린 아이는 누구의 말을 듣고 어떻게 살라고 다 버리고 당신 먼저 가십니까?
당신은 나에게 어떻게 마음을 가져왔고, 나는 당신에게 어떻게 마음을 가져왔었나요?
함께 누우면 언제나 나는 당신에게 말하곤 했지요.
"여보, 다른 사람들도 우리처럼 서로 어여삐 여기고 사랑할까요? 남들도 정말 우리와 같을까요?"

어찌 그런 일들 생각하지도 않고 나를 버리고 먼저 가시는가요? 당신을 여의고는 아무리 해도 나는 살 수 없어요. 빨리 당신에게 가고 싶어요. 나를 데려가 주세요.

당신을 향한 마음을 이승에서 잊을 수 없고, 서러운 뜻 한이 없습니다. 내 마음 어디에 두고 자식 데리고 당신을 그리워하며 살 수 있을까 생각합니다.

이 내 편지 보시고, 내 꿈에 와서 자세히 말해 주세요. 당신 말을 자세히 듣고 싶어서 이렇게 글을 써서 넣어 드립니다.

자세히 보시고 나에게 말해 주세요.

당신 내 뱃속의 자식 낳으면 보고 말할 것 있다 하고 그렇게 가시니, 뱃속의 자식 낳으면 누구를 아버지라 하라시는 거지요? 아무리 한들 내 마음 같겠습니까? 이런 슬픈 일이 또

22) 요즘 사람들이 그 편지를 <사부곡(思夫曲)>이라고 이름 지었다.

있겠습니까?

당신은 한갓 그 곳에 가 계실 뿐이지만, 아무리 한들 내 마음 같이 서럽겠습니까?

한도 없고, 끝도 없어 다 못 쓰고 대강만 적습니다.

이 편지 자세히 보시고 내 꿈에 와서 당신 모습 자세히 보여 주시고 또 말해 주세요.

나는 꿈에는 당신을 볼 수 있다고 믿고 있습니다.

몰래 와서 보여 주세요.

하고 싶은 말, 끝이 없어 이만 적습니다.

병술년(1586) 유월 초하룻날 아내가

이 편지는 오늘날과 같이 편지의 형식을 다 갖추지 않았으나 세계 사람의 마음을 애틋한 감동으로 울렸다. 안동 사람들은 원이 어머니의 사랑을 기리기 위하여 그 무덤 앞에 동상을 세웠으니 한 통의 편지가 얼마나 많은 사람의 마음을 움직이는지 모른다.

5) 유의점

편지를 쓸 때의 유의점은 크게 세 가지이다.(이동렬, 2005: 192) 첫째, 편지 속에 담겨야 할 내용은 반드시 적어야 한다는 것이다. 그것은 편지를 쓰는 목적이 나타나야 한다는 뜻이다. 둘째, 받는 사람에 따라서 인사와 호칭이 달라진다는 것이다. 받는 사람이 자기보다 손위인지, 손아래인지, 친구인지에 따라서 호칭이 달라진다. 셋째, 봉투 쓰는 방법을 알아야 한다. 봉투에 보내는 사람(왼쪽 위)과 받는 사람(오른쪽 아래)의 주소를 쓰는 자리가 정해져 있고, 우표를 붙이는 자리가 정해져 있다. 그리고 우편번호를 찾아서 반드시 적어야 한다.

나. 초대문

1) 개념

초대문은 무엇을 기념하는 자리나 행사에 초대하는 뜻을 적어서 보내는 사회적 상호작용의 글을 말한다. 이 글은 주로 초대하는 사람과 초대받는 사람의 친교를 위한 자리이다. 엄밀하게는 기념식처럼 서로의 생각과 목적이 동일함을 확인하고 축하하는 자리를 만들기 위해서, 대회처럼 행사를 축하하고 성공적으로 완수하기 위해서, 행사에서 기쁨을 서로 나누고 축하하기 위해서 쓰는 글로 나눌 수 있다.

예컨대 기념식은 입학식, 졸업식, 기념식 등이 있고, 대회는 경기 대회, 학술대회, 강연회, 전시회, 출판회, 시사회 등이 있으며, 축하행사는 수연, 결혼식, 피로연, 준공식, 개업식 등이 있다.

2) 특성

초대문은 다른 글과는 달리 초청하는 목적, 시간, 장소, 교통편, 약도 등의 내용이 담기고 특정 디자인이 결합된 형태의 상호작용 목적의 글이라 할 수 있다. 그러므로 일정한 형식을 갖추어야 하고, 내용에 정중하게 초대하는 내용과 말투가 담겨야 한다. 모든 사람을 대상으로 하는 글이 아니라 초대하는 사람이 지정하는 사람에게만 전달되는 방식이기 때문에 올바른 격식을 갖추도록 노력해야 한다.

3) 짜임

초대하는 글은 먼저 '모시는 말' '초대장' '알려 드립니다' 등의 제목을 쓴 다음, 그 아래 본문을 쓰게 된다. 본문은 '인사말, 감사말, 용건(초대의 목적), 당부, 끝인사'로 이루어지고, 그 아래 날짜와 초대하는 사람의 이름을 쓴다.

초대하는 글 아래에는 교통편에 대한 안내, 행사 장소의 약도, 그밖의 참고사항을 기록하게 된다.

이 글은 초대하는 글을 초대장에 쓰게 되므로 '초대 내용 + 디자인'이 결합하여 전달되는 양식이므로 두 가지 다 격식에 맞도록 하는 것이 다른 글과 다른 특징이라 할 수 있다.

4) 쓰는 방법

초대하는 글은 초대하는 목적이 잘 나타나야 한다. 목적을 보고 초대받는 사람이 초대장 보내는 사람의 의도를 정확하게 이해하고 참석을 하게 되기 때문이다. 다음은 일반적인 초대장의 보기이다.

㉮ 초 대 장

㉯ 신록의 계절을 맞아 귀하의 건강과 가정의 행복을 기원합니다.

㉰ 평소 귀하의 특별한 관심과 각별한 후의에 진심으로 감사드립니다.

㉱ 이번 7월 보름에 저희 가친의 칠순을 맞이하여 ○○뷔페식당에서 간단한 행사를 갖고자 합니다. 평소의 각별한 친분을 기리는 뜻에서 부디 참석하여 즐거운 한 때를 보내주십시오.

㉲ 따라서 칠순 기념행사를 겸한 소연회를 아래와 같이 열고자 합니다. 바쁘시더라도 부디 참석하시어 자리를 빛내어 주시기 바랍니다.

㈓ 무더위가 한창인 때에 몸 건강하시기를 기원합니다. 감사합니다.

㈔ 2011년 7월 1일

불초 ○○

○○

사위 ○○ 올림

㈕ -아래-

1. 일 시 : 2011년 7월 15일
2. 장 소 : ○○시 ○○뷔페식당

㈖ 약도

위의 초대장에서 ㉮는 초대장 제목이다. ㉯는 축원을 포함한 상대방에 대한 인사말이 되고, ㉰는 평소 좋은 관계에 대한 감사의 말이고, ㉱는 초대의 목적을 밝힌 내용이고, ㉲는 행사에 참석해 달라는 당부의 말이고, ㉳는 끝인사이고, ㉴는 날짜와 행사를 주관하며 초대하는 사람이 된다. ㉵는 때와 장소, ㉶는 교통편 또는 약도를 안내하는 내용이다.

이 내용을 바탕으로 학교 행사 초대장을 만들어 보자.

초 대 장

겨우내 잠들었던 식물이 기지개를 켜는 새봄에 학부형님의 가정에 행운과 건강이 함께 하기를 기원합니다.

평소 학교 교육에 특별한 관심과 자녀 학습에 각별한 애정을 보여주신 후의에 감사드립니다.

이번에 새 학기를 맞이하여 1학년 신입생이 입학식을 하게 되었습니다. 일생의 출발이자 배움을 향한 첫걸음을 내딛는 어린 새싹을 위하여 부디 참석하시어 자리를 빛내 주시면 고맙겠습니다.

입학식은 아래 장소에서 거행하고, 입학식을 마친 후 식당에서 점심 식사를 들면서 여러 학부형님들과 친교의 교감을 나누시기 바랍니다.

- 아 래 -

1. 때 : 2011년 3월 2일 오전 10시
2. 곳 : ○○초등학교 대강당

※학교버스가 ○○역에서 10분마다 학교로 왕복합니다. 많이 이용하여 주십시오.

학교 입학식에 참석해 달라는 내용을 담은 초청장이다. 여기에 나타낸 내용은 앞에서 말한 순서대로 내용을 짜 놓았다. 실물이 아니므로 교통 안내와 약도를 넣지 않았다.

만약 결혼을 위한 청첩장을 만들고 싶다면 다음의 내용을 나타내야 한다.

㉮ 감사인사
㉯ 축복기원
㉰ 양가 혼주와 신랑, 신부 이름(이때 신랑, 신부에게 존칭을 붙이지 않는다.)
㉱ 알리는 말
㉲ 일시(음력 표시)와 장소
㉳ 교통안내와 약도

청 첩 장

만물이 생동하는 이때 평소 베풀어 주신 은혜를 감사드리며, 가정에 행운과 축복이 가득하기를 기원합니다.

드리고 싶은 말은

김태규
의 장남 길 동 과
이선희

강감찬
의 장녀 서 희 가
최기순

여러 친지와 어른을 모시고 아래와 같이 화촉을 밝히게 되었습니다.
부디 참석하시어 자리를 빛내주시면 무한한 영광이겠습니다.

- 아 래 -

1. 시간 : 2011년 3월 2일(음력 4월 8일) 오전 10시
2. 장소 : ○○시 남강동 신선예식장 3층 봉황실

※버스가 당일 ○○역에서 오전 9시 정각에 출발합니다.

대개 청첩장은 인쇄소에서 고급용지에 디자인이 있는 것을 사용하기 때문에 특별히 문제될 것은 없으나 신랑과 신부를 '○○군과 ○○양의'라고 하지 않음을 알아야 한다. 이는 스스로 자신을 높이는 말이 되기 때문에 우리 어법에 맞지 않는 말이기 때문이다. 마찬가지로 혼주의 성함에도 '씨, 여사' 등의 존칭을 넣어서는 안 된다.

5) 유의점

초청장을 만들고 보내는 데는 몇 가지 유의사항이 있다. 받는 사람의 위치를 고려하여 문안의 말투에 각별한 신경을 써야 한다. 그리고 초대의 목적, 때, 장소 등 모임에 대하여 이해할 수 있는 내용을 쉽게 써야 한다.

초대장의 양식은 디자인이 격식에 맞도록 유의해야 하고, 초대장의 규격과 우편양식에 적합해야 한다. 주소란은 편지봉투처럼 보내는 사람은 왼쪽 위, 받는 사람은 오른쪽 아래에 만든다.

[참고문헌]

교육과학기술부, 실험용 교사용지도서 국어 3-1, 교육과학기술부, 2009.
이동렬, 아동 글쓰기 지도의 이해와 실제, 학연사, 2005.

4. 정서표현의 글쓰기

정서 표현의 글이란 문예문(文藝文), 즉 문학의 글을 말한다. 문학이란 언어예술로서 정서적 함축어를 사용하여 독자에게 감동을 주는 글을 말한다. 감동의 유무는 그것이 문예문인지 실용문인지를 구별하게 한다. 이 장에서는 시, 동화, 극본, 독서 감상문, 기행문, 스토리텔링, 일기, 생활문에 대하여 살펴보자.

가. 시

1) 개념

시(詩, *poem*)란 무엇인가? 옛 선인들은 왜 시를 쓰고, 시 쓰기를 가르쳤는가 하는 물음은 교육적 차원을 넘어 인류의 본성을 회복하는 문제를 묻는 것이었다. 공자가 「논어(論語)」 위정편(爲政篇)에서 '「시경(詩經)」에 있는 삼백 편의 시는 한 마디로 생각에 사특함이 없다.(詩三百, 一言以蔽之曰, 思無邪.)'고 한 말과 「서경(書經)」 순전(舜典)에서 '시란 뜻을 말한 것이다.(詩, 言志)' 라고 한 것은 시 쓰는 이의 마음가짐이 쓰는 내용과 방법과 어떤 인과 관계를 맺어야 한다는 뜻이었다. 함석헌 선생의 '시란 참이다.'라고 한 말은 고금을 관통하는 시에 대한 관점이라 하겠다.

시는 사람을 사람답게 만든다. 세상을 자세히 들여다봄으로써 삶의 진실을 알게 되고, 삶에 관심을 갖게 되어 마침내 세상을 사랑하는 마음으로 성장하게 된다. 자신만을 중심에 놓고 바라보던 눈을 타인의 입장에서 바라보는 시각으로 전환하게 되는 것이다. 시를 쓰는 사람은 자신을 돌아보고 무심코 넘길 수 있는 일을 눈여겨보고, 잘못된 것을 바로잡아 나가는 사람이다. 그리고 자신의 느낌과 감흥을 처음 그대로 되살려 놓는 사람이다. 아플 때 아프다고 하고, 슬플 때, 기쁠 때, 슬프고 기쁘다고 말할 수 있는 사람이 되어가는 것이다. 이처럼 자신을 솔직하게 표현하는 행위는 국어 사용 능력을 신장 시키는 활동이 될 수 있다. 남의 시를 읽어 이해하고, 자신의 시를 써서 표현하는 활동에서 자신의 국어 사용 기능이 향상된다. 그리고 가슴 답답한 이야기를 쏟아내어 글로 표현함으로써 마음속에서 심미적 정서를 갖게 되고, 그를 통하여 정화작용(淨化作用, catharsis)을 느끼게 된다.

시에는 동시, 아동시, 어른이 쓴 시, 국문시, 한시, 고시, 현대시 등 쓴 주체, 문자표기 방식, 시대에 따라 구분할 수 있다. 일반적으로 동시는 아동문학가가 쓴 시를 말하고, 아동시[23]는 어린이가 쓴 시를 말한다. 이 장에서는 어린이가 쓰는 아동시를 중심으로 말하고자 한다.

---

23) 아동시를 일부에서는 '어린이 시'라고도 한다.

2) 특성

시는 소설과는 달리 진실을 쓰는 글이다. 그러므로 많은 내용을 함축적으로 표현하여 내포(內包, *connotation*)는 많되 시어는 절제하게 된다. 시에서 사용하는 언어는 외연(外延, *Denotation*)이 아니다. 사전적 의미로 시를 읽으면 그 시가 가지고 있는 많은 의미를 놓치게 된다.

그래서 시를 쓰는 사람은 압축된 언어를 연과 행으로 구분하여 최소한의 시어만으로 참된 의미를 전달하려고 한다. 그 언어 속에는 음악도 있고, 미술도 있다. 마음을 열고 읽으면 노래하는 느낌과 장면이 그림처럼 연상된다. 그 속에 어린이의 삶이 들어있다. 그것이 좋은 시가 되기 위해서는 진실 된 내용을 당시의 느낌대로 되살려 놓을 때 사람들은 감동을 하게 된다. 다음 시를 읽어보자.

> 제비꽃이 생글생글 웃는다.
> 제비꽃이 하늘 보고 웃는다.
> 제비꽃이 우예 조르크롱 피었노?
> 참 이뿌다.
>
> (<제비꽃>, 안동 구수초 대곡분교 2학년 김춘옥)

이 시는 다른 시에서 볼 수 없는 내용이 담겨있다. 장면에 나타나는 제비꽃의 모습과 하늘을 보고 있는 장면은 진실이다. 그러나 그보다도 '조르크롱' '참 이뿌다'는 말은 다른 시에서 찾아볼 수 없는 말이다. 이처럼 새로운 감정은 새로운 표현으로 나타냈을 때 감동을 준다. 자기가 평소에 쓰는 말을 그대로 꾸밈없이 사용했을 때 새로운 느낌이 나타나기 때문이다.

3) 짜임

시는 제목과 연과 행으로 짜이는 글이다. 절제된 시어를 선택하여 많은 의미를 함축하여 나타내는 방식은 산문처럼 길게 풀어쓰는 방식이 아니다. 한시에서는 정해진 글자 수만큼 정해진 행수를 맞추어 시를 쓴다. 그러나 현대시는 연과 행의 길이에 제한이 없다. 그러나 무한정 늘어나는 것이 아니라 시 쓰는 사람이 자신이 경험한 내용, 생각한 내용, 느낀 내용을 효과적 표현이 될 만한 분량으로 쓴다.

연은 같은 생각이나 느낌을 묶은 하나의 다발이다. 산문으로 치면 문단과 같은 개념이라 할 수 있다. 연은 행과 행이 모여서 이루어지고, 행은 연을 이루는 시어로 이루어진다. 아동시에서는 연과 행을 잘 구분하지 못하고, 줄글처럼 쓰는 어린이가 많다. 처음부터 연과 행을 구별하여 쓰기를 요구하면 부담을 느껴 잘 쓰지 않으려고 할 수 있으므로, 시 지도가 어느 정도 이루어지고 난 다음에 따로 연과 행을 구별하는 방법을 지도하는 것이 좋다.

4) 쓰는 방법

'아동시란 마음의 소리, 자연이나 인간의 삶에서 얻은 감동을 짧게 함축적으로 나타낸 어린이의 시'라고 할 수 있다. 어린이들에게 아동시 쓰기를 지도하는 방법은 크게 두 가지 측면으로 접근할 수 있다. 그것은 교과서에 제시한 형식적 지도법과 경험 중심의 글쓰기 지도법이다. 후자는 이오덕(1984) 선생의 삶을 가꾸는 글쓰기 지도법으로서 어린이에게 실질적으로 시 쓰기에 도움을 줄 수 있는 방법이다.

가) 형식적 지도법

형식적 지도법은 교육과정에 제시된 학습목표를 따라 학년 단계별로 접근하는 방식이다. 2007 개정 교육과정에서는 먼저 1학년 단계에서 '운율이 잘 드러나는 짧은 표현이나 시에서 ㉠반복되는 말의 재미 느끼기, ㉡일상생활의 말에서 반복되는 말 찾기, ㉢단순한 운율 유형 만나기'를 지도하도록 하였다. 2학년에서는 운율이 잘 드러나는 시에서 운율에 맞추어 노래 부르거나 시를 낭송하도록 하였다. '㉠운율에 맞게 표현하고 그 효과 느끼기, ㉡느낌이 살아나도록 시를 낭송하기, ㉢운율에 맞게 읽을 때와 그렇지 않을 때의 차이점 알기'를 지도하도록 하였다. 시에서 의성어(擬聲語)와 의태어(擬態語)를 중심으로 재미있는 표현을 찾도록 한다. 3학년에서는 시나 노래를 들려주고, '㉠작품을 읽은 느낌 떠올리기, ㉡작품에 대한 느낌을 글로 표현하기'를 지도하도록 하였다. 4학년에서는 시나 노래를 분위기 살려 암송하기 활동을 하도록 하였고, 5학년에서는 작품의 주제 파악하기 활동을 하도록 하였으며, 6학년에서는 작품에 다양한 비유가 사용되었음을 학습하는 활동을 하도록 하였다. 특히 7차 교육과정에서는 동시를 들려주고 이어질 내용을 상상하여 쓰게 하거나 자신의 생각이나 느낌 드러나게 바꾸어 쓰는 활동을 하게 한다. 예를 들어보자. 4학년 1학기 말하기 · 듣기 · 쓰기 교과서 둘째 마당 '고운 꿈 아름답게'의 소단원 2 '나라면 이렇게' 4/9차시에서 '시를 듣고, 이어질 내용을 상상하여 쓸 수 있다.' 라는 목표로 시 쓰기 지도를 한다.

흙 묻힌 손
뒤에 감추고 오다가
영감님을 만났네.
"어른 앞에서 뒷짐을 지다니.

허, 고얀 놈 버릇없군."

흙 묻힌 손
뒤에 감추고 오다가
뒷집 애를 만났네.
"얘, 먹을 거니? 나 좀 다오."

흙 묻힌 손
뒤에 감추고 오다가
삽사리를 만났네.
"뒤에 든 게 돌멩이지?
달아나자 달아나."

(<흙손> 전문, 교육인적자원부, 2003: 125)

이 단원의 시 쓰기 지도는 <흙손>이라는 시를 들려주고, 뒤에 이어질 내용을 상상하여 쓰도록 하고 있다. 이 지도 방식은 모방을 통하여 창조를 한다는 원리를 적용한 것이다. 앞에서 '흙 묻힌 손/ 뒤에 감추고/ ~를 만났네'가 반복되는 형식을 취하고 있다. 학습자는 이것을 모방하여 뒷말을 상상하여 넣도록 하고 있는 것이다.

다섯째 마당 '감동의 메아리'에서 '한걸음 더'(교육인적자원부, 2003: 278)에서는 시의 일부를 제시하고 일부를 바꾸어 넣는 시 쓰기 지도를 하고 있다.

빈 나뭇가지에
(　　　　　) 걸렸다 가고

빈 나뭇가지에
(　　　　　) 앉았다 가고

빈 나뭇가지에
(　　　　　) 돋았다 가고

빈 나뭇가지에
(　　　　　) 달렸다 가고

빈 나뭇가지에

(　　　　　) 쉬었다 가고

빈 나뭇가지에
빈 나뭇가지에

(<빈 나뭇가지에> 전문, 교육인적자원부, 2003: 278)

여기서 같은 내용을 반복하면서 자신의 생각을 (　) 안에 부분적으로 넣어보게 하는 활동을 한다. 이 역시 기본적인 사고의 틀을 제시하고 그것을 모방하여 시를 쓰게 하는 학습인데 형식을 약간 바꾸어 접근하고 있다.

이 방법은 학습자들이 쉽게 시를 쓸 수 있다는 생각을 하기 쉬우나 처음부터 스스로 창작하려는 의욕을 배양하는 데 실패하고 있다. 그리고 이 방법이 학습자의 참된 경험을 살려 쓴 것이 아니라 상상해서 지어낸 글이 되므로 초등학교 학생들이 배워야 할 '시는 참이다.'라는 명제를 충족시키기가 어렵다. 따라서 교사가 학습자에게 참된 삶을 통한 참된 글을 쓰도록 유도하기 위해서는 학습자 스스로 경험을 바탕으로 생각과 느낀 것을 쓰도록 해야 한다. 그리고 이야기 글을 줄여서 시로 만드는 방법을 가르치는 시간이 있는데, 이는 겉모습만 시 형식을 빌린 것이지 시가 될 수 없다고 생각한다. 시는 처음부터 시이고 이야기는 이야기지, 내용만 줄이거나 늘인다고 시나 이야기가 되는 것은 아니다.

나) 경험 중심 아동시 쓰기

경험 중심 아동시 쓰기는 삶을 가꾸는 글쓰기라고 할 수 있다. 이 방법은 학급 담임 지도 기간이 1년이라는 것을 생각하여 크게 세 단계로 나누어 지도해야 한다. 그 단계는 아동시 쓰기 전 활동 단계, 아동시 쓰기 활동 단계, 아동시 쓴 후 활동 단계로 나뉜다.

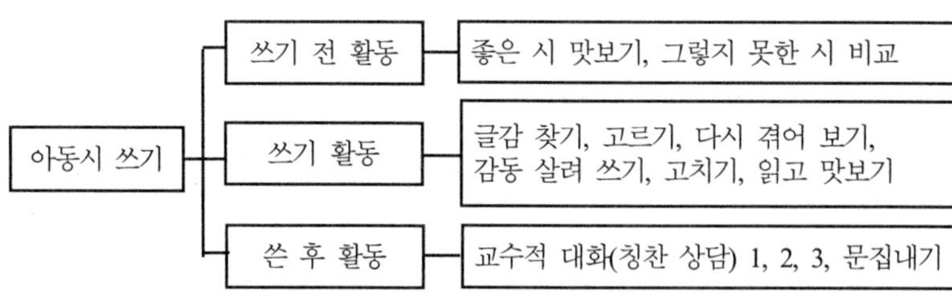

아동시를 쓰기 전, 중, 후 삼단계 활동을 통하여 어린이에게 시 쓰기 지도를 할 수 있다. 총 지도 기간은 담임을 맡고 있는 1년 동안이다. 각 단계별 활동은 다음과 같이 한다.

(1) 쓰기 전 활동 단계

어린이에게 '시란 이런 것이다.'라고 아무리 이야기 해 주어도 잘 이해하지 못 한다. 그래서 실제로 시를 쓰고 읽는 가운데서 자기 마음속으로 저절로 깨달아 알도록 하는 것도 하나의 방법이다.

시를 알도록 하기 위해서는 좋은 시를 많이 맛보도록 해야 한다. 좋은 아동시를 읽어주고 생각난 것, 느낌, 재미있는 부분 등에 대하여 서로 이야기를 나누며 시의 맛을 본다. 그리고 좋지 못한 시를 읽어 비교하여 감동이 느껴지는 시는 좋은 시이고, 관념시, 말장난 시, 남의 것을 흉내 낸 시, 베껴 쓴 시, 읽어도 감동이 없고 무슨 뜻인지 모르는 시는 좋은 시가 아님을 알도록 해야 한다.[24] 시를 읽는 사람 입장에서 좋은 시란 다음과 같은 시를 말한다.(이호철, 1999: 15)

○ 사람의 마음을 따뜻하게 하는 시
○ 우리를 기쁘게 해주는 시
○ 새로운 세계를 열어 보여 주는 시
○ 자유롭게 살아가는 마음을 보여주는 시
○ 우리 마음을 깨끗하게 하고, 성숙하게 하는 시
○ 참된 것을 찾아낸 시
○ 우리에게 희망을 주는 시

시를 쓰는 사람의 입장에서 보면 다음과 같은 시가 좋은 시라고 할 수 있다.

○ 새로운 것을 발견한 것
○ 아름다움, 새로운 사실, 진리 등을 깨달은 것
○ 참다 참다 참을 수 없는 말을 쓴 것

이러한 내용은 어린이가 살아가면서 그때그때 만나는 일에서 느끼고, 생각한 것들이다. 아래 좋은 아동시를 하나 맛보기로 하자.

소가 차에 올라가지 않아서
소 장수 아저씨가 '이라' 하며
꼬리를 감아 미신다.

---

24) 이런 시를 가짜시라고 할 수 있다.

엄마 소는 새끼 놔두고는
안 올라간다며 눈을 꼭 감고
뒤로 버틴다.
소 장수는 새끼를 풀어 와서
차에 실었다.
새끼가 올라가니
엄마 소도 올라갔다.
그런데 그만 새끼 소도 내려오지 않는다.
발을 묶어 내릴려고 해도
목을 맨 줄을 당겨도
엄마 소 옆으로만
자꾸자꾸 파고들어 간다.

결국 엄마 소는 새끼만 보며 울고 간다.

(<팔려가는 소> 전문, 조동연/경산 부림초 6학년, 이호철,
『살아있는 글쓰기』, 1999: 17~18)

이 시에는 감동이 있다. 새끼와 떨어지지 않으려는 어미 소의 진한 모성애에 가슴을 울리는 감동이 일어난다. 이처럼 어린이의 삶 속에서 일어난 일을 보고 느낀 점을 썼을 때 그 시를 읽는 사람은 큰 감동을 느낀다. 이런 시가 좋은 시다.

이에 비해서 장난스럽고 감동이 없는 시를 읽어보자.

우리 선생님은
믿음직스럽다.

우리 선생님은
미남이시다.

우리 선생님은
정직하시다.

우리 선생님은
언제나 훌륭하시다.

(<우리 선생님>, 6학년)

이 작품은 단순 사실만 반복적으로 나열하고 있다. 비록 그 내용이 사실이라 하더라도 아무런 맛과 감동을 느낄 수 없다. 이것이 좋지 못한 아동시이다.

이처럼 본시 학습의 아동시 쓰기를 하기 전에 '맛보기 작품'을 많이 읽고 좋은 아동시와 좋지 못한 아동시를 분별하는 지도활동을 2~3개월 지속한다. 이런 공부는 반드시 시를 지도하는 시간이 아니더라도 아침 자습시간, 재량활동 시간, 방과 후 시간 중에서 시간을 내어 가르쳐야 한다. 이런 시의 맛보기 방법은 같은 아동시를 두 번 읽어 주고 어떤 느낌이 드는 지 말해보게 한다.

잠시 생각할 시간을 준 뒤, 느낌을 발표하게 하고, 만약 글로 표현한다면 학생들이 글을 쓰는 동안은 조용한 분위기를 유지하도록 한다. 교사는 이리 저리 다니지 말고, 학생들이 도움을 필요로 할 때만 가까이 다가가 도움말을 준다.

쓴 글을 읽어보고 어느 대목이 특히 마음에 들었는지 말해 보게 한다. 이때 교과서에 수록된 동시, 동시집에서 고른 동시를 읽어주어 서로 비교해 보게 한다. 여기서 입으로만 쓴 시나 머리로만 쓴 시를 찾아보게 한다. 그 중에서 어느 작품이 마음에 감동을 주는 시인지 발표시켜 본다. 마음이 느끼어 움직이는 것 그것이 감동(感動)이다. 우리 밥상에 김치가 빠질 수 없듯이 시에서 감동이 없다면 아무리 연과 행을 나누고 그럴 듯한 말로 포장을 했더라도 좋은 시가 되기 어렵다. 실제로 지도해보면 좋지 않은 시는 아이들이 더 잘 안다. 시 맛을 제대로 알게 되면 감상 작품을 한 시간 내내 들려주어도 한 눈 파는 아이들이 없다. 그만큼 순수하게 받아들이기 때문이다.

(2) 쓰기 활동 단계

우선 교사와 학습자는 진실한 마음을 가져야 하고 마음을 열어야 한다. 새 학기에 가장 먼저 할 일은 아이들의 마음 문을 열게 하는 일이다. 모든 것을 사랑의 눈으로 살펴볼 줄 알게 하기 위해서다. 모든 것 중에서 특히 힘없고, 불쌍하고, 보잘 것 없고, 작고, 남들이 하찮게 여기는 것, 남에게 버림받은 것을 사랑할 줄 알게 해야 한다. 그러기 위해서는 여러 가지 생활 모습, 자연, 동물의 움직임 등을 관찰해야 하고, 그것에 대하여 오랫동안 생각해야 한다.

교사의 일방적 지시나 요구만으로는 좋은 글을 쓸 수 없다. 지시나 강제는 아이들의 마음 문을 닫게 하기 때문이다. 허용적인 분위기는 좋은 시를 쓰는 데 무엇보다도 중요하다. 마치 아무 것도 적히지 않은 백지 같은 마음으로 글쓰기를 시작해야 한다. 이오덕(1984) 선생은 몇 가지 시 쓰기 지도의 원칙을 제시한 적이 있다.

① 어린이 세계의 다양함을 이해하고 인정해야 한다.

② 다양하고 창의적인 지도 방법을 강구해야 한다.

③ 머리로 쓰는 시를 쓰지 않도록 해야 한다.
④ 개념적, 추상적, 상투적인 말에서 벗어나야 한다.
⑤ 거짓말, 말장난의 시 쓰기를 하지 않아야 한다.

시 쓰기는 자신의 마음을 보여주는 일이다. 그러므로 교사와 학생의 관계가 솔직하고, 정직해야 한다. 이런 관계가 정립될 때 시를 쓸 수 있다.

쓰기 단계는 '글감 찾기, 글감 고르기, 얼거리 짜기, 다시 겪어보기, 쓰기, 고치기' 과정으로 진행한다.[25)]

(가) 글감 찾기

글감은 어린이가 생활하는 가운데서 언뜻 머릿속을 스쳐가는 내용이 바로 쓸 거리가 된다. 최근의 일이 아니라도 지난 일이나 지금 겪고 있는 일을 글감으로 고를 수 있다. 어린이들이 쓸 수 있는 글감은 다음과 같다.

○ 한 일 : 청소하기, 심부름, 숙제, 아기 보기, 학원가기, 집안 일하기, 농사일하기 , 부모님 도와 드리기 등.
○ 놀이 : 게임, 오락, 물놀이, 윷놀이, 공깃돌 놀이, 고무줄놀이, 말타기, 사방치기, 숨바꼭질, 자전거(인라인) 타기 등.
○ 본 일 : TV에서 있었던 일, 거지의 행동, 시장 할머니, 동물, 음식, 식물, 옆집 아주머니, 일하는 아버지, 홍시, 신발 가게, 학교를 오가며 본 것 등.
○ 들은 일 : 친구 소식, 멀리 있는 식구 소식, 할머니 어렸을 때, 옛날이야기, 사고 난일, 소문 등.
○ 생각한 일 : 꼭 갖고 싶은 것, 답답한 마음, 나의 소원, 돌아가신 식구, 나의 장래, 할머니와 사는 친구 등.

어린이들은 많은 일을 경험한다. 공부하기, 놀이하기, 심부름하기 뿐만 아니라 농촌에 사는 어린이는 부모님을 따라 여러 가지 일을 돕게 된다. 이처럼 일상생활에서 일어나는 모든 일이 글감이 된다.

번개처럼 떠 오른 생각을 수첩에 적어 두었다가 글을 쓸려고 할 때 이용하는 것은 글감 찾기와 글쓰기의 아주 좋은 방법이다. 길을 가다가 무엇을 보고 마음이 안됐다 싶을 때 그것을 적어두었다가 글로 옮긴다. 그러기 위해서는 침착하고 자세히 관찰하는 태도가 중요

---

25) 이호철(1999: 52~62)의 내용을 일부 수정하여 다시 정리하였다.

하다.

(나) 글감 고르기

글은 어느 한 순간에 감동을 받았던 글감을 골라 써야 한다. 자기 마음속에 남아 있던 이야기라도 누구나 경험하여 이미 쓴 이야기라면 다른 사람에게 감동을 줄 수 없다. 즉 좋은 글감이 아닌 것이다. 그러므로 누구나 겪었으면서도 다른 사람이 아직 쓰지 않은 글감이라면 좋은 글감이 될 수 있다. 비록 다른 사람이 쓰지 않은 글감이라 하더라도 그것을 경험한 당시의 감흥이 떠오르지 않으면 그 역시 좋은 글이 될 수 없다. 그래서 어느 것이 가장 생생한 감흥을 일으킬 수 있을지 생각해야 하고, 그것을 다른 사람에게 감동을 줄 수 있도록 써야 한다.

가령 '아버지'라는 글감으로 아동시를 쓴다고 하자. 지금까지 이런 글감의 이야기는 수를 셀 수 없을 만큼 봐왔다. 우리 아버지는 고생을 해서 돈을 벌고 우리를 키워주신다고 써보았자 이는 누구나 흔히 겪을 수 있는 이야기이므로 감동을 줄 수 없다. 그러나 같은 주제여도 내용이 다른 시와 달리 독특한 것이라면 감동을 줄 수 있으므로 쓸 수 있다. 그러므로 가능하다면 학습자가 누군가에게 꼭 말해야 되겠다 싶은 절실한 이야기를 찾아서 쓰는 것이 좋은 글이 될 수 있는 것이다.

(다) 얼거리 짜기

이 단계는 흔히 구상하기 단계라고 말한다. 글을 어떤 순서로 쓸지, 어떤 내용을 넣고 어떤 내용을 뺄지를 생각하여 전체적인 글의 모습을 생각하는 단계다. 집짓기로 비유하면 집 지을 설계도를 그려서 집을 지어가는 밑그림을 그리는 활동에 해당한다. 실용문이라면 개요짜기와 같은 단계이다. 1연에서 무슨 내용을 쓰고, 2연에서는 어떤 내용을 쓰며, 마지막 연에서는 어떻게 마무리 해야겠다고 글의 전체적 구성과 내용 배열의 효과를 생각하여 정하는 단계이다. 이는 어떤 글감을 두고 생각 그물을 만들어서 글을 쓰기 전에 다양한 기억을 떠올리고, 그 회상을 조직하는 목적으로 얼거리를 짠다. 글의 얼거리에 쓸 내용을 메모하고 쓴다.

이것을 그림으로 나타내면 다음과 같다.

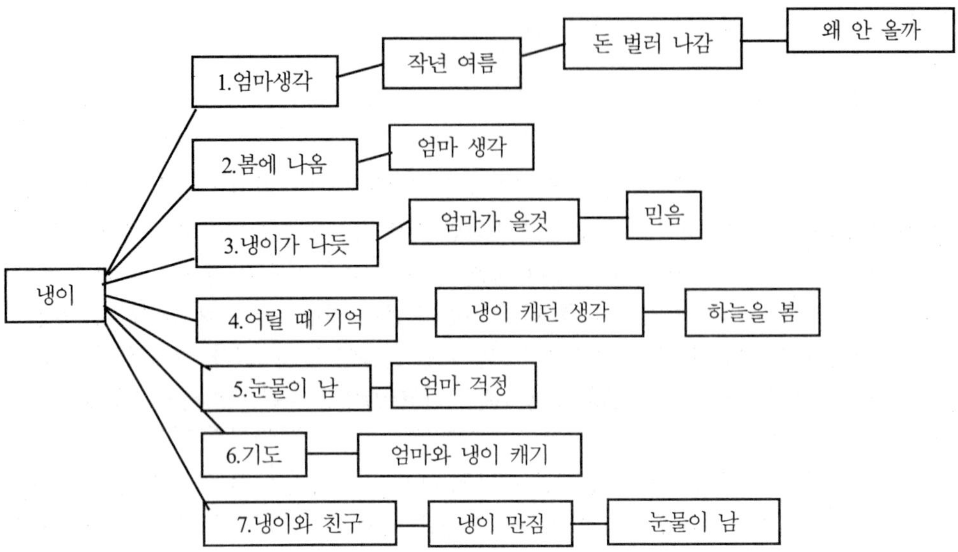

[그림 II-6] 글감에 대한 생각그물도

생각 그물 만들기를 응용하여 각 연별로 쓸 내용의 얼거리를 짠 모습이다. 여기서 각 연별로 생각나는 내용을 나열하고, 그 생각에 이어서 떠오른 생각을 연결하여 그려 두었다. 이 내용을 바탕으로 시를 쓸 수 있다.

(라) 다시 겪어 보기

글감을 골라 글을 쓸 때, 당시의 감동을 되살리기 위해서는 마음속으로 그때 있었던 일을 생각하면서 같은 느낌이 살아나도록 다시 겪어 보아야 한다. 쓰려는 글감이 지금 막 겪은 일이라면 쓰기가 쉬우나 지나간 일에 대하여 다시 그 느낌을 가지기 위해서는 조용히 그 당시로 돌아가 다시 겪어볼 수밖에 없다. 이런 과정을 거치지 않으면 억지로 말만 짜맞춘 시가 될 수 있다.

당시의 감동적인 장면을 찾아냈더라도 말로 표현하지 못하는 아이가 있다. 이럴 때 교사는 교수적 대화활동을 통하여 학습자가 그때 상황을 떠올리고 글로 표현하도록 하는 것이 효과적이다.(박기용, 2007: 11) 글감을 고르고도 시를 쓰기 어려워 하는 학습자에게 과거에 겪은 상황을 하나하나 물으면 학습자는 의외로 쉽게 당시 상황을 떠올린다. 학습자가 한 것, 본 것, 들은 것, 느낀 것, 생각한 것 등을 지적하여 환기시켜 주면 아무리 글을 못 쓴다는 학생도 미숙하나마 글을 쓸 수 있게 된다. 만약 송아지가 세상에 나올 때 모습과 느낌을 시로 쓴다면, '송아지가 어떻게 나오더냐? 다리는? 머리는? 네가 행동으로 흉내를 내 볼래?' 이렇게 차근차근 상황에 대한 기억을 더듬어 회상하도록 하면 생생한 글을 쓸 수 있다.

(마) 쓰기

쓰기는 다시 겪어보기에서 떠올린 그 감동이 사라지기 전에 곧바로 실행해야 한다. 만약 도중에 다른 생각을 하게 되면 감동은 사라지고 다시 그 느낌, 상황이 회상되지 않을 수도 있으므로 아이가 글을 쓰는 데 방해 되지 않도록 해야 한다. 학습자가 시를 쓸 때의 주의점은 설명하는 시를 쓰면 안 된다. 다만 말을 아껴 지금 막 겪은 일처럼 생생하게 살려 써야 독자가 감동을 느낄 수 있다.

가장 자세히 쓰는 방법은 묘사다. 한 일을 그대로 보여주듯이 쓰는 방법이다. 즉 자신이 본 내용을 그대로 적으면 대개 묘사가 된다.

그리고 일기체 문장을 쓰는 것은 좋지 않다. 다음 문장은 일기체 서사의 보기이다.

'아버지가 그런 말로 꾸중하실 때면 나는 눈물이 난다.'

여기서 사용한 '~하면 ~한다.' 는 식의 문장은 서사문에서 사용하는 표현 방식이다. 이것을 시적으로 고치려면 꾸중할 때 아버지가 한 말을 그대로 적고 그 다음에는 눈물이 났다고 쓰면 된다. 이때 쓰는 말은 모두 사실이어야 한나.

사실은 바른 것을 말한다. 이것은 주관적일 수도 있다. 세상 모든 일을 흘러가는 대로 생각 없이 지나기보다는 한 번쯤 따져보고 되짚어보는 태도가 중요하다. 그것이 옳은 일인지 그른 일인지 따져보는 가운데 자신을 바르게 세울 수 있다.

사실을 적는 것은 창의적인 국어 사용 능력 신장과도 밀접한 관련이 있다. 고양이 소리가 정말로 '야옹야옹'으로 들리는가? 돼지 소리가 '꿀꿀'로 들리는가? 사람들은 자세히 관찰하지 않은 상태에서 이미 학습한 관념의 소리를 그 동물의 진짜 소리인 것으로 착각하여 표현하는 경우가 많다. 매미가 '맴맴', 참새가 '짹짹', 시냇물이 '졸졸졸' 소리 난다고 하는 것은 모두 관념적인 소리이고, 자신의 귀로 듣고 관찰한 소리가 아니다. 이런 의성어는 생생하고, 창의적인 소리가 아니라 이미 죽은 소리이다. 자신의 귀로 관찰한 독창적인 소리를 찾아 시를 쓰자.

(바) 고치기

글을 다 쓴 후 학습자는 자기 시를 읽어보고 고칠 부분이 없는지, 잘못된 표현이 있는지, 살펴보고 고쳐야 한다. 이때 어법에 맞는 말인지, 틀린 글자는 없는지도 살펴야 하나 중요한 것은 느낌을 살리기 위해서 자신이 사용하는 말로 시를 써야 한다는 것이다. 스스로 사투리를 쓰면서 표준어로 시를 쓴다면 그것은 자신의 느낌을 정확하게 표현하는 방법을 버리는 것이다. 그리고 시에서 생생한 느낌이 살아나지 않는다. 학생이 평소에 쓰는 말 그대로를 살려 쓰는 것이 가장 좋은 표현이다.

교사는 차근차근 학습자가 자신의 글을 고칠 수 있도록 여유를 준다. 그러나 너무 많은 손질을 하면 본래의 생생한 맛이 사라진다. 지나친 고치기와 다듬기는 피해야 한다.

(3) 쓴 후 활동 단계

시를 쓰기 전, 쓰기 활동을 수업 시간 또는 시 쓰기 시간에 지도하여 쓴 작품을 모아 두었다가 5~7명의 학생을 1주일 단위로 바꾸어가며 매일 개별로 만나 교수적 대화 활동[26]을 통하여 고치기 지도를 한다. 그리고 다 고친 작품은 친구들 앞에서 발표하여 맛보기를 한다. 완성된 작품을 모아서 문집을 만들고 친구들끼리 나누어 갖는다. 즉 이 단계에서 지도 순서는 '대화(상담) 하기, 고치기 1・2・3, 맛보기, 모아서 문집 만들기, 나누어 갖기'로 진행된다.

(가) 교수적 대화 지도와 고치기

다음은 이호철(1999: 62-69) 선생이 초등학생을 지도한 과정과 학생이 쓴 아동시이다.

어미가 움마 움마 하들이
송아지가 나왔다.
환양그기 나오자 송아지가
그것을 먹자 조금 이어니 송아지가
그빵 이어섰습니다.
송아지는 저을 빠아 먹어다
어미는 해바닥 송아지의 군디
한터 주었다.

「송아지, (   ) / (   )초 3학년」

어린이가 이 시를 처음 썼을 때, 암호문처럼 글이 난해했다. 그러나 이 시는 송아지가 태어나는 장면을 난생 처음 목격하면서 경이로움 속에서 경험을 쓴 글이다. 교사가 이 학

26) 교사는 어린이 시 지도를 위하여 쓴 작품을 놓고 당시 상황으로 돌아가서 다시 겪어 보기를 한다. 이 대화의 성격은 단순한 고민 상담이 아니라 시를 잘 쓰기 위한 것이므로 '교수적 대화 활동'이란 용어를 사용하였다.

생을 지도할 때는 학생과 일대일 상담하듯이 지도한다. 첫 번째 교수적 대화 지도 과정[27]을 대화록으로 옮기면 다음과 같다(이호철, 1999: 63).

> "○○이는 시를 아주 생생하게 잘 썼네. 시를 좀더 잘 쓰기 위해 그때의 이야기를 해 보자. 내가 묻는 말에 부끄러워하지 말고 사실대로 말해봐. 어미가 송아지를 낳을 때 그냥 움마 움마 울기만 했나?"
> "아니예. 어미가 움마움마움마 카디마는 못 살다고 막 움직이데예."
> "그래? 왜 그랬을까?"
> "막 아파갖고 그란 깁니더."
> "그럼 이제 네가 이야기 한대로 한번 써 봐라."

교사와 대화를 한 학생은 자기 자리에 가서 다시 생각한 부분을 고쳐서 다시 가져온다. 앞에서 '어미가 움마움마움마 카디마는 못 살다고 막 움직였다.' 는 내용을 학습자는 다음과 같이 바꾸었다.

> '어미가 움마움마움마/못 살다는 듯이 우지기다.'

그리고 다음 시의 다음 줄을 가지고 대화를 한다. 그 장면을 대화록으로 옮기면 다음과 같다.

> "하얀 것이 나와서 송아지가 먹었다는데 정말 송아지가 먹었을까?"
> "아입니다, 어미가 먹었습니다."
> "그런데 너는 송아지가 먹었다고 이렇게 썼네? 바르게 고쳐볼래?"

그리고 학습자는 다시 그 대목을 고쳐온다.

> '환양그이 나오자 어미가 먹었다.'

대화는 이어진다.

> "송아지 모습이 어땠지?"

27) 이호철 선생의 교수적 대화 중심 글쓰기 지도는 과거에 학교교육에서 시도한 어떤 시 지도 방법보다 탁월한 효과를 보여준다. 이런 점에서 글쓰기 지도를 하려는 교사를 위해 그 과정을 이호철(1999)에서 일부 대화와 설명 내용을 수정하여 게재한다.

"온 몸이 다 젖었어예."
"그래? 그럼 그 말도 넣을까?"

이렇게 해서 고친 글은 다음과 같다.

송아지 몸이 다 젖저다.

다음 줄에 대하여 대화를 계속한다.

"송아지는 어떻게 움직였지? 낳자마자 하던 짓을 이야기해 볼까?"
"넘어졌어예."
"그 당시 모습을 자세하게 말해 볼래?"

학습자는 한참 고개를 갸웃거리다가 다음과 같이 말했다.

"일어설라꼬 다리를 이래 덜덜 떨다가, 이카면서 앞으로 팩 꼬시라졌어예."
"아, 그랬구나. 또 없나?"
"또 일어설라 카다가 팩 꼬시라졌어예."
"그랬구나. 이 말을 한번 써 봐라."

고친 글은 다음과 같다.

일어설라꼬 다리를 들들 아푸로 베꼬시어전다.
또 이어서라 하다가 베꼬시에전다.

다시 대화를 시작한다.

"그 때 어미는 어떻게 하고 있었지?"
"새끼가 빨리 지 혼자 일어서기를 바래는 것 같았어예."
"자세히 봤구나. 그렇게 써 볼래?"

학습자는 이렇게 고쳤다.

어미는 빠이 이어서기를 바레다.

대화를 계속하였다.

"또 어미가 한 짓은 없었나?"
"햇바닥으로 핥아 좄어요."
"새끼가 일어섰나?"
"새끼가 일어설라 카니까요."
"그렇구나. 그대로 써 볼래?"

학습자가 고쳐 온 내용이다.

또 해바닥으로 하터주다.

대화를 하면서 물었다.

"그러니까 새끼가 일어섰나?"
"예, 송아지가 힘이 나갖고 자꾸 일어설라꼬 하데예."
"얼마만에 섰나?"
"한참 있다가 벌벌 떨면서 일어서더니 어미 섯을 쭉쭉 빨았어요."
"그래 참 보기 좋았겠네? 그 장면을 뺄 수 없겠구나. 그렇게 써 볼래?"

학습자가 고쳐온 내용은 이랬다.

송아지는 힘이 나서 자구 일어서라 한다.
한차 있다가 송아지가 들면서 이어서들이 저를 족족 빠라다.

교사가 다시 물었다.

"그러니까 어미가 어떻게 했니?"
"어미가 기뻐서 자꾸 새끼 몸을 햇바닥으로 핥아 조요. 궁디요."
"(웃으며)그대로 써라. 본 대로."

학습자가 글을 고쳐 왔다.

어미는 기쁜서 자구만 해바닥으로 군디를 하터 주었다.

교사는 칭찬을 해 주었다.

"아이고, 수고했다. 이제 한 번 읽어 봐라."

"그런데 네가 쓴 글이라도 읽기가 힘들지? 그것은 글을 바르게 적지 못해서 그렇지. 내일 이 글을 다시 맞춤법에 맞게 고쳐보자. 응?"

"예."

이렇게 1차 교수적 대화 활동을 한 결과 다시 완성된 시는 다음과 같다.

어미가 움마움마움마
못살다는 들이 우지기다
송아지가 나왔다
흰양그이 나오자 어미가 먹어다
송아지의 몸은 다 젖저다
이어섰나고 다리를 들들 들다가
아푸로 베꼬시라진다
또 이어서라 하다가
배꼬시라진다
어미는 빨리 이어서기를 바레다
송아지는 힘이 나서 자구
이어서라 한다
한차 이디가 송아지가 들며서
이어서들이 저을 족족 빠라다
어미는 기쁜서 자구만 해바닥으로
군디를 하터 주었다

두 번째 교수적 대화 지도는 다음날 이루어졌다. 학습자는 어제의 대화적 지도 때문에 상당한 친근감을 가지고 있었고, 방과 후 교실에서 교수적 대화가 다시 시작되었다.

"잘 썼네. 다시 한 번 읽어볼래?" (어린이가 읽는다.)

"잘 읽었어요."

"오늘은 틀린 글자하고 말을 바로 잡아 볼까? '들이'는 무얼 쓴 걸까?"

"……."

"'듯이'를 쓴 거야? 그럼 듯이로 바꾸어 볼까?"

이런 식으로 틀리고 말이 되지 않는 곳을 두 번째 교수적 대화 활동에서 고치도록 하였다.

세 번째 교수적 대화 지도는 다음날 이루어졌다. 학습자는 아침 자습 시간에 고친 시를 꺼내놓고 깨끗한 종이에 다시 정서하도록 하였다. 그러자 띄어쓰기와 원고지 쓰기에 익숙하지 않아 오류가 나왔다. 필요한 곳에 문장 부호를 넣도록 하였다. 이렇게 하여 완성된 시는 다음과 같다.(이호철, 1999: 68)

어미가 움마움마움마
못 살다는 듯이 움직였다.
송아지가 나왔다.
하얀 것이 나오자 어미가 먹었다.
일어설라고 다리를 들들 떨다가
앞으로 팩 꼬시라졌다.
또 일어설라 하다가
퍽 꼬시라졌다.
어미는 빨리 일어서기를 바랬다.
또 혓바닥으로 핥아 준다.
송아지는 힘이 나서 자꾸 일어설라 한다.
한참 있다가 송아지가 떨면서
일어서더니 젖을 쭉쭉 빨았다.
어미는 기뻐서 자꾸만 혓바닥으로
궁둥이를 핥아 주었다.

(<송아지>, 3학년)

여기서 '못 살다' '일어설라고' '꼬리라졌다'는 말은 사투리이다. 어린이가 쓴 시에 자신이 사용하는 말투를 사용하는 것은 지극히 바람직한 일이고, 시의 느낌을 생생하게 하기 위해서 표준어로 바꾸지 않았다. 이는 시의 진솔한 감정을 표현하고 있어서 권장할 일이라 생각된다.

만약 표준어 사용 지도를 해야 한다면 그것은 '쓰기' 수업 시간에 따로 시간을 내어 가르치면 될 일이다. 그러나 굳이 시어를 그렇게 바꿀 필요는 없다.

이런 대화 활동을 반복하면서 한 줄씩 자세히 점검하고, 당시의 경험을 생생하게 되살려 쓰도록 하는 방법은 생활문이나 일기, 기행문, 감상문 쓰기에서도 아동시 쓰기 지도방법처럼 지도할 수 있다.

(나) 맛보기

이렇게 교수적 대화 지도를 통하여 완성된 시는 전체 어린이 앞에서 낭독해 주고, 느낀 점을 맛보게 한다. 이때 감상하는 방법은 다음과 같다.(이호철, 1999: 60-61)

㉮ 감동 받은 것이 무엇인가?
㉯ 꾸밈없이 솔직하게 썼는가?
㉰ 가치 있는 삶이 나타나 있는가?
㉱ 글쓴이가 보고, 겪고, 생각하고, 느낀 점을 가장 잘 표현한 곳은 어디인가?
㉲ 생각과 표현이 새로운 부분이 있는가?
㉳ 놀라움이나 신비함이 잘 표현된 곳이 있는가?

(다) 문집 만들기와 나누어 갖기

교수적 대화 활동을 통하여 고쳐 쓴 시화전을 열어 전시한다. 도화지에 어울리는 바탕 그림을 그리고 시를 쓴다. 어린이가 직접 하는 것이 효과적인데, 만약 저학년이어서 어려움이 있으면 고학년의 도움을 받거나 교사가 직접 만들 수도 있다. 시화처럼 아름답게 꾸밀 수도 있으나 마분지에 붙이고 비닐을 입혀 간단히 전시해도 좋다.

시의 내용 중 감동적인 장면을 그림으로 그려서 벽에 걸어두거나 쓰레기통에 나뭇가지를 꽂아 시 나무를 만들 수도 있다. 시를 쓴 종이를 몇 번 접어 시의 제목과 자기 이름을 쓴 다음 접은 종이의 제일 끝 부분에 구멍을 뚫고 고리를 달아 나뭇가지에 걸어두면 누구나 내려서 펴 볼 수 있고 공간도 적게 차지하면서 많은 작품을 보여줄 수 있다.

이런 작품들을 모아 두었다가 다른 기관에서 글쓰기 작품 공모전을 하면 응모해도 되고, 학기나 학년을 마치는 시기에 문집으로 엮어 나누어 가지면 어린이에게는 훌륭한 추억이 되고, 교사에게는 1년 동안 노력한 결실이 된다. 이 문집을 평생 동안 모아서 잘 된 작품을 따로 시집으로 출판한다면 세상을 좀더 아름답게 할 수 있지 않을까?

5) 유의점

어린이가 자신을 위해, 또는 또래 어린이를 위해 쓴 창작시를 아동시라고 하였다. 감상 단계에서 저학년은 유희적인 동시나 자신의 경험을 토대로 쓴 시를 읽고 그 분위기와 느낌의 차이를 알도록 감상 지도를 할 수 있다. 그러나 아동시를 쓰는 문제에 있어서는 사정이 달라진다. 흔히 교과서에 수록된 많은 유희적 동시나 사물의 경치를 노래한 시, 말장난을 하는 유희 시들은 아동 천사주의에 입각해서 현실을 외면한 글이라는 비판을 받아왔다.

특히 교사의 출세를 위하여 학생 작품을 상을 타기 수단으로 이용한 점은 매우 잘못된 교육이라는 비판을 받는다. 각종 신문이나 어린이 잡지에 입상된 작품 중에 남의 글재주를 훔치거나 남의 글을 흉내 내어 쓴 글이 없지 않은 현실에서 교사와 학생의 도덕성이 문제되지 않을 수 없다.

이러한 원인은 서열화하는 교육 방식과 무관하지 않다. 그 결과 교육이 학생들의 개성을 없애고 창작 의욕을 상실케 하는 결과를 불러 오기도 한다.

그것뿐만이 아니다. 초등학교 학생이 읽을 시는 초등학교 학생이 쓴 것이 가장 사실적이고, 가슴에 와 닿는 시가 될 수 있다. 성인이 아동을 위하여 쓴 시는 어디까지나 성인의 눈으로 사물과 사실을 바라보고 해석하여 쓴 시다. 아무리 초등학교 학생을 위하여 쓴 시라고 할지라도 학생이 쓴 시만큼 절실하게 공감되지 않는다.

가) 좋은 아동시

아동시를 쓰는 목적은 세상을 바르게 바라보는 마음(눈)을 길러 주기 위함이고, 정서를 풍부하게 하기 위함이다. 아동시는 학생들에게, 우리 모두에게 새로운 세계를 열어 보이고, 자유롭게 살아가도록 하며, 우리의 정신을 높은 단계로 끌어 올려 참된 것을 찾아 희망을 주는 시가 되어야 한다.

그런 아동시의 예를 살펴보자.

> 전깃줄에 제비가 앉았다.
> 늠름한 아빠 제비가 싹 날아가
> 잠자리를 낚아채네.
> 잠자리는
> 나를 살려 돌라고
> 날개를 퍼드득 퍼드득
> 아기 제비는 어금어금
> 두 번 만에 통째로 먹어 버리네
> 잠자리가 제비에게 먹히면
> 잠자리가 불쌍하고
> 제비가 잠자리를 못 먹으면
> 제비가 불쌍하네
> 참 입장이 곤란하네.
>
> (<제비와 잠자리>, 권현석 / 울진 온정초 4학년, 1986)

이 시는 새로운 것을 발견한 시다. 자연계의 먹이 사슬의 법칙이 잘 드러나 있다. 제비와 잠자리 사이의 생존 원칙 앞에 아무 것도 할 수도 해 줄 수도 없는 아동의 낭패감이 진지하게 표현되었고, 마지막에는 이를 완화하느라 해학적 표현을 함으로써 입장을 정리하였다.

이와는 감상의 맛이 다른 정서적으로는 감정을 아름답게 순화시켜 마음을 따뜻하게 해주거나 우리를 기쁘게 해 주거나 정화작용으로 사람들의 마음을 깨끗하게 해 주는 시도 있다.

배추벌레는
초록색깔.
배추벌레야
배추벌레야
배추
고만 갉아 먹어라.
니가 다 먹으면
우리 먹을 것 없단다.
갉아 먹어도
잎은 고만 먹고
줄기 좀 먹어라.
또 줄기 먹어도
너무 많이 먹지 마라.
배추벌레야.

(<배추벌레>, 김태희 / 경산 부림초 4학년, 1990)

이 시를 읽으면 자연을 사랑하고 생명을 존중하는 어린이의 입장이 잘 드러나 있다. 자기 집에서 농사짓는 배추잎을 갉아먹는 배추벌레를 죽이지 않고, 상생(相生)을 위하여 조금만 갉아먹기를 바라는 아동의 마음이 또렷하게 나타나있다. 아이들은 안다. 벌레도 살고 사람도 살아야 된다는 것을. 농약을 치지 않고 배추벌레를 잡아야 하는 아이의 입장과 차마 잡지 못하고 다른 상생의 길을 모색하는 지혜를 볼 수 있다. 여기서 때가 되어 노랑나비가 날아다니는 아름다운 모습을 다시 보기를 바라는 마음까지도 깃들어 있음을 느낄 수 있다. 나비가 날고 벌레가 기어 다니는 자연이야 말로 인간이 살 수 있는 곳임을 아이는 알고 있다.

시 쓰기 지도는 이런 시처럼 진정한 마음이 나타나도록 해야 하고, 말장난하는 시는 삼가도록 해야 한다.

나) 연과 행 구별하기

연과 행을 구별하는 지도는 4학년 이상이면 가능하다. 저학년부터 연과 행을 구별하여 쓰라고 가르치기는 어려운 면이 있다. 때문에 중학년부터 방과 후, 아침 자습, 재량 활동 시간을 이용하여 지도한다. 주중식(1998)에서는 연과 행 구별하기와 모방작에 대한 문제를 예시 작품을 제시하고 있다.

[예시 가-1]
오솔길에 / 냉이꽃이 피고 있었다.
마른 억새 줄기에 걸린 / 낡은 하늘 한 자락이 / 조심스레 흔들리고 있었다
앙감질로 지나가던 / 몇 올의 실바람이 / 노오란 향기를 실어내고 있었다.
봄이 오는 오솔길에 / 냉이꽃이 저 혼자 / 기다림처럼 피어 있었다 / 그리고 또 지고 있었다.
(<오솔길>, 김종상)[28]

위의 작품은 고치기 전의 전문이다. 이것을 반드시 있어야 할 필요가 없는 말을 줄이는 방법으로 바꾸면 다음과 같이 된다.

[예시 가-2]
오솔길에 / 냉이꽃(이 피고 있었다.)
마른 억새 줄기에 (걸린) / 낡은 하늘 한 자락(이) / 조심스레 흔들리고 있었다.
(앙감질로) 지나가던 / (몇 올의) 실바람(이) / 노오란 향기를 실어내고 (있었다.)
봄(이) 오는 오솔길에 / 냉이꽃이 저 혼자 / 기다림처럼 피고(어 있었다.) / (그리고) 또 지고 있었다.

위에서 ( )안의 글은 시적인 형식을 갖출 수 있도록 생략한 부분이다. 아래 글 [예시 가-3]은 [예시 가-2]에서 ( )안의 글을 생략하고 완성된 글이다. 제일 처음의 성긴 맛보다 운율이 살아나는 글로 바뀌었다.

[예시 가-3]
오솔길에 / 냉이꽃
마른 억새 줄기에 / 낡은 하늘 한 자락 / 조심스레 흔들리고 있었다.
지나가던 / 실바람 / 노오란 향기를 실어내고

28) 이 시는 연과 행을 나누고 줄이는 예를 보이기 위하여 줄글로 바꾸어 인용하였다.

봄 오는 오솔길에 / 냉이꽃이 저 혼자 / 기다림처럼 피고 / 또 지고 있었다.

위의 [예시 가-1]은 어린이가 흉내 낼 수 없는 어른의 눈으로 보고 생각하여 쓴 동시이다. 아동시를 쓰는 데 좋은 동시라고 할 수는 없으나 연과 행을 구별하면서 필요 없는 말을 줄이는 공부를 하기 위해 인용하였다.

아래에 또 하나의 예시 작품을 읽어보자.

[예시 나-1]

해가 지면 성둑에서 / 부르는 소리가 납니다. / 놀러 나간 아이들을 / 부르는 소리가 납니다. 「이원수, '부르는 소리' 첫째 연」29)

[예시 나-2]

해가 지면 성둑에(서)
부르는 소리(가 납니다.)
놀러 나간 아이들(을)
부르는 소리(가 납니다.)

위의 ( )안의 글은 시적인 형식을 갖출 수 있도록 생략한 부분이다. 아래 글 [예시 나-3]은 [예시 나-2]에서 ( )안의 글을 생략하고 완성된 글이다. 제일 처음의 성긴 맛보다 운율이 살아있는 글로 바뀌었다.

[예시 나-3]

해가 지면 성둑에
부르는 소리
놀러 나간 아이들
부르는 소리

이 동시는 아동시 다운 맛이 있어 소개할만한 동시이다.

다음 글도 앞의 글처럼 ( ) 안의 필요 없는 말을 생략하고, 필요한 말은 고쳐 넣어 새로운 시의 맛이 나는 글로 만들 수 있다. 앞의 예를 참고하여 다음 아동시를 시적 운율이 살아나도록 고치는 연습을 하여 줄여 보자.

---

29) 이 시 역시 본래는 이렇게 되어 있지 않으나 예를 들기 위하여 줄글로 바꾸어 썼다.

[연습 1]
우리 반에 전학 온 아이(는)
처음이라 그런지 말을 하지 않고
가만히 있다.
친구도 없고
쓸쓸해 보인다.
뒤에 가면 말도 하고
재미있게 놀 (끼라고)-겠지.(생각된다.)

(<전학 온 아이>, 이태곤 / 통영 풍화초 4학년)

[연습 2]
우리 학교는
고물 학교다.
축구도 야구도 못 하는
고물 학교다.
아이들은 언제나
교실 안에 있다네.

(<우리 학교>, 윤호섭 / 서울 고처초 6학년)

[연습 3]
어머니는 리아카 빵 장사를 한다.
어머니는 동생을 업고 빵 장사를 한다.
어머니는 빵 장사를 하며 밤을 깎는다.

(<어머니>, 박진희 / 영천초 2학년)

다) 모방시 쓰지 않기

교사가 아동시 쓰기를 지도할 때는 교과서 동시보다 아동시를 본보기로 삼아 가르치는 것이 좋다. 처음부터 자신의 글을 창의적으로 쓰는 것이 국어과 교육 목표 달성에 부합하기 때문이다.

비유를 하자면 붓글씨는 모방을 해서 어느 정도 익히면 자기 붓글씨체를 가지게 된다고 하나 아동시 쓰기는 처음부터 자기 시를 쓰도록 해야 자신의 문체를 확립하여 글쓰기를 할 수 있다.

그리고 남의 글을 베꼈거나 흉내 내기를 한 것은 몇 번이고 고치도록 해야 한다. 그러기 위해서는 교사가 동요, 동시, 아동시 등을 많이 읽어서 어느 것이 남의 글인지 어떤 글이 어린이 글인지 구별할 수 있어야 한다.

다음 작품은 남의 동시를 베껴서 비슷하게 흉내 내어 만든 시다.

[모방작 1]
까아만 꽃씨 속에
자물통이 채워져 있다.
아무리 열려 해도 열리지 않는
단단한 자물통이 채워져 있다.

저 조그마한 비밀의 방 속에
무엇이 들어 있길래
저리도 단단한
자물통을 채워 뒀을까?

노랑, 빨강 꽃잎이 들어 있을까?
향기로운 향기가 들어 있을까?

저 조그마한 비밀의 방을
살짝
쪼개어 보고 싶구나.

(<꽃씨>, ( ) / 6학년)

이 작품은 아래의 기성 동시인의 작품을 흉내 내어 쓴 것이다.

꽃씨 속에는
파아란 잎이 하늘거린다.

꽃씨 속에는
빠알가니 꽃도 피어 있다.

꽃씨 속에는
노오란 나비 떼도 숨어 있다.

(<꽃씨>, 최계락 / 동시인)

그밖에도 동요작가, 동시인들의 작품을 모방하거나 베껴 쓴 작품이 많아서 아동시를 지도하거나 심사하는 사람은 많은 작품을 미리 읽고 지도(심사)를 해야 한다. 자칫 베끼거나 흉내 낸 글을 칭찬하거나 상을 주게 되면 그것은 교사가 학생에게 더욱 거짓말을 하도록 조장하는 결과가 된다.

[모방작 2]
나무는 바보
더운 여름에 옷을 입고
나무는 바보
추운 겨울에 옷을 벗는다.

(<나무>, (　) / (　)초 2학년)

[모방작 3]
전차는 바아보
넘어질까봐
줄을 잡고 다니니……

전차는 바아보
길 잃을까봐
철길을 타고 다니니……

전차는 바아보
밤이면 무섭다고
불을 켜고

저렇게 커다란 몸뚱인데도
사람보고 무섭다고 뿡뿡
겁먹고 소릴 내고……

(<전차는 바보>, (　) / 중 2학년)

[모방작 2, 3]은 모두 이원수 선생님의 동시를 베껴 흉내 낸 작품이다.

길을 잃을까봐
철로 위로만 다니지요.

기차는 기차는 바아보.

강을 건널 땐 무서워서
소릴 빽빽 지르지요.
기차는 기차는 바아보.

하모니카처럼 생겼어도
노래 한 마디 못 하지요.
기차는 기차는 바아보.

(<기차는 바보>, 윤석중 / 동요 작가)

이와 유사한 방식의 모방작도 있다.

거울은 기막힌
요술쟁이.

아빠가 거울 앞에 서면
멋진 신사.

엄마가 거울 앞에 서면
미인 주부.

오빠가 거울 앞에 서면
변덕장이, 심술쟁이.

내가 거울 앞에 서면
말괄량이 아가씨.

거울은 기막힌
요술쟁이.

(<거울>, (　　) / 5학년)

위의 시 외에도 '꽃은 재주도 좋아 / 고운 옷만 입고-', '구름은 요술쟁이야 / 토끼도 되고, 고양이도 되고-', '지우개는 요술쟁이야 / 틀린 글자를 없애주고-', '거울은 바보 / 내가 하는 대로 따라만 하고-' 등 비슷한 유형의 시를 학생들이 모방하여 쓰고 있다.

이런 사태는 아동시를 제대로 가르치지 않고 시를 써오라고 숙제를 냈거나 자신과 남(사물)에 대하여 자세히 관찰하고 그것에 대하여 생각해보는 일이 익숙하지 못하거나 게으른 탓 중의 하나일 것이다.

동요 가사를 흉내 낸 시도 있다.

눈 감고 앉으면 환히 보인다.
그리운 고향

지금은 무얼 할까
고향의 동무들

좁다란 골목에서
술래잡기하고 놀았던 고향생각이 난다.

(<고향생각>, (　) / (　)초 6학년)

윗글은 <그리운 고향>이라는 동요의 가사와 흡사하다. 이 땅에서 동무라는 말을 쓰지 않은 지는 벌써 오래 전의 일이다. 동요의 가사를 따왔기 때문에 사용하지 않는 단어를 사용한다. 그러니 금방 잡아 올린 물고기 같은 생동감이 나지 않고, 이미 생선가게의 죽은 고기처럼 신선한 생각이나 느낌이 없다.

관념으로 쓴 시도 있다.

아침에 우유 사러
아파트 현관을 나서는 순간
안개가 온 세상을
뒤덮고 있었다.

땅은 마음껏 비를 맞고 있었고
새싹은 하나 둘 싹을 틔우고 있었다.

우산을 들고 걷던 나는
차가운 느낌이 들어 옷을 보니
옷이 봄비에 흠뻑 젖어 있었다.
봄비는 새싹, 땅 내 옷

모든 것을 적신다.
빗방울이 고이기 시작한다.

(<봄 비>, (　　) / (　　)초 6학년)

밖에 나가 봄비를 보지 않고 책상 앞에서 관념으로 글을 썼다. '새싹이 하나 둘 싹을 틔우고 있었다.' 는 것은 현재진행형으로 관찰할 수 없는 사실이다. 비가 오니까 으레 새싹이 날 것이라는 생각을 적은 것이다. 보고 관찰한 사실을 써야 살아있는 표현을 할 수 있다. 또 비는 봄비가 아니더라도 모든 것을 적신다. 당연한 이야기를 건성으로 썼으니 감동이 없다.

나. 동화

1) 개념

동화는 어린이를 위하여 동심(童心)을 바탕으로 한 공상적, 서정적, 교훈적, 환상적 요소를 갖추어 지은 이야기, 또는 그런 문예 작품이다. 쉽게 말하자면 어린이가 이해할 수 있고, 알기 쉬운 말로 쓴 재미있는 이야기 글이다.

동화의 종류는 예로부터 전해오는 전래동화와 오늘날 아동문학가나 소설가가 쓴 창작동화가 있다. 또 전래동화에는 이미 문헌으로 정착한 정착동화와 입에서 입으로 전해오는 구전동화가 있고, 창작동화는 순수동화와 생활동화가 있다.

2) 특성

동화는 어른을 위한 문학과 다른 특성을 지니고 있다. 그것을 몇 가지로 정리하여 제시하면 다음과 같다.(김정섭 외, 2006: 25-27)

첫째, 동화는 현실 세계와 아울러 인간의 상상 속에서 나타나는 환상 *fantasy* 적인 비체험, 비현실적 세계를 많이 다룬다. 실존할 수도 있으나 상상속의 세계일 수 있는 세계의 이야기를 다룬다는 것이다.

둘째, 동화는 독자가 성장기의 아동이라는 점에서 이상성을 추구하는 경향이 강하다. 동화 속의 이야기는 미래 생활의 정신적 구심력으로 작용하는 기능을 한다. 어린이에게 삶의 철학이나 가치관을 형성하도록 하는 데 기여한다.

셋째, 동화는 자연과 교감한다. 사물을 인격화 하고, 자연과 조화를 이루면서 삶의 가치를 추구하여 그들과 어린이는 동등하게 교감하는 양상을 지닌다.

넷째, 동화 속의 문장은 짧고 간결하게 표현된다. 동화 속에서 구사되는 언어는 곱고 아름다움을 나타내는 언어가 사용되며, 간결한 문체 속에서도 삶의 깊은 의미를 느낄 수 있도록 한다.

다섯째, 동화는 자연 친화적 성격이 강하다. 미지의 세계, 자연과 우주에 대하여 신기한 호기심을 보이며, 다른 존재들과 만남을 통하여 존재감을 느끼고 다른 생명체를 존중하는 마음을 나타낸다.

여섯째, 동화의 주제는 모험, 사랑, 교훈을 보편적으로 다루고 있으며, 이야기 속에 진선미라는 인류 보편적 가치를 담고 있다. 이것은 독자가 어린이라는 제한성을 갖는 데서 나타나는 특성이라고 할 수 있다.

일곱째, 동화는 의인법, 우화법을 많이 사용한다. 사물의 의인화는 어린이들에게 사물에 대한 친근감과 애정을 갖게 하여 이야기의 내용을 쉽게 이해하도록 한다. 우화법 역시 어린이에게 흥미를 제공하고 감동 속에서 작품의 주제를 전달하는 효과적인 방법이 된다.

여덟째, 동화를 통하여 새로운 세계를 해석하고, 자신이 재창조한 세계에 대한 만족으로 자발성을 촉진시킴으로써 창의성을 기를 수 있다.

아홉째, 동화의 환상 세계는 어린이에게 마음의 상처를 완화하고 치료하는 공간이다. 현실 세계에서 새로운 가능성을 지닌 환상의 세계로 들어가 현실에서 입은 상처를 환상 세계에서 치료할 수 있는 가능성의 공간으로 인식시킴으로써 인간의 생명력을 나타나도록 할 수 있다.

이러한 특성은 동화가 환상의 세계를 다루는 특징 때문에 나타나는 성격이라고 할 수 있다.

동화가 어린이에게 미치는 영향은 여러 모로 크다.(민명인, 1992) 첫째로 동화는 어린이의 정서, 가치관, 인성, 성역할 개념, 기억력의 발달에 큰 영향을 준다. 둘째로 어린이가 확산적 사고를 할 수 있도록 유도한다. 동화 속의 문제에 대하여 간접 경험을 하고 거기에 대하여 생각하도록 함으로써 자신이 현실에서 겪는 어려움을 스스로 극복할 수 있도록 한다. 셋째로 동화를 읽음으로써 삶에 대한 의미와 가치를 알도록 하는 기능을 가지고 있다. 동화를 통하여 어떻게 살아야 하는지, 어떻게 살면 안 되는 지를 배울 수 있기 때문이다. 넷째로 환상의 세계로 들어가 갖가지 상상을 하도록 함으로써 창의력을 키울 수 있다. 다섯째로 사물이나 새로운 세계에 대한 어휘를 배우면서, 추상적 가치를 이해하면서 개념을 알 수 있게 되고, 언어 능력이 향상되어 생각과 느낌을 풍부하게 한다. 여섯째로 동화는 현실에 대한 인식을 새롭게 하도록 하므로 어린이의 가치관 형성에 기여한다.

그리고 전래동화와 창작동화는 다음과 같은 면에서 서로 차이가 있다.(한상수, 1988: 200-202)

비교항목	전래동화	창작동화
인물	· 전형적 인물(상호대립형) · 초인적 특성(영웅적 인물)	· 개성적 인물(갈등해결형) · 평범한 특성(일반적 인물)
소재	· 설화에서(신화 · 전설 · 민담)	· 현실에서(일상생활)
주제	· 교훈적 규범(권선징악, 충효, 보은)	· 동심의 구현, 자연과 교감
표현	· 시적 · 정형적 표현30) · 서사 · 상황 전달에 주력	· 사실적 묘사 · 대화 · 정서 표출에 주력
특징	· 현실과 환상이 모호 · 3회 반복 · 악인을 용서	· 공상 · 환상의 세계가 뚜렷함 · 비약을 할 수 있음 · 현실을 표현하기도 함

전래동화는 전형적 인물이 나타나고, 창작동화는 평범한 인물이 나타난다. 전래동화는 설화에서 이야기의 소재를 가져오고 창작동화는 현실과 환상의 세계에서 가져온다. 주제 역시 교훈성이 강하다는 점과 자연과 교감하며 동심을 구현하는 점이 다르다. 표현은 정형적 표현을 하는 점과 묘사, 대화를 통하여 정서를 나타내는 데 힘쓴다는 점에서 다르다.

3) 짜임

동화의 짜임은 소설과 비슷하다. 대개 사단구성으로 엮는 것이 일반적이다. 전개 방식은 발단, 전개, 절정, 결말로 진행한다.

발단은 이야기에서 사건이 시작되는 부분이다. 어떤 문제로 인하여 사건이 일어나는 부분이다.

전개는 발단에서 일어난 사건이 진전되어 어떤 방향으로 펼쳐진다. 사건의 갈등이 점점 커지고 사건이 얽히는 방향으로 나아가 위기감을 형성하도록 한다.

절정은 전개에서 고조된 위기, 갈등이 정점에 이르고 독자에게 긴장감을 불러 일으켜 흥미를 고조시키는 단계이다. 사건이 해결되지 않았으나 해결의 단서는 이미 주어져 있다.

결말은 절정에서 고조되었던 긴장감이 갈등의 해소와 위기의 해결로 인하여 사건이 해결되고 마무리되는 단계로서 이야기가 끝을 맺는다.

이 과정을 그림으로 나타내면 다음과 같다.

30) 우리나라 전래동화는 시적이지 않은 것이 많다.

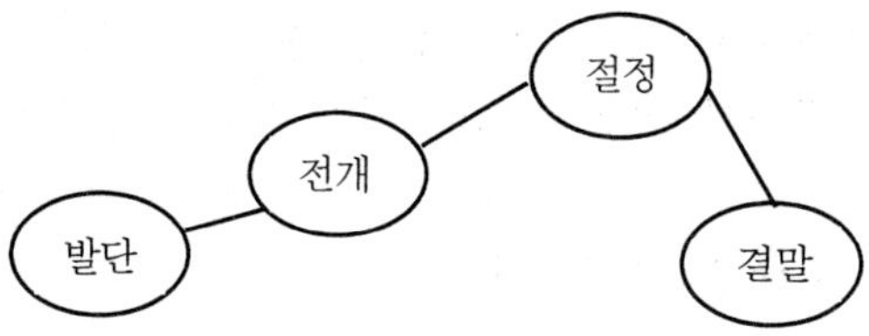

[그림 II-7] 동화의 사단구성도

경우에 따라 절정과 결말 사이에 위기 단계를 하나 더 넣어 오단계로 구성하기도 한다.

4) 쓰는 방법

글쓰기의 순서는 '글감찾기-글감 고르기-구상하기-쓰기-고치기-맛보기'로 진행되어 대체로 아동시 쓰는 순서와 비슷하다.

동화의 글감은 어린이에게 호기심을 불러일으키면서도 교훈적 가치를 담을 수 있고, 정서적 감동을 줄 수 있는 것이라면 좋다. 그러나 아무 글감이나 동화 소재가 되는 것은 아니다. 머릿속에 떠오른 글감이 여럿이라도 그것을 읽는 대상이 누구냐에 따라, 독자가 느낄 감동이나 교훈성에 따라 선택을 해야 한다. 지금까지 다루었던 글감이라도 새로운 이야기라면 좋은 글감이 된다. 그러나 지금까지 다루지 않았던 글감이라도 진부한 이야기를 할 것이면 다루지 않는 게 좋다.

구상하기는 이야기를 어떻게 전개할지 설계도를 그리는 것이다. 그 설계도에는 사건의 자연적 배경, 사회 문화적 배경이 설정되어야 하고, 등장인물의 성격이 결정되어야 한다. 그리고 단계별로 어떤 사건이 전개되는지 개요짜기처럼 사건의 요지가 나타나야 한다.

쓰기 단계에서는 동화의 몇 가지 원칙을 지켜야 한다. 해설자는 이야기하듯이 '~했단다' '~했어요' 등 높임체를 쓰든지 아니면 소년소설처럼 예사말을 쓰든지 결정해야 한다. 이때는 '~했다.' '~로 갔다.'는 식으로 서술된다. 어린이를 독자로 하므로 가급적 저학년을 대상으로 할 때는 높임말을 쓰고, 고학년을 대상으로 할 때는 예삿말을 쓰기도 한다. 그리고 대화체는 상황을 자세하게 나타내는데 도움이 된다. 전개되는 사건은 현실과 환상의 세계를 오가므로 반드시 현실적 필연성이 전제될 필요는 없고, 어린이의 심리적 특성을 살린 사건의 필연성이 나타나야 한다.

고치기 단계에서는 사건의 논리가 맞지 않는 부분을 고치고, 필요 없는 부분을 삭제하며, 내용을 보충해야 할 부분을 더 넣어서 사건의 완결성을 추구해야 한다. 특히 어린이에게 호기심과 신기성을 불러일으킬 수 있는 사건을 다루고, 그것을 통하여 어린이의 가치관, 창의성, 국어 능력을 신장시킬 수 있는 내용이어야 한다.

맛보기는 완성된 동화를 어린이에게 읽도록 한 다음 그 느낌과 재미있었던 부분, 감동적인 장면이 어디인지 발표하게 한다. 독자의 반응에 따라 수준이나 내용을 보완하여 완성도를 높여야 한다.

다음은 사단구성으로 전래동화를 쓴 예이다.

(발단)

옛날 옛날, 어느 나라 임금님에게 외동딸이 있었습니다. 그런데 어느 날, 아름다운 공주가 덜컥 병에 걸려 자리에 눕고 말았습니다.

"어허, 이를 어쩐담……."

임금님은 무척 걱정을 하였습니다. 나라 안에 있는 유명한 의사란 의사는 다 불러 치료하였지만, 아무 소용이 없었습니다. 이웃 나라의 유명한 의사까지도 불러왔지만, 공주의 병은 낫지 않았습니다.

날이 갈수록 공주의 병은 점점 깊어만 갔습니다. 임금님은 생각 끝에 궁궐 앞에 글을 써 붙였습니다. (중략)

(전개) 그때 어느 시골 마을에 삼 형제가 살고 있었습니다. 삼 형제는 각각 신기한 보물을 가지고 있었습니다.

첫째가 가진 보물은 아무리 먼 곳이라도 가깝게 볼 수 있는 마법의 망원경이었고, 둘째가 가진 보물은 하늘을 빨리 날 수 있는 마법의 양탄자였습니다. 막내가 가진 보물은 어떤 병이라도 낫게 할 수 있는 마법의 사과였습니다. (중략)

(절정)

…막내는 어깨에 맨 가방에서 마법의 사과를 꺼냈습니다. 그리고는 병이 들어 누워 있는 공주에게 먹였습니다.

그러자 신기하게도 공주의 병은 씻은 듯이 싸악 나았습니다.

"오, 공주야! 네 병이 정말 다 나은 게냐?"

"네, 아바마마."

"오, 이렇게 기쁠 수가!"(중략)

"임금님, 막내를 신랑감으로 삼아야 합니다. 왜냐하면, 마법의 망원경으로 임금님이 써서 붙인 글을 보고, 마법의 양탄자를 타고 빠른 시간에 날아온 건 사실입니다. 하지만 마법의 사과가 없었다면 공주님의 병을 고칠 수 없었을 겁니다."

"그것 참, 사위 고르기 어렵군……."

신하들의 말을 모두 들은 임금님은 깊이 더 깊이 생각에 잠겼습니다.

(결말)

"결정했소!"

생각에 잠겼던 임금님이 벌떡 일어나며 말하였습니다.

"삼 형제 중에서 마법의 사과를 가져온 막내를 공주의 신랑감으로 택하겠소."
"임금님, 왜 그렇게 결정하셨습니까?"
"저도 그 이유를 알고 싶습니다."
여러 신하들과 삼 형제의 물음에 임금님이 대답하였습니다. (하략)
(<공주를 구한 삼 형제> 일부, 실험용교과서 3-1 국어 읽기)

이 동화는 삼 형제의 공로에 대하여 누구에게 공주의 신랑을 삼을 것인가에 대하여 임금님이 지혜로운 판단을 내렸다는 이야기이다. 사건이 어떻게 해결될지 궁금하면서 호기심을 자아내고, 거기에다가 어떻게 판단해야 지혜롭고도 공정하게 판결할 수 있는지를 어린이에게 보여주었다는 점에서 어린이에게 적합한 동화이다.

5) 유의점

동화를 쓸 때는 '주제, 표현, 사건 전개' 등에 주의해야 할 점이 있다. 첫째로 주제는 지나치게 교훈적이어서는 안 된다는 것이다. 교훈성만 강조하다보면 어린이에게 흥미를 주지 못하므로 원천적으로 어린이가 책에 접근하지 않는다는 단점을 안게 된다. 둘째는 표현에 있어서 어린이가 이해할 수 있는 수준의 어휘를 사용해야 하고, 가급적이면 우리 고유어나 우리가 쉽게 사용하는 단어를 사용 하어야 한다. 부득이하게 어려운 말을 사용했다면 그 장 아래에 설명을 달아주어 알기 쉽게 해야 한다. 셋째로 사건 전개는 간결한 문체를 사용하여 가볍고, 경쾌하게 진행하되 호기심과 긴장감을 유발할 수 있는 문체를 구사해야 한다. 문체가 늘어지면 흥미도가 떨어지고 끝까지 읽기가 어려워지므로 이 세 가지 사항에 유의해야 한다.

다. 극본

1) 개념

극본은 연극을 하기 위하여 그 줄거리를 지문, 대사, 독백, 방백, 해설 등의 내용을 적어 놓은 글이다. 즉 무대에 공연할 목적으로 대사와 지문, 무대장치 등의 내용을 기록한 글을 말한다. 연극이 성공하기 위해서는 극본을 잘 짜야 한다. 극본이 마련되면 등장인물의 성격에 어울리는 배우가 있어야 하고, 연습을 한 다음 관객 앞에서 공연을 하게 된다. 연극의 삼요소를 극본 · 배우 · 관객 이라고 하는 이유는 그것이 공연문학으로서 성공할 필수적인 요소들이기 때문이다. 만약 여기에 무대를 포함시키면 연극의 사요소가 된다. 극본에는 라디오 방송대본, 드라마 극본, 영화 시나리오, 연극 극본 등이 있다.

2) 특성

극본에서는 지문, 대사, 독백, 방백, 해설로 사건의 내용과 전개를 시도한다. 그래서 극본을 이해하기 위해서는 극본에 사용되는 말의 성격을 알아야 한다.

가) 지문

지문은 인물의 행동이나 장면의 상황을 설명하는 글이다. ( )안에 넣어서 기록하며, 정확한 내용을 간략하게 기술하는 것을 원칙으로 한다. 인물의 행동을 나타내는 지문의 예를 보자.(유창근, 1997: 251-254)

> (자영이는 흐르는 눈물을 참으려고 애를 쓰다가 못 참겠다는 듯이 무대 왼쪽으로 뛰어서 퇴장하고, 민혜는 기울어진 배 위에서 기대고 운다. 이때 성민이 무대 오른쪽에서 등장한다. 우는 민혜를 보고 어리둥절하여 보고 있다가 다가가서 말한다.)

장면의 상황을 나타내는 지문의 예는 다음과 같다.

> (들판 가운데, 돌보지 않은 빈 집이 있고, 기둥에는 금이 갔다. 집 옆의 작은 밭에는 묘표가 덩그마니 서 있다. 집 앞에는 낡은 의자 한 개와 의자 앞쪽으로 오솔길이 보인다.)

지문이 너무 장황하면 오히려 행동과 상황 설정에 어려움이 있음에 유의해야 한다.

나) 대사

대사(臺詞, speech)는 배우가 무대 위에서 연기를 하면서 하는 말이다. 사건의 진행이 대사에 달려 있으므로 극의 진행을 위해 적절한 대사를 구사해야 하고, 극본의 성패는 대사에 달려있다. 배우는 관객이 들을 수 있도록 분명하고 알맞은 음량으로 대사를 말해야 한다. 대사의 기능은 다음과 같다.

㉮ 스토리를 인식시킨다.
㉯ 사건을 진행시킨다.
㉰ 연극에서 장면 · 상황 · 정경을 변화시킨다.
㉱ 인물의 성격 · 교양 · 직업 등을 알 수 있게 한다.
㉲ 주인공의 사상과 감정을 전달한다.

㉥ 사투리로 향토색을 드러내기도 한다.

연극에서 대사는 일상어가 아닌 예술적이고 극적인 대사를 사용한다. 그러므로 인물의 성격에 맞는 대사가 필요하다. 관객이 사건의 진행을 대사에 의존하는 만큼 대사가 간결하고 꾸밈이 없어야 한다. 극의 분위기에 적합한 대사와 생동감이 넘치는 대사는 듣는 사람의 귀를 즐겁게 한다. 대사의 예를 보자.

> 선생님 : (한병태를 데리고 들어오며) 새로 전학 온 한병태다. 앞으로 잘 지내도록.
> 아이들 : (힘찬 목소리로) 네-.
> 선생님 : 한병태. 저기 맨 뒷자리에 가서 앉아라.
> (쉬는 시간. 선생님은 나가고 아이들이 한병태 옆으로 모여들기 시작한다. 부러운 눈초리로 그러나 조심스럽게 이것저것 만져보며 여러 가지를 묻는다.)
> 아이1 : 야, 이 학용품 멋있다. 이거 얼마짜리니?
> 아이2 : 어디? 나도 한 번 보자. (학용품을 살펴보며) 야! 진짜 멋있다.
> 아이3 : 너는 좋겠다.
> 한병태 : (잘난 체하며) 응, 이런 것쯤은 서울에서는 쉽게 살 수 있는 거야. 함부로 만지지 마.
> 아이4 : 너 어느 마을에 사니? 나는 학교 앞에 살아. 나하고 친히게 지내자.
> 한병태 : 어 -. 알았어. 난 저쪽 마을로 이사 왔어. 그런데 아직 마을 이름은 모르겠어.
> (그때 시작종이 울리고 선생님이 다시 들어오신다.)

극본에서는 지문과 대사가 주류를 이루어 사건을 풀어나가도록 한다.

다) 독백

독백(獨白, Soliloquy)이란 무대 위에서 한 인물이 관객을 향해 혼자 말하는 것이다. 독백은 관객에게 상황을 전달하고 사건을 진행하는 데 매우 요긴한 방법이다.[31] 예를 보자.

> 아, 10년을 떠돌다 온 불효자. 이제 무슨 낯으로 부모님을 뵐 수 있을까? 발걸음을 옮기기가 두렵구나. 차라리 그냥 돌아설까나.

이 독백을 통하여 인물은 고향을 떠난 지 이미 10년이란 세월이 흘렀고, 그동안 부모님

---

31) 모놀로그 *monologue* 는 혼자서 하는 1인 연극이고, 독백은 아니다.

을 찾아뵙지 못해 몹시 괴로워 망설이고 있는 상황임을 알려주고 있다.

라) 방백

방백(傍白, aside) 은 연극이 진행되는 도중에 배우가 하는 말로서 다른 배우가 듣지 못한다는 약속 아래 자신의 심경이나 문제를 드러내 보이는 방법이다. 예를 보자.

> 아니, 이런 후레자식이 어디 있어. 내가 지 입장이면 그렇게 하고 말겠어? 안 그래요 여러분. 저런 놈은 그저 잡아다가 곤장을 쳐야 돼, 그냥.

이런 말을 들음으로써 관객은 배우의 속내를 알 수 있고, 그간의 상황에 대하여 공감이나 동의를 구할 수 있는 기회가 된다.

마) 해설

해설(解說, narration)은 극적 상황이나 사건의 경과, 인물의 심리 상태를 설명할 때 해설자가 직접 설명해 주는 방식이다. 해설은 연극의 처음이나 장면의 변화, 연극의 끝 부분 필요한 부분 어디든 넣을 수 있다. 예문을 읽어 보자.

> 막이 오르면 멀리 바다가 보이고 통통배가 물결을 가르며 지나가고 있다. 언덕에는 양철 지붕이 다닥다닥 붙어있는 어촌이 보이고 김서방은 동네 첫 초가집에 살고 있다. 사람들은 이 동네를 굴비마을이라고 부른다.

이처럼 연극이 시작되는 부분에서 장면과 등장인물에 대한 대락을 해설함으로써 관객은 앞으로 어촌에서 김서방을 중심으로 어떤 일이 벌어질 것을 예측할 수 있다.

3) 짜임

극본은 제목과 막과 장에 대한 안내로 시작된다. 가령 제목을 '○○'이라 하고, 제목 옆에 (○막 ○장)이라는 숫자가 극본 머리에 제시된다.

이어서 '등장인물, 때, 곳'이 소개되고, 무대설명이 이어진다. 무대 설명은 극본의 사건 전개를 위한 분위기와 연극의 배경을 안내하는 부분이다. 그리고 본문이 나온다. 각 부분의 내용을 표로 나타내면 다음과 같다.

순 서	내 용
제목, 막과 장	土幕, 2막
등장인물, 때, 곳	최명서, 명서 처……, 192× 가을, 가난한 농촌
무대설명	무대 : 읍에서 그다지 멀지 않은 명서의 집. 외양간처럼 음습한 토막집의 내부. 온돌방과 그에 접한 부엌. 방과 부엌 사이에는 벽도 없이 통했다.
본문	경선 처 : 아이, 속상해. 우리 집 영감 좀 찾아 주우.(집 안을 이리저리 찾는다.) 명서 처 : 왜 이 성화야? 경선 처 : (가마니를 들춰 본다. 그 밑에 경선이 죽은 듯이 엎디었다.) 글쎄 이게 무슨 병신굿이란 말유? 누가 장난하잿우? 빨리 집에나 가 봐유.

위의 표에 나타나 있듯이 제일 먼저 제목과 막의 숫자가 나타난다. 그리고 등장인물을 소개하고, 때, 장소를 안내한다. 무대 설명과 본문은 그 뒤를 이어서 나타난다.

4) 쓰는 방법

위의 내용에서 빠지는 항목이 없이 안내하고, 본문에서 사건을 전개시켜야 한다. 다음 유치진의 극본 <土幕>의 일부를 보자.

土幕 (2막)

(등장인물)
최명서 : 병들고 가난한 늙은이
명서 처
금녀 : 그들의 딸
강경선
경선 처
순돌 : 경선의 장남
삼조
구장
이웃 여자 : 60여 세
우편배달부

(때)
192×년 가을

(곳)
가난한 시골 마을

1막 뒷부분

무대 : 읍에서 그다지 멀지 않은 명서의 집. 외양간처럼 음습한 토막집의 내부. 온돌방과 그에 접한 부엌. 방과 부엌 사이에는 벽도 없이 통했다.

천장과 벽이 시커멓게 그을은 것은 부엌 연기 때문이다. 온돌방의 후면에는 골방으로 통하는 방문이 보인다.

좌편에 한길로 통한 출입구, 우편에는 문 없는 창 하나, 창으로 가을 석양의 여윈 광선이 흘러들어올 뿐, 대체로 토막 안은 어두컴컴하다. 우편 방에 꾸부려 앉은 60노인은 금녀의 아버지인 명서. 편지를 쓰고 있다. 오랫동안의 병으로 정신이 매우 흐릿한 듯하다. 그가 가진 침울한 성질은 선천적이라기보다 그의 생활의 궁핍과 다년의 병고가 그에 영향함이 적지 않다. 좌편 부엌에서 금녀는 타념 없이 가마니를 짜고 있다. 그의 멍하니 커다란 눈에는 일종의 병약과 예지의 빛을 감췄다.

경선의 처 등장. 뚱뚱하고 앙탈 궂은 40세쯤 되는 여자다.

경선 처 : 아이, 속상해. 우리 집 영감 좀 찾아 주우.(집 안을 이리저리 찾는다.)
명서 처 : 왜 이 성화야?
경선 처 : (가마니를 들춰 본다. 그 밑에 경선이 죽은 듯이 엎디었다.) 글쎄 이게 무슨 병신 굿이란 말유? 누가 장난하쟀우? 빨리 집에나 가 봐유.
경선 : 쥐새끼처럼 왜 이건 내 꼬리만 물구 다녀? 사람이 숨도 못 쉬게…….
경선 처 : 아따, 숨 쉴 팔자가 됐으니 복은 무척 많이 타구났구려. 글쎄, 여보 그 복은 다 어쩌구서 계집자식을 요렇게 안녕하게 건사한단 말유?
경선 : (그 처에게) 이왕 그렇게 돼서 방금 경맬 헌다는 마당에 내가 나서문 뭣해? 속만 상허지.
경선 처 : 에그, 말씀은 점잖구, 마음은 무사 태평이십니다그려.
명서 : 여보게, 이게 대관절 어떻게 된 셈인가?
경선 : 장리 쌀 몇 가마니 꾸어다 먹은 게 있는데 그걸 무슨 집행이 나왔다나.
명서 처 : (놀라며) 집행?
경선 처 : 아따, 남의 얘기나 허는 것 같구려. 당신이 병신이라 그렇지. 그래, 사내대장부로서 자기 집이 날아가는 걸 그대로 보고 있담.
명서 : 아까 경선이가 양복쟁이가 왔느니 손님이 어떻게 되었느니 하기에 우린 또 농담

인 줄만 알구 웃구만 있었지.

경선 처 : 이 양반은 뭐든지 농담으로만 돌려 버리쥬. 그게 병이에유.

명서 : 아무리 받을 게 중하기로서니 사람을 거리로 내쫓는, 그런…….

명서 처 : 빨리 가 봐유, 빵보 영감.

경선 처 : (기가 막혀 발을 구르며) 어서 가서 말 좀 해유. 저 눔들이 우리 누더기 쪼각꺼정 마구 가져가나 봐. 어서 좀 빨리.

경선 : 난 싫어, 그걸 어떻게 나더러 보구 섰으란 말야? 우리 핼 가져가는 게 뭐 이번이 처음이구, 또 마지막인가 어디?

경선 처 : (혀를 끌끌 차며) 에그, 저 꼴에 불알이 달렸으니 기가 맥힐 노릇이지. 동네방네 쏘다니면서 술이나 처먹구 엄벙뗑한 소리나 허라문 잘 했지, 남의 앞에 나서라문 그만 주먹 맞은 감투가 돼 버린단 말여.

경선 : 우리 집 같은 걸랑 제 멋대루 떠 가지구 가래. 난 사내답게 다 내줄 테야. 내가 그까짓 걸 두구 떨어? 그런 걸 가지고 울었다문 난 말라서 벌써 북어 신세가 됐을 걸.

(<土幕> 일부, 유치진, 1932)

극본은 5단계로 설정된다. 이런 구성을 제시한 사람은 19세기 독일의 극 이론가 구스타프 프라이타크 Gustave Freytag 이다. 그는 『희곡의 기교』에서 '발단-상승-절정-하강-결말'로 구성되며 중간에 상승과 하강의 사건 전개 과정을 거친다고 하였다.

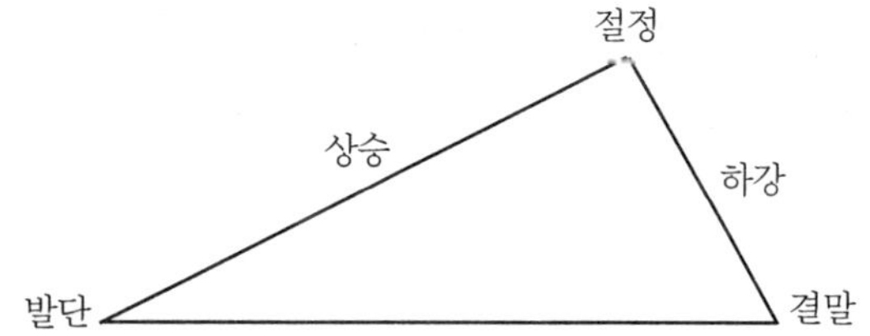

[그림 II-8] 희곡의 5단계 구성도

발단은 연극의 배경을 제시하고, 갈등의 씨앗을 제공하는 도입부로서 1막에 해당한다. 상승은 사건이 진전되면서 갈등을 격앙되는 부분으로 절정에 이르기까지 분위기가 고조되는 2막과 3막에 해당한다. 절정은 클라이막스 또는 위기라고도 하는데 갈등이 극에 달하면서 해결의 전환점을 제공하는 4막에서 해결될 방향이 재설정되는 곳이다. 하강은 전환점을 맞아서 해결의 실마리가 풀려나는 곳으로 4막에 해당한다. 결말은 제기되었던 모든 갈등이 해결되는 5막이다. 결말에서 좌절하거나 죽음으로 끝맺으면 비극이 되고, 갈등이 해소되고 희망적인 내용으로 끝맺으면 희극이 된다.

5) 유의점

극본을 쓸 때는 제목, 막, 등장인물, 때, 곳, 무대설명이 반드시 나타나야 한다. 만약 해설이 있으면 '해설'이라고 표시하고 그 아래 해설을 달아야 한다. 일반적인 서사와 달리 대사로만 사건을 전개시키고, 시간, 공간 변화를[32] 해설로 안내하기 때문에 대사와 해설을 잘 구사해야 한다.

사건 전개는 '발단-상승-절정-하강-결말'로 이루어지며 동화와 다른 전개 방식을 펼친다.

라. 독서 감상문

1) 개념

독서 감상문은 책을 읽은 느낌과 생각을 적은 글로서 독후감이라고도 한다. 독서 감상문은 읽은 책의 내용을 잘 이해하고, 책을 읽으면서 느꼈던 감정을 오랫동안 간직하기 위해서 쓴다. 독서 감상문을 쓰면 책의 줄거리를 요약하고, 느낌과 생각을 정리하는 방법을 익힐 수 있다. 그리고 많은 책을 읽기만 하면 다음 글쓰기에 활용하려고 해도 기억이 잘 나지 않을 수 있기 때문에 참고 자료로 활용할 수 있다. 이런 측면을 감안하면 독서 감상문은 책 읽은 경험을 간직하고, 자신이 읽고 해석한 내용을 바탕으로 새로운 시각으로 작품을 이해하는 창작물로 표현하는 글이라고 할 수 있다. 따라서 독서 감상문을 쓰면 분석력, 비판력, 창의력을 신장시키는 데 도움이 된다.

감상문은 독서 감상문, 영화 감상문, 미술 감상문처럼 어떤 작품이나 예술을 보고 느끼고 생각한 것을 적을 수 있다.

2) 특성

독서 감상문은 책을 읽은 후에 쓰는 글로서, 형식에 얽매이지 않는 글쓰기이다. 그러나 처음 독서 감상문을 쓰는 사람을 위하여 일정한 형식으로 쓸 수 있음을 보여줄 수 있다.

만약 어린이가 독서 감상문을 쓴다면 독서에 익숙해진 다음에 쓰는 것이 바람직하다. 왜냐하면 아직 책읽기에 흥미를 느끼지 못한 상태에서 독서 감상문을 쓰게 하면 역효과가 나서 독서 자체를 싫어할 수 있기 때문이다. 그러므로 모든 독서 활동 뒤에 독후감을 쓰기보다는 꼭 정리하여 둘 필요가 있는 책에만 독서 감상문을 남기는 것이 좋은 방법이라 생각된다.

---

32) 무대의 막은 공간 변화를 알려주고, 해설로는 구체적으로 변화를 알려준다.

독서 감상문에는 다양한 내용이 담길 수 있다.(이동렬, 2005: 136) 책을 읽게 된 동기, 제목에 대한 인상, 지은이 소개, 출판사 이름, 책의 줄거리, 책을 읽고 알게 된 사실, 등장인물의 성격, 내 생활과 비교, 표현이 잘된 곳이나 감명 깊었던 부분, 내용에 대한 분석·비판·의견·생각·느낌, 책에서 얻은 교훈 등을 쓸 수 있다. 여기에 제시한 항목을 모두 써야 한다는 것이 아니라 이런 내용으로 쓸 수 있기 때문에 글 쓰는 사람이 쓰고 싶은 항목을 골라 쓰면 된다.

3) 짜임

초등학교 3, 4학년 교육과정에는 독서 감상문을 쓰는 단원이 나온다. 교육과정에서 제시하고 있는 글쓰기의 특징은 글 쓰는 순서만 제시하는 지도가 아니라 학습자의 입장에서 무엇을 어떻게 써야 할지 안내하고 있다.

독서 감상문을 쓰기 위해서는 우선 글의 내용을 잘 파악하고 있어야 한다. 그리고 독서 감상문을 쓰기 위한 글 읽기를 해야 한다. 그것은 기억에 남는 장면을 밑줄을 치고, 작품 속의 인물과 대화를 하고 싶은 부분에서 이름에 동그라미를 친다. 어떤 부분에서 내 생각이나 느낌이 일어나면 거기서 느낀 느낌을 책 빈곳에 적거나 메모지에 메모를 해 둔다.

이것을 실제 예문으로 보이면 다음과 같다.

> 옛날 옛적에 하늘나라 임금님에게 베를 아주 잘 짜는 직녀라는 딸이 있었습니다. 어느덧 시집갈 때가 되어 직녀는 견우라는 청년과 결혼을 하였습니다. 견우는 하늘나라의 소를 보는 사람이었습니다. 견우와 직녀는 결혼을 한 뒤, 일은 하지 않고 놀러만 다녔습니다. (중략)
>
> "견우와 직녀는 오늘부터 이 대궐을 떠나라. 너희들이 나쁜 버릇을 고칠 때까지 견우는 동쪽에, 직녀는 서쪽에 떨어져 살아라."
>
> 직녀는 서로 떨어져 살 수 없다고 울면서 애원을 하였습니다. (중략)
>
> 직녀가 아무리 애원을 해도 (임금님)의 화는 풀리지 않았습니다. 그래서 두 사람은 그날부터 헤어져 살게 되었습니다. (중략)
>
> 그런데 강이 너무 넓어서 서로의 얼굴을 잘 볼 수가 없고, 말소리도 잘 들리지 않았습니다. 두 사람은 멀리서 눈물만 흘리다가 헤어졌습니다.
>
> | 해마다 칠월 칠석날이면 두 사람이 흘리는 눈물이 비가 되어 내렸습니다. 두 사람이 너무 많은 눈물을 흘려서 곳곳에 홍수가 나고, 집이 떠내려갔습니다. 새들과 짐승들도 큰 고생을 하였습니다. 생각다 못해 짐승들이 모여 의논을 하였습니다. |
> |---|
>
> "칠월 칠석날만 되면 비 때문에 우리들이 이렇게 고생을 하니 어떻게 하면 좋겠습니까?"

(하략)

(<견우와 직녀> 일부, 실험용 교과서 국어 4-1, 17-18쪽)

이 예문에서 밑줄 친 부분, 동그라미 한 부분, 네모로 묶은 부분은 기억에 남는 부분, 등장인물과 대화를 하고 싶은 부분, 생각과 느낌이 일어난 부분으로서 각각 나중에 독후 감상문을 쓸 때 언급할 부분이 된다. 이런 방법으로 쓸 자료를 갖추어 두고 독후 감상문을 쓰는 방법을 익힌다.

초등학생이 간략하게 쓸 수 있는 독서 감상문의 짜임은 다음과 같다.

첫째, 제목을 생각하여 붙인다. '~를 읽고'처럼 누구나 쓰는 제목보다는 인상적이었던 내용을 이용하여 제목을 붙이는 것이 창의적이다. 예를 들어 '놀부의 눈물' '나쁜 놀부 구하기'처럼 제목을 붙이면 새로운 느낌을 전할 수 있다.

둘째, 이야기에 대하여 간단히 소개를 한다. 이때 줄거리가 길지 않도록 하고, 핵심내용만 요약하여 제시한다. 예를 들면 '이 이야기는 견우와 직녀가 너무 사랑하여 결혼을 했으나 벌을 받아 헤어지게 되자 까치와 까마귀가 부부를 도와서 만나도록 해주는 아름다운 이야기'라는 식의 요약적인 소개를 한다.

셋째, 부족한 부분을 보충한다. 독서 감상문으로서 갖추어야 할 부족한 부분을 보충한다. 즉, 기억에 남는 부분을 언급하며 그 인상을 소개한다. 그리고 등장인물과 대화하고 싶은 내용이나 생각과 느낌이 일어난 부분에 대하여 쓴다.

넷째, 쓴 글을 고쳐 쓴다. 독후 감상문의 제목을 바꿀 수도 있고, 당초 글을 쓴 주제와 관련이 적은 내용은 지우고, 빠진 부분은 더 넣을 수도 있다. 등장인물 중에서 대화하고 싶은 상대를 바꾸어 수정할 수도 있고, 생각과 느낌을 추가하거나 삭제할 수 있다.

다섯째, 완성된 독서 감상문을 친구들 앞에서 발표를 하고 그 소감을 듣는다. 만약 고칠 부분이 있으면 다시 고쳐도 된다.

4) 쓰는 방법

독서 감상문은 초등학생 수준에서는 앞에서 소개한 방법대로 쓸 수 있고, 대학생 수준에서는 좀 더 세밀하고 자세한 글쓰기가 필요하다.

가) 초등학생

<견우와 직녀> 이야기를 읽고 초등학생이 쓴 독서 감상문의 예를 보자. 이 감상문은 우선 제목을 독특하게 지었다.

임금님, 같이 살게 해 주세요

㉮ <견우와 직녀>를 읽었는데, 게으름을 피우다 임금님에게 벌을 받은 하늘나라 부부가 일 년에 한 번 밖에 만나지 못한다는 슬픈 이야기이다.

견우는 하늘나라의 소를 치는 사람이고, 직녀는 베를 짜는 사람이었다. 그런데 견우와 직녀는 결혼을 하고 나서부터 일은 하지 않고 놀러만 다녔다. 그것은 서로 너무 사랑했기 때문이다.

견우가 소를 돌보지 않으니까 소들이 대궐 안의 꽃밭을 모두 짓밟아 버렸다. 직녀가 베를 짜지 않아서 하늘나라 사람들의 옷을 만들 수가 없었다. 사람마다 각자 할 일이 있는데, 노는 데 정신이 팔려서 자기 일을 안 하니까 하늘나라가 엉망이 되었다.

그래서 하느님은 벌로 일 년에 한 번, 칠월 칠석날만 만나도록 해 주었다. 두 사람은 너무 슬퍼서 울었는데 땅에서는 홍수가 나서 큰 피해를 입었다. 동물들은 모여서 은하수에 다리를 놓아주기로 하였다.

㉯ 이야기를 읽고 견우와 직녀가 동쪽과 서쪽에 떨어져 살도록 벌을 받았다. 나는 이 부분이 너무 기억에 남았다. 아무리 죄를 지어도 몇 년도 아니고 영원히 떨어져 있어야 한다는 것은 너무 안타까운 일이다.

㉰ 나는 화를 풀지 않는 임금님께 이렇게 말하고 싶다.

"임금님, 임금님께시는 사랑을 해 본적이 있나요? 서로 사랑하면 매일 만나고 싶고 같이 있고 싶을 텐데, 두 사람을 일 년에 한 번만 만나게 한 것은 너무 심한 벌이 아닌가요? 저는 임금님께서 두 사람의 사랑을 인정하여 같이 살도록 하면서 맡은 일을 열심히 하도록 약속을 받으면 어떨까요?"

㉱ 칠월 칠석날만 되면 두 사람이 흘리는 눈물이 비가 되어 내린다는 것은 두 사람의 마음이 얼마나 슬픈지 보여주는 것이다. 나 같으면 보고 싶은 엄마를 하루라도 못 보면 가슴이 아플 텐데, 사랑하는 사람을 일 년에 한 번 만난다는 것은 정말로 괴로운 일이다.

㉲ 나는 다시 하늘나라 임금님께 간청하여 용서를 빌고 다시 함께 살 수 있도록 했으면 좋겠다고 생각했다. 그리고 우리 집 식구들도 떨어져 살지 않고 지금처럼 행복하게 살았으면 좋겠다.

이 글은 실험용 교사용 지도서에 수록된 <그러니까 벌 받지요>의 내용을 수정한 것이다. ㉮는 줄거리인데, 비교적 길게 서술되어 있다. ㉯는 인상적인 부분을 드러내어 느낌을 표현했으며, ㉰는 등장인물인 임금님께 하고 싶은 말을 적었다. ㉱는 이야기와 자신의 경험을 비교한 것으로 생각을 나타냈고, ㉲는 글 쓴 사람의 바람과 자기 집에 대한 소망을 적었다.

전체 글이 짧지만 독서 감상문으로서의 형식은 갖추었다. 제목에서 '임금님, 같이 살게 해 주세요'라고 한 것은 감상문에서 자신이 하고 싶은 말을 주제로 나타낸 것이어서 잘 된 표현이라 할 수 있다.

나) 대학생

대학생이 독서 감상문을 쓴다면 좀 더 자세하고 충실한 생각이 나타나야 한다. 글의 형식은 '처음-가운데-끝' 삼단구성으로 하는 것이 일반적이다. 각 단계마다 쓰는 내용은 다음과 같다.

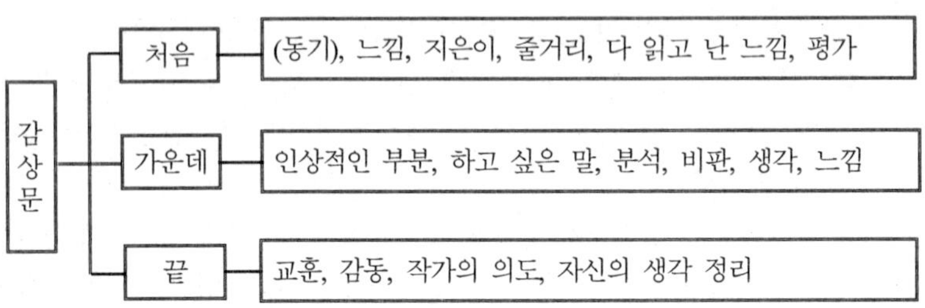

처음 부분에서 책을 읽게 된 동기는 특별한 사정이 있을 때만 적을 수 있다. 아무 감상문에서나 동기를 적으면 유치해진다. 그리고 책을 처음 보았을 때, 제목에서, 삽화에서 풍기는 느낌을 말할 수 있다. 옛날이야기라면 굳이 지은이를 말하지 않아도 되지만 유명한 작가인 경우는 지은이를 언급하는 것이 좋다. 그리고 요약된 줄거리를 소개한다. 다 읽고 난 뒤의 생생한 느낌을 쓰고, 책에 대한 인상적 평가를 할 수 있다.

가운데 부분에서는 책 내용 중에 인상적인 부분을 밑줄 쳐 두었다가 그 내용에 대하여 자신의 생각과 느낌, 판단 등을 쓸 수 있다. 그리고 등장인물에게 하고 싶은 말을 적어서 책속의 주인공이 미처 다 하지 못한 말을 대신 할 수 있다. 그밖에 책 속의 내용을 분석하고, 비판하여 자신의 생활방식, 태도 등과 비교하여 생각과 느낌이 잘 드러나도록 표현할 수 있다. 전체로 치면 가운데 부분이 가장 중심이 되므로 분량이 가장 많아야 한다.

끝 부분에서는 책을 통해서 얻게 된 교훈이 무엇인지, 자신의 결심과 희망을 쓸 수 있다. 독자의 느낌을 정리하여 인물의 성격이나 행동이 가져온 결과에 대하여 자신의 그것과 비교하면서 생각을 정리한다.

다) 독서 감상문 양식

독서 감상문을 쓰는 양식은 여러 가지이다. 생활문, 편지, 기행문, 시, 만화, 그림 그리기 등의 형식이 있다.(오양심, 2005: 139)

생활문 형식은 자신의 생활 경험을 중심으로 쓰는 방식이다. 다음 예문을 보자.

> 어제 아버지께서 생일 선물로 책을 한 권 사 주셨다. 나는 평소에 책을 많이 읽는 편이라 반가웠지만 제목을 보고는 실망했다. '마음을 열어주는 101가지 이야기'였다. 책을 넘겨보니 재미있는 동화가 아니라 딱딱한 내용이었기 때문이었다.
>
> 그렇지만 '아버지 선물이니까 앞부분만이라도 읽어 드리자.'라는 생각으로 책을 읽었다. 보지 않고 책장에 꽂아두면 아버지가 섭섭할 것 같아서였다. 책을 한 장 한 장 건성으로 읽었으나 정말 인상적인 내용을 만나고부터 처음부터 다시 읽었다.
>
> 그것은 '입맞춤'이란 이야기인데, 암세포가 퍼지는 얼굴 근육 때문에 신경을 절단한 여자의 실화였다. 수술 후 입이 삐뚤어져 있는 자신을 보고 절망하는 아내의 마음을 치유하려는 남편의 사랑이 잘 나타나 있었다. (하략)
>
> (<보석은 땅에 묻혀 있을 때가 더 아름답다> 일부, 6학년 소우섭)

이 글은 초등학교 6학년이 쓴 글을 필자가 부분적으로 고쳐서 수록한 것이다. 내용이 생활문처럼 자신이 겪은 일을 있는 그대로 솔직하게 나타내고 있다. 이것이 생활문처럼 쓰는 독서 감상문이다.

편지형식의 독서 감상문도 있다. 독자가 작품 속의 인물에게 편지를 쓰는 형식이다. 다음 예문을 보자.

> 안네야,
>
> 너를 생각하면 천상병 시인이 쓴 <귀천>이란 시의 마지막 연이 생각 나.
>
> 나 하늘로 돌아가리라
> 아름다움 이 세상 소풍 끝내는 날
> 가서 아름다웠다고 말하리라
>
> 안네야,
>
> 너도 학교 다닐 때 소풍을 가 보았니? 우리는 일 년에 두 번 봄, 가을에 소풍을 간단다. 너희 학교도 소풍이 있는지 궁금하다. 천상병 시인은 왜 우리가 살고 있는 이 세상에 소풍을 왔다 가는 것으로 표현했을까?
>
> 유태인이란 이유 하나만으로 히틀러의 포악한 정치를 피해 2년 동안 골방에서 숨죽여 살아야 했던 너를 생각하면 이런 삶을 과연 소풍이라고 할 수 있을까?(하략)
>
> (<안네의 일기를 읽고> 일부, 6학년 박성혁. 필자 일부 수정)

이 감상문은 자신이 말하고 싶은 주제를 나타내기 위해 천상병 시인의 <귀천(歸天)>이란 시를 인용하고 있다. 어린 나이에 비참하게 죽은 일을 두고 어떻게 소풍이라고 할지 선뜻 인정하기 어려운 점을 부각시키면서 안네의 삶에 대한 자신의 생각을 제시하고 있다.

기행문형식의 독서 감상문은 실제로 여행을 가지는 않았으나 책 속에 나타나는 내용을 따라서 여행을 하며 보고 들은 것처럼 독서 감상문을 쓰는 방법이다.

다음 예문을 살펴보자.

> 내 고향은 충남 아산이다. 여름 방학을 맞이하여 <이순신>이라는 전기문을 읽었다. 장군은 현충사에 모셔져 있으며, 소풍을 간 적도 있는 곳이다. 나는 책에 나온 내용을 따라 여행을 떠났다.
>
> 장군께서는 서울에서 태어났다. 1576년에 무과 병과로 급제하였다. 현충사 경내에는 장군께서 활쏘기 연습을 하던 곳이 남아 있다. 처음에 권지훈련원 봉사로 벼슬길에 나가 수군 절도사로 나가기까지 여러 관직을 거쳤다.
>
> 임진왜란이 일어났을 때는 전라 좌수영 절도사로 근무하셨다. 난리가 날 줄 미리 알고 좌수영에서 부하들과 함께 거북선을 만들었다. 그리고 연이어 큰 전공을 세웠다. 옥포에서 적을 무찌르고, 사천에서는 처음 거북선을 이용하여 적군을 이겼다. 당항포, 한산도대첩에 이르기까지 큰 전투에서 모두 승리를 거두었다.
>
> 남해안 일대의 적을 소탕하고 한산도로 진을 옮겨 본영으로 삼았다. 그리고 삼도수군통제사가 되었다. 그러나 원균의 상소로 서울에 압송되어 사형을 받게 되었다.(하략)
>
> (<이순신을 읽고> 일부, 6학년 이충성)

이순신 장군이 활약한 중요 지역을 따라가며 그의 삶을 돌아보는 형식으로 독서 감상문을 쓰고 있다.

시형식의 독서 감상문은 책을 읽고 느끼고 생각한 것을 시로 써서 나타내는 방법이다. 다음 예문을 보자.

> 연어는 9월에서 11월 사이 강을 거슬러 오른다
> 배는 희고 등은 검푸르다
> 이 책에서는
> 황홀할 정도로 빛이 나는
> 은빛 연어가 등장한다
>
> 사람이나 물고기나 몸이 아름다우면
> 시선을 끌기 마련이다

연어는 타고난 빛깔 때문에
천적의 표적이 된다. (하략)

(<연어라는 말 속에 바다 냄새가 풍긴다> 일부, 6학년 윤다혜)

오양심(2005: 149)에 수록된 이 글은 필자가 일부 내용을 고쳐서 재인용하였다. 이 글에서 글쓴이는 시 형식을 빌어서 독서 감상문을 쓸 수 있음을 보여주고 있다. 이런 글은 책 속에 담긴 내용과 자신의 느낌 생각을 표현하는 데 중점을 두어야 한다. 또 시 형식이니만큼 너무 길게 쓰지 말고 4~5연으로 끝맺는 것이 적당하겠다.

만화나 그림으로 독서 감상문을 쓸 수 있는 것은 저학년이다. 독서에서 느낀 점을 그림으로 나타내는 방법인데, 만화는 인상 깊었던 내용을 글로 쓰고, 그 아래 만화 몇 컷으로 나타낸다. 그림 역시 비슷한 방법으로 표현한다. 인상 깊었던 내용을 글로 쓰고 그 장면을 한 장의 그림으로 나타내는 방법이다.

5) 유의점

독서 감상문은 주제가 없다고 생각해서는 안 된다. 주제를 제목에서 나타낼 수도 있고, 내용 속에 나타나도록 해도 된다. 주제는 따로 있는 것이 아니라 책을 읽은 사람이 거기서 느끼거나 생각한 것을 나타내면 그것이 바로 주제이다. 주의할 점은 어떤 방식으로 표현하든지 독서 내용이 아니라 읽은 사람의 생각과 느낌이 나타나서 글쓴이의 중심생각을 나타내야 함을 잊어서는 안 된다.

마. 기행문

1) 개념

기행문(紀行文)은 여행을 하면서 보고, 듣고, 느끼고, 겪은 체험에 대하여 쓰는 글이다. 여행을 하면서 지나간 길, 견문(여행지의 말씨, 풍습, 명승 고적, 역사적 사실, 그 곳의 설화, 그 곳의 노래 등), 감상 등에 관하여 여행자가 보고, 듣고, 생각한 내용을 바탕으로 쓰는 글이다.

2) 특성

기행문은 여행의 기록이 나타나야 하는 글이다. 그러므로 특별한 형식이 없이 여행지의 특색과 느낌이 잘 나타나야 한다. 여행하는 경로를 따라서 보이는 풍경, 장소, 풍습, 사물,

사람을 그림 그리듯이 보여주어 글을 읽는 사람도 마치 직접 그 곳에서 여행을 하는듯한 느낌을 받을 수 있도록 글을 쓴다. 따라서 기행문에는 글 쓰는 사람의 독특한 관찰력과 감상력을 읽을 수 있다. 기행문에서 반드시 나타나야 하는 삼요소는 여정(旅程), 견문(見聞), 감상(感想) 세 가지이다. 이 중에 어느 한 요소라도 빠지면 기행문의 요건을 갖추지 못하는 것이다.

기행문에 나타나는 표현상의 특징은 첫째, 서술을 한다는 것이다. 서술은 여행을 하면서 겪은 사건을 시간 경과에 따라 쓰는 것을 말한다. 둘째, 묘사를 한다. 여행을 하면서 보고, 들은 경치, 장소의 특징, 사물이나 풍습에 대하여 그림 그리듯이 보여주어야 한다. 셋째, 글의 시제는 현장감이 느껴지도록 현재형으로 써야 한다.(오양심, 2005: 86) 넷째, 여행에서만 느낄 수 있는 내용을 담는 것이 좋다.

기행문을 쓰는 이유는 글 쓰는 사람의 경험을 저장하는 기록으로서 오랜 세월이 지나도 여행할 때의 느낌을 다시 느낄 수 있기 때문이다. 그 글을 읽는 사람은 여행에 대한 호기심을 불러일으키고, 그 글을 따라 다시 지나갈 수 있으므로 여행안내서의 역할을 한다.(이동렬, 2005: 200)

3) 짜임

기행문의 형식은 수필 형식으로 쓴 것, 편지 형식으로 쓴 것, 일기 형식으로 쓴 것, 시 형식으로 쓴 것, 보고서 형식으로 쓴 것, 생활문 형식으로 쓴 것 등이 있다. 수필 형식은 수필을 쓰듯이 특별한 형식이 없이 쓰고 싶은 대로 쓰는 글인데, 여행자가 나타내고자 하는 내용을 중심으로 써서 주제를 드러낸다. 편지 형식은 여행지의 경험을 특정한 대상에게 편지로 소식을 알려주듯이 쓰는 글이고, 일기 형식은 여행을 하면서 그날그날 겪은 일, 보고 들은 일, 생각하고 느낀 일을 날짜별로 쓴 글이다. 시 형식은 여행 중에 느끼고 생각한 것을 시로 간결하게 쓰는 글이다.

기행문의 짜임은 특별히 정해진 것은 없다. 그러나 일반적으로 전개할 수 있는 방법은 삼단구성이나 사단구성이다.

삼단구성은 큰 고생이나 갈등 없이 평범한 여행을 했을 때 쓸 수 있는 방법이다. 삼단구성의 예를 보자.

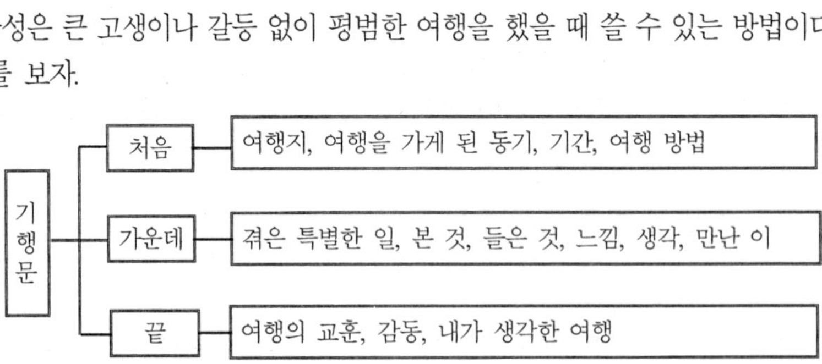

반드시 각 단계마다 이런 내용을 써야 하는 것은 아니고, 그 내용을 바꾸어도 된다. 그러나 초등학생에게는 이처럼 주어진 내용에 따라서 기행문 쓰는 방법을 익힐 수 있다.

사단구성은 특별한 일이 생겨 고생을 했거나 갈등을 겪었을 때 쓰기에 적합한 방법이다. 이 방법은 마치 소설 형식처럼 전개할 수 있다.

기행문		
	발단	여행지, 여행을 가게 된 동기, 기간, 여행 방법
	전개	특별한 일이 일어나기 전의 견문, 느낌, 생각, 만난 이
	절정	특별한 일이 일어난 뒤의 생각, 느낌, 갈등, 해결방법
	결말	사건의 해결, 의미, 내가 생각한 여행

여행 경험을 정리하는 것은 여행 장소와 기간, 여행 방법, 여행지에서 만난 사람들, 여행지에서 본 것, 들은 것, 느낀 것, 생각한 것, 여행지에서 경험했던 특별한 일 등을 정리하는 것이다. 생각이 잘 나지 않으면 마인드맵을 그려서 여러 가지 경험을 재생하는 것이 좋다. 자신이 생각한 여행에 대하여 글 쓴 사람의 생각을 정리하는 단계이다. 예를 들어서 '여행은 나를 이기는 방법을 찾는 것이다.'라든지, '여행은 자연을 공부하는 기회다.'라든지, '여행은 미래에 대한 값진 경험이다.'처럼 여행의 의미를 정리하는 것이다.

4) 쓰는 방법

수필 형식의 기행문은 여행의 시간 일정보다는 만나는 장소와 장면마다 느낌이 중시되는 글이다. 다음 예문을 읽어보자.

> ㉮ 아침의 하회 마을은 참 아름다웠다. 누렇게 익은 벼이삭이 무겁게 고개를 숙인 풍요한 들판, 흙으로 만든 담 밑에 무리지어 핀 진보랏빛 들국화, 담 안이건 담 밖이건 가리지 않고 뚝뚝 떨어지는 잘 익은 연시, 기와집과 초가가 한데 어우러진 이 마을은 몇 백 년 전의 모습을 그대로 간직하고 있었다. 나는 마치 조선 시대로 소풍을 온 것 같은 기분이 들었다.
>
> ㉯ 이 마을엔 풍산 류씨의 종가 건물인 양진당, 임진왜란 때 명재상인 서애 류성룡의 종가 건물인 충효당 등을 비롯해서 여러 채의 고래등 같은 기와집이 보물로 지정되어 있다고 한다.
>
> ㉰ 언덕에서 내려다 본 하회마을은 낙동강 줄기가 마을을 태극 모양으로 돌고 있어 마치 낙동강에 떠 있는 한 송이의 커다란 연꽃처럼 보였다. (하략)

(<하회 마을 기행> 일부, 박완서 기행산문집, 2005.
실험용 교사용지도서 국어 4-1, 403쪽에서 재인용)

이 기행문은 ㉮에서 본 것을 중심으로 묘사를 하여 느낌을 잘 나타내고 있다. ㉯는 들은 이야기를 요약하여 옮기고 있고, ㉰는 다시 물길과 마을 전체의 모양을 보고 느낌을 비유적으로 표현하였다. 이처럼 견문과 감상이 수필 형식으로 잘 나타나 있다.

편지 형식의 기행문은 편지 내용에 돌아본 곳을 소개하고 느끼고 생각한 것을 표현하는 방식이다. 다음 예문을 읽어보자.

㉮ "승현아, 여름 방학이 다 가기 전에 외삼촌이 약속을 지켜야지."

㉯ 오늘은 토요일, 외삼촌께서 제주도의 숨겨진 비경인 주상 절리대를 보여 주시기로 한 날이다.

㉯ 점심을 먹고 외삼촌께서는 나를 승용차에 태우고 주상 절리대가 있는 중문 관광 단지를 향하여 달리기 시작하였다.

㉯ 차를 타고 가다 보니 바다 냄새가 차창으로 들어와 시원하게 느껴졌다. 길가에는 과수원 방풍림으로 심은 소나무들이 줄을 맞추어 서서 바람에 흥얼거리며 우리를 환영하는 듯하였다.

㉮ "지금 가는 주상 절리대는 잘 알려지지 않은 곳이지만, 성산 일출봉, 천제연 폭포, 정방 폭포, 산방산 등과 함께 우리 제주도의 천연 보배로 꼽히는 곳이란다."

그 말씀을 들으니 빨리 가보고 싶었다.

㉯ 우리가 탄 차는 기린보다 키가 훨씬 커 보이는 종려나무들이 길을 따라 마주 보며 푸른 잎을 드리운 곳으로 들어섰다. (하략)

(<제주도에서> 일부, 실험용 교과서 국어 4-1, 148쪽)

이 글에서 ㉮는 들은 이야기를 직접 말을 한 것으로 인용하였다. ㉯는 여행의 동기, 경로, 느낌, 본 것을 자세히 쓰고 있다. 편지 형식은 자신이 본 것을 다시 전달하는 형식이 되어야 하므로 들은 것은 '~란다.' '~단다'는 간접화법의 서술형 어미가 나타난다.

일기 형식의 기행문은 날짜별로 여정, 견문, 감상이 나타나는 글이다. 다음 예문을 보자.

7월 16일. 맑음.

㉮ 오늘은 우리 가족이 경주로 여행 가는 날이다. 경주에는 경주문화원에 다니시는 아버지 친구가 계셔서 아버지께서는 자주 가셨지만 우리 가족이 모두 가는 것은 처음이다.

경주 요금소를 지나니 아주 커다란 기와집이 무슨 궁궐같이 들어서 있다. 그리고 김유신 장군 동상이 늠름하게 말을 탄 채 우리 가족을 반겨 준다.

"동상을 보니 정말 경주에 온 것 같네요."

"진짜 경주는 이제부터야!"

"아버지, 천 년 전에는 경주가 서울이었지요?"

"뭐, 아하! 서울이란 말이 경주에서 나온 말이지. 경주의 옛 이름이 서라벌인데 서라벌이 바로 서울이란 뜻이지."

"그럼 우린 타임머신을 타고 천 년 전의 서울에 온 거네요."(하략)

7월 17일. 맑다가 흐림.

㉯ 여행을 하느라 피곤하여도 아침에 일찍 눈이 뜨였다. 우리는 일찍 잠에서 깨어 집 주변을 한 바퀴 둘러보았다. 아저씨 댁은 아파트에 살다가 기와집이 즐비한 이 동네로 이사를 왔다. 우리 문화를 아끼고 사랑하시는 아저씨께서 사시기에는 안성맞춤인 것 같다.

맛있는 아침밥을 먹고, 우리는 아저씨 댁에서 가까운 안압지와 국립경주박물관으로 향하였다.

안압지는 신라에 귀한 손님이 오거나 나라의 경사가 있을 때에 연회를 베풀던 곳이다. 그러고 보니 안압지는 어제 둘러보았던 첨성대에서 그리 멀지 않은 곳이었다. (하략)

(<내 마음을 사로잡은 경주> 일부, 실험용 교과서 국어 4-1, 158-163쪽)

이 글 ㉮에서는 7월 16일에 돌아본 곳의 여정, 견문, 감상을 썼고, ㉯에서는 이튿날 돌아본 곳에 대하여 썼다. 이처럼 날짜별로 돌아본 곳에 대하여 듣고, 보고, 느끼고, 생각한 것을 기록하는 방식이 일기 형식의 기행문이다.

시 형식 기행문은 간결하게 여행하면서 생각하고 느낀 일을 시 형식으로 표현하는 방법이다. 다음 예문을 보자.

㉮ 진주에서 통일호를 타고
선암사에 갔습니다.
통일호는 아무리 작은 역에서도 서는
기차 이름입니다.

㉯ 선암사는 백제 때 지은 옛 절입니다.
누워서 크는 소나무도 있고
밑이 뻥 뚫려 엉덩이가 시원해지는
뒷간도 있습니다.

㉰ 오랫동안 바람에 닳아서

제 빛깔을 잃은 단청이
오히려 편안하고,
절집을 다정하게 감싸고 있는
야트막한 돌담도 편안합니다.

㉣ 고속철이 씽씽 달리는 요즘
느릿느릿 달리는 통일호를 타고
한 사람이라도 소중하게 태워주는
작은 역들을 지나면
저기 선암사가 있습니다.

(<선암사> 일부, 실험용 교과서 국어 4-1, 156쪽)

이 시는 비록 간결하지만 기행문에서 나타나야 할 내용을 모두 담고 있다. ㉮연에서 선암사로 이동한 교통편을 소개하고 있다. ㉯연에서는 선암사에서 인상 깊게 본 것을 소개하고 있다. ㉰연에서는 거기서 느낀 것을 표현하였고, ㉣연에서는 이 여행을 정리하는 의미를 제시하고 있다. 빠르게 씽씽 달리는 고속철이 아니어도 느릿느릿 한 사람 한 사람 소중하게 역마다 내려주는 인정 많은 곳에 선암사도 그렇게 있다는 내용은 시로서 할 수 있는 아름다운 표현이다.

보고서 형식의 기행문은 앞장에서 소개한 보고서처럼 보고 들은 것을 쓰는 방법이다.

생활문 형식의 기행문은 일상생활을 하면서 생각하고 느낀 것을 쓰는 방식이다.

다음 예문을 살펴보자.

㉮ 인도를 여행할 때에 뉴질랜드에서 온 가족과 만났다. 삼십대 후반의 엄마, 아빠와 열 살짜리 사내 아이 앤디, 여덟 살짜리 여자 아이 제시카, 이렇게 네 명이 1년간 아시아를 여행하고 있었다.

나와 만날 때에는 벌써 8개월 동안 타이, 베트남, 중국, 티베트, 네팔을 거친 뒤였다. 인도를 돌고 파키스탄, 이란을 거쳐 터키에서 여행을 끝낼 예정이라고 하였다. 이들도 나같이 될 수 있는 대로 현지인처럼 먹고 자고 이동하는 저경비 여행을 하고 있었다.

㉯ 이들과 다니면서 내가 우선 놀란 것은 앤디와 제시카의 독립심이었다. 그 아이들은 자기 짐을 스스로 지고 다녔다. 좀 버겁다 싶은 배낭인데도 부모는 절대 거들어 주지 않았다. 숙소를 정리한다든지 빨래를 개고 너는 일도 모두 알아서 한다.

엄마 엘리자베스의 주장이다.

"아이들이 할 수 있는 일을 대신 하는 것은 독이다!"

아이들은 붙임성도 매우 좋았다. 허름한 식당의 주인아저씨, 리어카에서 파인애플을 파는 아줌마, 길 가는 학생, 기차 안에서 만나는 거지 아이 등 만나는 사람마다 단박에 친해진다.

나 같은 외국인 배낭 여행자들과도 밥 한 끼 먹는 사이에 친구가 되고, 다니면서 보고 들은 것이 많아서인지 화제도 풍부하다. 뭐든 궁금해 하고 잘 모르는 것은 알 때까지 인상을 써 가며 꼬치꼬치 캐 묻는다. 외국어도 어찌나 빨리 배우는지 프랑스어, 일본어, 배낭 여행자의 주류인 이스라엘 여행자의 히브리어까지 욕심을 낸다.

나를 다시 놀라게 한 것은 그들의 인내심이다.

한 번은 콩나물시루 같은 기차를 타고 서서 가게 되었다. 어른인 나도 숨을 쉴 수 없을 만큼 힘든데 아이들은 짜증은커녕 리무진을 타고 있는 듯 편안한 얼굴이었다. (하략)

㉰ 누구나 장기간의 세계 여행을 할 수 있는 것도 아니고, 할 필요도 없다. 세계든, 제 나라든 여행에서 얻을 수 있는 것은 본질적으로 같다는 것이 내 생각이다. 많이 부딪히고, 많이 보고, 느끼고, 수 많은 사람들을 만나면서 스스로 깨닫는 '학습' 시간이라는 점에서 여행은 중요하다. 어른들에게도 마냥 어리게만 여겼던 아이들을 제대로 볼 수 있는 '현장 체험 학습' 시간이 될 것이다.

중국에는 '만 권의 책을 읽는 것보다 만 리를 여행하는 편이 낫다.'라는 말이 있다. 여행은 아무리 생각하여도 의미 있는 공부이다.

(<만 권의책보다 값진 것> 전문, 실험용교과서 국어 4-1, 152-154쪽)

이 기행문에서 ㉮는 여행 중에 만난 가족을 소개하는 부분이다. ㉯는 보고 듣고 놀란 경험을 소개하고 있다. ㉰는 여행의 의미를 정리하고 있는 것으로 보아 끝부분임을 알 수 있다. 여행을 그냥 다니며 보고 듣는 것이 아니라 자기 나름으로 여행의 의미를 생각하여 정의 내리고 있다는 점이 중요하다. 바로 그 부분이 이 글의 주제가 되기 때문이다.

여행 중이거나 여행을 한 뒤에, 인상적인 장면, 사람, 풍습, 사물, 사진 등에 대하여 독창적인 방법으로 여행포스터를 만들어 감상할 수 있다. 그밖에도 종이를 아코디언 모양으로 접어서, 여행 순서대로 있었던 일, 보고 들은 일, 느낀 것을 기록을 하면 여행 뒤에 좋은 추억거리가 될 수도 있다.(양재한, 2003)

5) 유의점

여행을 떠나기 전에 미리 돌아볼 곳을 정하여 두고, 그곳에서 무엇을 할지 조사해 두면 글을 쓸 때나 여행할 때 계획적이고도 효과적으로 활용할 수 있다. 여행 전에 미리 조사할 내용은 다음과 같다. 여행 장소, 교통편, 주요 문화 유적, 오감으로 주변에서 느낄 만한 곳 등이다.

여행을 다니면서 보고, 듣고, 느끼고 생각한 점, 만난 사람, 자신이 사는 곳과 비교한 내용을 수시로 메모를 하여 나중에 글을 쓸 때 도움을 받도록 해야 한다. 여행지에서 찍은 사진도 중요한 글쓰기 자료가 될 수 있다.

바. 스토리텔링

1) 개념

스토리텔링 *Storytelling* 이란[33] 자신이 직접 경험하거나 본 이야기, 들은 이야기, 자신이 지어낸 이야기를 다른 사람에게 들려주면서 생각과 느낌을 주고받는 소통 방식이라고 할 수 있다. 이 용어는 이야기 *story* 와 말하기 *telling* 를 결합한 용어로서 매체의 특성에 맞게 이야기하기 장르라고 할 수 있다.(조태남, 2008: 32) 스토리텔링은 매체 환경을 적극적으로 반영하여 이야기 해석 중심이 아닌 콘텐츠 생산을 위한 전략적이고 구체적이며 실천적 차원에서 전개되는 '이야기하기'로서, 상호작용성・현장성・네트워크성・복합성을 띠고 있다. 그래서 좁은 의미로는 재미있고 감동적인 스토리를 만들어내는 능력을 말하고, 넓은 의미로는 문학적 상상력, 예술적 심미안, 디지털 공학적 기술까지 아우르는 통합적 능력이라 할 수 있다.(정창권, 2008: 37)

실제 컨텐츠 산업에서 사용되는 스토리텔링의 개념은 후자에 가깝다. 한국 디지털스토리텔링 학회에서는 사건에 대한 진술이 지배적인 담화 양식으로 사건 진술의 내용을 스토리라 하고, 사건 진술의 형식을 담화라 할 때, 스토리텔링은 스토리, 담화, 이야기가 담화로 변하는 과정의 세 가지 의미를 모두 포괄하는 개념이라고 정의하였다.(이인화, 2003: 13) 뿐만 아니라 문화 속에서 문학적 특성을 찾아내고 그것을 콘텐츠화 하는 것이 문학콘텐츠라고 정의할 때, 그 콘텐츠를 이야기로 풀어 말하는 것을 스토리텔링이라고도 한다. 예를 들어 지역설화를 원형으로 하여 지역 축제나, 관광지를 만들 때 그것을 현대적으로 풀이하여 이용할 수 있게 하는 문화컨텐츠화 과정도 스토리텔링이다.(김의숙 외 편저, 2005; 115) 게임 산업에서도 게임을 개발하는 단계에서 시나리오 전 단계인 주제와 소재, 캐릭터, 배경, 사건을 가지고 이야기를 구성하여 서사화 시키는 것을 스토리텔링이라고 한다.(이재홍, 2004: 36) 또한 교육 분야에서는 어려운 지식을 한 편의 이야기 속에 담아 독자에게 쉽고, 거부감 없이 전달하는 글을 쓰는 것도 스토리텔링이라 할 수 있다.

이상의 스토리텔링 개념을 정리하면, 스토리를 청자에게 전달하는 것과 어떠한 정보나

33) 우리말로 바꾸면 '이야기 말하기'인데, 이 말은 '이야기 하기'가 된다. 그랬을 때 기존의 이야기하기와 차이가 없어진다. 그래서 필자는 '이야기 나누기'라는 용어로 사용하는 것이 좋겠다고 생각했다. 각자가 가진 여러 이야기를 나누어서 다시 새로운 이야기를 만들어 내고 그것을 다시 나누어 가진다는 개념이다.

지식을 이야기를 통해 독자에게 전달하는 것으로 나눌 수 있다. 전자는 영화, 애니메이션, 게임 등 이야기를 기본으로 하는 스토리텔링이며, 후자는 브랜드 스토리텔링, 에듀테인먼트 스토리텔링 등 지식이나 정보를 대상으로 하는 스토리텔링이다. 여기서 스토리·정보·지식을 총체적인 의미의 '이야기'로 본다면 스토리텔링의 개념은 동일한 것으로 생각할 수 있다. 이것은 원형이 되는 어떤 이야기를 타인에게 전달하는 담화의 방식이자 담화의 과정이다. 여기서 말하는 담화는 말에 의한 이야기의 표현뿐만 아니라 다양한 매체를 통한 이야기 표현을 뜻한다.

영국에서 제작한 영화 <반지의 제왕>이나 <해리 포터> 역시 스토리텔링을 통하여 만든 이야기를 영화로 제작한 것이어서, 스토리텔링이 미래 문화컨텐츠 산업으로 얼마나 성장할 수 있을지 우리는 짐작할 수 있다.

2) 특성

일반적으로 문학은 인간이 세계를 인식한 결과를 형상화 하는 것으로 생각한다. 그러나 스토리텔링은 인식을 형상화하는 것으로 끝나는 것이 아니라 완결된 이야기가 여러 가지 매체를 통하여 표현되는 총체적인 의미로서 이야기를 말 한다. 이것이 문학과 구별되는 특징은 등장인물 즉 캐릭터를 게임 운용자가 마음대로 선정하여 주인공으로 만들 수 있으며, 그랬을 때 스토리는 원형에서 벗어난 수 있다. 그뿐만 아니라 이야기의 시작 또는 끝을 수용자가 마음대로 설정하도록 하는 포괄적인 개념을 스토리텔링이라고 한다. 스토리텔링의 하위개념으로는 문학, 영화, 애니메이션 등이 있다. 이것을 엔터테인먼트 스토리텔링, 인포메이션 스토리텔링, 기타 스토리텔링으로 구분하여 하위 갈래를 설정할 수 있다.(정창권, 2008: 39)

○ 엔터테인먼트 스토리텔링 : 소설·동화, 만화, 드라마, 영화, 애니메이션, 게임, 캐릭터, 공연, 전시
○ 인포메이션 스토리텔링 : 축제, 테마파크, 다큐멘터리, 에듀테인먼트, 데이터베이스, 인터넷콘텐츠, 가상현실
○ 기타 스토리텔링 : 광고, 브랜드, 상품, 디자인, 기업경영

여기서 스토리텔링의 하위개념인 영화, 축제, 테마공원 등에서 쓰고 있는 스토리텔링은 장르적인 용어가 아니라, 담화의 과정 또는 그 방식을 말하는 용어이다. 이 분류에 따르면 문학에서부터 애니, 게임, 다큐, 광고, 기업경영에 이르기까지 다양한 분야에서 스토리텔링이 활용되고 있는데, 이들에게 가장 중시되는 것은 진실성이다.

이야기에는 사람들의 호기심과 흥미를 끌도록 하는 힘이 있다. 대차대조표의 숫자로 세

상을 인식하는 비즈니스맨일수록 다양한 정보와 재미있는 이야기에 관심을 가진다. 마찬가지로 오늘날 소비자는 이야기가 들어 있는 상품에 열광하며 이야기가 들어 있는 공간을 향유한다. 그들은 쓸모 있는 상품보다는 자신의 꿈과 감성을 만족시켜 주는 이야기가 담긴 상품을 원한다. 과거 모든 것이 부족했던 시절에는 상품 그 자체가 소비자의 관심 대상일 수밖에 없었다. 따라서 기업은 품질과 가격 차별화를 위해 사활을 걸었다. 그러나 오늘날 쏟아져 나오는 다양한 상품은 품질과 가격보다는 상품에 얽힌 이야기를 산다. 그것은 꿈과 감성을 중시하는 경향 때문이다. 국민 소득 2만불 이상의 시대에 소비자의 구매 욕구를 자극하는 것은 해박한 지식과 유용한 정보보다도 감성이 담긴 이야기이다. 스토리텔링은 소비자의 감성에 호소하는 가장 효과적인 방법이다. 세계적인 명품 브랜드들은 소비자에게 상류사회에 대한 환상을 심어주고 구매 욕구를 자극하는 스토리텔링 기법을 구사하는 것이 특징이다.

초등학교 국어 시간에 이야기의 앞부분을 제시하고 이야기 뒷부분을 마음대로 상상하여 이야기를 꾸미게 하는 활동을 한다. 뿐만 아니라 이야기의 앞·뒷부분을 제시하고 가운데 부분을 만들어 넣도록 하며, 어린이의 창의성 신장을 위해 다양한 스토리를 만들도록 하는 활동이 모두 스토리텔링이다.

3) 짜임

교육 분야에서 스토리텔링은 몇 가지 조건을 갖추어야 한다. 첫째, 음성과 몸짓으로 청중에게 이야기를 전달해야 한다. 둘째, 청자는 화자의 이야기를 듣고 상상력을 발휘하여 상호작용하도록 한다. 셋째, 청자는 화자의 이야기 속에 직접 참여하는 특별행사를 한다. 넷째, 스토리텔링에는 이야기와 청자와 화자가 존재한다.

저학년의 경우는 구연동화와 같이 어떠한 이야기를 알고 있는 화자가 음성과 소품 등을 이용하여 말하고 동작을 해서 그 내용을 학습자에게 전달한다. 이때 청자는 화자와 함께 호흡하며 추임새를 하거나 이야기 속도를 조절하면서 이야기에 직접 참가할 수 있다.

동화책을 읽어주는 활동은 어린이에게 여러모로 큰 효과가 있다. 그래서 먼저 교사가 어린이 지도에 필요한 몇 가지 기술을 익혀야 한다. 교사가 스토리텔링을 하기 전에 읽어 줄 이야기와 관련된 이야기를 하여 아이들의 집중을 유도해야 한다. 그리고 이야기를 읽어 주는 도중에 아이와 눈을 맞추어 집중력을 높이도록 해야 한다. 등장인물의 성격과 상황을 나타내야 하는 때는 목소리를 조절하여 실감나게 해야 한다. 또한 다양한 몸짓으로 재미있는 분위기를 만들어야 어린이의 흥미가 유지될 수 있다. 스토리텔링을 하는 단계는 3단계이다. 스토리텔링 전활동, 중활동, 후활동으로 나눈다.

전활동에서는 교사가 먼저 동화책의 표지를 보고 어떤 내용일지 상상해보고, 주제와 관련된 경험이 있는지 발표하고, 등장인물에 대하여 생각한대로 이야기 해보는 활동을 한다.

중활동은 교사가 이야기를 들려주면서 캐릭터와 상황에 따라 적절하고도 다양한 목소리를 내고, 다양한 표정과 몸짓으로 학습자의 주의가 집중되도록 해야 한다. 이야기를 너무 빠르지 않게 학습자가 다음 장면을 상상할 수 있도록 읽어주어야 한다. 그리고 잠시 멈추어 다음 이야기가 어떤 것이 나올지 예측하도록 하여 참여도를 높인다.

후활동은 이런 활동이 끝나면 학습자가 이야기 내용을 제대로 이해했는지 점검한다. 이해한 어린이는 자신이 이해한 내용을 다른 방법(그림, 글쓰기, 노래, 무용 등)으로 표현할 수 있도록 돕는다.

저학년에게 지도할 내용은 내용을 이해시키는 것이고, 중학년이나 고학년에게는 뒷이야기를 꾸며보도록 한다. 뒤에 이어지는 이야기는 자신의 체험, 독서, 뉴스, 신문기사 등에서 얻은 것을 활용하여 앞의 이야기와 자연스럽게 연결되면서 뒷이야기가 완성되도록 한다.

저학년에게 읽어 줄 동화는 그림이 있는 책이 좋고, 고학년은 내용이 재미있고, 생각할 것이 있는 동화가 좋다. 책을 한꺼번에 너무 많이 읽어주지 말고 생각을 잘 할 수 있을 만큼 조절하여야 한다.34)

이 방법을 활용하면 추상적인 개념을 이해시킬 때 도움이 되고, 집중력과 참여도를 높일 수 있으며, 다양한 질문을 유도하고 토론을 할 수 있다. 그리고 사고력, 문제해결능력을 키우고, 무엇보다도 창의력을 키우는 데 도움이 된다.

초등학교 학습 지도의 단계를 넘어 이야기 전체를 스토리텔링 하려고 한다면 사단계 구성을 하도록 하는 것이 완결성에 도움이 된다. 가령 <선녀와 나무꾼>의 스토리를 단계별로 우리 고전에서 가져온 모티프와 결합시켜 새로운 이야기로 완결시킨다고 하자.

○ 발단 : 나무꾼이 사슴을 만남, 그것은 지하도적의 계획된 음모였음
○ 전개 :
○ 절정 :
○ 결말 :

발단의 이야기는 <선녀와 나무꾼>이야기와 <지하대적 퇴치>이야기가 결합된 발단으로 나타나고 있다. 이처럼 각 단계에서 들어갈 수 있는 모티프를 모둠이나 친구들끼리 생각하여 조합하고, 하나의 완결된 이야기로 다듬는 과정을 거쳐서 완성하게 된다.

4) 쓰는 방법

34) 이 자료는 인터넷 http://blog.daum.net/beautifulriv/9534327?srchid=BR1http%3A%2F%2Fblog.daum.net%2Fbeautifulriv%2F9534327의 자료를 수정하여 제시한 것이다.

저학년은 선생님이 읽어주는 동화를 듣고 반응하게 되므로 미리 글을 쓰는 일은 없다. 다만, 스토리텔링에서 들은 후활동으로 들은 이야기에 대하여 느낌, 생각을 다른 장르로 표현하도록 지도한다. 이때 다른 장르는 그림 그리기, 글쓰기, 노래하기, 무용하기, 만화로 나타내기 등의 활동을 할 수 있다. 그리고 고학년은 앞 이야기에 대하여 뒷이야기를 꾸며내는 활동을 하거나 앞, 뒤 이야기를 완성시킬 수 있도록 중간부분의 이야기를 꾸며내어 완성시키는 활동을 하도록 한다.

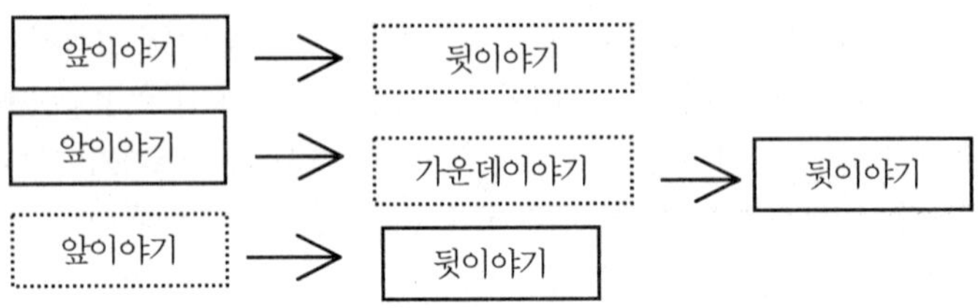

이런 자기 창작 스토리텔링은 자신의 경험과 보고 듣고 읽고 알게 된 여러 가지 이야기를 활용하여 내용을 개작하거나 전혀 다른 내용으로 창작하여 주어진 이야기와 연결되도록 꾸며낼 수 있다.

여기서 주목할 점은 우리 고전문학에는 많은 초월적 상상의 세계가 나타난다. <선녀와 나무꾼>에서는 하늘에서 내려온 선녀, 그의 날개옷과 하늘나라로 올라가는 두레박이 있다. 이런 소재는 이야기를 흥미진진하게 꾸며낼 수 있는 좋은 모티프 *motif* 가 된다. 여기에 현대적 감각을 불어 넣어보자. 땅에 내려와 사는 선녀를 대마왕이 찾아와서 괴롭히고 마침내 그와 대결을 벌여 큰 전쟁 끝에 승리하는 내용으로 꾸민다면 <반지의 제왕>이나 <해리 포터>에 뒤지지 않을 문화 컨텐츠가 될 수 있는 것이다.(김주영, 2008: 43-46)

이렇게 꾸며내는 이야기는 일정한 플롯 *plot* 을 가지게 된다. 플롯은 이야기를 어떤 매체로 전달할지, 그리고 청자가 누구인지에 따라 달라져야 한다. 플롯은 청자들이 잘 알고 있는 이야기 구조를 가지는 것이 익숙해서 좋다. 우리가 이미 봐 왔던 신화, 영화, 소설, 동화 등 잘 알려진 스토리를 활용하되 화자의 메시지를 담아 청자에 흥미를 줄 수 있는 플롯으로 짜도록 한다.

스토리텔링은 이야기(story)와 그 이야기를 전달하는 플롯(plot)의 구조를 갖게 된다. 플롯은 이야기와 청자에게 어떻게 이야기를 전할지 청자가 누구인가에 따라 달라져야 한다.

만약 <선녀와 나무꾼> 이야기와 이미 있던 고전 문학 작품을 이용하여 정해진 이야기 없이 스토리 전체를 스토리텔링으로 재구성한다고 하자. 앞의 사단계구성에 맞게 스토리를 더 진행시킬 수 있다.

먼저 우연히 사슴을 구해준 것이 아니라 사슴을 이용하여 하늘나라를 공격하려는 지하도적들의 음모와 치밀한 계획이 있어야 한다. 지하도적은 지하세계를 지배하는 무리로서 장차 하늘나라를 정복할 야망을 숨기고 은밀하게 계획을 추진하고 있는 악의 무리이다. 그들은 이미 선녀가 보름날 밤에 백두산 천지로 목욕을 하러 내려온다는 사실을 알고 있었다. 그래서 미리 포수에게 사슴을 쫓도록 하고 사슴을 구해준 나무꾼은 이 사실을 모른 채 사슴의 말을 듣고 선녀를 집으로 데려와 살게 된다. 그러나 곧 하늘나라에서는 암행어사 격인 사자(使者)가 오룡거(五龍車)를 타고 선녀를 찾으러 지상으로 내려온다. 이 오룡거는 <해모수 신화>에 나타나는 모티프를 가져온 것이다. 천지로 내려온 사자 일행을 지하도적 무리가 습격을 하고, 갑작스런 기습에 상처를 입은 사자 일행은 오룡거를 빼앗긴 채 피신을 하려고 나무꾼의 집으로 들어가게 된다. 나무꾼은 그들을 치료해주고 지하도적의 음모를 듣게 된다. 그 동안 공주로부터 익힌 무술과 병법을 바탕으로 사자 일행과 함께 오룡거를 되찾으러 나선다. 마침내 지하도적이 숨어 있는 소굴을 찾게 되고 오룡거를 되찾아 선녀와 함께 하늘나라로 올라간다. 이것은 이야기의 시작이다. 이제 장차 하늘나라의 전사가 지하도적의 침입을 격퇴하는 이야기가 전개될 것이다. 여러분은 그 다음 이야기를 어떻게 전개하고 싶은가? 친구들과 스토리 전개 단계마다 제작을 맡아서 하나의 완결된 스토리로 만들어 보자.

이처럼 여러 고전에 나타나는 이야기, 즉 홍길동의 도술, 최치원 이야기, 김유신의 검술 등 우리가 알고 있는 각 부분들의 이야기가 스토리텔링 기획자에 의하여 조합되어 새로운 이야기로 재탄생하게 되는 것이다. 어린이에게 이런 스토리텔링을 시킨다면 이는 장차 우리나라 문화산업을 일으킬 큰 바탕이 될 수 있다.

5) 유의점

스토리텔링은 이미 축적된 정보나 데이터 *data* 를 활용하려는 매체에 맞도록 이야기를 변형시켜 완성하는 것이 중요하다. 예를 들어 애니메이션으로 할지, 게임으로 할지, 광고로 할지, 어린이 학습용으로 동영상을 만들지에 따라 내용을 적절하게 변형시킬 수 있으며, 그에 맞는 이야기, 즉 스토리를 만들어 가야 한다. 이 과정을 스토리텔링의 원리라고 할 수 있다.

소설과 다른 점은 소설이 가상의 한 주제를 중심으로 이야기를 전개시켜 스토리를 형성하는 데 비해, 스토리텔링은 주어진 주제와 매체에 관련된 이야기를 만들어야 한다는 것이다. 스토리텔링은 주어진 주제에 대하여 그것을 만드는 사람의 생각, 관련된 경험, 알고 있는 내용을 바탕으로 주제를 부각시키는 개인의 주관적이고도 참신한 아이디어를 필요로 하는 이야기 전달하기, 또는 이야기 가공하기이다. 그래서 원형 설화와 거리를 둔다는 특성을 가진다.

사. 일기

1) 개념

일기(日記)는 하루 중에 자신이 겪은 일을 어떤 형식에 얽매이지 않고 사실대로 쓴 서사문이다. 일기 글은 하루 중 겪은 많은 평범한 일 중에서 가장 쓰고 싶은 일 하나를 잡아 쓰는 형식이다. 그러므로 이것저것 잡기장(雜記帳)처럼 쓰는 글이 아니라 그 날 보고, 듣고, 느끼고, 생각하고, 겪은 일 중에서 한 가지 주제에 대하여 자유롭게 사실대로 쓰는 글이다.

일기의 종류에는 생활일기, 여행일기, 관찰일기, 감상일기, 그림일기, 항해일기, 독서일기 등이 있는데, 일상적인 경험을 쓰는 글은 생활일기이다.

2) 특성

일기 쓰기를 특별한 목적으로 써야 한다고 생각하는 사람이 많다. 그것은 잘못된 생각이다. 일기를 쓰면 글 쓰는 힘이 길러지는 것은 맞는 말이나 글을 잘 쓰기 위해서 일기를 쓰는 것은 일기의 본래 목적에 비추어 볼 때 잘못된 말이다. 즉 일기는 다른 목적을 위해 쓰는 글이 아니다. 흔히 글쓰기나 국어 공부를 시키기 위해서 일기를 써야 한다고 생각하는 사람이 있다면 그것은 일기를 위한 일기 쓰기가 아니다. 일기는 하루 중에 있었던 평범한 일을 쓰는 것이다. 하루 중 여러 가지 일을 겪으므로 그 중에서 쓰고 싶은 것을 한 가지 골라 자세하게 써야 한다. 흔히 일기를 하루 중에 특별한 일을 쓰라고 하는 것은 잘못된 가르침이다. 만약 매일 특별한 일을 써야 한다면 큰일이다. 어린이 가정은 매일 불나고, 싸움하고, 누군가가 다쳐야 일기 쓸 거리가 생긴다. 일기는 그런 일을 쓰는 것이 아니라 평범한 일상 속에서 있었던 일을 쓰는 것이다. 그 평범한 일 한 가지를 자세히 쓰는 것이 일기이다. 일기쓰기 지도에서 실패하는 이유는 일기를 길게 쓰라고 하기 때문이다. 무슨 내용을 써야 할지 고민스럽고, 그러다가 쓰기가 싫어진다. 자세히 쓰도록 하는 것이 일기의 특징이다. 평범한 하나의 일을 자세히 쓰면 그것이 일기가 된다.

일기 쓰는 시간은 하루 일과를 마친 때가 좋다. 잠자기 직전에 쓰는 것이 아니라 어린이가 학교, 학원을 마치고 집으로 돌아온 때가 가장 좋다. 잠자기 직전에 쓰도록 하면 잠이 와서 쓰지 못한다. 그리고 일기는 반성하는 글쓰기가 아니다. 과거에 하루를 반성하는 것이 일기라고 가르쳤기 때문에 어린이는 '나는 오늘 ~를 잘못했다.'는 식으로 계속 잘못한 내용과 그러지 않겠다는 다짐을 반복적으로 쓰게 된다. 일기는 정직하게 쓰고 싶은 것을 쓰는 글이다. 억지로 자신을 반성하여 다음에 잘 하겠다는 일기는 어린이에게도 힘든 일이고, 지도 교사에게도 지겨운 일이다. 오히려 정직하게 하루 일을 생각하여 가슴에 맺혔던 일을 풀어내고 내일은 새로운 아침을 맞이하도록 하는 것이 중요하다. 일기는 사실과 느낌과 생각을 쓰는 글이다. 여기서 생각은 의견, 성찰, 아이디어 등이 모두 들어간다. 그러므로 어린이가 쓰고 싶은 일을 쓰도록 하면, 자연히 그 속에 다양한 내용들이 담기게 될 것이다.

판매하는 일기장의 틀은 어린이의 사고를 형식적으로 묶는 기능을 한다. 그래서 틀에 얽힌 일기보다 자신이 쓰고 싶은 일기를 쓰도록 하는 것이 좋다. 예를 들어 '5월 15일 수요일' 쓰고, 날씨는 '태양, 태양과 구름, 구름, 우산, 눈사람' 그림 중에서 하나를 선택하도록 하고, '오늘의 중요한 일, 오늘의 반성, 오늘의 착한 일, 내일의 할 일'을 형식적으로 쓰도록 하는 것은 문제가 있다. 날씨만 하더라도 변화무쌍한 하루의 날씨를 어느 하나로 선택하여 표시하기는 어렵다. 그보다 '오늘 오전에 비오다가 오후에 갰다.'는 식으로 쓰는 것이 훨씬 자세하고 정확하다. 그리고 본문은 자신이 쓰고 싶은 내용을 자유롭게 쓰는 것이 형식에 맞추는 것보다 낫다.

일기 검사는 지도를 위하여 필요하다. 생활지도, 학습지도에 모두 일기와 관련되어 지도할 내용이 나타나기 때문이다. 다만 그것을 읽을 때, 어린이가 부담을 느껴 솔직하게 쓰지 않으려고 하면 안 된다는 점을 알아야 한다. 이 말은 어린이 일기를 교사가 보아도 거리낌 없이 일기를 쓸 수 있도록 하는 것이 중요하다는 말이다. 그러기 위해서는 사전에 교사와 학생 사이에 믿음이 있어야 한다. 그리고 학생의 동의를 받아 내용을 공개할 수 있도록 해야 한다. 학생과 아무 의논도 없이 일방적으로 내용을 어린이에게 읽어준다든지 학교신문이나 문집에 공개하면, 다음부터 그 어린이는 일기장을 이중으로 만들게 될 것이다. 그리고 일기의 성격은 숙제가 되어서는 안 된다. 우리가 밥을 먹어야 하는 것처럼, 아침에 세수를 하는 것처럼 당연히 쓰는 것이어야지 숙제가 되면 부담을 느낄 수 있다. 그래서 저학년 때부터 일기를 습관적으로 쓰도록 지도하는 관심이 필요하다.

학부모 중에도 일기를 대신 써 주는 사람이 있다. 일기는 잘못 써도 어린이가 쓰도록 하는 것이 중요하다. 그림일기로 대신하는 방법을 사용하기도 하는데 일기는 일기이지 그림이 아니다. 글자를 모르는 어린이라면 어제 일을 말로 하도록 할 수도 있다. 이것이 말로 쓰는 일기이다.(윤태규, 2004: 14-46)

3) 짜임

일기쓰기의 짜임은 생활문과 같다. 구성방법은 대체로 삼단구성을 한다. 처음, 가운데, 끝으로 구분하여 각 단계마다 쓸 내용을 순서대로 쓰는 것이다.

다음 일기쓰기의 내용 구성 방법을 보자.

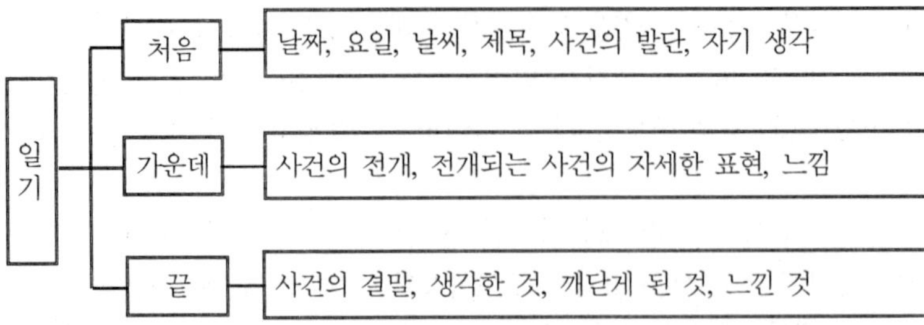

처음 단계에서는 먼저 날짜와 요일, 날씨를 쓰고, 일기를 쓰기 시작한 시간을 쓴다. 그리고 제목을 갖추어 쓴다.[35] 일의 시작부터 쓴다. 이때 빠뜨리지 않아야 하는 것은 '언제, 어디서, 누구와, 무엇을, 어떻게, 왜'이다. 대부분의 어린이는 자신이 이미 잘 알고 있는 내용이므로, 일기에서 어떤 사건을 자세히 나타내지 않는다. 그래서 교사의 꼼꼼한 지도가 필요하다. 특히 왜 그런 싸움이 시작되었는지, 누구와 어디서 어떻게 공차기를 하게 되었는지 이유나 동기를 적도록 한다.

가운데 단계에서는 시작된 일이 어떻게 전개 되었는지 자세히 써야 한다. 그리고 자신이 그 일을 겪어보면서 떠오른 생각이나 느낌을 나타내면 더욱 좋다. 저학년에게는 생각과 느낌을 모두 적으라고 강요할 수 없기 때문에 사건 중심, 즉 일어난 일 중심으로만 자세히 써도 좋은 일기가 될 수 있다.

끝 단계에서는 일이 어떻게 결말지어졌는지를 쓰고, 그것에 대하여 자신의 생각과 느낌이나 깨닫게 된 것이 있으면 자세히 쓰도록 한다.

4) 쓰는 방법

일기를 쓰라고 하면 누구나 쓸 수 있다. 그런데 가장 어려운 부분이 어떻게 시작하느냐이다. 이동렬(2005: 72)에서는 사건이 일어난 시간, 장소, 대화로 시작할 수도 있고, 자신이 본 일, 본 인물, 한 일, 생각한 것, 느낌을 설명하는 말로 시작할 수 있다고 하였다. 일기를 시작하는 글의 예를 들어보자.

○ 교문을 들어섰을 때 있었던 일이다.(사건이 일어난 시간)
○ 운동장에서 있었던 일이다.(사건이 일어난 장소)
○ "야, 너 뭐라고 했어? 미쳤어…?"(대화로 시작하기)
○ 집으로 들어서니 마당에는 낯선 사람 셋이 서 있었다.(본 일로 시작하기)
○ 그 아저씨는 수레에 누워 손으로 땅을 밀면서 움직이고 있었다.(본 인물 설명하기)

---

35) 제목을 쓸 자리를 비워두었다가 일기를 다 쓴 뒤 제목을 정할 수도 있다.

○ 나는 마당에서 강아지에게 밥을 주고 있었다.(한 일로 시작하기)
○ 창밖을 내다보니 하늘에 구름이 깔렸고 비가 올 것 같았다.(생각한 것)
○ 바람이 불면 마음이 움츠려 들어 싫어진다.(느낀 것)

이런 말로 시작할 수 있다.

그런데 저학년은 좋은 일기를 볼 수 없으므로 일기 쓴 사람에게 양해를 구하고[36] 좋은 글을 읽어주어야 한다. 이때 읽어주기 좋은 조건을 갖춘 일기는 다음과 같다.

○ 너무 길거나 짧지 않은 것
○ 정직하게 쓴 것
○ 틀린 글자가 들어있는 것
○ 환경이 비슷한 어린이 글
○ 누구나 겪을 법한 일을 다룬 글

이런 조건을 내 건 이유는 어린이에게 자신감을 주기 위해서이다. 저 정도면 나도 쓸 수 있다는 생각이 들어야 일기쓰기가 쉬워진다. 만약 다른 학년이어도 그 학년 수준에서 있을 법한 내용을 썼고, 위의 조건에 부합하는 내용이라면 읽어줄 수 있다. 저학년에게 읽어주기에 적합한 일기가 윤태규(2004: 58)에서 소개되어 있다.

1993년 9월 2일 목요일. 맑고 선선하다.

김지웅

나는 오늘 학교 식당에서 밥을 먹고 교실에 왔다가 교실 뒤에 있는 분수대를 보았다. 거기에 있는 고기를 만치고 시펐다. 그래서 참지 못해 고기를 만쳤다. 그 때 근재가 와서 야 재미있겠다. 나도 한 번 만쳐 보자 캐서 비켰더니 화분이 너머졌다. 화분이 뿌라지고 하나는 흘이 쏘아졌다. 그래서 나는 그것을 챙그리노코 선생님한테 야단 마즐까 도망을 갔다. (밑줄 필자)

이 글을 읽은 어린이의 반응은 다양할 것이다. 우습다고 웃는 사람, 글자가 틀렸다고 하는 사람, 우리도 내일부터 일기를 쓰자고 하는 사람 등의 반응이 나올 것이다. 이때 교사는 이 일기에서 잘된 부분을 칭찬하고 어디에서 감동을 받았다는 응답을 보내야 한다. 그러면 어린이들은 더욱 일기를 쓰고 싶어할 것이다. 그래도 교사는 뜸을 들여서 다음에 쓰자고 하고 넘어간다. 만약 모르는 글자가 있으면 ○로 표시를 하고 넘어가도록 하고, 밑줄

36) 고학년의 경우 개인 생활이 노출될 수 있으므로 일기 주인의 허락을 받아야 한다.

친 부분처럼 틀린 글자는 아직 1학년이어서 틀린 글자가 있는 것이 당연하다는 말로 격려를 해 준다. 실제로 일기에서 어느 학년이거나 사투리를 써도 괜찮다.

2주 후, 어린이에게 일기장을 준비시킨다. 일기장은 칸잡이 공책[37]을 가져오게 하여 '일기장'이란 제목과 어린이 이름을 써 준다. 칠판에 어린이가 가진 공책과 똑같은 여덟 칸 칸잡이 공책의 칸을 그려놓고 날짜, 요일, 날씨를 적어주고 쓰도록 한다. 그리고 일기를 쓸 때 '꼭 알아야 할 일'을 정하고 복사해서 나누어 준다. 내용은 다음과 같다.

○ 일기는 오늘 내가 겪은 일을 쓰는 글입니다.
○ 오늘 있었던 일 중에서 남에게 들려주고 싶은 이야기를 말하듯이 씁니다.
○ 언제, 어디서 있었던 일인지 밝혀 씁니다.
○ 오늘 일 중에서 부끄러운 일, 실수한 일, 웃겼던 일 등이 좋은 일깃감입니다.
○ 억울하고, 괴롭고, 답답하고, 슬프고, 속상한 일, 감추고 싶은 일도 좋은 일깃감입니다.
○ 이런 일을 자세히 쓰도록 합시다.
○ 주고받은 말을 살려 쓰도록 합시다.
○ 잘 모르는 글자는 동그라미를 하고 그 안에 아는 대로 씁시다.
○ 고학년은 문단을 잘 나누어 쓰도록 합시다.
○ 집에 가자마자 일기를 씁시다.
○ 일기는 내 힘으로 쓰도록 합시다.
○ 일기의 날씨 아랫줄에 일기를 쓰기 시작한 시간과 끝낸 시간을 씁시다.

저학년에게 이런 내용의 인쇄물을 나누어 주고 일기를 쓰는 책상 앞에 붙여 놓고 항상 이 내용을 지키면서 일기를 쓰도록 한다. 고학년이라도 일기를 제대로 쓰지 못하거나 일기 쓰기를 싫어하는 어린이는 저학년에게 지도하는 방식으로 접근할 필요가 있다.

그런데 어린이는 글을 간단하게 생략하여 쓰는 경향이 있다. 그래서 자세히 다시 겪어보고 쓰기를 하도록 지도해야 한다. '다시 겪어보고 쓰기'란 그 장면을 다시 머릿속에 떠올려 보고 생생한 장면의 모습과 생각, 느낌을 쓰도록 하는 방법이다. 이 일은 일기를 쓴 어린이와 직접 교수적 대화를 하면서 쓰도록 해야 한다.

다음 일기의 예를 보자.

> 나는 오늘 축구를 했다. 3:0으로 우리가 이겼다. 참 재미있었다.

이런 일기는 남자 어린이가 흔히 쓸 수 있는 내용이다. 간단하게 한 줄, 두 줄로 써온 일

---

37) 문구점에서 파는 형식이 갖추어진 일기를 사용하지 않도록 한다. 고학년은 줄잡이 공책을 사서 쓰도록 하는 것이 훨씬 효율적이다.

기다. 이렇게 쓴 어린이를 어떻게 지도할 것인가? 우선 어린이에게 몇 시간 전에 지나간 일을 조용히 떠올려 다시 머리속에서 겪어보도록 하는 일이 중요하다. 어디서 축구를 했는지, 누구와 언제 공을 찼는지, 누가 처음 골을 넣었으며, 넣을 때의 장면은 어땠는지, 그리고 그때 분위기, 친구의 표정은 어땠는지 등을 자세하게 물어서 적어보도록 한다. 겪어보기를 한 뒤에도 생각이 잘 나지 않으면 잠깐잠깐 다시 겪어보기를 하여 쓰도록 하면 더욱 생생한 일기를 쓸 수 있다.(윤태규, 2004: 94)

다 쓴 일기는 다시 읽어보도록 한다. 다시 읽다가 고쳐야겠다는 생각이 들면 글을 고치도록 하고, 틀린 부분은 지우고 다시 쓰든지 문장 교정부호, 띄움표(✓), 이음표(⌒), 글자고침표(∽°), 글자빼냄표(∽), 자리바꿈표(∽) 등을 가르쳐 주어 사용하도록 한다.

다음은 어린이에게 읽어줄 수 있는 맛보기 글이다.

> 1997년 11월 15일 금요일. 아침에는 추웠고, 낮에는 따뜻했다.
>
> 3학년 김태효
>
> 오늘 진현이와 싸웠다. 왜 싸웠냐면 진현이가
>
> "조선 짱구 신짱구."
>
> 라고 내 별명을 불러서다. 나는 진현이 등드리를 세게 때렸다. 그러자 진현이가 막 밀었다. 나도 밀었다. 진현이는 내가 의자에 앉자 나를 때렸다. 나는 책상을 진현이게 밀였다. 진현이도 내 책상을 밀면서 "씨발놈아."하고 했다. 나는 조금 밀었는데 진현이는 쎄게 밀었다. 나는 참을라고 해서 욕을 안 할라고 했는데 화가 나서 나도 모르게 욕을 했다.
>
> "씨발 개새끼야."라고 했다.
>
> 진현이는 "뭐 개새끼 니가 개새끼다."라고 말했다. 진현이와 나와 눈을 째래보았다. 책상을 밀다가 내가 계속 밀려 수영이가 "내 고추 졸린다."하고 말했다. 나는 진현이 어깨를 주먹으로 때렸다. 그러자 진현이는 내 목을 잡고 밀었다. 그런데 그 때 선생님이 들어오셨다. 그래서 우리는 안 싸웠다. 진현이가 미쳤다. 지가 잘하는 것도 없으면서 뭐가 잘났다고 지랄이야 하는 생각밖에 없다.
>
> 선생님 진현이가 먼저 잘못을 해서 싸웠어요. 너무 많이 밀고 욕도 쎄게 했어요. 선생님이 "태효야, 같은 모둠 동무와 잘 지내야지 싸움질을 하면 되나?" 하고 나를 나쁘게 말한 것은 틀렸어요. 진짜 억울하고 진현이가 울었다고 내가 잘못한 것은 아닙니다.(윤태규, 2004: 77-78)

이 일기에서 태효는 진현이가 잘못을 해서 싸운 것이지 자신이 잘못해서 싸운 것이 아니라는 말을 하고 있다. 그런데 선생님이 자신을 나무라니까 마음에 얼마나 억울했을까? 태효는 억울한 심정을 일기에 표현한 것이다. 일기는 이렇게 마음에 답답하고 억울한 일을 적는 것이다.

다음 일기를 보자. 이 일기는 다른 사람에게 은밀하게 감추고 싶은 일을 기록하고 있다.

1996년 9월 11일. 수요일. 슈퍼에서 훔친 일

학원을 마치고 학원차를 기다리는데 3반 원섭이가 탱탱볼을 뽑기 한다고 밑에 가게에 갔다. 나도 따라 갔다. 나도 산다고 말을 했다. 나는 돈이 없었다. 왜냐하면 학원 하지 앟을 때 300원이 있었지만 하드를 사 먹어서 없다.

탱탱볼을 훔칠라 하니까 겁이 났다. 탱탱볼은 원래 뽑는데 그래서 그기 없는데 오늘은 있었다. 아저씨가 담배를 줄라고 방으로 들어갔을 때 얼른 주머니에 넣었다. 아저씨가 좀 오래 있다가 나왔다. 나는 아저씨께서 알까 봐 겁이 났다. 그래도 몰랐다. 담배를 사는 아저씨도 몰랐다. 원섭이는 탱탱볼을 두 개를 뽑았다. 원섭이는 하나는 동생을 준다고 했다. 오면서 나는 탱탱볼을 만져 보았다. 집에 와서 생각하니 겁이 안 났다. 그래도 겁이 조금은 났다. 이제는 탱탱볼을 훔치지 않고 착한 사람이 되어야 한다. 그게 내 생각이다. 나는 꼭 안 훔치겠다. 선생님 이 일기 비밀로 해 주세요.(윤태규, 2004: 79-80)

이 글은 제목이 붙어있다. 끝부분에서도 밝혔지만 감추고 싶은 일을 일기로 썼다는 것은 잘한 일이다. 자기 딴에는 큰 마음 먹고 쓴 일기다. 남의 물건을 훔치는 일은 긴장되는 일이다. 이런 일이 늘 있는 것은 아니지만 어린이나 소년시절에는 흔하게 일어나는 일이다. 이 아이도 이 일이 처음이 아닌지 모르나 일기로 쓰기는 처음이다. 그러니까 편안한 마음으로 재미있게 썼을 리가 없다. 자기도 모르게 날씨를 빠뜨린 걸 보면 긴장하고 있었음을 알 수 있다. 그래도 담임을 믿고 사실대로 썼으니 잘 쓴 일기다. 하지만 마음 한 구석에는 아직도 못미더운 구석이 있어서 비밀로 해 달라고 특별히 부탁을 하였다. 그래서 담임도 일기 쓴 어린이의 학년과 이름을 밝히지 않았다.

이런 일기를 쓰는 교육적 효과는 어린이가 이 일기를 쓰면서 다음에 또 훔쳐야 겠다는 다짐보다는 다시는 훔치지 않아야지 하는 생각을 더 했을 것이라는 데 있다. 누군가가 이 어린이를 잡아다가 "또 훔칠래?"하는 체벌이나 훈계보다 자신이 스스로 더 후회했을 것이라는 점에서 일기가 교육적이다. 물론 같은 어린이가 똑같은 잘못을 되풀이하면서 버릇처럼 이렇게 쓴다면 그 어린이는 특단의 지도대책이 필요하다. 그러나 대부분의 어린이들이 칭찬받을 일 보다 꾸중들을 일을 더 많이 하면서 자란다는 것을 알면 칭찬이든 꾸중이든 일기는 항상 쓸 거리가 생긴다는 것을 알 수 있다.

5) 유의점

초등학교 1학년이 일기를 쓸 수 있는 때는 대략 7월쯤이다. 아무 준비 없이 바로 일기를 쓰라고 할 수 없으므로 준비 기간을 2주로 보면 6월 중순쯤부터 일기 쓰기 지도를 준비하여 7월에 시작하도록 한다.(윤태규, 2004: 56) 다른 학년은 이미 글자를 알고 있으므로 학기가 시작되는 대로 쓰도록 해야 한다.

만약 학부모가 교사의 일기 지도에 대한 생각이 전혀 다르다면 문제가 된다. 교사도 고민이지만 학부모는 걱정이 더 크다.[38] 이럴 때는 교사에 대한 믿음을 가지라는 '가정통신문'을 내고, 필요하다면 직접 만나서 이야기 할 필요가 있다. 그리고 교사는 확고한 믿음을 가지고 지도하도록 해야 한다. 자신의 방침과 방법을 설명하여 이해시키는 일이 중요하다.

잘 쓴 일기는 어린이의 동의를 받아 복사를 해 놓았다가 학급 문집을 만들 때 게재하는 것이 좋다. 다른 학습 시간에 어린이가 쓴 글 역시 같은 방식으로 모아 두었다가 문집으로 만들어 나누어 갖는 것은 한 해 지도 결과를 나타내는 것으로 의미가 깊다. 고학년이면 자신이 쓴 글을 워드로 작성하여 전자우편으로 보내도록 해도 되고, 학급 카페나 블로그에 올려서 여러 사람이 볼 수 있도록 하는 것도 좋은 경험이 될 수 있다.

아. 생활문

1) 개념

생활문(生活文)은 일상생활을 하면서 경험한 일, 보고, 듣고, 느낀 것을 누군가에게 이야기 하듯이 쓴 글을 말한다. 생활문은 날짜, 요일, 날씨만 쓰지 않으면 일기와 쓰는 방식이 동일하다. 이처럼 자신이 체험한 일에 대하여 쓰고 싶은 대로 쓰는 글을 서사문이라고도 한다. 그러니까 일기문과 생활문이 바로 서사문 형식이다. 어떤 사실, 사건, 일에 대하여 자신이 보고 듣고 느낀 것을 자유롭게 쓰는 글이다.

2) 특성

생활문은 말하고자 하는 중심 생각을 뚜렷하게 써야 한다. 이때 자신이 생각하고 느낀 것을 반드시 쓴다. 그리고 대화글을 넣어서 현장감이 나타나도록 하고, 대화글을 통하여 이야기가 자연스럽게 연결되도록 해야 한다. 일기나 생활문을 쓰는 전제 조건은 정직해야 한다는 것이다. 글을 지어내거나 보고, 듣고, 생각하지도 않은 일을 꾸며내는 것은 서사문이 추구하는 글쓰기의 성격이 아니다.

---

38) 이 경우에는 학부모가 어린이 일기를 대신 써주거나 틀린 글자를 고쳐주기도 하며, 어린이에게 완벽하게 쓰도록 안달을 하는 경우가 있다. 이럴 때는 교사가 인내심을 가지고 대화하고 설득할 필요가 있다.

3) 짜임

생활문의 짜임은 일기와 비슷하다. 다만 일기에서 나타나는 날짜, 요일, 날씨에 관한 표현이 글의 첫머리에 나타나지 않는다는 점이 다르다. 그리고 일기가 그 날 있었던 글감을 골라 쓰는 데 비하여 생활문은 그 날 있었던 일부터 그 이전에 있었던 과거의 기억을 떠올려 글감을 골라 쓴 글이라는 차이가 있다.

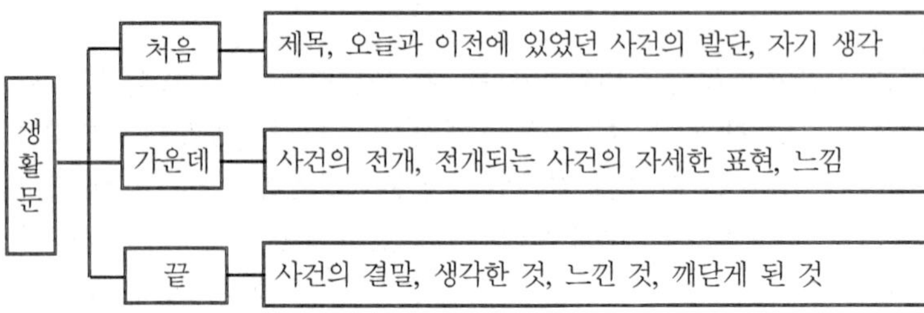

처음 부분에서 글을 쓰는 사람은 오늘을 포함한 이전의 기억을 되살려 글감을 고르고 다른 사람에게 들려줄만한 사건의 시작에 해당하는 부분을 서술한다. 그 사건에 대한 자신의 생각이나 느낌은 언제든지 쓸 수 있다. 그렇다고 반드시 생각과 느낌을 써야 하는 것은 아니다. 있었던 사실만을 그대로 보여주어도 읽는 사람에게는 내용이 전달될 수 있다.

가운데 부분에서는 사건이 전개된 내용을 쓴다. 이때 사건을 자세하게 써야 하며, 그 내용이 부끄러운 것이든, 자랑스러운 것이든, 감추고 싶은 것이든 상관없이 정직하고 솔직하게 써야 한다.

끝 부분에서는 사건이 어떻게 마무리 되었는지 결말을 쓰고, 사건 전체를 보거나 겪거나 들어보았을 때, 자신의 머릿속에 떠오른 것은 무엇이고, 느끼거나 깨닫게 된 것이 무엇인지를 쓴다. 주제는 두괄식, 양괄식, 미괄식, 중괄식 어느 것이든 좋다.

4) 쓰는 방법

일기도 마찬가지지만 생활문도 교사의 지도철학이 분명하게 서 있어야 한다. 먼저 글쓰기의 목표를 상타기나 점수 따기가 아닌, 어린 생명들의 건강한 삶을 가꾸는 것으로 잡아야 한다. 있었던 사실을 그대로 쓰고, 거기에 대하여 생각해보고 비판하고 고치는 가운데 마음과 삶이 건강하게 자랄 수 있을 것이기 때문이다.

삶을 가꾸는 글쓰기를 하기 위해서는 어떤 것이 좋은 글인지 교사도 알고 있어야 하고 어린이에게도 가르쳐야 한다. 좋은 글은 읽는 이의 가슴을 울리는 감동적인 글이다. 이것은 누구나 다 아는 기준이다. 그러나 근사한 말재주로 눈을 현혹시키는 글은 좋은 글이 아니다. 남의 글을 흉내 내지 않고 자신이 쓰고 싶은 대로 쓴 글, 비록 서투르지만 자신의 언어가 살아있는 글, 꾸미지 않고 솔직하게 자신의 감정을 드러낸 글이 좋은 글임을 알려야 한다.

'무엇을 쓸까?'는 항상 글을 쓰기 전에 어린이들이 고민하는 내용이다. 글감은 자신이 가장 쓰고 싶은 것, 누군가에게 하고 싶은 말, 은밀하게 감추고 싶은 것, 겪었던 일 중에서 부끄러운 일 등이 된다. 남들이 흔히 쓰는 것, 이미 다른 사람이 썼던 내용, 교과서에 실렸던 내용, 비슷한 내용을 흉내 내어[39] 자신의 글이라고 하는 것은 좋지 못한 글이다.

생활문을 쓸 때 제목은 글을 다 쓴 후 학생이 스스로 정하는 것이 가장 좋다. 그러나 교사가 어떤 목적을 가지고 쓰게 할 때는 제목을 여러 개를 주어서 글 쓰는 사람의 경험을 글로 표현할 수 있는 기회를 넓혀 주어야 한다. 제목도 자신의 절실한 체험이 나타날 수 있도록 정한다면 큰 성공이라 할 수 있다.

글을 쓰기 위해서는 얼거리를 잡아야 한다. 얼거리 짜기는 개요짜기와 같은 말로서 미리 쓸 내용을 생각하고 차례를 정하는 일이다. 글을 쓰기 전에는 참고로 좋은 작품 한두 편을 읽어주는 것도 괜찮은 방법이나 글쓰기 지도는 평소에 이루어져야 하고, 글을 쓰는 날은 이미 배운 내용을 적용하도록 하는 것이 낫다. 실제로 글을 쓸 때는 조용한 분위기를 만들어서 어린이가 생각하기 쉽도록 해주어야 한다. 저학년에게는 글을 쓰다가 잘 모르는 부분이 있으면 손을 들도록 하여 가르쳐 준다. 글을 쓰는 태도는 '온 정신을 기울여 한꺼번에' 쓰도록 하고, '자기 말로' 쓰도록 한다.

다 쓴 사람은 그대로 내지 말고 다시 한 번 읽어보고 빠진 글자, 틀린 문장, 자신이 쓰고 싶은 내용이 잘 나타났는지, 빼야 할 곳은 없는지 살피고 고쳐서 내도록 한다.

만약 교실에서 글쓰기 지도가 이루어졌다면 함께 읽어보고 감상을 하는 것도 좋은 지도 방법이다. 지난 시간에 쓴 글 중에 몇 편을 골라 어린이와 같이 읽어 가면서 글에 나타난 글쓴이의 생각, 생활 태도에 대하여 이야기 한다. 만약 어떤 문제점이 있으면 함께 의논하여 해결하도록 한다.(이오덕, 1993: 84-88)

완성된 글은 교사가 필요한 지면에 발표를 하거나 학기말, 연말에 문집을 만드는 원고로 사용하면 좋다.

다음은 앞에서 말한 내용과 견주어 보면서 맛보기를 할 수 있는 글이다.

> 내 생각으로는 우리 선생님께서 그다지 좋은 분이 아니라고 생각한다. 처음 5학년에 올라와서 좋으신 분인 줄 알고 잘 따랐는데(내 생각으로는 잘 따른 것 같음) 지금 와서 보면

39) 창의력을 길러주기 위하여 패러디를 하거나 노래 가사를 바꾸어보도록 하거나 광고문을 가지고 자신만의 광고를 하도록 하는 것은 국어 사용 기능 신장 차원에서 이해될 수 있는 문제이다.

> 그다지 좋으신 분이 아니다. 글짓기나 독후감 기타 여러 가지를 쓸 때도 "몇 장 이상(거의 다 5~7장 이상으로 쓰게 함) 써라."라고 하신다. 그러면 나는 한 주제를 골랐다가도 '장수를 다 못 채우겠구나.'하는 생각이 앞선다. 그리고 한 주제를 골랐다가도 쓸 말이 없으면 같은 말을 여러 번 돌려써서 더 머리만 아프다. 그리고 학년 초에 차별을 안 한다고 하셨는데 차별을 너무 하시는 것 같다. 공부 시간에 떠들 때도 공부를 잘 하거나 반장, 부반장일 경우에는 넘어가고 못하는 아이일 때는 마구 구박을 주신다. 선생님께서는 그리고 공부 가르쳐 주시는 것도 약간 신경질적으로 가르쳐 주시며 "수준이하야."라고 하시고, 오늘 산수 경시 대회 결과도 60점 이하는 앞에 나가 맞았다. 그러면서 선생님께서 "너희들 때문에 반 평균이 떨어져."라고 하신다. 집에 가서 부모님께도 꾸중을 받을 테고, 희망을 주어서 다음 시험에 잘 보게 해야 되는데 그 반대이다. 사람마다 장점과 단점이 있지만 우리 선생님은 다른 사람보다 몇 배 더한 것 같다. 선생님의 장점도 있을 테지만 내년에 우리 선생님이 걸릴 애들이 불쌍할 뿐이다.
>
> (<우리 선생님>, 이수초 5학년 이정우. 이오덕, 1993: 35)

이 글은 어린이가 선생님에 대하여 생각하고 느낀 것을 적은 것이다. 글 쓴 어린이에게는 특별한 경험일 수 있으나 그 반 어린이에게는 모두 보편적인 일이 된 글감이다. 글감으로 보면 좋은 글감이라 할 수 있다. 그리고 글의 내용을 보면 있었던 일을 솔직하게 쓰고 있다. 선생님의 잘못된 교육이 곳곳에 나타나고 있다. 글을 몇 장 이상 쓰라고 한다든지, 차별 안 하겠다고 하고는 차별하고, 성적으로 어린이를 멸시하는 듯한 태도가 나타나고 있어 그 반의 사정이 잘 나타나고 있다. 그러나 이 글에는 감동이 없다. 비판은 있으나 감동이 없으므로 좋은 글이라고 평가하기에는 부족하다.

다음 글은 어린이가 어떤 선생님을 좋아하는 지가 잘 나타난 글이다.

> 나는 피아노 선생님이 너무나도 좋다. 나는 원래 피아노 치기를 아주 싫어하여서 세 군데나 다니다가 다 끊었는데, 친구 이은정 어머니가 아주 좋은 피아노 선생님을 소개해 주어서 지금 그 피아노 선생님한테 배우고 있다. 피아노 선생님 이름은 오경희이신데, 음악 전공으로 대학을 나오셔서 지금 동생과 나 그리고 여러 아이들이 오경희 선생님에게 배우고 있다. 오경희 선생님은 화 내시는 일이 거의 없다시피 해서 아이들이 거의 다 선생님을 존경하며 따르고 있다. 그래서 피아노에 관심이 완전히 없었던 내가 많은 관심을 쏟게 되었다. 그리고 오경희 선생님은 아이들한테 협박을 안 하셨다. 그 협박이란 아이들이 피아노 연습을 못해 피아노를 잘못 치게 될 경우 하루 종일 여기서 피아노 연습만 하라느니, 어디를 놀러 가지 못하게 할 거라느니 여러 가지 협박을 늘어놓는 것이다. 그래서 내가 피아노 학원을 끊었던 이유가 선생님들의 협박 때문이다. 또 오경희 선생님은 이제 401호로 이사 가시는데, 짐들을 챙기시다가 내가 필요한 물건이나 선생님이 작아서 못 입는 옷은 나를 주

셨다. 나는 이렇게 상냥하고 친절하고 혼내시지 않는 선생님이 참 좋다.

(<피아노 선생님>, 6학년 정은혜. 이오덕, 1993: 36)

이 글을 읽으면 교사가 어떻게 어린이를 대해야 하고, 어떻게 가르쳐야 할지를 알 수 있다. 어른은 어린이가 무엇이든 잘 모를 거라고 생각하지만 사실은 어른보다 더 잘 아는 부분이 있다. 그것은 선생님이 잘 하고 있는지 못하고 있는지 너무 잘 안다는 것이다. 이 글은 '피아노 선생님'이란 글감을 가지고 겪은 일, 생각하고 느낀 일을 잘 나타내고 있다. 이 글을 읽으면 '나는 어린이에게 어떻게 하고 있는가?'하고 스스로 돌아보게 된다. 좋은 글이다.

다음 글은 시간을 내세워서 글을 시작하면서 터미널에서 있었던 일을 쓰고 있다.

오후 세 시, 부산가는 고속버스를 타러 바쁘게 터미널 쪽으로 걸어가고 있었다. 하얀 가운을 입은 아가씨들이

"헌혈하세요."

"헌혈 좀 해 주세요."

하며, 아저씨 아주머니들에게 사정하다시피 했다. 앰블런스 차에는

"A형 혈액 급히 구함"

이라고 씌어 있었다.

지나가는 사람들은 헌혈에는 관심이 없었다. 가운을 입은 아가씨들이 접근할까봐 미리부터 멀리 돌아서 갔다.

나는 용기를 내서 가운 입은 누나에게 말을 걸었다.

"누나, 제 혈액형이 A인데 헌혈을 해 주세요."

하고 말했다. 누나는

"고맙지만, 꼬마 같은 마음이면 얼마나 좋겠니?"

하고 되뇌었다. 피를 구하지 못한 아쉬운 표정이 역력했다.

9.11 테러가 났을 때 미국 국민들은 너도나도 헌혈로 아픔을 같이 나누었다던 신문기사가 생각났다.

이 세상은 혼자서는 살 수가 없다고 사회시간에 배웠다. 우리 나라 사람들도 미국처럼 큰 사건이 터지면 피를 나누어주는 사람이 줄을 서겠지만, 평소에 피 한 방울이라도 나누어 쓰는 마음이 더 중요할 거라는 생각을 했다.

함께 사는 사회에 동참하는 길은 나보다도 남을 우선으로 생각하는 마음이어야 하지 않을까?

(<함께 사는 사회>, 6학년 김상배. 오양심, 2005: 80)

이 글은 세련되었다. 앞부분의 보고 들은 내용을 세밀하게 잘 표현하였다. 그러나 뒷부

분으로 갈수록 어린이가 쓴 글일까 하는 의구심이 든다. 예컨대 '9.11 테러 때 국민들이 헌혈로 아픔을 같이 나누었다는 신문기사'가 생각났다는 것은 왠지 어른 글이라는 생각이 든다. 그리고 '나보다도 남을 우선 생각하는 마음이어야 한다'는 말은 요즘 어린이가 하는 말이라기보다는 어른이나 선생님이 한 말 같다.

만약 어린이가 정말로 자기 생각을 이처럼 글로 옮겼다면 칭찬할 일이다. 그러나 조금이라도 다른 사람의 생각이나 글이 들어있다면 아주 좋지 못한 글이 될 것이다. 또 남의 글을 어린이가 흉내 내기를 했다면 더더욱 잘 못 쓴 글이 된다. 교사가 글을 평가하는 기준은 그 학년 어린이의 수준에 적합한 것이 되어야 한다.

5) 유의점

생활문도 다른 글과 마찬가지로 간결하게 써야 한다. 긴 글은 중심 생각을 흩어놓는다. 그리고 본문 속에 대화글을 적절하게 사용해야 한다. 당시 그 상황을 그대로 재현하는 장면에서는 대화글을 사용하는 것이 효과적이다. 이때 어린이가 평소에 사용하는 말, 즉 사투리를 사용하는 것은 무방하다. 다만 글을 대회에 응모하거나 그 말이 무슨 말인지 못 알아들을 상황에서는 표준어로 바꾸어준다.40)

글을 다 쓰고 나서는 중심 생각이 잘 드러나는지 살펴보아야 한다. 글을 다른 사람의 입장에서 읽고 중심내용이 무엇인지 생각해 본다. 제목이 본문 내용과 일치해야 한다. 어울리지 않거나 어긋나 있으면 제목을 바꾸거나 내용을 바꾸어야 한다. 그리고 내용의 짜임이 어떤지도 살펴봐야 한다. 어색한 내용이 없는지, 빠진 내용은 없는지 살펴 고쳐야 한다. 마지막으로 어려운 단어나 비문(非文)이 있지 않은지 살펴보고 고친다.

그밖에도 외래어나 외국어, 한자어보다는 우리 고유어를 쓰도록 지도하는 것이 필요하다. 특히 요즘은 다른 나라 말을 사용하면 마치 지식이 많은 사람처럼 인정하는 풍조는 잘못 된 것이다. 우리말을 잘 살려 쓰는 것이 국어 문화 창달에 이바지 하는 길이다.

[참고문헌]

교육인적자원부, 「초등학교 교사용 지도서 국어 4-1」, 대한교과서(주), 2003.
김의숙 · 이창식 편저, 문학콘텐츠와 스토리텔링, 도서출판 역락, 2005.
김정섭 · 강승희 · 강순희, 동화를 통한 창의성 교육, 서현사, 2006.

40) 각주를 달아서 읽는 사람의 이해를 돕는 것도 하나의 방법이다. 그러나 시에서는 가능한 한 사투리를 표준어로 바꾸지 않아야 한다.

김주영, <선녀와 나무꾼>의 애니메이션 스토리텔링 방안 연구, 단국대대학원 석사학위논문, 2008.
민명인, 동화의 교재화 양상과 개선방안에 대한 고찰, 한국교원대 대학원 석사학위논문, 1992.
박기용, 교수적 대화 활동 중심의 글쓰기를 통한 국어과 창의력 신장 프로그램 개발 『초등교육연구』 17집, 진주교대 초등교육연구원, 2007.
양재한, 학생독서지도론, 태일사, 2003.
오양심, 글쓰기 논술 총자료집, 답게, 2005.
유창근, 현대 아동문학의 이해, 동문사, 1997.
윤태규, 일기쓰기 어떻게 가르칠까, 보리, 2004.
이동렬, 아동 글쓰기 지도의 이해와 실제, 학연사, 2005.
이오덕, 글쓰기 어떻게 가르칠까, 보리, 1993.
이오덕, 삶을 가꾸는 글쓰기 교육, 한길사, 1984.
이인화 외, 디지털 스토리텔링, 황금가지, 2003.
이재홍, 게임 시나리오 작법론, 도서출판 정일, 2004.
이호철, 살아 있는 글쓰기, 보리, 1999.
정창권, 문화콘텐츠 스토리텔링, 북코리아, 2008.
조태남, 문화콘텐츠와 스토리텔링, 경남대출판부, 2008.
주중식, 어린이 시 쓰기 지도, 하계직무연수 자료, 1998.
한국글쓰기교육연구회, 글쓰기 교육의 이론과 실제 I · II, 온누리, 2001.

부록

부록 1. 바른 우리 말글살이

국립국어원 홈페이지에는 국어 어문 규정을 소개하고 있다.41) 그 중에서 제56항에 '- 더라, - 던'과 '- 든지'는 다음과 같이 적는다고 하였다.

가. 지난 일을 나타내는 어미는 '- 더라, - 던'으로 적는다.(ㄱ을 취하고, ㄴ을 버림.)

ㄱ	ㄴ
지난 겨울은 몹시 춥더라.	지난 겨울은 몹시 춥드라.
깊던 물이 얕아졌다.	깊든 물이 얕아졌다.
그렇게 좋던가?	그렇게 좋든가?

나. 물건이나 일의 내용을 가리지 아니하는 뜻을 나타내는 조사와 어미는 '(-)든지'로 적는다.(ㄱ을 취하고, ㄴ을 버림.)

ㄱ	ㄴ
배든지 사과든지 마음대로 먹어라.	배던지 사과던지 마음대로 먹어라.
가든지 오든지 마음대로 해라.	가던지 오던지 마음대로 해라.

1) 지난 일을 말하는 형식에는 '-더'가 결합한 형태를 쓴다.
그런 형태로는

- 더구나 -더구려 -더구먼
- 더군(←더구나, 더구먼) -더냐 -더니
- 더니라 -더니만(←더니마는) -더라

등이 있고, 이밖에 '더'형 어미로 '-더라도' 따위가 있다.

2) '-던'은 지난 일을 나타내는 '더'에 관형사형 어미 '-ㄴ'이 붙어서 된 형태이며, '-든'은 내용을 가리지 않는 뜻을 표시하는 연결 어미 '-든지'가 줄어진 형태다.

•어렸을 때 놀던 곳 •아침에 먹던 밥

---

41) 인터넷 사이트 주소는 http://www.korean.go.kr/08_new/index.jsp이다.

• 그 집이 크던지 작던지 생각이 안 난다.
• 그가 집에 있었던지 없었던지 알 수 없다.
• 가든(지) 말든(지) 마음대로 하렴. • 많든(지) 적든(지) 관계없다.

다음 말들은 각각 구별하여 적는다.

가름 — 둘로 가름.
갈음 — 새 책상으로 갈음하였다.

제55항과는 반대로, 발음 형태는 같거나 비슷하면서 뜻이 다른 단어를 구별하여 적음으로써 달리 적는 동음이의어(同音異義語)로 다루는 것이다.

'가름'은 '가르다'의 어간에 '-ㅁ'이 붙은 형태이며, '갈음'은 '갈다(代替)'의 어간에 '-음'이 붙은 형태다. '가름'은 나누는 것을, '갈음'은 대신하는 것, 대체하는 것을 뜻한다.

• 가름 — 둘로 가름. 편을 가름. 판가름
• 갈음 — 연하장으로 세배를 갈음한다.
가족 인사로 약혼식을 갈음한다.

거름 — 풀을 썩인(15) 거름.
걸음 — 빠른 걸음.

'거름'은 '(땅이) 걸다'의 어간 '걸-'에 '-음'이 붙은 형태로, '걸음'은 '걷다'의 어간 '걷-'에 '-음'이 붙은 형태로 분석되는 것이지만, '거름'은 '(땅이) 건 것'을 뜻하는 게 아니라 비료를 뜻하므로, 본뜻에서 멀어진 것으로 다루어진다. 그리하여 소리 나는 대로 '거름'으로 적어서, 시각적으로 '걸음'과 구별하는 것이다. (제19항 참조.)

• 거름 — 밭에 거름을 준다. 밑거름, 거름기
• 걸음 — 걸음이 빠르다. 걸음걸이, 걸음마

거치다 — 영월을 거쳐 왔다.
걷히다 — 외상값이 잘 걷힌다.

'거치다'는 '무엇에 걸려서 스치다, 경유하다'란 뜻을 나타내며, '걷히다'는 '걷다'의 피동사다.

• 거치다 — 대전을 거쳐서 논산으로 간다. 가로거치다
• 걷히다 — 안개가 걷힌다. 세금이 잘 걷힌다.

걷잡다 — 걷잡을 수 없는 상태.
겉잡다 — 겉잡아서 이틀 걸릴 일.

'걷잡다'는 '쓰러지는 것을 거두어 붙잡다'란 뜻을 나타내며, '겉잡다'는 '겉가량하여 먼저 어림치다'란 뜻을 나타낸다.

• 걷잡다 — 걷잡을 수 없게 악화한다. 걷잡지 못할 사태가 발생한다.
• 겉잡다 — 겉잡아서 50만 명 정도는 되겠다.

그러므로(그러니까) — 그는 부지런하다. 그러므로 잘 산다.
그럼으로(써) — 그는 열심히 공부한다. 그럼으로(써)
(그렇게 하는 것으로) — 은혜에 보답한다.

'그러므로'는 '그러하기 때문에, 그렇게 하기 때문에'란 뜻을 나타내며, '그럼으로(써)'는 대개 '그렇게 하는 것으로(써)'란 뜻을 나타낸다. 곧, '그러므로'는 '(그러하다→)그렇다'의 어간 '그렇→그러('ㅎ'불규칙)'에 까닭을 나타내는 어미 '-므로'가 붙은 형태, 또는 '(그렇게 하다→)그러다'의 어간 '그러-'에 까닭을 나타내는 어미 '-므로'가 결합한 형태이며, '그럼으로'는 '(그렇게 하다→)그러다'의 명사형 '그럼'에 조사 '-으로(써)'가 붙은 형태다.

• 그러므로 -
① (그러하기 때문에) 규정이 그러므로, 이를 어길 수 없다.
② (그리 하기 때문에) 그가 스스로 그러므로, 만류하기가 어렵다.
③ (그렇기 때문에) 그는 훌륭한 학자다. 그러므로 존경을 받는다.
• 그럼으로(써) - (그렇게 하는 것으로써) 그는 열심히 일한다. 그럼으로써 삶의 보람을 느낀다.

조사 '-(으)로써'가 이유를 표시하기도 한다. 그리하여 '그러므로(써)'가 '그렇게 하는 것 때문에'로 풀이되기도 한다.

노름 — 노름판이 벌어졌다.
놀음(놀이) — 즐거운 놀음.

'노름(賭博)'도 어원적인 형태는 '놀-'에 '-음'이 붙어서 된 것으로 분석되지만, 그 어간의 본뜻에서 멀어진 것이므로, 소리 나는 대로 적는다.(제19항 붙임1 참조) 그리고 '놀음'은 '놀다'의 '놀-'에 '-음'이 붙은 형태인데, 어간의 본뜻이 유지되는 것이므로, 그 형태를 밝히어 적는다.(제19항 2참조)

- 노름 — 노름꾼, 노름빚, 노름판 (도박판)
- 놀음 — 놀음놀이, 놀음판 (←놀음놀이판)

느리다 — 진도가 너무 느리다.
늘이다 — 고무줄을 늘인다.
늘리다 — 수출량을 더 늘린다.

'느리다'는 '속도가 빠르지 못하다'란 뜻을, '늘이다'는 '본디보다 길게 하다, 아래로 처지게 하다'란 뜻을, '늘리다'는 '크게 하거나 많게 하다'란 뜻을 나타낸다.

- 느리다 — 걸음이 느리다. 느리광이
- 늘이다 — 바지 길이를 늘인다. (지붕 위에서 아래로) 밧줄을 늘여 놓는다.
- 늘리다 — 마당을 늘린다. 수효를 늘린다.

다리다 — 옷을 다린다.
달이다 — 약을 달인다.

'다리다'는 '다리미로 문지르다'란 뜻을, '달이다'는 '끓여서 진하게 하다, 약제에 물을 부어 끓게 하다'란 뜻을 나타낸다.

- 다리다 — 양복을 다린다. 다리미질
- 달이다 — 간장을 달인다. 한약을 달인다.

다치다 — 부주의로 손을 다쳤다.
닫히다 — 문이 저절로 닫혔다.
닫치다 — 문을 힘껏 닫쳤다.

'다치다'는 '부딪쳐서 상하다, 부상을 입다'란 뜻을 나타내며, '닫히다'는 '닫다(閉)'의 피동사이니, '닫아지다'와 대응하는 말이다.

- 다치다 — 발을 다쳤다. 허리를 다치었다.
- 닫히다 — 문이 닫힌다.

'닫치다'는 '닫다'의 강세어이므로, '문을 닫치다(힘차게 닫다)'처럼 쓰인다.

마치다 — 벌써 일을 마쳤다.
맞히다 — 여러 문제를 더 맞혔다.

'마치다'는 '끝내다'란 뜻을, '맞히다'는 '표적(標的)에 맞게 하다, 맞는 답을 내놓다, 침이나 매 따위를 맞게 하다, 눈·비·서리 따위를 맞게 하다'란 뜻을 나타낸다.

- 마치다 — 일과 (日課)를 마친다. 끝마치다.
- 맞히다 — 활로 과녁을 맞힌다. 답을 (알아)맞힌다. 침을 맞힌다. 비를 맞힌다.

목거리 — 목거리가 덧났다.
목걸이 — 금 목걸이, 은 목걸이

'목거리'는 '목이 붓고 아픈 병'을, '목걸이'는 '목에 거는 물건(목도리 따위), 또는 여자들이 목에 거는 장식품'을 이른다.

- 목거리 — 목거리(병)가 잘 낫지 않는다.
- 목걸이 — 그 여인은 늘 목걸이를 걸고 다니다.

바치다 — 나라를 위해 목숨을 바쳤다.
받치다 — 우산을 받치고 간다. 책받침을 받친다.
받히다 — 쇠뿔에 받혔다.
밭치다 — 술을 체에 밭친다.

'바치다'는 '신이나 웃어른께 드리다, 마음과 몸을 내놓다, 세금 따위를 내다'란 뜻을, '받치다'는 '밑을 괴다, 모음 글자 밑에 자음 글자를 붙여 적다, 위에서 내려오는 것을 아래에서 잡아 들다' 등의 뜻을 나타내며, '받히다'는 '받다(觸)'의 피동사, '밭치다'는 '밭다'(체 따위로 쳐서 액체만 받아내다)의 강세어이다.

- 바치다 — 재물을 바친다. 정성을 바친다. 목숨을 바친다. 세금을 바친다.

- 받치다 — 기둥 밑을 돌로 받친다.　　'소' 아래 'ㄴ'을 받쳐 '손'이라 쓴다.

우산을 받친다('받다'의 강세어).　　받침, 밑받침

- 받히다 - 소에게 받히었다.
- 밭치다 - 체로 밭친다.　　술을 밭친다.

반드시 — 약속은 반드시 지켜라.
반듯이 — 고개를 반듯이 들어라.

'반드시'는 '꼭, 틀림없이'란 뜻을, '반듯이'는 '비뚤어지거나 기울거나 굽지 않고 바르게'란 뜻을 나타낸다.

- 반드시 — 그는 반드시 온다. 성(盛)한 자는 반드시 쇠할 때가 있다.
- 반듯이 — 반듯이 서라. 선을 반듯이 그어라. 반듯이 < 번듯이

부딪치다 — 차와 차가 마주 부딪쳤다.
부딪히다 — 마치기 회물차에 부딪혔다.

'부딪치다'는 '부딪다'(물건과 물건이 서로 힘있게 마주 닿다, 또는 그리 되게 하다.)의 강세어이고, '부딪히다'는 '부딪다'의 피동사다.

- 부딪다 — 뒤의 차가 앞 차에 부딪는다. 몸을 벽에 부딪는다.
- 부딪치다 — 자동차에 부딪친다. 몸을 벽에 부딪친다.
- 부딪히다(부딪음을 당하다) — 자전거에 부딪혔다.

부치다 — 힘이 부치는 일이다.

편지를 부친다.
논밭을 부친다.
식목일에 부치는 글.
회의에 부치는 안건.
인쇄에 부치는 원고
빈대떡을 부친다.

취미를 붙인다.
불을 붙인다.
별명을 붙인다.

'부치다'는

① 힘이 미치지 못하다.
② 부채 같은 것을 흔들어서 바람을 일으키다.
③ 편지 또는 물건을 보내다.
④ 논밭을 다루어서 농사를 짓다.
⑤ 번철에 기름을 바르고 누름적, 저냐 따위를 익혀 만든다.
⑥ 어떤 문제를 의논 대상으로 내놓다.
⑦ 원고를 인쇄에 넘기다.
⑧ 몸이나 식사 따위를 의탁하다.

등의 뜻을 나타내며, '붙이다'는

① 붙게 하다.
② 서로 맞닿게 하다.
③ 두 편의 관계를 맺게 하다.
④ 암컷과 수컷을 교합(交合)시키다.
⑤ 불이 옮아서 타게 하다.
⑥ 노름이나 싸움 따위를 어울리게 만들다.
⑦ 딸려 붙게 하다.
⑧ 습관이나 취미 등이 익어지게 하다.
⑨ 이름을 가지게 하다.
⑩ 뺨이나 볼기를 손으로 때리다.

등의 뜻을 나타낸다.

• 부치다 — 힘에 부치는 일.
책을 소포로 부친다.
그 문제를 토의에 부친다. 부채로 부친다.
남의 논을 부친다.

원고를 인쇄에 부친다.　편지를 부친다.
저냐를 부친다.
당숙 댁에 몸을 부치고 있다.

• 붙이다 — 포스터를 붙인다.
접을 붙인다(→접붙인다)
경호원을 붙인다.
이름(호, 별명)을 붙인다.　찬장을 벽에 붙인다.
불을 붙인다.
단서(但書)를 붙인다.
한 대 올려 붙인다.　흥정을 붙인다.
싸움을 붙인다.
습관을 붙인다.

• 부치이다 ('부치다'의 피동사, 곧 '부치어지다') — 바람에 부치이다.　풍구로 부치이다.

'부치다' ⑧은 '붙이다'로 적던 것을 바꾸었다. 이 단어는 '기숙(寄宿)'(남의 집에 몸을 부쳐 있음.), '기식(寄食)'(밥을 남의 집에 부쳐 먹음.)과 상통하는 말이다. 그리고 '붙이다'가 '부치다'로 바뀜에 따라 '붙여-지내다'도 '부쳐-지내다'로 적게 된다.

시키다 — 일을 시킨다.
식히다 — 끓인 물을 식힌다.

'시키다'는 '하게 하다'란 뜻을 나타내며, '식히다'는 '식다'의 사동사(식게 하다)다.

• 시키다 — 공부를 시킨다.　청소를 시킨다.

다만, '공부-시키다, 청소-시키다'처럼 쓰일 경우는, '시키다'를 사동화 접미사로 다루어 붙여 쓴다.

• 식히다 — 뜨거운 물을 식힌다.

아름 — 세 아름 되는 둘레.
알음 — 전부터 알음이 있는 사이.

앎 — 앎이 힘이다.

'아름'은 '두 팔을 벌려서 껴안은 둘레의 길이'를 나타내며, '알음'은 '아는 것'이란 뜻을 나타낸다. '알음'은 '알다'의 어간 '알-'에 '-음'이 붙은 형태인데, 그것이 한 음절로 줄어지면 '앎'이 된다.

살음→삶

• 아름 — 둘레가 한 아름 되는 나무.

밤, 상수리 따위가 저절로 충분히 익은 상태를 이르는 '아람'과 구별된다. 아람-벌다

• 알음 — 서로 알음이 있는 사이. 알음알음, 알음알이
• 앎 — 바로 앎이 중요하다. 앎의 힘으로 문화를 창조한다.

안치다 — 밥을 안친다.
앉히다 — 윗자리에 앉힌다.

'안치다'는 '끓이거나 찔 물건을 솥이나 시루에 넣다'란 뜻을 나타내며, '앉히다'는 '앉다'의 사동사(앉게 하다)다. '앉히다'는 또 '버릇을 가르치다, 문서에 무슨 줄거리를 따로 잡아 기록하다'란 뜻으로 풀이되기도 한다.

• 안치다 — 밥을 안치다. 떡을 안치다.
• 앉히다 — 자리에 앉힌다. 꿇어앉히다. 버릇을 앉히다.

어름 — 두 물건의 어름에서 일어난 현상.
얼음 — 얼음이 얼었다.

'어름'은 '두 물건의 끝이 닿은 데'를 뜻하며, '얼음'은 '물이 얼어서 굳어진 것'을 뜻한다. '얼음'은 '얼다'의 어간 '얼-'에 '-음'이 붙은 형태이므로, 어간의 본 모양을 밝히어 적는다.(제19항 2 참조)

• 어름 — 바다와 하늘이 닿은 어름이 수평선이다.
왼쪽 산과 오른쪽 산 어름에 숯막(-幕)들이 있었다.
• 얼음 — 얼음이 얼다.

얼음과자, 얼음물, 얼음장, 얼음주머니, 얼음지치기

이따가 — 이따가 오너라.
있다가 — 돈은 있다가도 없다.

'이따가'는 '조금 지난 뒤에'란 뜻을 나타내는 부사이고, '있다가'는 '있다'의 '있-'에 어떤 동작이나 상태가 끝나고 다른 동작이나 상태로 옮겨지는 뜻을 나타내는 어미 '-다가'가 붙은 형태다. '이따가'도 어원적인 형태는 '있다가'로 분석되는 것이지만, 그 어간의 본뜻에서 멀어진 것이므로, 소리 나는 대로 적는다.

- 이따가 — 이따가 가겠다. 이따가 만나세.
- 있다가 — 여기에 있다가 갔다. 며칠 더 있다가 가마.

저리다 — 다친 다리가 저린다.
절이다 — 김장 배추를 절인다.

'저리다'는 '살이나 뼈마디가 오래 눌리어 피가 잘 돌지 못해서 힘이 없고 감각이 둔하다'처럼 풀이되며, '절이다'는 '절다'의 사동사(염분을 먹여서 절게 하다.)다.

- 저리다 — 발이 저리다. 손이 저리다.
- 절이다 — 배추를 절이다. 생선을 절인다.

조리다 — 생선을 조린다. 통조림, 병조림.
졸이다 — 마음을 졸인다.

'조리다'는 '어육(魚肉)이나 채소 따위를 양념하여 국물이 바특하게 바짝 끓이다'란 뜻을, '졸이다'는 '속을 태우다시피 마음을 초조하게 먹다'란 뜻을 나타낸다.

- 조리다 — 생선을 조린다. 장조림, 통조림
- 졸이다 — 마음을 졸인다.

주리다 — 여러 날을 주렸다.
줄이다 — 비용을 줄인다.

'주리다'는 '먹을 만큼 먹지 못하여 배곯다'란 뜻을 나타내며, '줄이다'는 '줄다'의 사동사(줄게 하다)다.

- 주리다 — 오래 주리며 살았다. 주리어 죽을지언정, 고사리를 캐 먹는단 말인가? 굶주리다.
- 줄이다 — 양을 줄인다. 수효를 줄인다. 줄임표 (생략부)

하노라고 — 하노라고 한 것이 이 모양이다.
하느라고 — 공부하느라고 밤을 새웠다.

'-노라고'는 말하는 이의 말로, '자기 나름으로는 한다고'란 뜻을 표시하며, '-느라고'는 '하는 일로 인하여'란 뜻을 표시한다.

- ~노라고 — 하노라고 하였다. 쓰노라고 쓴 게 이 모양이다.
- ~느라고 — 소설을 읽느라고 밤을 새웠다. 자느라고 못 갔다.

-느니보다(어미) — 나를 찾아오느니보다 집에 있거라.
-는 이보다(의존 명사) — 오는 이가 가는 이보다 많다.

현행 맞춤법에서는 어미 '-느니보다'를 다루지 않기 때문에 '-는 이보다'로 적어야 할 것이지만, 현대 국어에서는 의존 명사 '이'가 사람을 뜻할 뿐 사물을 뜻하지는 않으므로, 이것을 어미로 처리하여 '-느니보다'로 적기로 하였다.

- ~느니보다 — 마지못해 하느니보다 안 하는 게 낫다.
  당치 않게 떠드느니보다 잠자코 있어라.
- ~는 이보다 (세 개 단어) — 아는 이보다 모르는 이가 더 많다.
  바른말하는 이보다 아첨하는 이를 가까이 한다.

~(으)리만큼(어미) — 나를 미워하리만큼 그에게 잘못한 일이 없다.
~(으)ㄹ 이만큼(의존 명사) — 찬성할 이도 반대할 이만큼이나 많을 것이다.

'-(으)ㄹ이만큼'으로 적던 것을 '-(으)리만큼'으로 바꾸었다. 사람을 뜻하는 경우에만 의존 명사 '이'를 밝히어 적도록 한 것이다. '-(으)리만큼'은 '-ㄹ 정도만큼'이란 뜻을 표시하는 어미로 다루어지며, '-ㄹ이만큼 (세 개 단어)'은 '-ㄹ사람만큼'이란 뜻을 표시한다.

• ~(으)리만큼 — 싫증이 나리만큼 잔소리를 들었다.
배가 터지리만큼 많이 먹었다.
• ~(으)ㄹ 이만큼 — 반대할 이는 찬성할 이만큼 많지 않을 것이다.

~(으)러(목적) — 공부하러 간다.
~(으)려(의도) — 서울 가려 한다.

'-(으)러'는 그 동작의 직접 목적을 표시하는 어미이고, '-(으)려(고)'는 그 동작을 하려고 하는 의도를 표시하는 어미다.

• ~(으)러 — 친구를 만나러 간다. 책을 사러 간다.
• ~(으)려 — 친구를 만나려(고) 한다. 무엇을 하려(고) 하느냐?

~(으)로서(자격) — 사람으로서 그럴 수는 없다.
~(으)로써(수단) — 닭으로써 꿩을 대신했다.

'-(으)로서'는 '어떤 지위나 신분이나 자격을 가진 입장에서'란 뜻을 나타내며, '-(으)로써'는 '재료, 수단, 방법'을 나디내는 조사다.

• ~(으)로서 — ① (…가 되어서) 교육자로서, 그런 짓을 할 수 있나?
사람의 자식으로서, 인륜을 어길 수는 없다.
정치인으로서의 책임과 학자로서의 임무
② (…의 입장에서) 사장으로서 하는 말이다.
친구로서, 가만히 있을 수가 없다.
피해자로서 항의한다.
③ (…의 자격으로) 주민 대표로서 참석하였다.
위원의 한 사람으로서 발언한다.
④ (…로 인정하고) 그를 친구로서 대하였다.
그 분을 선배로서 예우(禮遇)하였다.
• ~(으)로써 —
㉮ (…를 가지고) 톱으로(써) 나무를 자른다.
꾀로(써) 이긴다.
동지애로(써) 결속(結束)한다.

㉯ (… 때문에) 병으로(써) 결근하였다.

~(으)므로(어미) — 그가 나를 믿으므로 나도 그를 믿는다.
(-ㅁ, -음)으로(써)(조사) — 그는 믿음으로(써) 산 보람을 느꼈다.

'-(으)므로'는 까닭을 나타내는 어미이며, '-(으)ㅁ으로(써)'는 명사형 어미 또는 명사화 접미사 '-(으)ㅁ'에 조사 '-으로(써)'가 붙은 형태다. 어미 '-(으)므로'에 '써'가 붙는 형식은 없다.

- ~(으)므로 — 날씨가 차므로, 나다니는 사람이 적다.
  비가 오므로, 외출하지 않았다.
  책이 없으므로, 공부를 못 한다.
- ~(으)ㅁ으로(써) — 그는 늘 웃음으로(써) 대한다.
  책을 읽음으로(써) 시름을 잊는다.
  담배를 끊음으로써 용돈을 줄인다.

이상의 내용을 잘 익혀 단어를 정확하게 사용하여야 한다.

부록 2. 일본말의 오용

일제강점기 이후 일본말은 우리 말글살이에 엄청난 영향을 주었다. 상태가 많이 좋아졌다고는 하나 우리가 사용하는 말이나 글 속에는 아직도 일본말투의 찌꺼기가 남아서 우리 말글을 더럽히는 예가 많다. 사용하는 사람은 습관이 되어서 그것이 잘못된 말인 줄도 모르고 그런 말을 사용하기 때문에 그것을 바로잡으려는 노력을 지속하지 않으면 다음 세대에 또 그것을 물려줄 수 있다. 그래서 본고에서는 이오덕(1990) 선생이 생전에 우리말 훼손을 크게 우려하여 남겨놓은 자료를 고찰하여 약술하고자 한다. 글을 쓰는 사람은 이 내용을 참고하여 우리말글을 살리는 데 앞장서야 할 것이다.

일본말글이 우리말 속에 들어오는 경우는 일제강점기 때 배운 말의 습관화 때문에 사용되는 경우가 있고, 오늘날에도 일본책을 번역하면서 그것을 우리식으로 번역하지 못하고 일본어투를 그대로 소개하여 스며든 경우가 있다. 그것을 사례별로 살펴보자.

가. 피동형의 남용

일본어의 피동형을 우리말에 함부로 사용하는 경우가 많다. 다음은 '지다'를 남용한 예이다.

○ 진주시가 4억 원을 들려 수십 가지로 <u>만들어진</u> 유등은 올해도 어김없이 남강에 <u>띄워졌다</u>. → 만든, 띄웠다.
○ 열차가 출발하면 이 문은 <u>열려지지</u> 않습니다. → 열리지
○ 지난해에도 많은 어린이가 입양 기관에 <u>보내지고</u>, 다른 곳에 입양될 때까지 그곳에서 <u>키워진다</u>. → 보내고(보내게 되고), 키운다(키우게 된다)
○ 평화는 <u>주어지는</u> 것이 아니라 <u>지켜지는</u> 것이다. → 주는, 지켜야 하는
○ 필자의 생각에는 명확한 오류로 <u>보여진다</u>. → 보인다.
○ 3월 위기설의 진위가 <u>밝혀져야</u> 한다. → 를(을) 밝혀야 한다.
○ 이 작품에서 <u>다뤄지고</u> 있는 주제는 평화다. → 다루고
○ 금융위기로 관심이 <u>모아지고</u> 있는 우리나라는 → 모이고
○ 조선 건국 초기에 <u>지어진</u> 숭례문은 → 지은
○ 악법은 <u>고쳐져야</u> 한다. → 고쳐야

이밖에도 많은 예문이 있으나 이 예문을 상고하여 다른 오류도 바로 잡을 수 있을 것이다. 단, 우리말은 피동형을 잘 사용하지 않는다는 사실을 기억해야 한다.

다음은 '되다'의 남용 사례이다.

○ 일제고사 성적이 숫자로 제시되고 규정을 어긴 보고가 드러났다. → 나타나고
○ 우리 사회는 무관심 때문에 일어나는 위기가 극복되어야 한다. →를(을) 극복해야
○ 교육법이 개정되어야 한다. → 교육법을 개정해야 한다.
○ 폭력시위는 자제되어야 한다. →를(을) 자제해야
○ 사형제도는 유지돼야 한다. → 유지해야
○ 무분별한 외국어 사용은 자제되어야 한다. → 자제해야

이 예문에서도 틀린 줄 모르고 피동형을 사용하는 문장이 있음을 알 수 있다. 다음은 '되어지다'를 사용하는 사례도 자주 볼 수 있다. '되어지다'는 '되다'와 '지다'가 합쳐서 된 말인데 다음 예문을 보자.

○ 노사민정(勞使民政) 합의 사항은 노총에서 거부되어지고 있다. → 거부되고
○ 그것이 극복되어져야 한다. → 극복되어야
○ 그 일이 가슴에 각인 되어졌다. → 되었다
○ 유물이 도굴되어진 역사가 있다. → 도굴된

이런 사례도 모두 피동형이다.
'~로 불리다, ~로 불리우는'과 같은 피동형으로 오용되는 경우도 있다.

○ '통곡의 벽'이라 불리는 솔로몬 성전의 벽 → 부르는
○ 천재 시인이라 불리우던 김시습 → 부르던, 말하는
○ 고전이라 불리우는 춘향전이 → 부르는, 말하는

나. 일본어 '~에 있어서'의 사용

'~에 있어서'는 일본어 '~に於て, ~において'를 그대로 따라 옮겨 쓰고 있다.(이오덕, 1990: 97) 이 말은 본래 일본인들이 한문을 새겨 넣으면서 쓰게 된 말이다. 「일본어사전(日本語辭典)」에서는 이 말이 헤이안[平安]시대부터 사용된 말이라고 하여, 한자의 전래에 따라 생긴 말임을 알려준다.

○ 일본어에 있어서는 '~의'를 자주 쓴다. → 일본어에서는, 일본어는
○ 나에게 있어 낙선은 축배다. → 나에게, 나의
○ 시에 있어서 솔직함의 의미 → 시에서
○ 적어도 내게 있어서는 돈이 무의미하였다. → 내게는

위의 예문에서 '~에 있어서, ~에 있어서는'이란 말은 '~에서', '~에게', '~에게는' 등으로 고쳐 쓰는 것이 바람직하다.

다. '~의'의 남용

1) ~의

국에는 조사 '~의(の)'를 잘 사용하지 않는다. 그러나 일본어에서는 이 말을 아주 잘 쓴다. 다음 일본문장을 보자.

○ 私は昨日私の家のうらの私の田の私の桃とたべもした。
○ 나는 어제 우리 집 뒤에 있는 우리 집 복숭아를 따먹었습니다.

라는 문장에서 일본어 문장에서는 'の'가 여섯 번 나온다. 이 말을 우리말로 쉽게 옮기면 다르다.

○ 어제 우리 집 뒤에 있는 복숭아를 따먹었습니다.

이 문장에서는 '~의'가 나타나지 않는다. 그러나 일상생활어에서 '~의'를 사용한 말은 자주 찾아볼 수 있다.

○ 우리는 서로의 신이 되자는 약속을 했다. → 서로
○ 남북한 서로의 합의를 통하여 → 서로
○ 학우들의 열심히 일하는 모습 → 학우들이
○ 스스로의 선택 → 스스로
○ 농민의 주인 된 삶을 위하여 → 농민이
○ 스스로의 생명을 던져 싸웠다. → 스스로

우리말과 어울리지 않는 '~의' 사용은 문장을 어색하게 한다.

2) ~와의, ~과의

'~와의, ~과의'는 일본어 'との'를 그대로 옮긴 말이다. 예문을 보자.

○ 북한은 남한 당국자와의 대화를 거부하였다. → 당국자와
○ 항상 정의와의 싸움에서 불의가 먼저 이긴다. → 정의와
○ 우리 전통문화와 서양문화와의 싸움은 시작되었다. → 서양문화의
○ 우리나라는 동구권과의 메달 다툼을 벌인다. → 동구권과

이런 잘못된 문장에서는 '~의'를 빼야 바른 문장이 된다.

3) ~에의

'~에의'는 일본어 'への'를 직역한 말이다. 잘못 쓰인 사례를 보자.

○ 연기에의 욕망 → 연기에 대한
○ 안이한 형식에의 굴복 → 형식에 대한, 형식에
○ 역사 인식의 전환과 민주화에의 열망 → 민주화의, 민주화에 대한
○ 토의 정보에의 접근을 이루어야 → 정보에 대한, 정보에

여기서 사용된 '~에의'는 '~에 대한' 또는 '~에'로 바꾸어 사용하는 것이 바람직하다.

4) ~(으)로의

'~(으)로의'는 일본말 '~への'에서 온 말이다. 이렇게 사용되는 예를 살펴보자.

○ 가을로의 초대 → 가을로
○ 새로운 체제로의 이행이냐, 자본주의의 성숙이냐 → 체제로
○ 미국은 앞으로의 대화에서 북한을 배제하지 않는다고 → 앞으로

이런 사례는 일본식 문장으로 만들지 않으면 안 되는 것처럼 인식되고 있는 것이 문제다.

5) ~에서의

'~에서의'도 일본어 'からの'를 번역하여 옮겨 놓은 말이다. 이런 말이 사용된 예문을 보자.

○ 그가 가장 좋아했던 것은 <u>성신여대에서의</u> 음악공부였다. → 성신여대의, 성신여대에서 한,
○ <u>북대하에서의</u> 정치국 회의가 열렸다. → 북대하의, 북대하에서
○ 군사 훈련 <u>과정에서의</u> 사병 사망 사건은 → 과정의, 과정에서
○ <u>이곳에서의</u> 비가 반가운 것은 → 이곳의, 이곳에서

여기서도 '의'는 아무런 소용이 없이 들어간 말임을 알 수 있다.

6) ~(으)로서의

'~(으)로서의'는 일본어 'としての'를 번역한 말이다. 이 말을 사용한 예를 보자.

○ <u>인간으로서의</u> 남성, <u>인간으로서의</u> 여성은 없다. → 인간이라는
○ 미술비평 <u>전문인으로서의</u> 그 사람 → 전문인으로서, 전문인인
○ <u>의지의 발현으로서의</u> 모임 → 뜻을(이) 나타낸(난)

위의 예문에서도 '의'가 필요 없음을 볼 수 있다.

7) ~(으)로부터의

'~(으)로부터의'는 일본어 'からの' 'よりの'를 번역한 말이다. 이 말이 사용된 예문을 보자.

○ <u>고통으로부터의</u> 해방 → 억압에서
○ <u>공해로부터의</u> 탈출 → 공해에서
○ <u>마음으로부터의</u> 위로 → 진심으로

위의 예문에서 '~(으)로부터의'는 '~에서'로 바꿀 수 있고, 아예 다른 말로 바꾸어 사용할 수 있다.

8) ~에로의, ~에게서

'~에로의, ~에게서'는 일본어 '~への'를 번역한 말이다. 이런 말을 사용하는 예는 다음과 같다.

○ 교사에로의 길 → 교사가 되는
○ 행복에로의 초대 → 행복으로
○ 공직자들에게서 공통적으로 발견되는 → 공직자들에서

'~에로의'는 '~가 되는', '~으로'로 바꾸어 쓸 수 있다.

그밖에도 습관적으로 사용하는 일본어투가 있다. '보다~' '~에로까지' '~에 의하여' 등이 그것이다.

○ 여성취업, 주부에로까지 확산되다 → 주부에게까지, 주부까지
○ 보다 민주적인 사회를 위하여 → 더, 더욱
○ 보도에 의하면 미국의 금융사정은 → 따르면

이런 말투는 일상화되어서 잘못된 말인 줄도 모르고 사용되는 경우가 흔하다.

9) 속속, 지분, 애매하다

용어가 일본어인데도 우리말로 잘못 알고 사용하는 경우도 많다. '속속(續續)' '지분(持分)' '애매하다' 등이 그 예이다. 지분은 '持ち分' 'もちぶん'을 따라 쓴 것이고, '애매(曖昧)하다'는 말은 일본에서 '희미하다' '흐릿하다'라는 뜻이 있다. 우리말에서 '애매하다'는 '아무 잘못이 없이 원통한 책망을 받아 억울하다.'라는 뜻이다. 따라서 일본어 '애매하다'와 '말이나 태도가 흐리터분하여 분명하지 못하다.'는 뜻의 '모호(模糊)하다'는 같이 사용하면 안 되는 말이다. 우리말의 '애매하다'는 '억울하다'는 뜻이고 일본어의 '애매하다'가 '모호하다'와 같은 말이기 때문에 '모호하다'와 같은 뜻으로 '애매하다'는 말을 쓰는 것은 일본어를 쓰는 것과 같기 때문이다.

○ 군인들이 부대로 속속 돌아오고 있다. → 잇달아
○ 그의 지분은 많다. → 몫
○ 가격 표시가 애매하다 → 모호하다

이런 말들이 일본어인지도 모르고 사용하는 경우가 많다.

10) 축제, 납득, 세면, 행선지, 조기청소, 그녀

축제(祝祭)는 '축하의 제사'라는 뜻이다. 우리나라 제사는 축하하는 제사는 없다. 일본에

서 이런 말을 사용한다. 따라서 '잔치'란 말로 바꾸어야 한다.

납득(納得)은 '알아듣다' '이해한다'는 뜻이다. 이 말은 일본에서 12세기부터 사용된 말이다. '사람이 바라는 바를 신불(神佛)이 받아들인다.'는 뜻으로 사용되었다.

세면(洗面)은 우리말로 세수(洗手)라는 뜻이다. 얼굴을 씻는다는 뜻으로 예로부터 우리는 '세수한다'고 하였다.

행선지(行先地) 역시 일본어이다. '가는 곳'이라고 하는 것이 옳다.

조기청소(早起清掃)는 일본어 '早起き、早起'라고 하는 말에서 나왔다. 따라서 '아침청소' '아침축구'라고 하는 것이 옳다.

'그녀'는 소설에서 많이 사용되는 말이다. 본래 일본어 '彼女'를 그대로 옮긴 말이다. 우리가 일상에서 말할 때는 '그 사람', 또는 '그 여자, 그 여성'이라고 하므로 이렇게 바꾸는 게 옳다는 생각이 든다.

부록 3. 영어의 남용

한글전용을 주장하는 사람들은 한자나 한자어를 사용하는 것을 강하게 비판한다. 그러나 현실적으로는 한자의 문제보다 영어 남용 사례가 훨씬 심각하다. 필자는 영어를 사용하는 것보다 조상들이 사용하던 한자를 사용하는 것이 훨씬 낫다고 본다. 그렇다고 일부러 한자를 찾아서 사용할 필요는 없다. 우리말에 사용되는 한자어를 다 고유어로 바꿀 수 없으니까 한자를 배우자는 것뿐이다. 이오덕(1990)에서는 영어 번역 어투를 우리말에 사용하는 경우를 설명하고 있다.

가. 시제 '~었었다'

이것은 영어에서 대과거라고 하여 때를 나타내는 말이다. 이 말을 사용하는 예를 보자.

○ 그 사람은 반드시 성공하겠다는 의지를 보였었다. → 보인 적이 있다
○ 마음에는 걱정이 가득 했었다. → 했다
○ 누가 온다고 전화가 왔었다. → 왔다
○ 병인양요 때 프랑스 군대는 강화도의 우리 외규장각 도서를 약탈했었다. → 약탈했다
○ 전투가 치열했었다. → 했다

위의 예문은 그냥 과거형으로 끝나면 되는 문장들이다. 다만, '보였었다'는 '보인 적이 있다' '보인 바가 있다' 등으로 바꾸어야 한다.

나. 외래어 남용

레크레이션(오락), 오리엔테이션(O.T, 예비교육), 데뷔(등단), 인터뷰(면담), 티켓(표), 켐페인(운동) 등의 외래어는 마치 모국어처럼 사용되고 있는 현실이다. 국어를 사랑하는 사람이라면 우리말을 사용하는 것으로 증명할 수 있을 것이다.

다. '~가지다'

흔히 쓰는 말 중에서 '즐거운 시간 가지세요'라고 한다. 아마도 'Have good time.'에서 온 말인 것 같다. 영어에서는 Have 동사를 써서 표현하는 것이 바른 표현이겠으나 국어에서는 시간을 가질 수 있는 대상으로 보지는 않는다. 따라서 '즐거운 시간 되세요'라고 하는 것이 바른 표현이다.

라. '~하려 한다'

미국인의 말투 중에서 '~하려 한다'는 말이 있다. 예를 들면 '나는 이제 그를 사랑하려 한다.' '그 아이와 대화를 시도하려 한다.' '나는 북한이 우주 발사를 하겠다고 발표한 것을 믿으려 한다.'라는 말이 있다. 우리말에서는 '~하려 한다'는 말 대신 '~하고 싶다' '~하겠다'라고 말한다. 앞의 예를 우리말투로 바꾸면 '나는 그 사람을 사랑하고 싶다.' '그 아이하고 대화를 하겠다.(하고 싶다)' '나는 북한이 우주 발사를 하겠다고 발표한 것을 믿고 싶다.'가 되어야 한다.

마. '~한 것 같아요'

'~한 것 같아요'는 영문에서 '(be) like'류와 같이 '~같다'라는 추측성 발언에서 나왔을 수도 있고, 이 말을 쓰는 사람의 불확실한 심리상태를 반영하는 말일 수도 있다. 그러나 이 말은 엄연히 틀린 말이다. 만약 '저 아이가 누구지?'라고 물었을 때, 자신감 있게 '제 친굽니다.'라고 말하지 않고 '제 친구 같아요.'라고 하는 것은 잘못된 말이다. 친구를 친구인 것 같다고 말하면 아닐 수도 있다는 모호한 말이 되기 때문이다. 심리적으로 보면 '~한 것 같아요'를 남발하는 것이 '구경꾼'의 심리를 반영하는 것이다. 어떤 상황이 벌어질 때 자신은 그것을 '플레이어'의 역할이 아니라 구경하는 위치에서 세상을 보려는 심리가 작동하기 때문이다. 이런 심리 상황이 오래 지속되면 스스로 사물을 정확하게 판단하려는 의욕을 잃고, 그저 이런 것 같기도 하고 저런 것 같기도 한, 흐리멍텅한 사고력을 갖게 될 위험성도 있다.(조선일보, 2009)

만약 설득하는 글을 쓴다고 할 때 이처럼 자신감 없고 흐리멍텅한 태도를 보인다면 스스로 자신의 논리에 확신을 하지 못하고 있다는 느낌을 전하는 말이 되고 만다. 그래서 말이나 글에서 비유적 표현이 아니라면 이런 말을 사용하는 것은 삼가야 한다.

부록 4. 참고작품

어린이 글에서 잘 쓴 글을 몇 편 소개하면 다음과 같다.

가. 아동시

부처님 탄신일

2학년 김수정

부처님이 오신 날이다.
어떤 애들은 부처님이 오신 날이라 하고 어떤 애들은 탄생하신 날이라 한다.
나는 외할머니를 따라 절에 간 적이 있다.
부처님은 머리를 파마를 하시고 이마에 점이 있었다.
또 부처님은 보자기 같은 옷을 입고 있었다.
부처님은 눈을 반달같이 뜨고 있었다.

간호사

2학년 추혜선

간호사 언니는
사람의 엉덩이를 보면
밥맛이 떨어질 텐데
무엇 때문에
간호사가 됐을까?

화투

2학년 ○○○

내가 집으로 가니
엄마가 동네 아줌마들과
화투를 치셨다.

"쌍피다."
"똥 먹었다.

아이고 똥 쌌다."
라고 했다.

촌

2년 김종철

우리는 촌에서 마로 사노?
도시에 가서 살지.
라디오에서 노래하는 것 들으면 참 슬프다.
그런 사람들은 도시에 가서
돈도 많이 벌일 게다.
우리는 이런 데 마로 사노?

운동회

2학년 박소영

운동회 날은 즐거웠다.
나는 달리기를 하였다.
그런데, 가다가 넘어질 뻔하였다.
나는 갑자기 간이 덜컹 했다.
언니의 말이 떠올랐다.
"땅만 보고 달리면 1등을 한다."
그래서 나는 땅만 보고 뛰었는데
4등을 했다.

눈물

3학년 남경자

아침을 먹다가
동생이 날 보고 머라 해서
눈물이 나온다.
어머니께서
"눈물도 썩어 빠졌다.
고마 눈을 콱 쑤셔 불라."

하니 할머니가
"눈을 쑤시면 눈물이
더 나오라고?" 하신다.
나는 눈물이 썩어 빠졌다. (69년)

내 자지

3학년 이재흠

오줌이 누고 싶어서
변소에 갔더니
해바라기가
내 자지를 볼라고 한다.
나는 안 비에 줬다. (69년)

아버지

3학년 정영자

심부름 가는데 보니
아버지는 그 추운 데서
나무를 줍고 있었다.
장갑도 안 찌고 손을 비비면서
나무를 줍는다.
아버지요 춥니더
집에 가시더.
알았다 한다.
심부름 갔다가 뛰어가니
야야, 넘어질라 한다. (85년)

빚

3학년 김형삼

우리 집은 무슨 일인지
빚을 졌다.
논 몇 마지기 팔고도

빚을 다 못 갚아서
재판장한테 가서
재판을 받았다.
그런데 아버지께서
울면서 오셨다.
"형삼아, 너들 잘 살아라.
형삼아, 니가 크면
돈 없는 사람 도와주어라."
하며 울었다.
나도 울었다.

물놀이

4학년 김정호

문우가 옷을 다 벗고
팬티만 입었다.
나도 옷 다 벗고
팬티만 입었다.
물에 철벙철벙 돌아다닌다.
재미있어서 다시 철벙철벙.
문우는 재미있어서
밑의 옷을 홀딱 벗고
철벙철벙.
꼬추가 춤을 춘다.
개가 꼬리를 흔드는 것같이
흔든다.

비 오는 날 일하는 소

4학년 김호용

비가 오는데도
어미 소는 일한다.
소가 느리면 주인은
고삐를 들고 때린다.

소는 음무음무 거린다.
송아지는 모가 좋은지
물에도 철벙철벙 걸어가고
밭에서 막 뛴다.
말 못 하는 소를 때리는
주인이 밉다.
오늘 같은 날 소가
푹 쉬었으면 좋겠다.

아기

4학년 김아름

아기가 자고 있다.
팔을 들고
손도 예쁘게 주먹을 쥐고
쪼그만한 눈을 살며시 감고 있다.
손을 만지니 따뜻하다.
조금 있으니
몸부림을 치며 깼다.
운다.
우는데도 발을 오그리고
떤다.
주먹손은 바르르 떤다.
우유병을 주니
좋다고 발을 치켜들고
두 손으로 우유병을 꼭 잡고
쪽쪽 빨아먹는다.
아기는 정말
아무거나 다 예쁘다.
아기의 눈은 반짝반짝
다른 것보다 더 예쁘다.

오미집 어떤 아이

4학년 김지은

내가 오미집 식당에 갔을 때
어떤 남자아이가
어른들이 시키는 일에 시달리고 있었다.
한쪽 눈은 감겼고
우리 또래와 같은 아이
나는 걔하고 친구가 되고 싶어요.
그 아이를 돕고 싶어요.

자연 보호

5학년 염명수

내가 이 학년 때
산에 가서 친구들과
놀기로 하였다.
산에 가니
큰 아카시아나무에
자연 보호라는 글씨가
새겨져 있는데
그 나무에는
못이 박혀 있었다. (81년)

나도 광부가 되겠지

6학년 최우홍

우리 아버지께서는 광부로서
탄을 캐신다. 나도 공부를
못하니 광부가 되겠지 하는
생각이 가끔 든다.
그러나 아버지께서는
난 이제 광부가 되었으니
열심히 일해야 되겠지만
너는 커서 농부나 거지가
되었으면 되었지 죽어도
광부는 되지 말라고 하신다. (80년)

엄마의 런닝구

6학년 배한권

작은 누나가 엄마보고
엄마 런닝구 다 떨어졌다.
한 개 사라 한다.
엄마는 옷 입으마 안 보인다고
떨어졌는 걸 그대로 입는다.

런닝구 구멍이 콩 만하게
뚫어져 있는 줄 알았는데
대지비 만하게 뚫어져 있다.
아버지는 그걸 보고
런닝구를 쭉 쭉 쨌다.

엄마는
와 이카노,
너무 째마 걸레도 못 한다 한다.
엄마는 새 걸로 갈아입고
째진 런닝구를 보시더니
두 번 더 입을 수 있을 낀데 한다. (87년)

*** 대지비-대접**

닭

6학년 정미연

우리 집에 옆집 수탉이 왔다.
우리 집에는 세 마리의 암탉이 있다.
우리가 점심을 먹으니
밥 달라고 꼬끼오 한다.

아빠가
"요노무 닭구 새끼들 조용히 해.
말 안 들으면 잡아먹는다."

그리고 소주 패트 병으로
닭들을 팍 때린다.

닭들은 저쪽으로 달아나며
그래도 좋다고
"꼬끼오."
한다.
닭이 불쌍하다.
닭은 크게 울지 않는다.
울면 맞는 걸 아나보다. (96년)

연탄배달

6학년 박경애

아빠가 공장에 가고 없을 때
엄마하고 연탄 배달을 한다.
시커먼 리어카에
시커먼 연탄을 싣고 배달한다.

반 아이들을 보면
숨기도 하고
못 본 척하기도 한다.

친구들이 '깜디, 깜디' 하면서
놀리는 소리가 귀에 들리는 것 같다.

아파트 3층 계단에 앉아
엄마 얼굴을 보니 시커멓다.
아마 내 얼굴도 엄마 얼굴 같을 거다.
엄마 얼굴을 보고 있으니
우습기도 하고 슬프기도 하다.

냉이

6학년 윤재현

내가 냉이를 캐면
엄마 생각이 자꾸만 난다.
지난 여름에 돈 벌러 간다고
아무 일도 없이 그냥 나간
엄마 생각이 난다.
엄마는 왜 안 올까?

냉이는 안 보이다
봄이 되면 보인다.
나 혼자 그냥
냉이를 보면
엄마처럼 생각된다.

엄마도 언젠가는
올 것이다.
나는 냉이를 보면
그렇게 될 것이라고
믿게 된다.

나는 어렸을 때
엄마와 같이
냉이를 캐면서
서로 웃곤 했다.
나는 이런 생각이 자꾸만 나서
하늘을 바라보곤 한다.

나는 하늘을 보면서
눈물을 글썽이곤 한다.
엄마는 어디에 갔을까?
엄마는 지금쯤
몸이 아픈 건 아닐까?

나는 기도를 드렸다.
'하느님, 우리 엄마

빨리 오셔서 냉이를 캐면서
행복하게 살았으면
좋겠습니다.'

나는 냉이와
친한 친구가 되고 싶어서
냉이를 만져보면서
운다. (91년)

모범 운전수

6학년 장동천

차를 타고 집에 오는데
어떤 할머니께서
손을 들며
"세워 주소!"
운전수 아저씨는
못 본 체 지나간다
할머니께서는
할머니라서
자비를 인 내서
그냥 지나치나 보다.
옷에는 친절 봉사
모범 운전수
주렁주렁 달려 있다.

나. 생활문

참외

2학년 이인숙

나는 오다가 참외 따는 것을 보았습니다. 참외는 많았습니다. 많이 따지 싶었습니다.

우리는 어제 참외를 땄습니다. 우리는 어제 22 박스를 땄습니다. 나는 박스에다 아버지 이름을 썼습니다. 나는 참 재미있었습니다. 나는 옥화동도 썼습니다.

학교 가는 길

3학년 이도재

나는 오늘 아침에 어머니한테 밥을 빨리 달라고 졸랐습니다. 그러나 밥을 주시지 않았습니다. 나는 그래서 밥도 안 먹고 학교에 갔습니다. 나는 가다가 석주하고 동규하고 같이 갔습니다. 나는 맨날 도규를 부를 때에는 동규라 부르지 않고 똥팔이라고 부릅니다.

나는,

"야, 어제 박찬의 그르마. 머 졌는데 졌다."

고 하니까 석주는,

"맞어."

하고 말했습니다.

동규는,

"잠탄은 일본놈 그르마가 장갑을 뚫어 놓고 칼을 꼽아 가지고 때렸을 걸."

하고 말했습니다.

석주는,

"맞어. 안 그머 왜 이마를 때리니까 그대로 이마에 피가 나노."

말할 때, 내가 홍수환이를 말하니까 석주는,

"맞어. 홍수환이 그르마 금메달을 많이 따 놓이께내 권투는 생전에 안 한다 왜."

했습니다.

*** 그르마-그 놈아, 잠탄은-어쩌면, 안 그머-안 그러면**

우리 반

4학년 김영래

우리 반은 여섯 명이다. 그 중에서 남자가 한 명이다. 바로 그 남자가 나다. 그래서 나는 여자들이 고무줄을 해도 그냥 구경만, 공기를 해도 구경만 한다.

나는 한 때는 여자였으면 하고 생각한다. 또 한 때는 '그냥 남자로 있어야지.' 하고 생각하기도 한다. 전학 간 종호가 왔으면 하고 생각하기도 한다. 괜히 남자로 태어났어. 엄마는 왜 나를 남자로 낳았을까?

고무 판화

4학년 ○○○

다섯째 시간에 고무 판화를 했다. 나는 점심을 먹고 고무판을 가지고 학교로 왔다. 들어갈 종이 쳐서 나는 고무판을 꺼내어 책상에 올려놓고 우리 형이 조금 본뜬 걸 안 하고, 본을 떴다. 나는 손이 떨렸다. 그리고 나는 자꾸 눈물이 나왔다. 왜냐하면 아버지하고 어머니하고 싸와서 어머니가 대전에 가서 있기 때문에 나는 자꾸 눈물이 나왔다. 엄마가 보고 싶어서 그렇다.

엿 파는 할머니

4학년 황도곤

엿 파는 할머니는 그전부터 음료수를 우리 집에서 가 가신다.

오늘 저녁에 할머니는 돈 250원을 주면서,

"야야, 사이다 도가."

말하셨다.

우리 어머니는 할머니를 보시면서,

"할머니는 몸이 편찮으신데 왜 이 날씨에 음료수니꺼."

할머니는 일을 많이 해서 원래부터 몸이 편찮으신데 음료수를 먹으면 안 아프다고 했다. 할머니의 손에는 주름살이 쭈글쭈글하다.

할머니는 서울이 온다고 김장도 혼자서 하고 빨래도 혼자서 한다.

전번에 할머니 집을 지나다 벽을 보니까,

'이 집을 부수어라.'

하는 글씨가 쓰여 있고, 집안이 참 무서웠다. 내가 멋도 모르고 대나무로 쑥쑥 쑤시니까 부수어지려고 했다. 그때 옆집 아저씨가,

"암마, 그기 거지 집인 줄 아니. 부수어지잖나. 엿 파는 할머니 집이다. 암마."

하면서 꿀밤을 주었다.

'할머니는 어디로 가고 빈 집일까?'

생각했다. 어머니는 나보고,

"니, 저 할머니 잘 대하여래이. 알았제?"

하셨다.

나도 저 할머니가 우리 할머니였으면 하는 생각도 들었다.

달래 캐기

4학년 현수정

정희, 경현이와 같이 뒷산에 달래 캐로 갔다. 가시가 너무 많이 있어 가시나무 산이라고 이름을 지어 주었다.

순천이 언니 밭두렁에 가 보았다. 한 포기도 없었다. 밭에서 나오다가 순천이 아빠에게 다 들켜서 혼이 났다.

우리는 사람이 없는 데 가서 몰래 캤다. 애기 파도 캤다. 우리는 대한의 아들 노래를 부르면서 즐겁게 산에 올라갔다. 여기저기 한 덩이씩 있었다. 다리에 가시가 막 들어갔다. 경현이가 오짐 눌 때 몰래 뒤에 가서 치마를 올리니 엉덩이가 보였다. 경현이는 다른 데로 폴짝 뛰다가 엉덩이 옆 양쪽 다 오짐이 많이 묻어서 참 우스웠다. 경현이도 부끄러워서 얼굴이 빨개졌다.

길동이네 밭에 가니까 많이 나 있었다. 우리는 사정없이 캤다. 배가 고파 냉이 뿌리를 깎아 먹었다. 그래도 배가 고팠다.

가만히 생각해 보니 아프리카 사람들과 거지들은 얼마나 배가 고플까. 우리는 잘 먹고 잘 커도 엄마한테 말썽인데, 이렇게 생각하고 아이들과 산길을 내려왔다.

개구리

5학년 배수호

날마다 일어나면 개구리가 개골 운다. 나는 거적을 빗기면 개구리 한 마리가 나온다. 나는 논으로 돌아다니면서 화살을 쏘았는데 눈에 맞았다. 나는 개구리를 잡아서 불에다가 넣었다. 개구리가 팔딱 뛴다. 나는 개구리가 다리가 익으면 먹는다. 작년에는 개구리를 잡아서 끄네끼를 묶었다. 그래서 나는 눈지러 보니 깨꼴 소리가 났다. 개구리를 잡아다 돌멩이다가 꼭 찍었다. 이번에는 죽었다. 개구리는 겨울에는 잠만 자고 봄이 되면 다시 나온다. 개구리를 잡아다 땅에다 묻었더니 아침을 먹고 냇가에 가서 땅을 파 보니 썩은 냄새가 났다. 나는 집으로 돌아왔다.

*** 빗기면–벗기면, 끄네끼–끈, 눈지러–눌러**

종교

5학년 최보람

일주일 전이었다. 어머니와 함께 작은집에서 놀다가 집으로 오는 길에 버스를 탔다. 탔을 때는 몰랐는데, 어떤 술 채한 사람과 교회 선전할려고 온 사람이 말다툼이 생겼다.

그 이유는, 교회 아저씨가 버스 안에서 우리 ○○교회는 어디에 있고, 하나님은 우리를 기다리신다고 하셨다. 그러자 술채한 사람은 뭐가 그러냐고 예수가 뭐냐고 하였다. 난 술채한 사람이 불교 믿는 줄 알았는데 성당을 다니는 사람이었다.

"마리아가 최고지! 예수가 뭐야!"

하며 계속 말다툼을 하였다. 교회 아저씨는 말도 하지 않고 하나님을 찬양하는 노래를 불렀다. 난 '창피하지도 않나 봐…….' 하고 생각했다.

그 사람들은 자기의 종교가 낫다는 것이었다. 정말 한심하였다. '성당이든, 교회이든, 무슨 상관입니까! 같은 하나님 믿으면서…….' 하고 말하고 싶었지만 그럴 용기가 없었다.

술 채한 사람은 미도파에서 내리려고 하였다. 예수 믿는 아저씨는 계속 노래 부르고 예수 뭐 어쩌구 하였다. 난 그런 사람들을 보며 종교 하나 가지고 말다툼하는 걸 보니 정말로 한심하였다.

나의 비밀이 드러나다

5학년 최충식

"으악, 징그러워."

여자 아이들은 내 왼쪽 팔만 보면 외친다. 3살 때 뜨거운 물에 왼쪽 팔 다리가 데어서 흉측해졌다. 내 살이지만 내가 봐도 징그럽나.

4학년 때 남자와 여자가 같이 체육 할 때 여자 아이들은 내 팔을 보고 외면했고, 심지어는 남자 아이들도 외면했다. 내가 반바지를 안 입는 이유도 그런 것 때문이다.

나는 왜 이런 불행을 당해 놀림을 받아야 하나. 다른 사람들은 흉터 하나 없나. 놀리긴 왜 놀려. 지금은 차츰 흉터가 없어진다. 그래도 내 살에 이렇게 흉터가 있다는 것이 나는 싫다. 놀리는 것은 참을 수 없다. 그러나 참아야지. 약점이나 흉터 없는 사람은 없으니까. 나는 왜 어려서 그런 고통을 다해야 했나.

체격검사.

가슴둘레와 몸무게, 시력 등등을 검사하는 것이다. 거의 다 끝내고 이제 가슴둘레와 몸무게만 남았다. 팬티만 빼고 다 벗으라는 것이었다. 어쩔 수 없이 다 벗었다. 아이들의 시선은 내 왼쪽 다리.

"어, 징그러워."

나는 빨리 옷을 입었다. 결국 우리 반 남자 아이들은 내 비밀을 다 안다. 이젠 비밀도 없다. 놀리더라도 참겠다. 남의 살 보고 놀리는 것이 얼마나 나쁜 건데. 내 왼쪽 팔과 다리를 보면 보통 아이들처럼 대해 줘.

소변기 뚜껑 올리고 오줌 눕시다

6학년 신은진

우리 옛말에 변소 들어갈 때 마음 다르고 나올 때 마음 다르다는 말이 있다. 이 말이 어울리는 예는 아닌지 모르겠는데 나는 우리 집 남자들에게 화장실 이야기 좀 하겠다.

요즘은 화장실이 수세식이고 깨끗해서 거실에 붙어 있다. 그래서 밤에도, 비 올 때도 화장실 가는 것이 참 편하다. 옛날에는 밤에 화장실 가는 것이 귀찮고 무서워서 밤 똥을 닭에게 파는 놀이도 있었다고 한다. 이렇게 편리한 수세식 화장실이 참 찜찜할 때가 있다.

바로 내가, 아니 여자들은 모두 그럴 것인데, 오줌 눌 때이다. 남자들이 그냥 서서 오줌을 누니까, 양변기의 조그만 뚜껑을 위로 올리고 누면 될 텐데 그냥 뻣뻣하게 서서 누니까 옆으로 튀어서 그 다음에 들어가는 여자는 위에 앉아야 되는데, 축축하고 또 그게 바로 남의 오줌이니까 얼마나 더럽겠노.

그 다음에 꼭 여자가 들어가지 않더라도 다시 아까 그 사람이 들어가서 똥을 누려면 자기도 앉아야 되는데 그 생각은 왜 못 할까?

전에 엄마가 백화점에 가서 천으로 된 끼우개를 사 와서 끼운 적이 있다. 처음에는 예쁘고 앉으면 폭신해서 좋았는데 우린 빼 버렸다. 처음 한두 번은, 그 위에 오줌이 튀어 가니까 축축하게 젖어서 없는 것이 좋겠다는 결론이 나와서다. 화장실 청소를 해도 냄새가 나는 것은 이렇게 묻지 않아야 할 곳에 오줌이 묻어 있으니까 그럴 거다.

바로 1초만 허리를 굽히고 그걸 위로 올린 뒤에 오줌을 누든지, 똥을 누고 나올 때 그 뚜껑을 올려놓고 나오면 오줌이 묻지 않을 것이다. 내 생각에는 늘 뚜껑을 열어 놓는 것보다는 평소에는 닫아 놓았다가 오줌을 눌 때 위로 모두 올리고 누고, 그 뒤에 닫는 것이 보기에 좋겠다.

가족끼리 사는 데서도 안 고쳐지면 여러 사람이 쓰는 데 가서 더럽다고 어떻게 욕을 할 수 있겠나.

제발 이 버릇을 고쳤으면 좋겠다. 오줌이 급한데도 휴지 뜯어서 닦고 그러고 나서 앉아서 오줌을 누려면 얼마나 짜증이 나는지 모른다. 좀 부끄럽지만 전에 한 번은 오줌을 닦고 앉을라고 하다가 팬티에 오줌을 싸 버린 일도 있다.

나도 이제 여자다

6학년 김은경

이 일기를 쓰려니까 참 부끄럽다. 선생님이 보시기 때문이다. 하지만 내가 살아 온 이야기를 적는 귀한 나의 역사책이니까 이 일은 글로 남겨 두고 싶다. 이 글은 선생님 때문에 쓰는 것이 아니라 나를 위해서 쓰는 것이다.

난 이제 여자다. 한 마디로 애기를 가질 수 있다는 말이다. 저번 달부터 생리를 하기 시작했다. 저번엔 아주 조금씩 나왔는데 이제는 생리대를 해야 된다. 많이 나온다. 저번 달은 23일부터 했는데 요번 달은 17, 18일에 한다. 오늘도 조금 나왔으니까 19일까지다. 배도 조금 아프다. 왜 날짜가 다른 걸까? 궁금하다. 생리대를 하니까 정말 이상하다.

아래 17일 날 수련회를 가는 날 아침에 보니까 나왔다. 팬티를 버렸다. 수련회에 생리대를 하고 갔다. 선생님한테 말하지 못하고 걱정이 많았다. 빨리 집에 가고 싶었다. 하필이면 수련회 날 했을까?

나도 이제 철이 드나 보다. 그렇지만 빨리 하니까 너무 싫다. 난 중학교 가서 하길 바랬다. 어제는 울었다. 저녁에 화장실에 갔는데 생리대에 많이 묻어 있고 휴지로 닦으니까 피가 많이 나왔다.

"엄마! 와 봐!"

짜는 소리로 말했다.

"생리대 주까?"

엄마가 생리대를 가지고 왔다. 엄마가 해 줬다.

"많이 나온다."

"원래 그런 거다."

나는 갑자기 눈물이 나와서 울었다. 짜면서 계속 울었다. 왜 울었을까? 나도 이제 여자가 되는가 보다. 여자란 게 그런 거구나! 신기하기도 하고 그렇다.

가게에서

6학년 박욱태

과자 사러 가게에 갔더니 방지 할아버지가 술을 마시고 계셨다. 또 송내 할아버지가 왔다. 일하고 오시는지 힘이 없다. 터벅터벅 와서는 의자에 털썩 앉았다.

"어, 왔나? 앉아라. 아지매, 술 한 빙 더 주소!"

"봐라. 어요. 옥동 양반 우야노. 많이 다쳤다 캐 쌌튼데."

이 때 가게에 술 사러 온 은실이 고모할머니가 이어 말했다.

"아이구마. 말도 마이소. 구불러도 재수 없게 구불러가 팔 뿌라지고 엉덩이뼈에 금 갔다 안 캅니꺼."

"그래? 허허, 이거 큰났네. 옥동 양반 아지매는 우야노. 소도 미기야 되는데 병원에 있으이."

"아지매, 우야다 그랬다 캅디꺼?"

"마을 회관 집 뜯다가 톱 가지고 집에 가다가 그짜 들어가는 문에서 툭 구불어져가 그랬다 카데예."

"어떤 사람들은 농약에 취했다 카든데 우옜든 재수 옴 붙었네."

"알 수 없지예. 술 챘으마 술 챘다고 칼 낀데 이도 저도 아이끼네 더 윗기는 일이지예."

"옥동 양반 소는?"

"아들이 와가 키우고 있데예."

"예수쟁이는 안 다치는데 참 특별한 사람이다."

"와예. 예수쟁이도 세상이 하도 안 좋다 보이끼네 많이 안 다치는교."

이야기 하다 가게 밖으로 나갔다. 새로 놓은 다리를 보고 이야기 한다. 다리는 내 건너편에 호텔 지을 사람이 놓은 것이다.

"에이 씨. 어떤 놈이 저기다 지랄뻥이고. 식당 있는 것도 별론데 러부러부 뭐라 카노?"

"러브 호텔 안 카나. 저쩌서 와가 미친 지랄하잖아."

"저래 되마예 아들은 우얍니꺼. 이런 환경에서 자라면 저 놀로 오는 놈매로 될 낀데."

"안 되지. 조용한가 싶디만은 아이구."

"저런 놈은 바깥에 살리 노마 안 된다카이. 가다 놔야 되지."

"도시에나 물들이지. 여게 보이 줄 끼 뭐 있따꼬 짓노."

"이르키 맑고 깨끗한데 말이다."

"마을 신문에 요걸 탁 내가 면, 군, 도에 다 보내야 되는데."

"아들이 그란다 카드라. 우예 되겠지. 기다리 보는 기다."

마을 신문은 우리들이 지난 3월부터 한 달에 한 번 마을마다 내는 신문을 말한다. 4월호에 우리 마을에서는 호텔 짓는 데 대한 기사를 크게 실을라고 한다.

"요새 마을 돌아가는 기 와 이카노."

"우리 마을만 그렇나 어데. 세상 돌아가는 꼬라지하고 똑 같제."

"우리가 이캐 쌌는다꼬 되나 어데. 집에나 가자."

"그래 가자."

모두 집으로 돌아가셨다.

*** 구불러가-굴러 가지고, 윗기는-웃기는, 살리-살려**

고등어 파는 아저씨

6학년 이주현

고등어 파는 아저씨가 손님을 끈다.

"홍도야 우지 마라 아 글씨 오빠가 이이있다아 아 글씨……."

도마를 칼로 치면서 장단을 맞추기도 한다.

어떤 손님이 온다.

"야, 야. 여기 생고등어 있다. 아저씨, 생고등어 얼마예요?"

"전국으로 천 원입니다."

아저씨가 익숙한 솜씨로 고등어를 자를 때 '착착착' 소리가 난다.

또 손님이 한 사람 온다.

"고등어 얼마예요?"

"천 원입니다. 천 원."

"고등어 대가리 자르지 말고 그냥 주이소. 내장만 빼고 주이소. 우리 집은 고등어 대가리 없으면 안 먹으예."

"고등어 대가리에 영양가가 많은 거 TV 보고 아셨는가 봐."

"아니요. 그런 거는 모르고, 대가리 자르지 마이소."

어떤 늙으신 할머니 손님이 왔다.

"고등어 얼마요?"

"천 원, 천 원입니다."

"고등어 오백 원치는 안 팔아요?"

"시방 우야꼬. 오백 원치가 뭐꼬. 우야꼬."

"천 원, 천 원입니다. 사랑이 야속하더라 가는 당신이 야속하더라아. 고등어를 자르는 것도 그렇고 나는 우리 집사람하고 사람 말을 너무 잘 들어 큰일났어요. 우야꼬. 우야꼬. 자아 내가 누구여. 내가 파는 것은 술술 잘 팔려. 이 사람은 거짓말 안 합니다. 고기 심장 얻을라 카마 나한테 와요. 6월달 되면 포동포동한 창자하고 쪼오타. 자아 고등어 천 원, 천 원이여. 나는 뭐든지 팔면 끝내 준다."

아저씨는 자꾸 자랑을 했다.

"비닐 봉지 좀 잡아 주소."

"안 되예. 손에 비릉내 나면 어떻게 해요."

"그가짓 거 비릉내. 나는 1년 내내 맡고 살아요, 봉지 좀 잡아 주소. 안 그러면 안 팝니다."

손님이 마지못해 잡아주었다.

"쪼오타 천 원, 천 원, 천 원입니다아. 고등어 세일합니다. 90프로 세일. 자아 어서 오세요."

아저씨는 열심히 고기를 판다.

***비릉내-비린내**

아빠가 텔레비전 보는 모습

6학년 소미령

지금 아빠가 텔레비전을 보고 있다. 다리 하나를 피아노 의자 위에 얹고, 한 쪽 다리는 소파에 내려 두고 앉아 있다. 팔은 양팔을 끼고 있고, 고개를 약간 삐뚤게 놓아두고 있다.

이렇게 한참을 낮아 있다가 하품을 한 번 하고 오른손으로 머리를 한 번 긁적긁적하다가 피아노 의자에 있던 다리를 소파에 걸쳐 놓고, 손은 깍지를 낀 상태로 앉아 있다. 가끔 눈도 깜박깜박 거리고 하품도 아주 크게 한다. 조금 전에는 오른쪽 다리를 쭉 펴고 앉더니 한숨을 푹 내쉰다. 그러더니 왼쪽 다리를 소파 모서리에 턱 걸친다. 소파에 턱 걸쳐 놓았던 다리를, 내려놓았던 다리 위에 얹어 ㄱ자 반대 모양 비슷하게 하고 앉아 있다. 그리고 몸을 옆으로 더 기울이고 숨을 한 번 더 크게 내쉰다. 팔짱 끼고 있던 팔을 풀고 한 손으로 머리를 긁적이다가 한 팔은 앞으로 내고 한 팔은 런닝구 속으로 넣었다. 발은 오른발을 왼발 위에 얹어 놓고 있다. 가끔씩 발가락을 꼼지락꼼지락 움직이고 있다. 고개는 여전히 비스듬히 놓여 있다. 그리고 입을 벌리고 앉아 있다. 배는 올랐다 내렸다 한다. 입을 좌우로 움직이다가 다시 다물었다. 조금 전에 오른발의 엄지발가락을 앞뒤로 움직였다.

텔레비전 뉴스가 끝나자 하품을 하며 기지개를 펴고 나더니 소파에서 일어나 큰방으로 걸어가셨다.

다. 일기

1996년 8월 8일 더웠다.

외할머니

1학년 김민정

버스를 타고 외할머니 집에 갔다. 외할머니께서 기분이 좋아하셨다. 그런데 우리 할머니 생각이 났다. 그래서 외할머니 집에서 우리 할머니에게 전화를 했다.

1996년 11월 9일 토요일. 아침에는 추웠으나 낮에는 안 추웠다.

생각

1학년 배기환

나는 일기를 쓰려고 했는데 생각이 안 나서 계속 계속 생각이 안 났다. 그래서 앉아서도 생각하고 누워서도 생각했는데 그래도 생각이 안 났다. 계속 계속 생각했는데도 생각이 안 났다.

1996년 12월 4일 수요일. 맑음.

일깃감

1학년 김태근

오늘은 일기 쓸 게 없어서 큰일이다 하고 생각했다. 그런데 일기 쓸 게 없어서 어머니한테 갔다. 그런데 나는 어머니한테 이렇게 말을 했다.

"어머니 일기 쓸 게 없어요."

하고 말했다. 또 어머니는 이렇게 말을 했다.

"일기 쓸 게 왜 없어. 많지."

하고 말했다. 나는

"안 많아요. 없어요."

했다. 어머니는 조금 있다가

"일기 쓸 게 없는 게 일기 쓸 게다."

하고 말을 했다. 또 어머니는

"임마 지금 내하고 이야기하는 걸 쓰면 된다 말이다. 수십 장도 쓰겠다."

하고 말했다. 나는

"아하."

이렇게 말하면서 일기를 쓰기 시작했다. (7시 30분 → 8시 45분)

***( )안의 시간은 일기 쓰기 시작과 마침 시간이다.**

1996년 5월 15일 수요일. 맑음.

스승의 날

2학년 최유진

오늘만 학교에 일찍 가고 일직 마쳤다. 왜 그러냐면 스승의 날이기 때문이다. 오늘은 너무 너무 좋은 날이라고 생각한다. 안 그래도 좋은 날이라고 생각한다.

오늘은 스승의 날이기 때문에 정아운이가 선생님 가슴에 꽃을 달아주었다. 그것은 색종이로 만들어 달아주었다. 그리고 우리는 선생님께서 열심히 가르쳐 주시는 대로 잘 따르겠다고 다짐을 하였다.

나는 말썽을 피우지 않고 열심히 공부하겠다고 내 마음 속으로 약속을 했다. 그리고 나는 일기를 잘 쓰겠다고 결심을 했다.

그런데 거창초등학교는 11시에 마쳐서 거창초등학교가 좋겠다고 생각했다.

1996년 3월 27일 맑음

가정 방문

2학년 조성한

오늘은 우리 선생님이 우리 집에 오셨다.

선생님이 엄마한테 뭐를 잘 하고 뭐 잘 먹느냐고 물으셨을 때, 잘 하는 것도 없고 뭐든지 잘 안 먹는다고 대답하셨다.

속으로는 선생님한테 부끄러웠고, 엄마한테는 미안한 마음이 들었다.

1998년 5월 20일 수요일 맑음

저금 돈

3학년 박인혜

오늘 저금을 하려다가 통장이 없어서 돈을 집에 가지고 왔는데 돈이 없어졌다.

나는 평소에 거짓말을 많이 했다. 요즘에는 안 한다. 어머니께서는 그 만원이 내가 과자 같은 것을 사먹었다고 믿으신다. 오늘 만원은 내가 세상에 없어도 내가 훔치고 사먹은 것도 아니다.

나는 정말 억울하다. 안 사먹은 것을 사먹는다고 하시는 어머니. 아무리 그래도 오늘처럼 억울한 날은 없었다.

'어머니, 저 안 사먹었어요. 내가 쫓겨나는 한이 있더라도.'

1995년 4월 15일 토요일 맑음

가재

3학년 김철인

가재를 잡았다. 가재가 있는 곳은 다름바우고, 가재는 많았다.

가재 알배기가 있었다. 가재 알배기는 두 마리였다.

그리고 가재 조그만 새끼도 잡았다. 가재를 다 잡고 가재를 굽어 먹으려고 하다가 불쌍해서 살려 주었다.

1997년 11월 20일 목요일. 아침에는 추웠고 낮에는 더웠다.

이슬이의 지갑을 뒤진 일

3학년 황수영

쉬는 시간에 아이들이 장난치는 소리가 시끄럽게 들려 왔다. 셋째 시간에는 자연을 하는데 자연책을 책상 속을 아무리 뒤져도 없었다. 그래서 가방에 있나 싶어서 가방을 열어 자연책을 꺼내고 가방을 제자리에 놔두었을 때 이슬이 잠바에 지갑이 떨어져 있었다.

나는 본 척도 하지 않고 이슬이 가방 앞주머니에 넣었다. 이것을 혜숙이가 보았다.

"야, 너 지금 뭐 하는데? 니 왜 이슬이 지갑 뒤지노?"

그 말을 들은 나는 몹시 화가 나서 이렇게 말했다.

"나는 안 뒤졌어."

혜숙이는 끝내 그 말을 못 믿어 이슬이에게 살짝 그 이야기를 했다.

이슬이는 깜짝 놀라서 지갑을 열어 보니 돈은 정확히 4000원이 있어서 잃어버린 게 없었다. 나는 혹시 돈을 잃어버려 내보고 물려 달라고 할까 봐 겁이 났지만 돈은 잃어버린 게 없어서 마음이 놓였다.

자연 시간을 끝내고 이왕 의심을 받았는데 이런 기회를 놓치지 말자 싶어서 내가 아까 넣어 두었던 이슬이 가방을 뒤져서 지갑을 꺼내고 4000원에서 1000원을 남겨두고 3000원을 내 주머니에 넣었다.

영어 시간이었다. 이슬이가 울고 있었다. 돈 3000원을 잃어버려서 그렇다. 이슬이가 보기에도 안 되었다. 나도 저렇게 되면 마음이 아플 텐데 이슬이가 얼마나 아프겠노? 그래서 주머니에서 돈을 꺼내서 이슬이의 잠바 주머니에 넣을라 카는데 또 옆에서 위로를 해 주던 혜숙이가 이것을 봤다. 나는 몹시 당황했다. 내가 정정당당하게 내가 가져갔다고 말했다. 그러니 속이 다 후련했다. 특활 시간을 끝내고 이슬이가 나보고 이런 말을 했다.

"고맙다."

나는 그 말이 무슨 말인지 모르겠지만 그 말을 들은 나는 하늘을 날아갈 것 같았다.

오늘은 참 당황하고 답답하고 양심이 찔린 날이었지만 이렇게 기분이 좋게 해 주는 이슬이가 좋다.

'이슬아, 고마워.'

1999년 12월 26일 일요일. 날씨가 춥다.

여행

4학년 정현도

오늘은 우리 가족 모두는 상림숲에 가려고 했다.

우리 가족은 버스 터미널에 가서 차표를 산 다음, 버스를 타고 함양에 내렸다. 우리 가족은, 걸어서 함양 상림숲에 도착을 하게 되었다.

나는 입구 앞에 있는 표지판을 읽어보았더니, 이 숲에 나무는 1만 2천여 그루가 된다고 설명을 해 놓았다.

입구를 들어서자 잔디가 깔려있고, 옆에는 숲이 있었다. 숲을 가면서 이게 산림욕을 하는 거라고 생각했다. 나는 집에 가는 길에 이렇게 생각을 했다.

우리나라에 관광지를 많이 만들어서 외국인 사람들이 많이 와서 기념품 등을 사가지고 가서 우리나라가 잘 사는 나라가 되었으면 좋겠다. 그리고 여행을 하는 것이 좋은 것이라고 느꼈다.

1995년 4월 27일 맑음

싸움

5학년 정진아

점심시간이 끝나고 5째 시간은 체육시간이라서 운동장에서 놀았다.

공짜를 하려고 바닥에 그리고 있는데 멀리서 용수와 동진이의 모습이 보였다. 용수의 코를 보니까 휴지가 있었다. 나는 금방 코피가 났는 줄 알았다.

우리 옆에 있던 재홍이와 승권이가 승진이하고 용수하고 싸웠다고 이야기 해 주었다.

용수는 무척 화가 났고, 승진이는 숨어 있었다. 승진이가 나타나자 용수가 다시 운동장으로 나가서 싸움을 했다. 돌도 던졌다.

교감선생님께서 그 모습을 보시고 말리셨다. 그래서 겨우 싸움이 끝났다.

그래도 화가 풀리지 않았는지 용수가 승진이 형의 만화책을 찢었다. 그리고 가방에 물도 뿌리고 화장실에 있는 물건도 던졌다.

아주 큰 싸움이었다. 만약에 교감선생님께서 말리지 않았다면 계속 싸웠을 것이다.

'별일도 아니고, 실수로 승진이가 때렸다는데 그것 때문에 이렇게 크게 싸우다니, 정말 못 말리겠네.'

1998년 7월 19일 맑음

물놀이

6학년 정상운

오늘 나는 우리 가족과 냇가에 놀러왔습니다.

나는 옷을 버리기 싫었습니다. 하지만 내 동생이.

"엄마! 나 수영해도 돼?"

하였습니다. 그래서 어머니께서,

"너 옷 없다. 나는 모른다."

하셨는데, 아버지께서는,

"괜찮다. 수영하고 놀아."

라고 하였습니다.

하지만 나는 놀기가 싫었습니다. 왜냐하면 옷도 없고 수건도 없는데 어떻게 한다는 말입니까!

하지만 놀다보니 옷을 많이 버렸습니다. 이왕 버린 것 재미있게 놀다가기로 하였습니다.

한참 있다가 내 머리에서 돈 생각이 났습니다. 돈을 꺼냈는데 벌써 다 젖어버렸습니다. 나는 햇볕이 쨍쨍하는 돌 위에 놓아두었습니다.

너무 재미가 있어서 내가 집으로 갈 때 돈을 버리고 갈 뻔 했습니다.

1991년 11월 17일

우리 식구는 돌보다 더 못 하다

6학년 한진숙

금호강에 돌을 갖다 놓으러 갔다. 그 돌이 어디쯤 있었는지 알 수가 없었다. 그래서 대충 물 근처에 갖다 놓았다.

나는 금호강 가에 앉았다. 그 돌은 이제 식구들을 만나서 참 좋을 것이다. 우리 식구들은 뿔뿔이 흩어져 살고 있다. 정말 우리 식구는 그 돌보다 더 못하다. 우리 엄마를 데려간 사회는 왜 우리 엄마를 돌려주지 않을까? 내가 돌을 되돌려 준 것처럼 돌려주면 얼마나 좋을까. 돌, 돌, 치이 우리 식구도 돌처럼 다시 만나 살 수 있어 포기하지 않을 거야. 동생이,

"누나야, 추워 죽겠다. 가자."

하였다. 나는 '아차.'하며 동생에게로 갔다. 우리는 어깨동무를 하며 집으로 왔다. 동생은.

"누나야. 뭐 했노?"

하였다. 나는,

"안 가르쳐 주지."

하며 도망을 쳤다.

1963년 6월 2일 일요일 비

어머니가 보고 싶어요

이윤복

어머니, 오늘은 하루 종일 비가 내리고 있습니다. 비가 내리니 유난히 어머니가 보고 싶어집니다. 나는 가만히 자리에 누워서 어머니가 우리를 두고 집을 나가신 것은 무슨 마음으로 나가셨나 하고 생각합니다.

어머니만 계시면 우리 식구는 지금 이 고생을 하지 않을 것이라 생각합니다.

어머니, 우린 남산동에서 집세를 내지 못해 쫓겨났어요. 그래서 아버지와 같이 앞산 밑 대명동에 누가 염소를 먹이려고 지어놓은 움집으로 이사를 했습니다.

어머니, 순나는 어머니 얼굴을 기억하지만 윤식이와 태순이는 어머니 얼굴도 알지 못하고 매일 배가 고프다고 먹을 것밖에 찾지 않습니다.

어머니, 우리는 지금 양식이 없어 밥을 해 먹지 못하고 순나와 내가 껌 장사를 해서 번

돈으로 국수를 사다 끓여 먹으며 살아가고 있습니다. 그러니 우리 식구에겐 즐거운 생활은 없고 모두 슬픔 속에 싸여 눈물뿐입니다.

어머니, 나는 어머니 손을 잡고 놀러 가고도 싶고 어머니가 해준 밥을 먹고도 싶어요. 그러나 지금 어머니가 없으니까 이런 생각은 소용없겠지요. 어머니, 우리는 왜 서로 떨어져 소식도 모르고 살아야 합니까? 어머니, 잘 살고 못 살고가 문제 아닙니다. 어머니는 우리가 불쌍하지도 않으십니까? 어머니, 어디에 계시는지는 모르지만 어서 빨리 우리를 찾아 주세요.

나는 어머니만 돌아오시면 말도 잘 듣고 공부도 열심히 하겠습니다. 동생들은 어머니를 보지 못해서 어머니 소리도 안 합니다.

어머니가 돌아오시면 온 집안이 얼마나 기쁘겠어요. 어머니, 아버지가 미웁더라도 하루 빨리 집으로 돌아와서 같이 살아요. 아버지는 지금 얼마나 어머니를 기다리는지 몰라요.

1963년 6월 12일 수요일 맑음

빨래도 못 하고

이윤복

어젯밤 돈을 못 벌어 왔기 때문에 오늘 아침은 굶게 되었습니다. 한 끼쯤 굶는 것은 이제 얼마든지 참을 수 있지만 저녁을 먹기 위해서는 장사를 나가지 않으면 밥을 얻으러 나가야 합니다.

순나는 참다못해 깡통을 가지고 밥을 얻으러 나갔지만 아직 돌아오지 않고 있습니다. 윤식이와 태순이는 불도 때지 못한 방에 가만히 누워 있습니다. 방 안은 비가 새어 아랫목이 축축하게 젖어 있습니다.

네 시쯤 되어 나는 내 옷과 동생들의 옷가지를 가지고 앞산 밑 개울가로 빨래하러 갔습니다. 그러나 비누도 없이 빨려고 하니 옷이 다 찢어져 버릴 것 같아서 그만 집으로 돌아왔습니다.

비는 오지 않았지만 하늘을 쳐다보니 밤엔 꼭 비가 내릴 것 같았습니다. 아버지께선 어제 저녁부터 허리가 쑤신다고 하시더니 어디로 가셨는지 돌아오시지 않습니다. 나는 먹을 것만 많이 있다면 걱정할 필요가 없다고 생각하지만, 동생들이 배고프다고 울면 나도 같이 눈물이 나서 참을 수가 없습니다.

1963년 6월 12일 수요일 맑음

학교는 꼭 나가려고 합니다

이윤복

아침에 일어나니 아버지 병이 조금 나은 듯이 보였습니다. 얼굴은 볼 모양이 없고 이발을 못 해서 머리카락과 수염이 길게 자라나 있었습니다. 나는 아버지가 가엾게 보였습니다. 그리고 학교를 가지 못했으니 학교 일이 궁금하고 선생님 얼굴과 동무들 얼굴이 자꾸만 보고 싶었습니다.

아마 동무들은 윤복이 굶어 죽었을 거라고 생각할 것입니다. 선생님도 나를 얼마나 기다리고 계실까?

'선생님, 전 아버지 병만 빨리 나으면 굶더라도 학교는 꼭 나가려고 합니다. 저는 지금 염소 집 목동이 되었습니다. 염소를 먹이러 다니지 않으면 우리 식구 모두 굶어 죽습니다. 동생 윤식이는 배가 고프면 밥을 얻어 와서 동생 태순이도 좀 안 주고 혼자 다 먹어 버립니다. 윤식이는 지금 혼자밖에 모릅니다. 저는 왜 그런지 이런 생각만 하면 눈물밖에 나오지 않습니다.

윤복아, 너는 정말 착한 아이이다. 아버지를 위하는 마음 언제까지나 가져라. 네가 학교에 못 나오는 동안 선생님은 무척 걱정을 했단다. 몇 번인가 너의 집을 찾아가려고 반 동무에게 물었지만 아무도 너의 집을 알고 있는 동무가 없었단다. 정말 너를 보니 반갑구나. 또 일기장을 읽어 보니 선생님은 눈물이 나서 견딜 수가 없구나. 부디 마음을 굳게 가지고 학교에 열심히 다니며 부지런히 공부하여라.

담임 유영자

1963년 12월 20일 금요일 맑음

저 하늘에도 슬픔이

이윤복

하늘을 쳐다보니까 참말로 맑았습니다. 아무리 구름을 찾아보려고 해도 구름이 보이지 않았습니다. 우리 식구도 저 하늘처럼 말끔하면 얼마나 좋을까? 저 하늘에도 슬픔이 있을까요? 순나는 지금 어디 있을까? 어디 가다 죽어도 하늘 밑이겠죠?

순나야, 나는 기쁜 일이 있어도 순나 네 생각만 하면 슬픔이 소복이 가슴에 모여 눈물이 난다. 순나야. 살아 있으면 집으로 돌아와 같이 살자. 순나야, 너는 왜 집에 안 들어오느냐. 나는 네 마음을 안다. 왜 집에 안 들어오는지 알지. 너는 돈을 벌어 성공해서 들어오려고 하는 거지?

순나야, 나는 오늘 껌 장사를 하러 나갔다가 대구 백화점 앞에서 어떤 아주머니가 아이들 셋을 데리고 백화점에서 나오는 것을 보니 정말 행복해 보이더라. 모두 옷도 잘 입었고 신발도 좋은 것을 신었더구나. 나는 걸어가다가 발걸음을 멈추고 한참 동안 바라보았어. 나도 어머니가 있고 동생이 있는데 왜 이렇게 고생만 하고 있을까 하고 생각하니 껌 장사도 하기 싫구나.

순나야, 우리도 잘 살 날이 있지 않겠나? 굶더라도 서로 헤어지지 말고 한 집에서 같이 살자. 순나야, 살아 있으면 어서 집으로 돌아오렴.

라. 편지

사랑하는 아빠께

1학년 박병현

아빠! 뜨거운 여름도 지나고 어느새 날씨가 제법 추워졌어요. 우리 집 앞 공원에 초록색 나무들이 여러 가지 색깔로 변했어요.

아빠, 잘 지내세요? 우리랑 헤어져서 수원에 있으니 힘들죠? 저는 아빠가 수원에 갈 때마다 안 갔으면 좋겠어요.

소은이는 나에게 자꾸만 책을 읽어 달라고 떼를 써요. 천재가 되려나 봐요. 저는 학교에 잘 다니고 있고, 스타그래프트에 빠져 있어요. 어제는 엄마랑 머리를 자르러 갔어요. 그래서 아빠 생각이 더 났어요.

아빠랑 잠자리, 나비, 사마귀도 잡고 공원에서 자전거 연습도 했잖아요. 공원에 갈 때마다 아빠가 더 보고 싶어요. 아빠가 출장일을 빨리 마치시고 우리 가족이 같이 살았으면 좋겠어요.

아빠, 일 하시느라 고생 많으시죠? 그럴수록 더 힘을 내야 해요. 소은이와 엄마는 걱정하시지 마세요. 제가 문단속도 잘 하고 소은이도 잘 보살필게요. 운전 조심하시고 몸 건강하세요. 그리고 식사 꼬박꼬박 드세요. 아빠 사랑해요. 안녕히 계세요.

2003년 10월 28일

아빠를 사랑하는 병현 올림

보고 싶은 나현이에게

2학년 최수민

영원한 내 친구 나현아, 안녕!

내가 이사를 간 뒤로부터 잘 지냈니?

학교에서도 친구들과 잘 지내지?

나는 매일 너의 추억을 하면서 새 학교에서도 잘 적응하고 있어.

나는 항상 너와 함께 즐겁게 하던 공부와 우리 꽃밭에 있는 꽃 보살피기를 잘 하고 있는 너의 모습을 떠 올려.

내가 없어도 너는 아마 잘 해낼 수 있을 거야. 나도 네가 옆에 없어도 열심히 지내기 위해 노력하고 있어.

언제나 보고 싶은 나현아!

헤어질 때 담임선생님께서 우리들에게 준 물고기통 아직 가지고 있지? 나랑 똑같은 물고기통은 우리들 우정의 통이니까 버리지 말고 오래오래 간직하자. 물고기들이 헤엄치는 것을 보면서 사이좋았던 우리를 생각하자.

궁금한 게 있어. 내가 전학을 간 뒤에 누가 나의 자리에 앉았어? 나는 그게 제일 궁금해. 내 소중한 자리에 누가 앉았을까?

내가 너와 싸우고 소리를 질렀던 적이 있었어. 그 때 많이 속상했지. 내가 사과할게. 미안했어.

친하게 놀아주고 내가 속상해서 울면 달래 준 것 고마웠어.

내가 다음에 사천으로 놀러가면 너희 집부터 뛰어서 달려갈게. 너도 우리 집에 꼭 놀러와. 나는 네가 너무너무 보고 싶어.

우리 꽃밭에 내 대신에 혼자서라도 내 기억하며 물도 주고 쓰레기도 줍고 해 줘.

3학년 때 꼭 만나자. 안녕.

2003년 10월 25일

영원한 친구 수민이가

잃어버린 기억 속으로

6학년 최연경

외할머니, 안녕하세요?

외할머니께서 아무리 다른 기억과는 손을 놓아도 전 할머니를 꼭 잡고 있을 거예요.

재작년부터인가 갑작스레 심해지신 외할머니의 증상. 그 때문에 외할머니께서는 저와 너무 멀리 떨어진 오산의 병원으로 가게 되셨지요. 저는 외할머니가 너무 보고 싶어도 보지 못 하네요.

할머니, 제가 할머니를 가장 좋아하는 것 기억하세요?

할머니를 보면 저절로 웃음이 나왔었는데, 할머니께서 키워 보라고 주셨던 강아지 해피도 오래 전에 제 곁을 떠났어요. 이제 할머니의 따뜻한 마음을 느낄 수 있는 게 하나도 없는 것 같아요.

할머니를 만나 뵐 수 있는 건 여름방학과 겨울방학 잠시 잠깐인데 그 때의 할머니의 모습을 보면 할머니께서 너무 힘드신 것 같아요.

아무리,

"할머니, 할머니."

하고 불러도 대답 없이 웅얼거리시는 할머니를 볼 때면 너무 답답하기도 해요.

왜 할머니같이 좋으신 분이 치매에 걸리셔서 고생하셔야 하는지 모르겠어요. 엄마, 아빠 그리고 나와 이모까지 모든 사람들이 할머니께서 건강해지시길 간절히 바라고 있는데.

할머니, 제가 이렇게 할머니를 애타게 그리고 있는데 할머니도 그 마음만은 느껴 주시겠죠?

단지 겉으로만 표현하지 못하시는 거겠죠? 아니면 할머니만 알 수 있는 언어로 대답을 해 주시고 계시는 것이에요?

할머니를 뵙고 부산으로 내려 올 때면 안 되는 일인 줄 알면서도 부모님께,

"할머니를 모시고 함께 살아요. 할머니만 모시고 오면 동생도 잘 볼 게요."

하고 생떼를 쓰곤 해요.

제가 이런 말을 하면 당연히 부모님께서 속상하실 줄 알면서도 제가 왜 그런지 모르겠어요.

할머니, 할머니께서 편찮으신 뒤에 태어난 제 동생 문준이, 모르시죠? 문준이도 항상 할머니 걱정을 하곤 해요.

"누나, 할머니 치료 안 하면 돌아가신데."

아직 철도 들지 않은 문준이가 저를 애처롭게 쳐다보는 걸 보면 괜스레 눈시울이 붉어져요. 이럴 때면 가끔씩 할머니를 원망하기도 했답니다.

할머니, 제가 열심히 공부해서 할머니를 비롯한 여러 노인 분들을 위한 일에 조그만 힘이지만 보탤 거예요.

제가 꿈을 이룰 때까지 꼬옥 살아 계셔야 해요.

실망시켜 드리지 않을 게요. 할머니도 지켜 봐 주세요.

하루 빨리 건강해 지시길 빌면서 이만 줄일 게요.

2003년 10월 26일

외할머니를 생각하며 연경 올림

부록 5. 임용 교직논술 문제

2001학년도 공립 초등학교, 특수학교, 유치원 교사 임용후보자 선정 경쟁시험

수험번호 : (　　　　　　) 성 명 : (　　　　　)

○ ○ ○ ○

(1)교시 논술(공통)	(1)문항 (20)점	작성시간 (50)분	감독관 확인	㊞

(관리번호 :　　　　　)

※ 수험생은 문제지 번호를 확인하고, 각 장마다 수험번호와 성명을 쓰시오.

【문제】 최근 학교 현장에서는 학교 교육의 전문화 · 다양화 · 특성화를 위하여 여러 방면으로 노력하고 있다. 그 중에서도 기존의 평가 방식을 반성하면서 수행평가를 학교의 여건에 맞추어 자율적으로 실시하고 있다. 이러한 수행평가의 특징과 필요성을 서술하고, 그 시행 과정에서 나타난 문제점 및 개선 방안에 대해 논하시오. (20점)

【 논술 작성시 유의 사항 】	【 배 점 】
• 어법과 원고지 작성법에 맞게 서술하시오. • 주어진 지면(2,000자)을 최대한 이용하여 서술하시오. • 전체적인 글의 체계를 짜임새 있게 구성하시오. • 다음 항목에 대하여 분명하면서도 설득력 있게 서술하시오. - 수행평가의 특징과 필요성(각 3가지씩 서술) - 수행평가의 문제점과 개선 방안(각 4가지씩 서술)	• 어법과 원고지 작성법(2점) • 분량(2점 · 1,500자 이하는 감점) • 서술의 체계성(2점) • 수행평가의 특징과 필요성(6점) • 수행평가의 문제점과 개선 방안(8점)

2002학년도 공립 초등학교, 초등특수학교, 유치원, 유치원특수학교 교사 임용후보자 선정 경쟁시험

수험번호 : (　　　　　　)　　　　성 명 : (　　　　　)

(3)교시 논술(공통)	(1)문항 (20)점	작성 시간 (50)분	감독관 확인	㉣

(관리번호 :　　　　　)

※ 수험생은 문답지 번호를 확인하고, 각 장마다 수험번호와 성명을 쓰시오.

문　　제

최근 우리 사회에서는 '학교교육 위기'에 대한 우려의 목소리가 높다. 학교가 붕괴되어 제 구실을 다하지 못한다는 것이다. 이와 관련된 최근의 연구에서는 학교교육의 핵심 영역인 수업과 생활지도 면에서의 비효율성 혹은 불능 등을 학교교육 위기 현상의 예로 지적하고 있다. 향후 학교교육이 본래의 역할을 다하기 위해서는 이러한 문제들을 정확하게 인식하고 미리 대처해 나가야 할 것이다.

이와 같은 학교교육의 위기 현상에 대해 다음의 내용을 중심으로 논하시오. (20점)

다 음

- 학교 수업과 생활지도의 비효율 혹은 불능을 나타내는 현상들을 예시한다.
- 이러한 현상이 발생하는 원인을 학교 내적 원인과 외적 원인으로 구분하여 기술한다.
- 학교교육의 위기 현상에 비추어 본 현실적인 극복 방안을 제시한다.

논술 작성시 유의 사항

- 어법과 원고지 작성법에 맞게 서술하시오.
- 주어진 지면(2,000자)을 최대한 이용하여 서술하시오.
- 전체적인 글의 체계를 짜임새 있게 구성하시오.
- 다음 항목을 다룰 때, 글의 명료성, 풍부성, 적절성을 고려하시오.
  - 학교교육 위기의 현상 예시
  - 학교교육 위기의 원인 제시
  - 학교교육 위기의 극복 방안 제시

배　　점

- 어법과 원고지 작성법(3점)
- 분량(3점)
- 전체적인 글의 논리적 체계성(4점)
- 학교교육 위기의 현상 예시(2점)
- 학교교육 위기의 원인 제시(4점)
- 학교교육 위기의 극복 방안 제시(4점)

2003학년도 공립 초등학교, 유치원, 특수학교(유치원, 초등, 치료교육) 교사 임용후보자 선정 경쟁시험

수험번호 : (　　　　　　　　)　　　　　　　성　명 : (　　　　　　)

(3)교시 논술(공통)	(1)문항 (20)점	작성 시간 (50)분	감독관 확인	㊞

(관리번호 :　　　　　　)

※ 수험생은 문답지 번호를 확인하고, 각 장마다 수험번호와 성명을 쓰시오.

문　　제

교육인적자원부는 2002년 10월 전국 초등학교 3학년 학생을 대상으로 기초학력진단평가를 실시하였다. 이는 국가 차원에서 학습부진 문제에 대하여 본격적으로 관심을 갖기 시작했다는 것을 의미한다. 학습부진의 문제는 학습부진 현상에 대한 이해와 진단, 적절한 지도 방법 및 프로그램의 적용, 정책적 지원 등이 함께 이루어질 때 해결될 수 있을 것이다. 학습부진 문제에 대하여 아래 내용을 중심으로 서술하되, 논술의 체계를 갖추어 작성하시오. (20점)

아 래

- 학습부진의 개념을 정의한다.
- 학습흥미가 부족하고 학습동기가 낮아 학습이 부진한 학생을 지도하는 데 효과적인 방법을 2가지 제시하고, 각각에 대하여 충분히 설명한다.
- 일선 학교에서의 학습부진 문제를 해결하기 위해 학교와 국가(시·도교육청 포함)수준에서 해야 할 일을 각각 1가지씩 제시하고, 이에 대하여 충분히 설명한다.

논술 작성시 유의 사항

- 어법과 원고지 작성법에 맞게 서술하시오.
- 주어진 지면(2,000자)을 최대한 이용하여 서술하시오.
- 전체적인 글의 체계를 짜임새 있게 구성하시오.
- 다음 항목을 다룰 때, 글의 명료성, 풍부성, 적절성을 고려하시오.
  - 학습부진의 개념
  - 학습부진 학생에 대한 효과적인 지도 방법
  - 학습부진 문제의 해결 방안 제시(학교수준, 국가수준)

배　　점

- 어법과 원고지 작성법(3점)
- 분량(서술내용의 풍부성)(3점)
- 전체적인 글의 논리적 체계성(4점)
- 학습부진의 개념(2점)
- 학습부진 학생에 대한 효과적인 지도 방법(4점)
- 학습부진 문제의 해결 방안 제시(학교수준, 국가수준)(4점)

2004학년도 공립 초등학교 교사 임용후보자 선정 경쟁시험

수험번호 : (　　　　　　　　　)　　　　　　　　성　명 : (　　　　　　)

(3)교시　논술(초등교육)	(1)문항　(20)점	작성 시간 (50)분	감독관 확인	㊞

(관리번호 :　　　　　　)

※ 수험생은 문답지 번호를 확인하고, 각 장마다 수험번호와 성명을 쓰시오.

문　제

오늘날 우리나라 초등학생의 상당수는 과도한 사교육을 받으면서 많은 학습부담감을 느끼고 있다. 우리나라 초등학생의 아동기가 교육적으로 유의미한 성장의 시기가 되기 위해서는 현재의 사교육 문제를 다각도로 분석하고 이를 해결하기 위한 실천적 대안을 모색해야 할 것이다. 이러한 문제의식에 기초하여 초등학생들이 사교육을 받는 이유와 그 부정적 영향을 서술하고, 사교육 문제를 해결하기 위한 실천적 방안을 아래의 내용을 참고하여 논의하되, 논술의 체계를 갖추어 작성하시오. (총 20점)

아　래

- 사교육을 받는 이유를 3가지 제시하고 각각에 대하여 설명한다.
- 사교육의 부정적 영향을 3가지 제시하고 각각에 대하여 논의한다.
- 사교육 문제를 해결하기 위해 개별 학교 및 국가차원에서 모색해야 할 방안을 각각 2가지씩 제시하고 그에 대하여 논의한다.

논술 작성시 유의 사항

- 어법과 원고지 작성법에 맞게 서술하시오.
- 지면(2,000자)을 최대한 이용하여 서술하시오.
- 글의 체계를 짜임새 있게 구성하시오.
- 다음 항목을 다룰 때, 글의 명료성, 풍부성, 적절성을 고려하시오.
  - 사교육을 받는 이유
  - 사교육의 부정적 영향
  - 개별 학교 및 국가차원에서의 문제 해결 방안

배　　점

□ 논술의 체계(총 10점)
- 어법과 원고지 작성법(3점)
- 분량(서술 내용의 풍부성)(3점)
- 글의 논리적 체계성(4점)

□ 논술의 내용(총 10점)
- 사교육을 받는 이유(3점)
- 사교육의 부정적 영향(3점)
- 개별 학교 차원에서의 문제 해결 방안(2점)
- 국가차원에서의 문제 해결 방안(2점)

2005학년도 공립 초등학교 교사 임용후보자 선정 경쟁시험

수험번호 : (   )   성 명 : (   )

(3)교시 논술(초등학교)	(1)문항 (20)점	작성 시간 (60)분	감독관 확인	㊞

(관리번호 :   )

※ 수험생은 문답지 번호를 확인하고, 각 장마다 수험번호와 성명을 쓰시오.

문 제

지적 수준의 발달은 학습자가 인지적 어려움을 경험하는 상황에서 외부의 도움을 받아 이를 해결하기 위해 노력하는 가운데 이루어지는 것으로 알려져 있다. 최근에 인지적 갈등의 유발, 질문의 교육적 가치, 개별화 학습 등에 대한 관심이 높아지고 있는 것도 이러한 맥락에서 이해될 수 있다.

다음은 사고 교육과 관련해서 초등학교 교실 수업에서 교사가 학생들에게 부과한 학습 과제의 유형을 가상적으로 예시한 것이다. 각 유형의 과제를 해결(수행)하는 과정에서 학습자가 일반적으로 경험하게 되는 사고의 특징을 설명하고, 이를 토대로 각각의 유형이 지니는 교육적 의미(가치)를 논하시오. (총 20점)

과제 유형 A	과제 유형 B
① 자신이 좋아하는 그림에 대하여 자유롭게 느낌을 발표하게 한다. ② 통일 신라 이후 조선에 이르기까지 나라별로 수도의 이름과 위치가 어떻게 변천했는지 조사하게 한다.	③ 좋은 그림이 지녀야 할 특징을 생각해 보고, 왜 그렇게 생각하는지 이유를 들어 설명하게 한다. ④ 통일 신라 이후 조선에 이르기까지 수도의 변천에 공통적으로 작용했던 요인이 무엇인지 설명하게 한다.

논술 작성 시 유의 사항

- 어법과 원고지 작성법에 맞게 서술하시오.
- 주어진 원고지(1,200자)를 최대한 이용하여 서술하시오(초과 시 감점).
- 글의 체계를 논리적으로 짜임새 있게 구성하시오.
- 글의 명료성, 타당성, 일관성을 고려하여 서술하시오.

배 점

- 논술의 체계(총 10점)
  - 분량(3점)
  - 원고지 작성법(3점)
  - 글의 논리적 체계성(4점)
- 논술의 내용(총 10점)
  - 과제 유형별 사고의 특징에 대한 설명(2유형×2점=4점)
  - 각 유형의 교육적 의미(가치)(2유형×3점=6점)

2006학년도 공립 초등학교 교사 임용후보자 선정 경쟁시험

수험번호 : (   )   성 명 : (   )

(3)교시 논술(초등학교)	(1)문항 (20)점	작성 시간 (60)분	감독관 확인	㊞

(관리번호 :   )

※ 수험생은 문답지 번호를 확인하고, 각 장마다 수험번호와 성명을 쓰시오.

문 제

다음은 개념 변화의 과정과 조건에 대한 구성주의 입장이다. 이를 참고하여, 구성주의 학습에서 전제하는 지식의 성격(지식관)을 설명하고, 그 관점에 의거하여 전통적인 교실 수업이 안고 있는 문제점 및 그 문제점을 해결하기 위한 교사의 역할을 논하시오. (총 20점)

<다 음>

- 학습자는 자신이 현재 지니고 있는 개념이 사고와 행동에 있어 어떤 기능을 수행하는 한 그 개념을 바꾸지 않는다.
- 새로운 개념이 학습자에게 감지 또는 이해되기 어려울 때에는 개념 변화가 일어나지 않는다.
- 새로운 개념이 학습자에게 참일 가능성이 있는 것으로 그럴듯하게 느껴질 때 개념 변화가 시작된다.
- 학습자는 새로운 개념이 문제를 해결하고 세계를 새롭게 인식할 수 있는 도구로서 가능성이 느껴질 때 새로운 개념 구성에 적극적으로 전념하게 된다.

논술 작성 시 유의 사항

- 어법과 원고지 작성법에 맞게 서술하시오.
- 주어진 원고지(1,200자)를 최대한 이용하여 서술하시오.(초과 시 감점).
- 글의 체계를 논리적으로 짜임새 있게 구성하시오.
- 글의 명료성, 타당성, 일관성을 고려하여 서술하시오.

배 점

- 논술의 체계(총 10점)
  - 분량(3점)
  - 원고지 작성법(3점)
  - 글의 논리적 체계성(4점)
- 논술의 내용(총 10점)
  - 구성주의 지식관에 대한 설명(4점)
  - 전통적인 교실 수업의 문제점(3점)
  - 교사의 역할(3점)

2007학년도 공립 초등학교 교사 임용후보자 선정 경쟁시험

수험번호 : (　　　　　　　　　　)　　　　**성　명 : (　　　　　　　　　　)**

(3) 교시 논술(초등)	(1)문항 (20)점	작성시간 (60)분	감독관 확인	㊞

(관리번호 :　　　　　　　)

※ 수험생은 문답지 번호를 확인하고, 각 장마다 수험번호와 성명을 쓰시오

문　　제

수업은 교사와 학생 간에 이루어지는 의사소통의 과정으로 볼 수 있다. 그런데 수업에서 이루어지는 의사소통의 양상은 교수 · 학습의 패러다임에 따라 다르게 나타난다. 아래 제시한 자료를 참고하여, 1) 각각의 패러다임에서 이루어지는 수업 의사소통의 특성을 ① 수업 참여자의 역할, ② 수업 참여자 간 상호 작용 양상, ③ 수업 분위기 조성의 세 측면에서 비교 · 분석하고, 2) 이를 바탕으로 바람직한 수업 의사소통은 어떠해야 하는지 논하시오. (총 20점)

아 래

A 패러다임	B 패러다임
• 지식은 객관적으로 존재한다. • 언어는 지식을 저장하는 창고이다. • 교수는 학습자에게 지식을 전달하는 행위이다. • 학습은 교수자가 전달한 지식을 획득하는 과정이다.	• 지식은 인지·사회적으로 구성된다. • 언어는 지식을 구성하는 매개체이다. • 교수는 학습의 과정을 안내하는 행위이다. • 학습은 상호 작용을 통하여 의미를 구성하는 과정이다.

답안 작성 시 유의 사항

- 어법과 원고지 작성법에 맞게 서술하시오.
- 주어진 원고지(1,200자)에 맞게 서술하시오.
  (1,100자 이하 또는 1,200자 초과 시 감점)
- 글의 체계를 논리적으로 짜임새 있게 구성하시오.
- 글의 명료성, 타당성, 일관성을 고려하여 서술하시오.

배　　점

- 논술의 체계(총 10점)
  - 분량(3점)
  - 맞춤법 및 원고지 작성법(3점)
  - 글의 논리적 체계성(4점)
- 논술의 내용(총 10점)
  - 수업 의사소통의 특성 비교·분석(6점)
  - 바람직한 수업 의사소통(4점)

2008학년도 공립 초등학교 교사 임용후보자 선정 경쟁시험

수험번호 : (   )   성 명 : (   )

(3)교시 **논술(초등학교)**	(1)문항 (20)점	작성시간 (60)분	감독관 확인	㊞

※ 수험생은 문답지 번호를 확인하고, 각 장마다 수험번호와 성명을 쓰시오.

문 제

최근 우리나라는 외국인 이주 노동자 유입과 국제 결혼 비율이 급격하게 증가하고 있다. 이에 따라 우리 사회는 인종과 국적이 다른 사람들이 어울려 살아가야 하는 다문화 사회로 이행하고 있다. 다문화 가정 자녀들의 초등학교 입학이 늘어나고 있으며 이러한 추세는 더욱 증가할 것으로 보인다. 아래 자료는 다문화 가정 자녀 지도에 대한 교사 면담 자료이다. 자료를 참고하여, 1) 다문화적 교실 상황에서 나타날 수 있는 문제 세 가지를 기술하고, 2) 이러한 문제를 해결하기 위한 방안을 ① 교사가 해야 할 일 세 가지와 ② 교육 행정 기관 등 외부의 지원을 받아야 할 일 네 가지로 나누어 논하시오. (총 20점)

아 래

- 타샤는 부모님이 이주 노동자예요. 한국에 온 지 얼마 안 되어서 한국어를 잘 못 해요. 부모님도 마찬가지이고요. 말이 안 통하니 공부도 못 따라가고 학교 생활에도 어려움이 많답니다.
- 바다는 엄마가 몽골 출신이에요. 엄마와 대화할 때는 몽골 어를 쓴대요. 그런데 친구들에게는 엄마가 몽골 사람이라는 것을 감추려고 해요. 바다는 자신이 한국 사람인지 몽골 사람인지 잘 모르겠대요. 이런 문제를 어떻게 다루어야 할지 잘 모르겠어요.
- 엘레나는 피부가 검다고 친구들에게 놀림을 받고 왕따를 당했어요. 아이들에게 그러지 말라고 타일러 보았지만 말을 안 들어서 저도 굉장히 힘들었어요. 다문화 가정 자녀 지도와 함께 그들과 같이 생활하는 다른 아이들 지도도 필요하다고 생각해요.

답안 작성 시 유의 사항

· 어법과 원고지 작성법에 맞게 서술하시오.

· 주어진 원고지(1,200자)에 맞게 서술하시오.
(1,100자 이하 또는 1,200자 초과 시 감점)

· 글의 체계를 논리적으로 짜임새 있게 구성하시오.

· 글의 명료성, 타당성, 일관성을 고려하여 서술하시오.

배 점

· 논술의 체계(총 10점)
- 분량(3점)
- 맞춤법 및 원고지 작성법(3점)
- 글의 논리적 체계성(4점)

· 논술의 내용(총 10점)
- 다문화적 교실 상황에서 나타날 수 있는 문제 세 가지(3점)
- 교사가 해야 할 일 세 가지(3점)
- 외부의 지원을 받아야 할 일 네 가지(4점)

2009학년도 공립 초등학교 교사 임용후보자 선정경쟁시험 (2차)

제 1 교시

초등학교 교직 논술

수험 번호 | 성명

문 제

문답식 수업과 강의식 수업은 흔히 활용되는 교실 수업 방식이다. 1) 문답식 수업과 강의식 수업을 비교하여 문답식 수업의 장점을 논하고, 2) 효과적인 발문 기법의 관점에서 아래의 문답식으로 진행된 초등학교 3학년 재량 활동 수업 사례에 나타난 문제점 중 세 가지를 찾아서 수정하고 각각의 이유를 제시하시오. 그리고 3) 송 교사가 발문 기법 신장을 위하여 활용할 수 있는 자기장학 방안을 두 가지 제안하시오(총 20점).

> 송 교사 : 지난 시간에 우리 지역의 대표적인 문화재에 대해 공부해 보았어요. 우리 지역의 대표적인 문화재로는 무엇이 있었지요?
> 송 교사 : 천마총이 있었지요. 신라 시대의 천마총이에요.
> 송 교사 : (*사진을 제시하며*) 오늘은 여러분이 고고학자가 되었다고 생각하고 이 유물에 대해 궁금한 점을 말해 볼까요?
> 학 생 1 : 언제 만들어졌을까?
> 학 생 2 : 에이, 그거 내가 말하려고 했는데…….
> 송 교사 : 발표할 사람은 먼저 손을 드세요.
> 학 생 3 : (*손을 들어 호명을 받은 후*) 무엇으로 만들어졌을까?
> 송 교사 : 예, 좋아요. 자 그러면 이 유물이 어디에서 출토되었고, 어떤 용도로 사용되었으며, 어떤 계층의 사람들이 사용했던 것일지 말해 볼까요?
> 학생들 : …….
> 송 교사 : 왜 대답하는 사람이 없지? 좀 전에는 서로 발표하겠다고 하더니. 자, 말해 봐요.

답안 작성 시 유의 사항

- 어법과 원고지 작성법에 맞게 서술하시오.
- 주어진 원고지(1,200자)에 맞게 서술하시오.
  (1,100자 이하 또는 1,200자 초과 시 감점)
- 글의 체계를 논리적으로 짜임새 있게 구성하시오.
- 글의 명료성, 타당성, 일관성을 고려하여 서술하시오.

배 점

- 논술의 체계(총 10점)
  - 분량(3점)
  - 맞춤법 및 원고지 작성법(3점)
  - 글의 논리적 체계성(4점)
- 논술의 내용(총 10점)
  - 두 수업 방식 비교 및 문답식 수업의 장점(2점)
  - 수업 사례의 세 가지 문제점 수정과 각각의 이유(6점)
  - 발문 기법 신장을 위한 자기장학 방안 두 가지(2점)

2009학년도 공립 초등학교 교사 임용후보자 선정경쟁시험 (2차)

제 2 교시 초등학교 교육과정 A

수험 번호		성명	

○ 이 문제지는 총 5문항(문항 당 8점)으로 구성되어 있습니다. 문제를 풀기 전에 문항의 수를 확인하십시오.
○ 문항별 답안 분량(문항 당 400자)과 답안지에 제시된 수험생 유의사항을 숙지하고 답안을 작성하십시오.

국 어

1. (가)는 박 교사가 수업에서 활용한 <제재 글>이고, (나)는 (가)를 활용한 수업 계획의 일부이다. (나)의 원리 학습과 적용 학습에 제시된 교수·학습 활동 중에서 문제가 있는 활동을 2가지씩 찾고, 각각의 활동에 나타난 문제점을 구체적인 근거를 들어 비판하시오.

(가) <제재 글>

숲은 많은 동식물의 안식처입니다. 숲은 동식물에게 먹이와 보금자리를 제공해 줍니다. 숲은 사람들에게도 여러 가지 혜택을 가져다줍니다. 숲이 우리에게 주는 이익은 무엇일까요?

우선, 숲은 오염된 공기를 정화해 줍니다. 공원의 숲은 자동차의 배기가스를 흡수하여 우리의 건강에 도움을 줍니다.

다음으로, 숲은 산사태나 홍수를 막아 줍니다. 숲 속의 나무, 크고 작은 풀, 낙엽, 부러진 가지 등은 흙이 빗물에 흘러내리는 것을 막아 우리의 재산 피해를 줄여줍니다.

(중 략)

정리하면, 숲은 사람들에게 많은 혜택을 줍니다. 우리는 숲을 보존하도록 노력해야 합니다.

(나) 수업 계획

<table>
<tr><td colspan="3">【수업 주안점】 글의 짜임(시간 구조, 열거 구조, 비교·대조 구조, 인과 관계 구조, 문제·해결 구조)에 따라 글을 요약하는 능력을 신장시킨다.</td></tr>
<tr><th colspan="2">과 정</th><th>교수·학습 활동</th></tr>
<tr><td rowspan="3">원리 학습</td><td>▶ 글의 짜임 파악의 중요성 알기</td><td>• 글의 짜임을 파악하며 글을 읽으면 글의 내용을 쉽게 이해할 수 있음을 설명해 준다.</td></tr>
<tr><td>▶ <제재 글>의 짜임 파악하기</td><td>• <제재 글>의 짜임을 드러내는 '동식물, 공원, 낙엽'과 같은 말(표지어)에 주의하여 읽게 한다.
• <제재 글>의 짜임을 파악하도록 하기 위해 문단 간의 관계를 생각하며 읽게 한다.
• <제재 글>의 짜임을 다음과 같은 방식으로 시각적으로 나타내 보게 한다.
[문 제] ➡ [해 결]</td></tr>
<tr><td>▶ <제재 글>의 내용 요약하기</td><td>• 글의 짜임에 대해 새롭게 배운 것과 이미 알고 있는 것을 활용하여 <제재 글>의 내용을 요약하게 한다.</td></tr>
<tr><td rowspan="2">적용 학습</td><td>▶ 적용하기</td><td>• <제재 글>과 같은 짜임의 글을 제시하고, 글에 나타나 있는 대상들 간의 공통점과 차이점에 초점을 두어 글의 짜임을 파악하게 한다.
• 이야기글의 짜임이 잘 드러난 동화를 제시하고, <제재 글>의 짜임을 적용하게 한다.</td></tr>
<tr><td>▶ 활용하기</td><td>• <제재 글>의 짜임에 대한 지식을 활용하여 '우리 마을의 자랑거리'에 대한 글을 쓰게 한다.
• 글의 짜임에 대한 지식을 다른 과목 교과서의 글을 읽을 때에도 활용할 수 있음을 알려준다.</td></tr>
</table>

[참고문헌]

국립국어원, 국어 어문 규정, http://www.korean.go.kr/08_new/index.jsp

이오덕, 우리말 바로 쓰기, 한길사, 1990.

조선일보, weekly chosun 2048호<김대중 칼럼>, 조선일보사, 2009.

박기용, 「수승대」94-1호, 위천초등학교, 1994.

박기용, 「탑」98-1호, 창동초등학교, 1998.

윤태규, 「일기쓰기 어떻게 시작할까」, 보리, 1998.

이오덕, 「글쓰기 어떻게 가르칠까」, 보리, 1993.

이오덕, 「삶을 가꾸는 글쓰기 교실」, 1984.

이윤복, 「저 하늘에도 슬픔이」, 도서출판 산하, 2004.

이호철, 「공부는 왜 해야 하노」, 도서출판 산하, 1991.

이호철, 「비 오는 날 일하는 소」, 도서출판 산하, 1991.

이호철, 「살아있는 교실」, 보리, 2004.

이호철, 「살아있는 글쓰기」, 보리, 1994.

주중식, 「들꽃」45호, 샛별초등학교, 1997.

한국글쓰기 연구회 엮음, 「아주 기분 좋은 날」, 보리, 1999.

한국글쓰기 연구회 엮음, 「주먹만한 내 똥」, 보리, 1999.

허경숙, 「열 하나의 이야기」, 거창하성초등학교, 1997.

찾아보기

인명

용어

(ㅎ)

스토리텔링 작성

1. 다음 주어진 이야기를 읽고 우리나라 신화 모티프를 넣어서 뒷이야기를 꾸미시오.

*설화 모티프(motif) : 신화에 나오는 이야기 요소. 예컨대 <해모수 신화>에서 해모수가 오룡거(五龍車)를 타고 하강, 승천하는 내용이나 <주몽신화>에서 빛으로 잉태하는 장면, <박혁거세신화>에서 아이가 알에서 태어나는 장면, <김수로왕신화>의 하늘에서 밧줄로 상자를 내려보낸 장면, <석탈해신화>에서 바다로 상자가 떠내려온 장면, <최고운전>에서 고운이 금돼지 아들로 태어나는 장면, <지하도적 퇴치담>에서 사람들을 지하에 감추는 장면, <선녀와 나무꾼>에서 사슴이 연못을 알려주거나 하늘에서 두레박이 내려오는 장면 등이 모두 설화의 모티프가 된다. 신화모티프는 그 중에서 신화에 나타나는 장면만 이용하는 것이다.

○ 앞 이야기

옛날 어느 평화로운 산골 마을에 떡장수 어머니와 어린 남매가 살고 있었다. 어머니는 떡장수를 해서 어린 남매를 키우고 있었고, 남매는 똑똑하고 정의감이 강하였다.

그날도 어머니는 떡을 해서 이고 장으로 나섰다. 고개를 하나 넘자 큰 바위만한 호랑이가 버티고 앉아 기다리고 있었다.

2. 다음은 <선녀와 나무꾼>의 이야기를 바탕으로 여러 신화모티프를 넣어서 서사만 스토리텔링을 하시오. (극본을 만드는 것이 아님)

지리산의 아침은 늘 붉게 시작되었다. 남해에서 떠오르는 찬란한 빛이 지리산 머리를 먼저 비추기 때문이었다. 약초꾼 세훈은 그날도 산을 올랐다. 약초를 캐기 위해서였다.

박기용

문학박사
한국교육과정 평가원 7차 4학년 말하기 · 듣기 · 쓰기 교과서 연구위원
교육과학기술부 2008년 개정 교육과정 3, 4학년 국어 교과서 심의위원
현 진주 교육대학교 국어교육과 교수

논문 「설화 제재 학습에서의 구조 분석과 투입」 외 다수
저서 「초등학교 국어과 교육의 구조와 이론」, 월인, 2006.
「초등교사를 위한 한문, 한문교육」, 월인, 2007.
「초등 국어과 구비문학의 이해와 교육」, 월인, 2008.

초등 교사를 위한 **글쓰기 이론과 실제**

인쇄 • 2014년 3월 17일
발행 • 2014년 3월 21일
지은이 • 박 기 용
펴낸이 • 박 성 복
펴낸곳 • 도서출판 月印
서울특별시 강북구 수유2동 252-9
등록 • 제6-0364호 / **등록일** • 1998년 5월 4일
대표전화 • (02) 912-5000 / **팩스** • (02) 900-5036
http://www.worin.net

ISBN 978-89-8477-429-2 93810

값 17,000원